Issi Fritsch

Wilde Wege Madeira

40 abenteuerliche Pfade

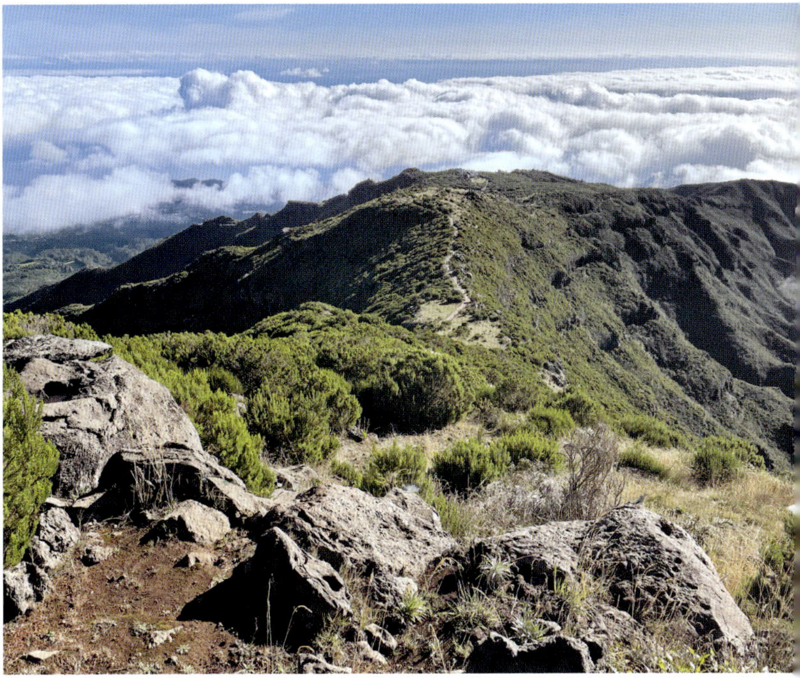

ROTHER
BERGVERLAG

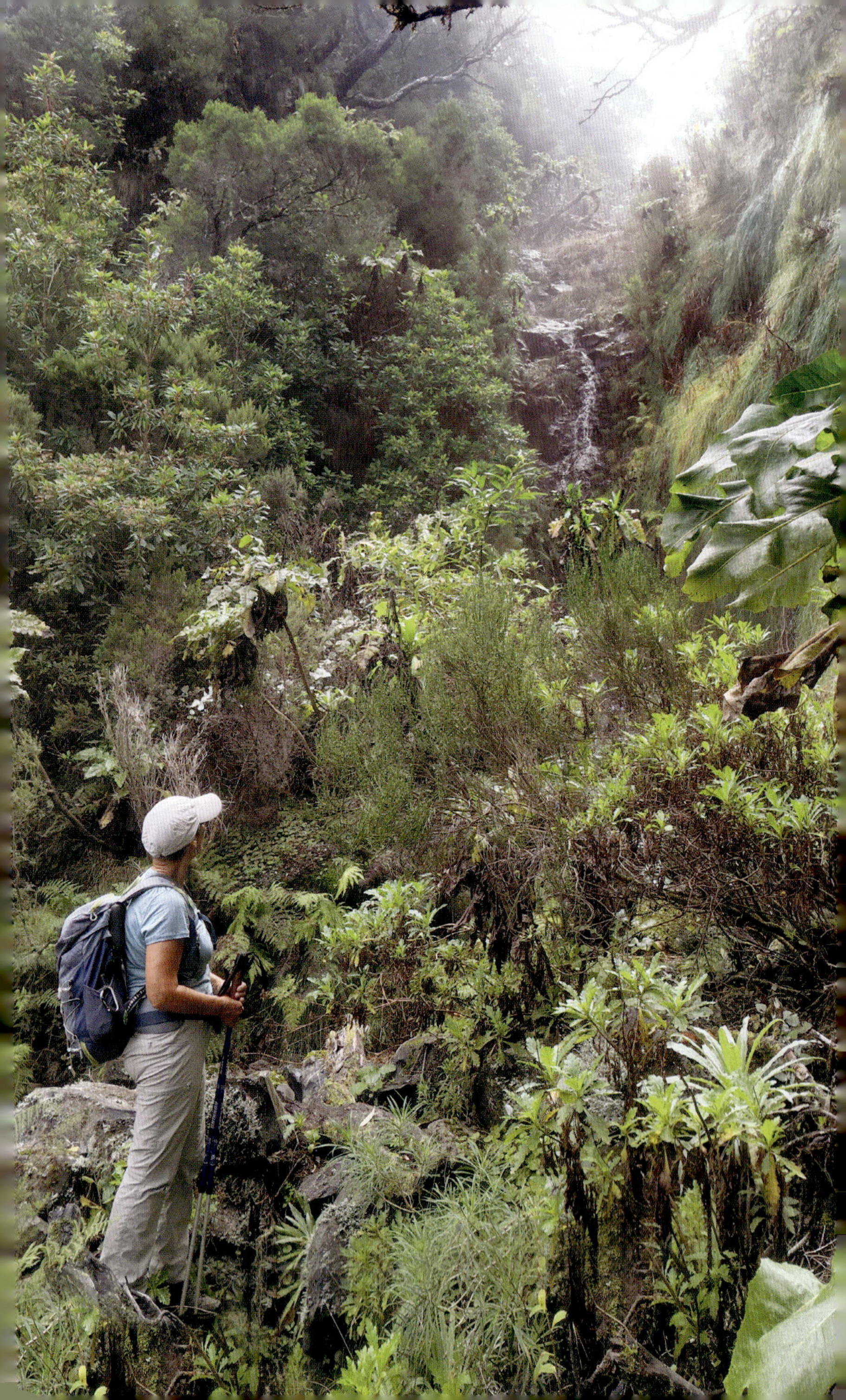

Vorwort

Bem-vindo – Willkommen auf Madeira!

Abseits der offiziellen Wanderrouten lassen sich auf Madeira zahlreiche fast vergessene, wilde Wege entdecken, die Wanderern mit Pfadfindergeist und Abenteuerlust unvergessliche Erlebnisse vermitteln.
Auf den ehemaligen Spuren von Viehhütern und Holzsammlern geht es in kaum besiedelten Regionen über Stock und Stein, durch Bäche und Wasserfälle, teilweise weglos und manchmal extrem steil bergauf und bergab. Die 40 ausgewählten Touren lassen eintauchen in das üppige Urwaldgrün des Lorbeerwalds mit uralten Baumgiganten und heraustreten zu spektakulären Aussichten über die zerklüftete Bergregion und die wilde Steilküste. Entlang der Levadas kommen Tunnelfreaks auf ihre Kosten, wenn sie bis an den Ursprung – die »Madre« – und in scheinbar unzugängliche Schluchten vordringen. Die höchsten Gipfel werden auf einsamen Bergpfaden erreicht, wobei die dichte und oft widerspenstige Vegetation das Orientierungsvermögen immer wieder aufs Neue herausfordert. Aber auch die bewohnten Regionen bieten Wanderabenteuer auf schmalen Wegen, die von der Küste hinauf in die Siedlungen und weiter in die Berge führen. Oder über versteckte nachbarschaftliche Wege, die im Zuge des Straßenbaus im Alltag der Bewohner heute kaum noch eine Rolle spielen.
Dieses Wanderbuch ermöglicht mit detaillierten Informationen zu Verlauf und Schwierigkeit der »wilden Wege« dem erfahrenen Bergwanderer, der die Insel jenseits der ausgetretenen Wege entdecken möchte, eine gute Planung und sichere Durchführung von Touren, die überwiegend größere Anforderungen an Kondition, Trittsicherheit und vor allem Schwindelfreiheit stellen.
Lange habe ich mich mit der Frage beschäftigt, ob die alten, wilden Wege, die manchem Wanderer als verwegen vorkommen, einer größeren Allgemeinheit zugänglich gemacht werden sollten. Was die Sicherheit betrifft, muss ich, wie bei jeder anderen Unternehmung, an die Eigenverantwortlichkeit appellieren. Hinsichtlich dem Preisgeben der unbekannten Routen kann ich die Bedenken manches Kritikers ausräumen: Geheime Wege bleiben nur dann geheimnisvoll, wenn sie zugänglich sind. Ohne die Menschen, die sich den Mühen und Anstrengungen einer Wilde-Wege-Wanderung unterziehen, holt sich die Natur diese Wege schnell zurück. Dieses einzigartige Wegenetz zu erkunden, vermittelt deshalb nicht nur eindrückliche Erlebnisse, sondern ist im weiteren Sinne auch eine kulturelle Aufgabe.

Bom caminho!

Frühjahr 2024 — Issi Fritsch

Besonders die Bachläufe erinnern an Dschungel (Tour 40).

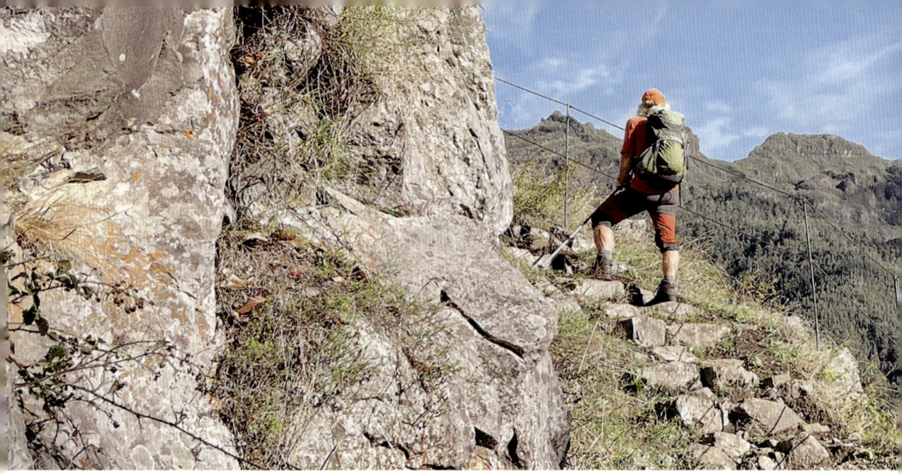

Inhalt

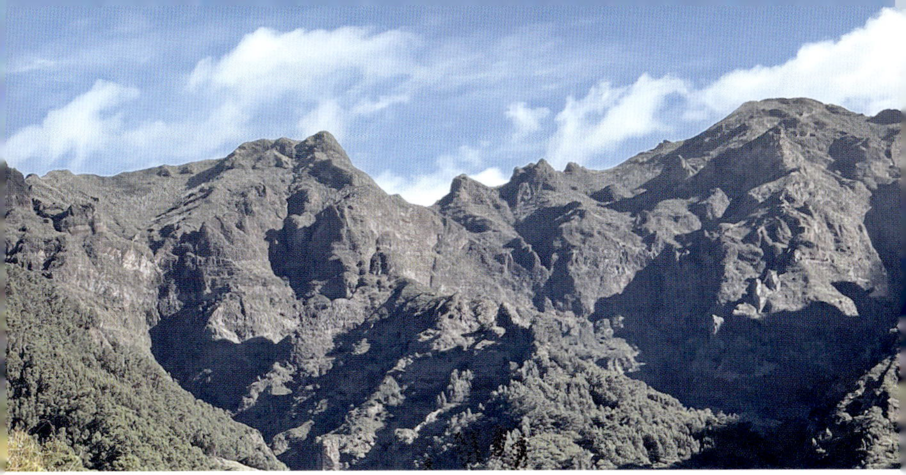

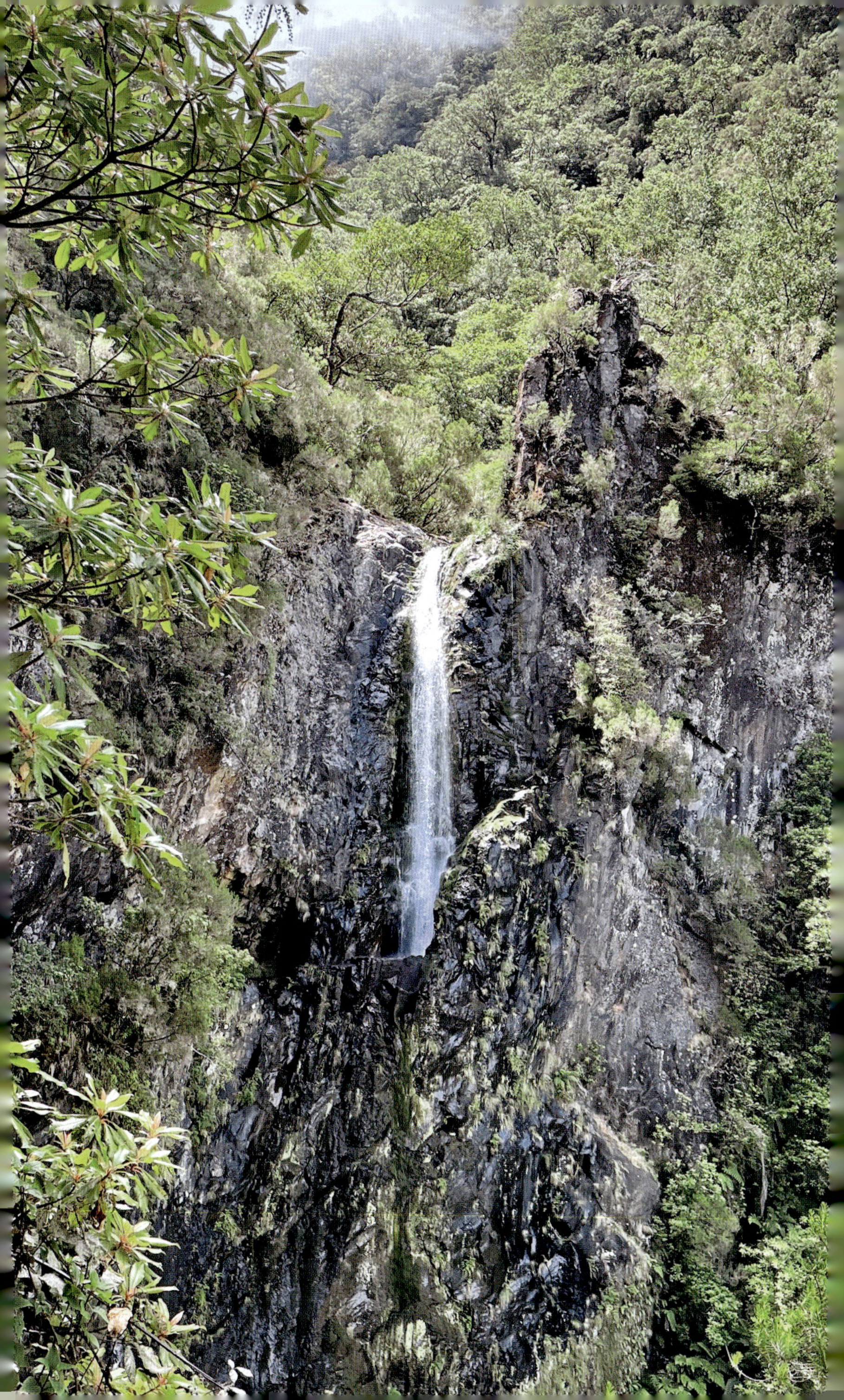

Top-Touren

Lorbeerwald Fanal
Diese Wanderung unter uralten und mächtigen Lorbeerbäumen und auf längst vergessenen Wegen durch einen fast mystischen Urwald empfiehlt sich besonders an heißen Sommertagen *(Tour 10, 5.30 Std.)*.

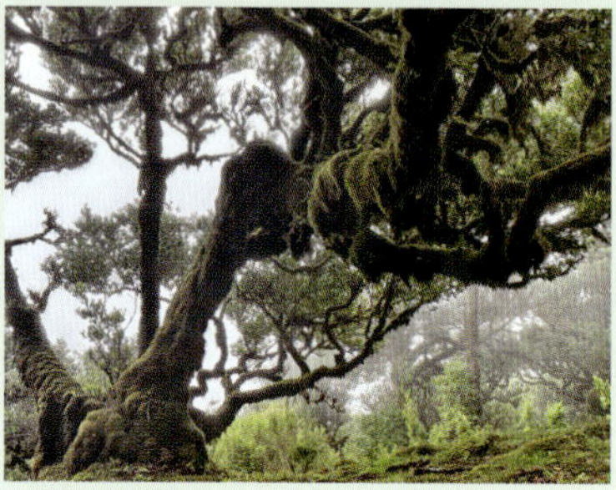

Cascata do Hortelã
Die anspruchsvolle Wanderung führt durch drei wasserreiche Schluchten. Absoluter Höhepunkt ist der gewaltige Hortelã-Wasserfall *(Tour 11, 4.30 Std.)*.

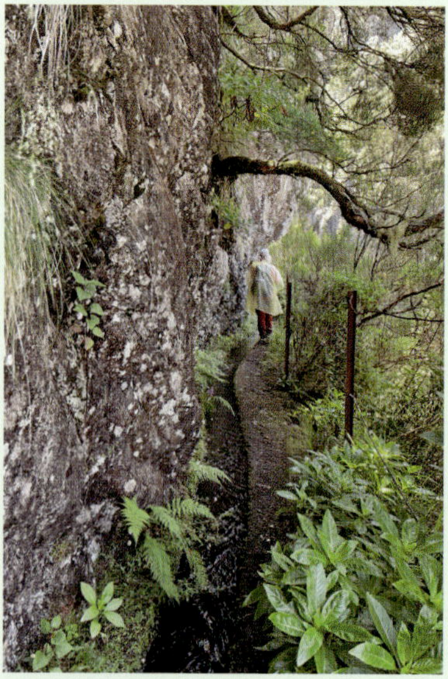

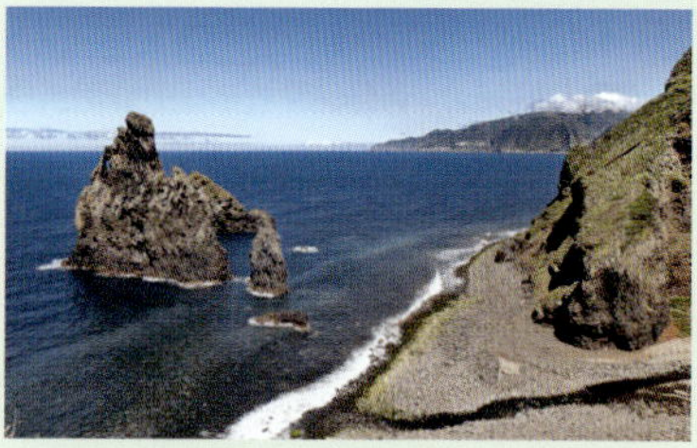

Von Seixal nach Porto Moniz
Auf dem historischen Caminho Real 23 durch den Lorbeerwald mit anschließendem Sprung in Europas schönstes Meeres-Schwimmbad zwischen Vulkanfelsen *(Tour 13, 4.30 Std.)*.

Casa do Caramujo und Paredes
Die Tour am Fuße der Bica da Cana bietet mit der kettengesicherten Felskletterei eine besondere Herausforderung *(Tour 14, 3.00 Std.)*.

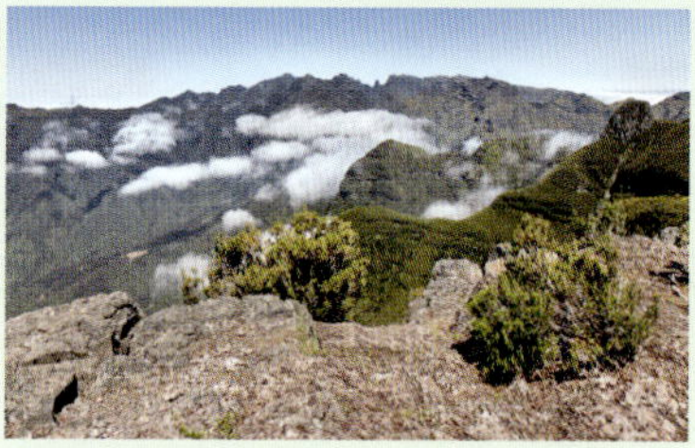

Levada do Norte
Ein grandioses Erlebnis für alle, die ein Faible für Tunnel und Höhlen haben. Auf einer Länge von 18 km geht es durch 17 kurze und lange Tunnel und zahlreiche Schluchten mit imposanten Wasserfällen *(Tour 18, 7.00 Std.)*.

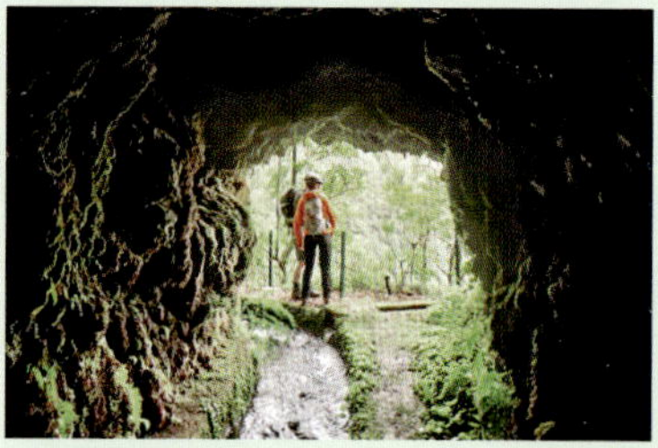

Zum Miradouro Boca das Voltas
Die anspruchsvolle Tour an der Ostflanke des Ribeira-do-Porco-Tals ist ein Pilze-Eldorado und deshalb besonders im Herbst und Winter zu empfehlen *(Tour 23, 5.30 Std.)*.

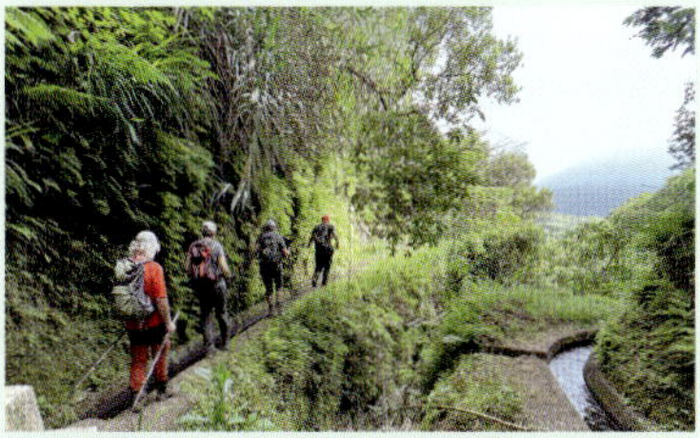

Im Tal der Ribeira do Porco
Drei höchst unterschiedliche Levadas führen uns durch den Talschluss der Ribeira do Porco und lassen uns in eine fast vergessene Welt eintauchen *(Tour 24, 4.30 Std.)*.

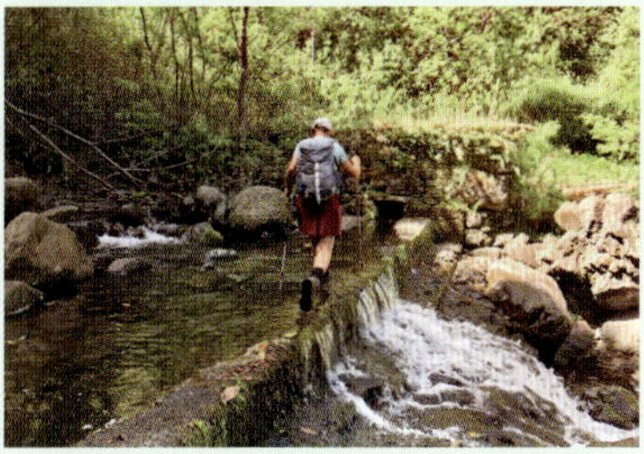

Águas dos Tornos Altos
Spannende Runde zu den historischen Quellstollen hoch über Funchal und zur Hochebene Chão da Lagoa. *(Tour 34, 5.45 Std.)*.

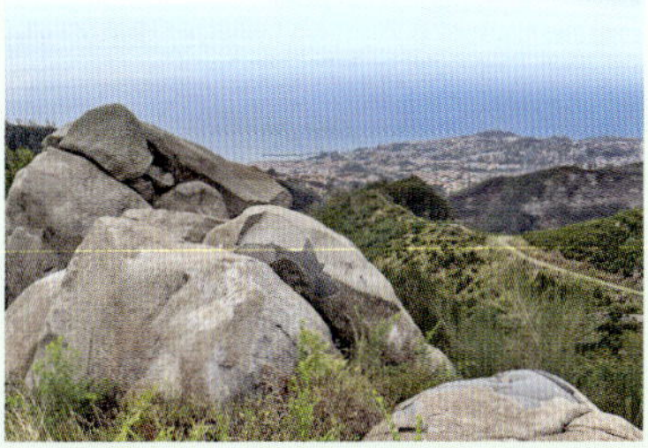

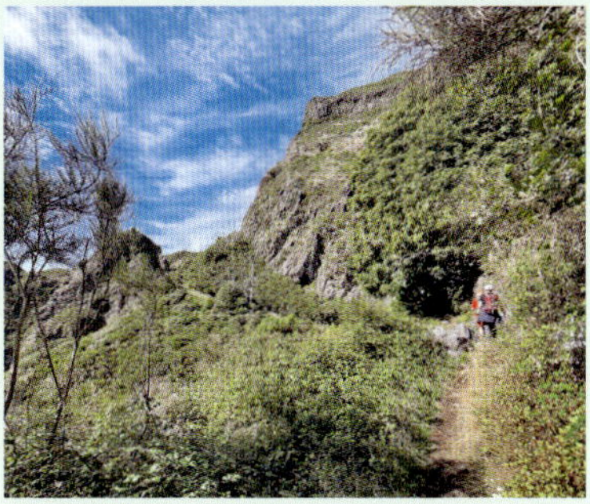

Boca da Corrida und Boca das Namorados
Die Wanderung heraus aus dem Talkessel des Nonnentals vermittelt einen intensiven Eindruck dieser bizarren Landschaft. Kastanienwälder, senkrechte Felswände und atemberaubende Aussichten sind jeden Schweißtropfen wert *(Tour 37, 5.30 Std.)*.

Semagral und Pico Ruivo
Kontraste bestimmen diese anspruchsvolle Bergtour: Wir wandern durch die einzigartige Vegetation des Lorbeerwalds und über kargen Fels mit prächtigen Panoramen *(Tour 40, 5.00 Std.)*.

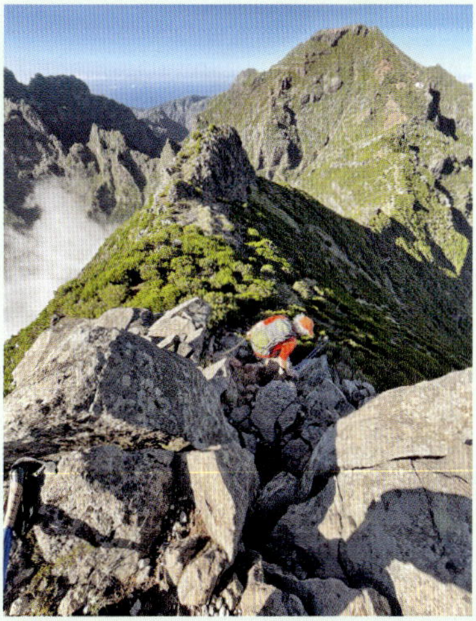

Allgemeine Hinweise

Auswahlkriterien

»Wilde Wege« sind auf Madeira so zahlreich, dass es mir schwer fiel, mich auf nur 40 Wanderungen für dieses Buch zu beschränken. Auf den ausgewählten, weitgehend unbekannten Routen gibt es nur selten offizielle Wegmarkierungen, allenfalls Steinmännchen oder Baummarken, und meist ist man stundenlang einsam unterwegs. Extrem steile An- und Abstiege, ungesicherte Felskraxeleien oder stark ausgesetzte Passagen sind keine Seltenheit. An Flüssen und Bächen gibt es nur wenige Brücken, man springt also von Stein zu Stein oder muss durchs Wasser. Auf den ausgewählten Routen sind wir unterwegs auf alten Handelswegen oder Bergpfaden, die von Viehhütern oder Holzsammlern genutzt wurden, auf fast vergessenen Nachbarschaftswegen zwischen längst verlassenen Siedlungen, auf Arbeitswegen an und zu den Levadas und auf Küstenabstiegen, die noch heute zum »Ernten« der Lapas, einer nur in den Gewässern von Madeira und den Azoren lebenden Napfschneckenart, begangen werden.

Die spannendsten und auch herausforderndsten »wilden Wege« finden wir im Norden der Insel, und dort vorwiegend im Laurissilva, dem zum UNESCO-Naturerbe zählenden Lorbeerwald. Allerdings ist dies auch die regenreichste Region Madeiras und die Bedingungen sind oft nicht geeignet, um gefahrlos eine abenteuerliche Wanderung unternehmen zu können. Das bedeutet jedoch keine Einschränkung für den ambitionierten Wanderer, der die Insel Madeira in ihrer einzigartigen Vielfalt entdecken möchte. Die Verteilung der Wanderrouten über die ganze Insel bietet ein reiches Spektrum aus Wald und Meer, schroffen Felsen und tiefen Schluchten, Wildnis und ursprünglicher Kulturlandschaft. Rundwege machen jede Unternehmung sehr abwechslungsreich, auch wenn wir dafür mal ein kurzes Stück Forstpiste in Kauf nehmen müssen. Und natürlich werden auch die höchsten Gipfel und die sogenannten »Must-be-Orte« der Insel angesteuert, jedoch immer auf einsamen Pfaden, sodass wir die Hauptwanderströme allenfalls kreuzen oder kurz streifen. Hier geht es also nicht in erster Linie um Geheimtipps, sondern um die Weitergabe von Erfahrungen, die Wanderern mit Entdeckerlust unvergessliche Erlebnisse eröffnen werden.

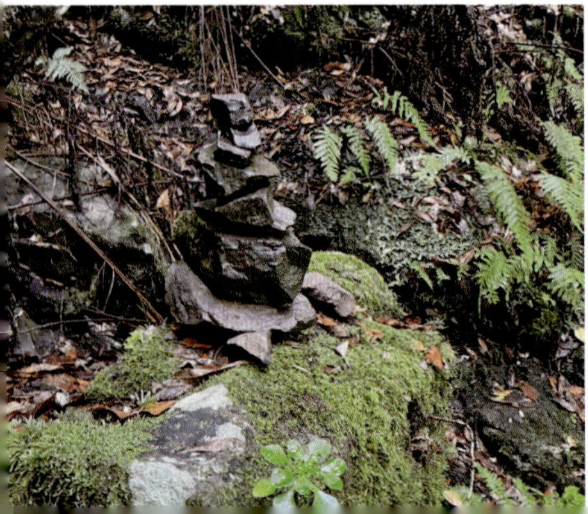

Anforderungen

Die vorgestellten Wanderungen verlaufen fast ausschließlich auf nichtbeschilderten Wanderwegen. Für »Madeira-Anfänger« ist es sinnvoll, mit leichten bis mittelschweren Touren zu beginnen, um das persönliche Leistungsniveau bezüglich Kondition, Orientierungsfähigkeit, Trittsicherheit und Schwindelfreiheit

Steinmännchen erleichtern die Spurfindung in Bachläufen.

zu überprüfen. Eine Wanderung, speziell eine Rundtour, auf Madeiras »wilden Wegen« bedarf immer einer guten Vorbereitung mittels eines Wanderführers, entweder in persona oder in Form von ausführlichen Routenbeschreibungen, wie sie in diesem Buch zu finden sind.
Zur besseren Einschätzung der jeweiligen Anforderungen sind die Touren (Tournummern) mit verschiedenen Farben gekennzeichnet. Diese Kennzeichnung bezieht sich ausschließlich auf die technischen Anforderungen. Die konditionellen Ansprüche erklären sich durch die Angabe von Höhenmetern und Gehzeit. Eine leichte Tour kann also durchaus einen ganzen Tag beanspruchen und mehrere Hundert Meter bergauf und bergab führen.

■ **Leicht**
Die Wege sind überwiegend breit und nur mäßig steil und können auch mit älteren Kindern gegangen werden. Ein gewisses Maß an Trittsicherheit ist auf Madeira jedoch grundsätzlich notwenig.

■ **Mittel**
Die Pfade und Steige sind oft schmal und manchmal steil. Sie können stellenweise ausgesetzt sein. Eine gute Grundkondition, Trittsicherheit und Schwindelfreiheit sowie ein gutes Orientierungsvermögen sind Voraussetzung.

■ **Schwierig**
Die Steige und Saumpfade sind schmal und stellenweise sehr steil, und manchmal ist auch die Zuhilfenahme der Hände nötig. Die Touren erfordern eine sehr gute Kondition, Bergwandererfahrung, absolute Trittsicherheit und Schwindelfreiheit. Sehr gute Orientierungsfähigkeit und Sachverstand in der Beurteilung der jeweiligen Situation im Gelände und der Wetterbedingungen sind ein Muss.

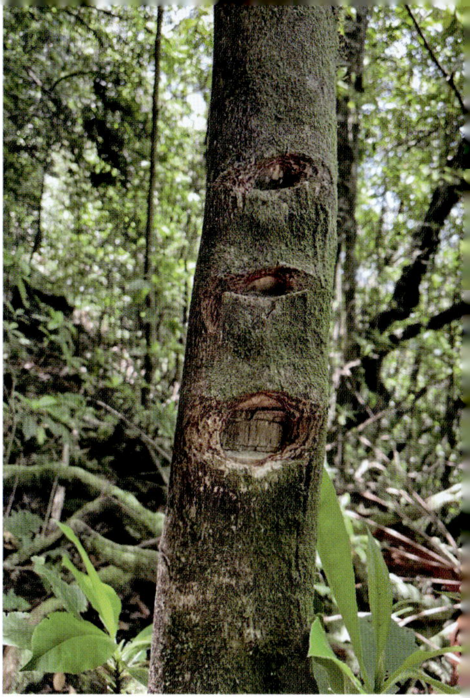

Typische Baummarkierungen für »wilde Wege«.

Je nach Jahreszeit und Witterung verschieben sich die Schwierigkeitsgrade, beziehungsweise können die Wege gefährlich oder unpassierbar sein. Jeder Wanderer sollte immer einschätzen können, wo sein persönlicher »point of no return« ist, um sich nicht in ausweglose Situationen zu versteigen.

Tourenplanung
Jede Wanderung wird in einem kurzen Eingangstext mit Besonderheiten und Hintergrundinformationen vorgestellt. Zur weiteren Planung helfen die Basisinfos, die über die Art der Tour Auskunft geben: Berg-, Levada-, Wald- oder Küstenwande-

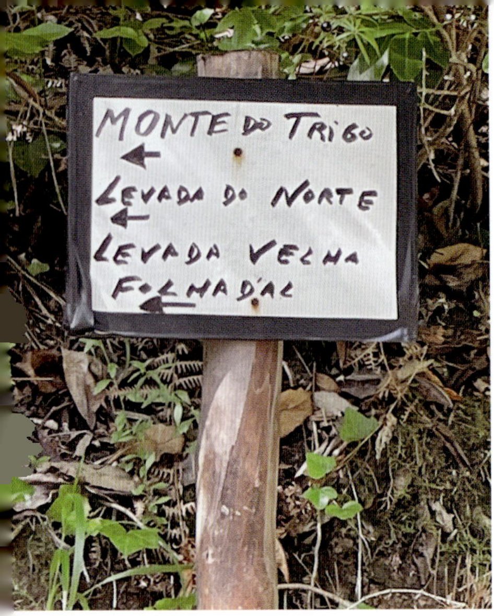

Manchmal finden sich auch handgeschriebene Schilder.

rung. Die Touren sind nach Region geordnet, sodass dem Wetter entsprechend geplant werden kann.

Eignung für Kinder

Auch wenn man auf den empfohlenen Wanderwegen öfter Kinder oder Eltern mit Kleinkind in der Kraxe sehen kann, die »wilden Wege« sind mit ganz wenigen Ausnahmen nicht wirklich familientauglich. Touren mit einem Symbol »für Kinder geeignet« sollten demnach auch nur in den trockenen Sommermonaten mit Kindern ab 10 Jahren unternommen werden, die bereits über Bergwandererfahrung verfügen.

Ausgangspunkt/Anfahrt

Vorweg: Madeira mit öffentlichen Verkehrsmitteln, sprich mit Bussen, wandernd zu erkunden, ist nicht empfehlenswert. Es wird zwar jede kleinste Siedlung angefahren, meist aber nur ein- bis zweimal täglich und am Wochenende oft gar nicht. Die Fahrpläne der drei Busgesellschaften sind selbst für Einheimische sehr verwirrend, dazu kommen Umsteigezeiten, und die Bergregionen werden überhaupt nicht angefahren.
Wo es einigermaßen sinnvoll ist, sind die Busverbindungen jeweils von und nach Funchal angegeben (siehe auch Verkehrsmittel S. 19).
Auch für Wanderer, die mit Mietwagen unterwegs sind, ist die Anfahrt von Funchal kommend beschrieben. Das Autobahn- (Via Rápida, VR) und Schnellstraßennetz (Via Expresso, VE) ermöglicht jedoch auch von jedem anderen Urlaubsort eine problemlose und zeitnahe Anfahrt.
Die Ausgangspunkte sind meistens Parkplätze, mitunter aber einfach auch der Straßenrand. In besiedelten Räumen gilt es, auf entsprechende Farbmarkierungen zu achten: weiß = freies Parken, gelb = Parkverbot, blau = kostenpflichtig. Ohne Markierung ist das Parken innerhalb und außerhalb von Ortschaften gestattet (Ausnahme: VR und VE) und kostenfrei.

Gehzeit

Die Angabe bezieht sich auf die reine Gehzeit der gesamten Tour ohne Fotostopps und Pausen, zusätzlich sollte eine Zeitreserve für »Überraschungen« eingeplant werden. Dies können umgestürzte Bäume, zugewachsene oder zerstörte Wege sowie unklare Verzweigungen von Pfaden sein, die unter Umständen auch zur Umkehr zwingen. Die Zeitangaben sind Richtwerte, die sich an berggewohnten Wanderern orientieren. Für reine Urlaubswanderer ist es sinnvoll, mindestens ein Drittel der angegebenen Zeit dazuzuschlagen.

Höhendifferenz

Die Höhenangaben sind gerundet. Durch die Topografie Madeiras sind genaue Angaben schwierig zu ermitteln. In den tiefen Schluchten werden GPS-Daten nicht immer korrekt aufgezeichnet. Auch beim Gang durch Tunnel ergeben sich falsche Messwerte (manche Navigationsgeräte ermitteln Werte, als wäre man über den Berg statt unten hindurch gegangen). Solche Fehler wurden bei den GPS-Tracks für das Buch korrigiert, sodass für jede Wanderung eine gute Annäherung der tatsächlichen Höhenmeter gewährleistet ist.

Anforderungen/Orientierung

Hier werden rein objektive Kriterien wie Kondition, Schwindelfreiheit, Trittsicherheit und Orientierungsfähigkeit genannt. Letztere ist auf Madeiras »wilden Wegen« oft das Kriterium für eine »schwarze« Tour. Dem »Lesen« der Baummarkierungen oder Sperrungen durch querliegende Äste gilt, speziell im Laurissilva, die höchste Aufmerksamkeit. Besondere Schlüsselstellen werden extra erwähnt. Wichtig dabei ist, dass es sich immer um Aussagen bei günstigen Wanderbedingungen handelt. Bei einsetzendem Regen oder aufkommendem Nebel in weglosem Gelände ist die Verwendung eines Navigationsgeräts unbedingt von Vorteil. Man sollte sich aber für die Orientierung niemals ausschließlich auf ein GPS-Gerät und GPS-Tracks verlassen. Sorgfältige Vorbereitung, eigene Orientierungsfähigkeit sowie Sachverstand in der Beurteilung der jeweiligen (Gelände-)Situation sind unbedingt erforderlich.

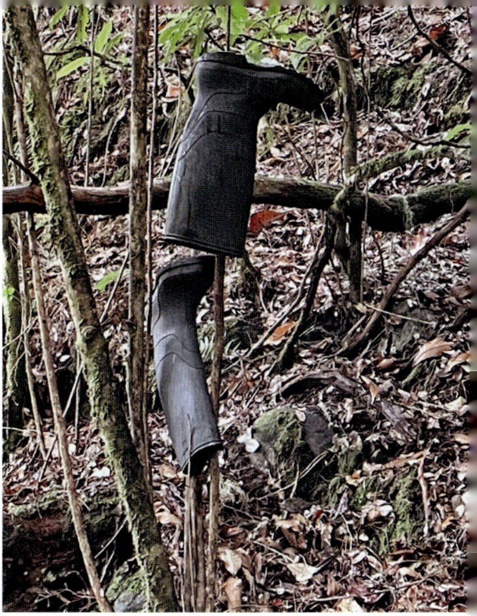

Entdeckt man Stiefel oder einen Regenumhang an der Levada, dann kann es auf den nächsten Metern richtig nass werden (bitte nicht benutzen oder mitnehmen, es ist die Arbeitskleidung des Levadeiros).

GPS-Tracks und Koordinaten der Ausgangspunkte

Auf **gps.rother.de** stehen zu diesem Wanderbuch GPS-Tracks und die Koordinaten der Ausgangspunkte zum kostenlosen Download bereit. Dieser QR-Code führt direkt zum Download.
1. Auflage, Passwort: **339601akr**
Die GPS-Tracks können in die **Rother App** importiert werden. In der App kann man unterwegs stets sehen, wo man gerade ist und wo es langgeht. **Anleitungen dazu: rother.de/gps**
Trotz sorgfältiger Prüfung können wir Fehler und zwischenzeitliche Veränderungen nicht ausschließen. Verlassen Sie sich für die Orientierung niemals einzig und allein auf die GPS-Daten, sondern beurteilen Sie die Verhältnisse vor Ort.

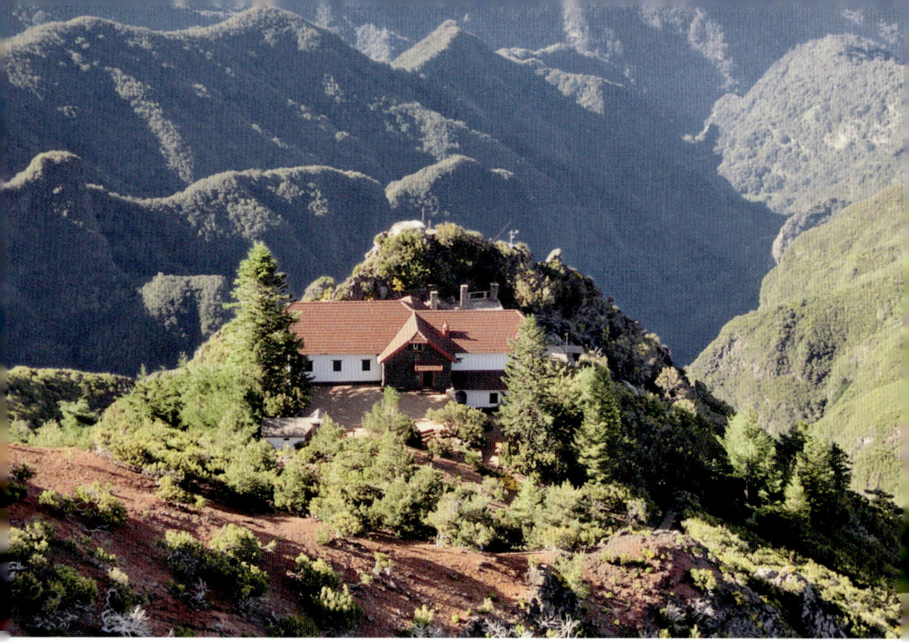

Die Berghütte Casa de Abrigo do Pico Ruivo.

Einkehr/Übernachtung

Auf Madeira gibt es nur eine einzige Hütte, die Casa de Abrigo do Pico Ruivo. Sie liegt unterhalb des höchsten Gipfels und in ihr kann auch unangemeldet übernachtet werden (im Juli und August besser anmelden!). Bei den meisten Touren lässt sich eine Einkehr nur am Start- bzw. Endpunkt realisieren. Es sollte also immer genügend Trinkwasser und Proviant im Rucksack sein!

Varianten

Hier finden sich Vorschläge für kürzere/längere Wandermöglichkeiten, beispielsweise um die Rückkehr auf der Straße abzukürzen oder eben zu vermeiden. Manchmal ist die Variante auch als Ausweichmöglichkeit bei Wetterumschwung eine sichere Alternative.

Karten/GPS-Daten

Den Kartenausschnitten in diesem Buch liegt die Wanderkarte Madeira im Maßstab 1:30.000 von Freytag & Berndt zugrunde. Auch von Kompass und Tours&Trail gibt es Wanderkarten, die in der Praxis jedoch nicht ausreichend geeignet sind, denn viele der vorgestellten Wege sind darin nicht verzeichnet. Am besten empfiehlt sich zur Mitnahme auf die Wanderungen die detailgetreue topografische Karte Portugal 1:25.000 Blatt 9 Madeira (Carta Militar de Portugal – Série P821 – 1/25 000 (Madeira) – Instituto Geográfico do Exército (IGeoE) – Portugal).
Zu jeder Wanderung wird ein GPS-Track im Standardformat gpx mitgeliefert. Die Nutzung ist mit jedem Smartphone und der Rother-App oder mit einem Navigationsgerät möglich und unbedingt sinnvoll, speziell bei den schwarzen Touren. Auf keinen Fall darf man sich jedoch ausschließlich auf den GPS-Track verlassen, da im schluchtenreichen Inselrelief nicht überall mit Satellitenempfang zu rechnen ist.

Der Umwelt zuliebe ...

Auch beim Wandern hinterlassen wir einen ökologischen Fußabdruck, aber im Einklang mit der Natur unterwegs zu sein, ist gar nicht so schwer!

VORBEREITUNG UND ANFAHRT

- Sich vorab informieren, worauf in Bezug auf Natur und Umwelt in der jeweiligen Wanderregion besonders zu achten ist.
- Soweit möglich mit Bahn und Bus anreisen, Wander- und Rufbusse nutzen.
- Ist eine Anfahrt mit dem Auto nötig, Fahrgemeinschaften bilden.
- Bei weiten Anfahrten Mehrtagestouren planen oder von einem Quartier vor Ort aus mehrere Touren absolvieren.
- Flugreisen möglichst reduzieren und durch Beiträge zu Klimaschutzprojekten kompensieren.

KLEIDUNG UND AUSRÜSTUNG

- Beim Kauf von Outdoor-Kleidung auf umweltfreundliche und faire Herstellung achten und Kleidungsstücke möglichst viele Jahre nutzen.
- Ausrüstung kann man eventuell auch gebraucht kaufen oder ausleihen.
- Reparieren statt neu kaufen.

VERPFLEGUNG

- Beim Einkauf Bio-Ware, regionale und saisonale Erzeugnisse bevorzugen.
- Hütten und Gasthäuser auswählen, die regionale Produkte verwenden.
- Auf Einwegflaschen und Plastikverpackungen verzichten, stattdessen wiederverwendbare Trinkflaschen und Brotzeitboxen benutzen.

ÜBERNACHTUNG

- Bei lokalen Anbietern buchen, damit Menschen vor Ort profitieren.
- Auf Hütten und in anderen Unterkünften Strom und Wasser sparen.

UNTERWEGS

- Wege benutzen und Abkürzer vermeiden.
- Sperrungen von Wegen und Schutzgebieten respektieren.
- Keine Blumen pflücken und keine Pflanzen entnehmen.
- Waldbrandgefahr beachten.
- Müll wieder mit nach Hause nehmen und dort entsorgen.
- Toilettengänge in freier Natur möglichst vermeiden.
- Lärm vermeiden.
- Hunde an die Leine nehmen.

ROTHER
BERGVERLAG

Wandern auf Madeira

Beste Wanderzeit

Die atlantische Insel Madeira ist ein Ganzjahres-Wanderziel. Das gilt nicht nur für Touren in der erweiterten Küstenregion, sondern auch für die Berge, deren Gipfel über 1800 m liegen. Dieses Bergmassiv im Zentrum der Insel spielt eine große Rolle für die Wetterereignisse. Es wirkt wie eine Wetterscheide: Kommen die Passatwinde aus Nordost, wie das zu drei Viertel des Jahres der Fall ist, bleibt der Süden warm und trocken. Von November bis Februar liegt die Insel unter Einfluss des Antipassats mit Winden aus Nordwest-West. Dann wird man sich den Osten für eine Wanderung aussuchen. Ganz unabhängig vom Blick auf die Wetterkarte ist man an Tagen, an denen der Leste, ein heißer trockener Wind aus Afrika, herüberweht. In dieser Zeit bleibt der Himmel wolkenlos und nur ein schwacher Dunstschleier liegt in der Luft. Allerdings bringt der Leste hohe Temperaturen vor allem in der Bergregion mit sich. Kurz gesagt – bis auf wenige Tage im Jahr findet sich auf Madeira immer eine Region mit guten Wanderbedingungen.

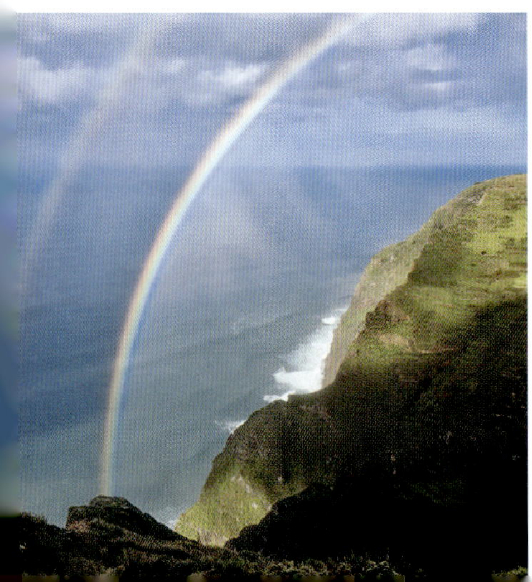

Klima und Jahreszeiten

Der Inselarchipel Madeira ist gekennzeichnet durch ein ganzjährig ausgeglichenes Klima. Durch seine Lage im – vom Golfstrom abzweigenden – Kanarenstrom fließen im Sommer kühlende Luftmassen über die Inseln und im Winter wärmende, denn die Wassertemperaturen des Meeresstroms bewegen sich konstant zwischen 22 Grad im Sommer und 18 Grad im Winter. Es wird zwar immer vom »ewigen Frühling« auf Madeira gesprochen, stimmiger ist jedoch eine jahreszeitliche Einteilung in Regenzeit und Trockenzeit. Die regenreichen Monate sind Oktober bis April, diese entsprechen am ehesten einem mitteleuropäischen Herbst. Dann können die Temperaturen in den Höhenlagen für wenige Tage auch schon mal unter den Gefrierpunkt sinken und es kann etwas Schnee fallen. Auf der Nordseite ist es in dieser Jahreszeit oft kühl und nass. Im südlichen Bereich hingegen bleibt es warm, und dort regnet es von Mai bis September so gut wie gar nicht. Die UV-Strahlungswerte erreichen in diesen Monaten Äquatorialniveau!

Wetter

Wie aus den vorangegangen Kapiteln schon ersichtlich, gibt es auf der Insel Madeira kein einheitliches Wetter. Positiv ausgedrückt heißt das: Irgendwo scheint immer die Sonne. Für Wanderungen in den Bergen gilt es, früh loszuziehen, denn im Laufe des Tages steigen die Wolken. Für die mittleren Lagen ist eher die Auswahl Nord oder Süd, Ost oder West entscheidend, je nachdem, woher

Faszination Regenbogen in den Herbstmonaten.

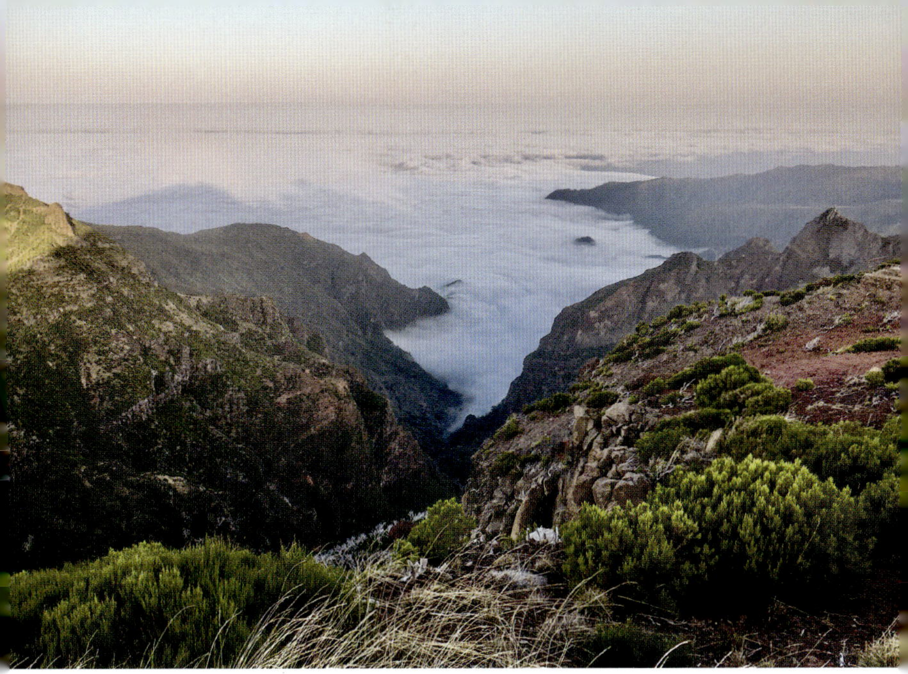

Abendstimmung auf dem Gipfel des Pico Ruivo.

der Wind weht. Eine Entscheidung nach dem Motto »Wo wollen wir denn heute wandern?« wird uns also meist von der Wettervorhersage abgenommen. Es lohnt, sich mit verschiedenen meteorologischen Diensten auseinanderzusetzen, um einen guten Überblick zur Gesamtwetterlage zu bekommen und unangenehme Überraschungen zu minimieren. Empfehlenswert ist die App des lokalen Wetterdienstes »Ciimar Madeira Weather«. Damit lässt sich jeder Ort auf der Insel, einschließlich strategisch interessanter Wanderpunkte, mit Vorhersage für die nächsten zwei Tage und stundenaktuell über Webcams ansteuern. Längere Vorhersagen sind nur bedingt zuverlässig, hier hat sich der Dienst von »Windy« am besten bewährt.
Zu beachten sind unbedingt die Warnmeldungen des Zivilschutzes bei Extrem-Wetterlagen. Die APP von »ProCiv Madeira« gibt außerdem Hinweise über Sperrungen von Straßen und Wanderwegen und lässt bei Notruf eine schnelle Ortung zu.

Sprache

Auf Madeira wird Portugiesisch gesprochen. Vielerorts kommt man jedoch gut mit Englisch oder Spanisch zurecht.

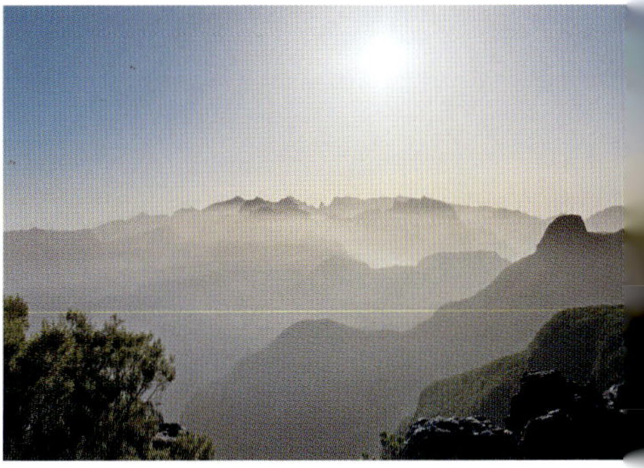

Dieser Sonnenaufgang verspricht einen heißen, trockenen Sommertag.

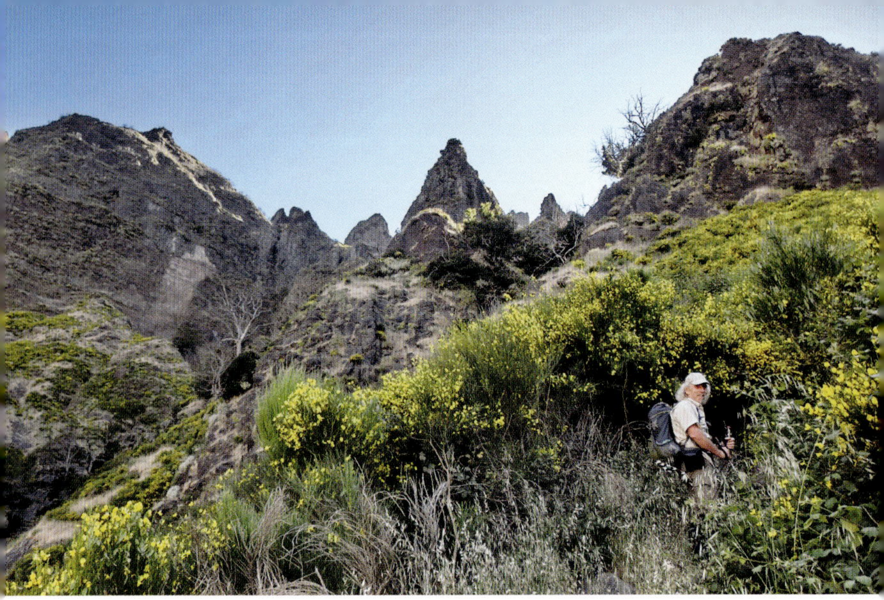

Frühsommerliche Blütenwogen rund um den Pico do Furão (Tour 39).

WICHTIGE ADRESSEN UND TELEFONNUMMERN

Visit Madeira (Fremdenverkehrsamt)
visitmadeira.com/de/ausflugsmoeglichkeiten/naturliebhaber/aktivitaeten/wandern/

Übersicht und Zustandsmeldungen für die empfohlenen Wanderwege
ifcn.madeira.gov.pt/atividades-de-natureza/percursos-pedestres-recomendados.html
forum-madeira.eu

Geführte Wilde-Wege-Wanderungen
madeirawonderhikes.com

Rundwanderungen auf Madeira
madeira-rundwanderungen.blogspot.com mit Zustandsberichten.

Warnmeldungen für Unwetter, Feuer etc. vom Zivilschutz
über die App ProCiv Madeira

Geografische Vielfalt Madeira
geodiversidade.madeira.gov.pt/en/

Ethnografisches Museum
Ribeira Brava, Rua de São Francisco 24, www.facebook.com/museuetnografico.damadeira

Jugendherbergen
Zentrale Buchung für Funchal, Santana, Porto Moniz, Estreito da Calheta: madeira.gov.pt/drj/pt-pt/Estrutura/DRJ/Areas/Centros-de-Juventude

Berghütte
Casa de Abrigo do Pico Ruivo (Selbstversorgerhütte), picoruivo.com, E-Mail: info@picoruivo.com, Tel. +351 960 296 224 / 962 560 029

Campingplatz
Ribeira da Janela/Porto Moniz
Tel. +351 291 853 856

Wild campen
Nur an ausgewiesenen Plätzen mit Erlaubnisschein!
simplifica.madeira.gov.pt

Verkehrsmittel

Die Anreise nach Madeira ist nur mit dem Flugzeug möglich, da es seit etlichen Jahren keine Fährverbindungen mehr zum Festland gibt.

Die öffentlichen Verkehrsmittel sind **Busse**, die von drei privaten Gesellschaften geführt werden und sich den Westen, den Osten und den Großraum Funchal aufteilen.

- rodoeste.com.pt
  App Rodoeste
- sam.pt
  APP SAM Madeira Bus
- www.horariosdofunchal.pt
  APP HF Bus
- madeira-bus.com (Gesamtüberblick zu allen Busgesellschaften)

Taxiunternehmen: An gut besuchten Start- und Endpunkten von Wanderungen stehen Fahrzeuge zum Rücktransport bereit bzw. ist eine Telefonnummer zu finden, über die man ein Taxi rufen kann. Es ist jedoch vorteilhaft, sich bereits vor der Wanderung mit einem Taxifahrer zu verabreden, der dann bei Anruf den Hin- oder Rücktransport übernimmt. Voraussichtlich werden im Laufe des Jahres 2024 die Telefonnummern durch die App Izzy.Move ersetzt. Taxifahrten kann man auch unter madeira-island-taxis.com und taximadeira.com buchen.

Mietwagen können direkt am Flughafen übernommen werden. Dort sind die großen Firmen mit ihren Flotten vertreten.

Unterkunft

Madeira ist in den letzten Jahren ein sehr beliebtes Reise- und Wanderziel geworden. Es ist deshalb ratsam, sich frühzeitig um ein Hotelzimmer oder eine Ferienwohnung zu bemühen. Ohne Mietwagen ist man am flexibelsten mit Ausgangspunkt Funchal Zentrum. Im Sommer kann man durchaus eine Unterkunft im Norden wählen und damit die Anfahrt zu den schönsten Wanderregionen kurz halten. In den Wintermonaten ist es besser, im Süden oder Südwesten zu wohnen, um bei Regen im Norden und in den Bergen die attraktiven Küstenwanderungen zu entdecken.

Die Jugendherbergen auf Madeira sind sehr empfehlenswert. Bei frühzeitiger Buchung kann man auch ein Doppelzimmer mit eigenem Bad bekommen.

Ausrüstung

Ob man lieber mit Trailschuhen oder Bergstiefeln unterwegs sein möchte, hängt von den persönlichen Vorlieben ab, wichtig ist aber ein kräftiges, rutschsicheres Profil. Ein leichter Regenschutz sollte immer im Rucksack sein, genau wie eine winddichte Jacke. Die Kleidung darf gerne farbig sein, damit man im Notfall auch gesehen wird. Lange reißfeste Hosen, oder Gamaschen, wenn man lieber in kurzen Hosen wandert, haben sich

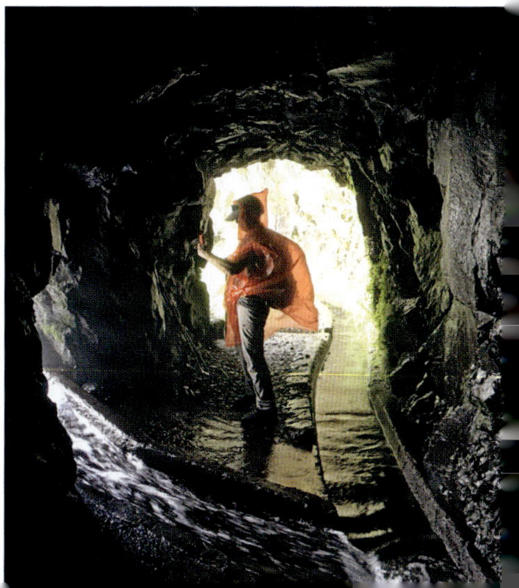

Für die Levada do Seixal und den Tunnel am Hortelã-Wasserfall ist ein Regenschutz sinnvoll (Tour 11).

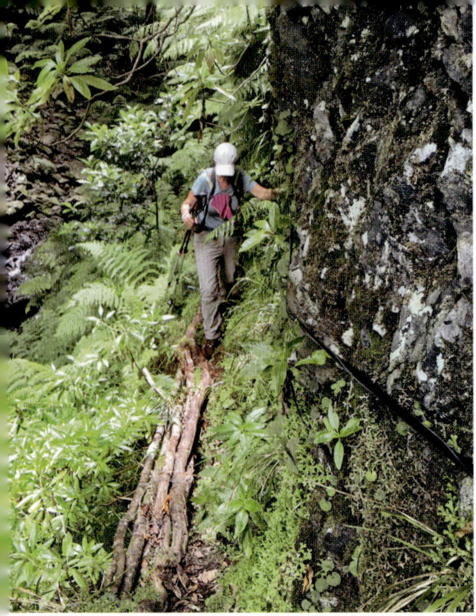

Abgerutschte Wegpassagen werden oft mit einfachsten Mitteln gesichert (Tour 11).

als Dornenschutz (Brombeeren und Stechginster) bewährt. Unverzichtbar sind Taschenlampe und eine Trillerpfeife (siehe Notfall/Bergrettung S. 21). Unbedingt empfohlen wird ein GPS-Gerät oder Smartphone mit Navigations-App. Auch ein Erste-Hilfe-Set und Sonnenschutz (LSF 50 und Kopfbedeckung) gehören in den Rucksack. Wer gut mit Wanderstöcken unterwegs sein kann, sollte eher eine stabile, etwas schwerere Version mit Schnellspanner-Arretierung wählen – beim Auf- und Abstieg in felsigem Gelände werden beide Hände frei gebraucht, beim Abstieg durch den Wald oft nur ein Stock, der extrem verlängert wird. Ein Helm wird nur bei Tunnelwanderungen benötigt (siehe Tour 18).

Sicherheit

Auch wenn wir es Küsten- oder Wald- oder Levadawanderung nennen, auf Madeira ist jede Wilde-Wege-Tour eine Bergwanderung und birgt somit Gefahren, die man im Auge haben muss, sobald man die ausgetretenen Pfade verlässt. Die häufigsten Ursachen für eine Notsituation sind bei unseren Wanderungen Probleme

Die längst stillgelegte Levada da Ribeiro do Inferno überrascht mit versteckten Tunneln (Tour 15).

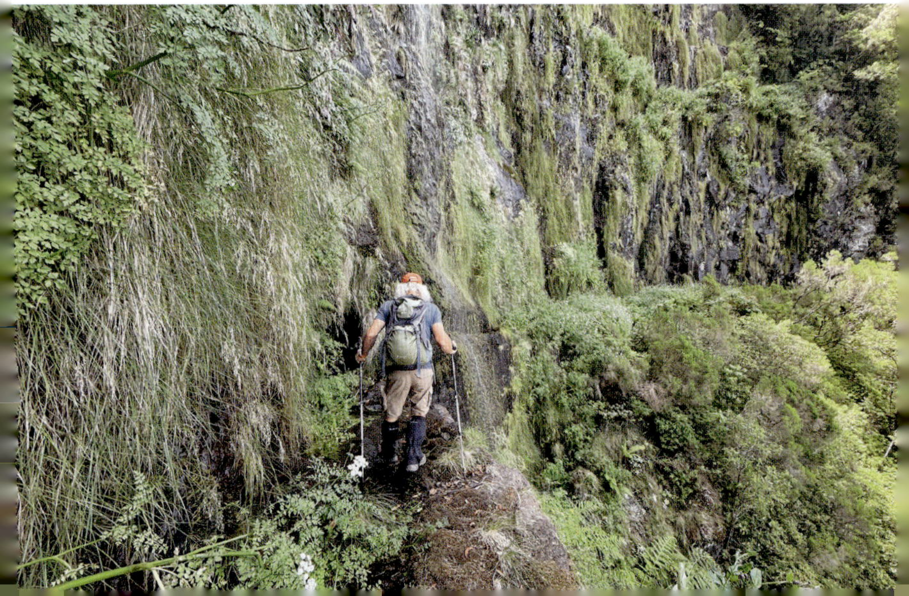

mit der Orientierung: Das können stark verwachsene Pfade sein oder nicht auffindbare Baummarkierungen, Spuren, die sich im Wald verlieren, unklare Verzweigungen oder Sperrungen, die die Zeit knapp werden lassen. Auch erfahrene Berggänger merken bald auf Madeiras »wilden Wegen«, dass vieles anders und auch schwieriger sein kann als in den europäischen Mittelgebirgen oder in den Alpen. Sich mit einfachen Touren einzulaufen, mit den mittelschweren sein Potenzial auszutesten und dann erst eine »schwarze« Tour anzugehen, ist die beste Gewähr, um nicht in Schwierigkeiten zu kommen. Madeira-»Neulinge« sollten sich für die schwarzen Touren einen lokalen Bergführer buchen.

»Wilde Wege« eignen sich nicht für Trekkingtouren! Ein großer, schwerer Rucksack ist in den Levadatunneln hinderlich und auf den teilweise ausgesetzten Pfaden gefährlich.

Neben diesen speziellen Gefahrenpotenzialen müssen auch die allgemeinen genannt werden:

- Schlechte Wetterverhältnisse mit Starkregen und Wind können Erdrutsche und Baumbruch verursachen und verbieten eine Wanderung in der gefährdeten Region.
- Schlechte Sicht im weglosen Gelände kann gefährlich werden. Im Zweifel sollte man auf eine bekannte Strecke ausweichen oder zurückgehen.
- Die Ausrutsch- und Absturzgefahr ist im exponierten Gelände nicht nur bei Nässe gegeben. Auch loses Gestein oder ein dicker Laubteppich können bei unbedachten Schritten einen Sturz oder ein Ausgleiten verursachen.

Grundsätzlich sollten »wilde Wege« nicht alleine begangen werden. Wer darauf nicht verzichten kann, sollte zumindest in der Unterkunft oder bei Bekannten seine geplante Tour hinterlegt haben.

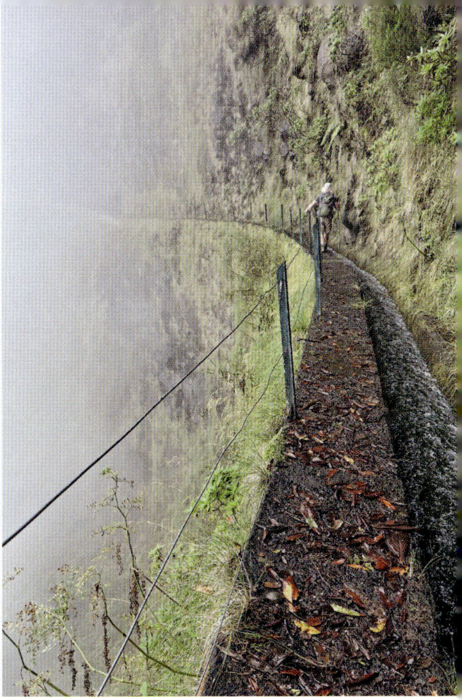

Levada do Norte – Vorsicht ist geboten, wenn die Levadamauern von nassen Blättern bedeckt sind (Tour 18).

Notfall/Bergrettung

Wenn man trotz guter Vorbereitung und Umsicht in eine Notsituation gerät, ist ruhige Überlegung vor dem Griff zum Mobiltelefon angesagt. Antworten auf die Fragen, wo man sich befindet und was passiert ist, müssen parat sein. Wenn man Empfang hat, gilt es, die 112 anzurufen bzw. den Notruf der ProCiv-App zu gebrauchen und sich mit jemandem, der Englisch spricht, verbinden zu lassen. Andernfalls kommt die Trillerpfeife zum Einsatz: sechsmal pfeifen in regelmäßigen Abständen und auf Antwort warten. Wiederholen, bis ein dreimaliges Pfeifen als Antwort zu hören ist.

Landschaft, Flora und Fauna

Auf »wilden Wegen« zu wandern, bedeutet, mit Umsicht und Konzentration unterwegs zu sein, um den Weg, den Pfad oder die Spur nicht aus den Augen zu verlieren. Doch zum intensiven Erleben einer Wanderung gehört auch das Stehenbleiben, das Innehalten. Dabei geht es ja nicht allein um vordergründig spektakuläre Panoramen. Jeder »wilde Weg« auf Madeira ist einzigartig mit überwältigender oder auch ganz leiser, kostbarer Natur. Wer sich neugierig, dennoch achtsam in der Natur bewegt, nichts zurücklässt außer Fußspuren, wird auf Madeira viele Eindrücke gewinnen: Seien es die Pflanzen, die Vogelwelt, das Gestein oder die von Menschen geschaffenen und zum Teil längst verlassenen Behausungen und Relikte, die von den unermüdlichen Bemühungen zeugen, auf dieser Insel wirtschaften und (über-) leben zu können.

Geografie und Geologie

Madeira ist die Hauptinsel des Madeira-Archipels und liegt im Atlantik 900 km vom südlichsten Punkt Portugals entfernt. Geografisch ist es eher dem afrikanischen als dem europäischen Kontinent zuzurechnen, politisch und kulturell sind die Inseln aber zu hundert Prozent europäisch. Seit 1978 ist der Madeira-Archipel eine autonome Region innerhalb des portugiesischen Staates, und seit Portugal 1986 Mitglied der europäischen Union ist, profitiert die Insel von den Entwicklungfonds für strukturschwache Regionen. Inzwischen ist der Tourismus Madeiras größter Wirtschaftsfaktor, doch dem Boom sind Grenzen gesetzt. Mit 742 km² ist sie zwar etwa so groß wie die Hansestadt Hamburg, da die Insel jedoch nur die sichtbare Spitze eines gewaltigen Bergmassivs mit mehr als hundert Schluchten dar-

Ein erkalteter Lavastrom und rotes Tuffgestein bei Madalena do Mar zeigen die ehemalige vulkanische Aktivität.

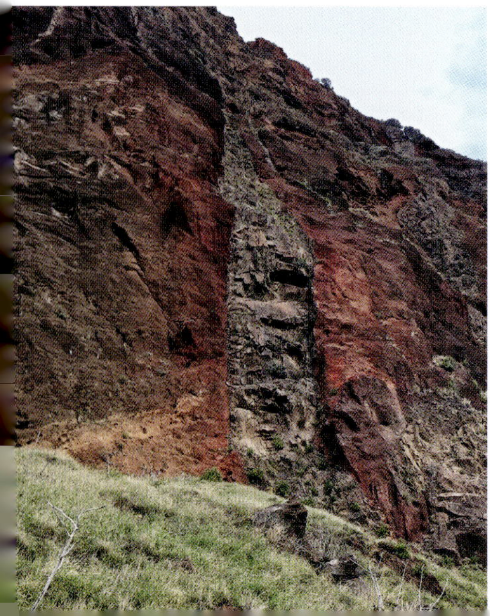

Im Mündungsgebiet der Ribeira da Janela ist die radiale Aufspaltung von Unterwasserlava in eine Walze zu sehen.

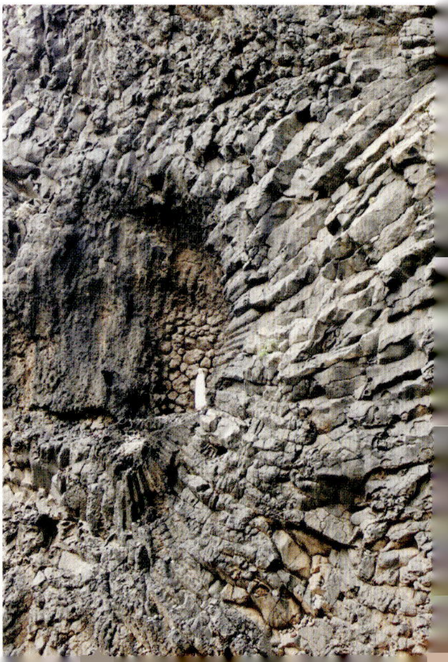

stellt, ist die Landfläche, die sich zur Besiedlung eignet, sehr knapp und die Bevölkerungszahl mit 250.000 Bewohnern sehr hoch.
Die steile Nordküste und der Lorbeerwald, die Hochebene Paúl da Serra und das zentrale Gebirgsmassiv stehen zum größten Teil unter Naturschutz bzw. unterliegen strengen Auflagen durch die Anerkennung als Weltnaturerbe durch die UNESCO. Die Topografie stellt jedoch per se den besten Schutz vor Überbevölkerung dar.
Das Gebirge im Meer mit vier Gipfeln über 1800 m Höhe und vier weiteren über der 1500-m-Marke ist sozusagen die Ruine eines Jahrmillionen alten Vulkans. Dieses vulkanische Erbe Madeiras ist aller Orten sichtbar, auch wenn die letzten Eruptionen schon ein paar Tausend Jahre zurückliegen. Der Wechsel von dunklem Basaltgestein aus ehemaligen Lavaströmen und rotem Tuff – zu Gestein gepresster Asche und Schlacke, die bei Vulkanausbrüchen hinausgeschleudert wurden – ist Zeuge dieser Vergangenheit.
Und während noch Vulkane tätig waren, haben der Wind und das Meer am Gestein genagt und bizarre, atemberaubend hohe Klippen entstehen lassen. Die Erosionstätigkeit wird aber auch im Inneren der Insel sichtbar, wo zahlreiche erloschene Vulkanschlote und beeindruckend hohe Basaltwände freigelegt wurden. Letztere sehen aus wie von Menschen geschaffenes Mauerwerk mit waagerecht ausgerichteten Fugen in sechskantigen Basaltsäulen. Zugleich haben Gebirgsbäche und Niederschläge das Massiv zerfurcht und vielfach tief eingeschnitten und damit Madeira zu einem der schluchtenreichsten Gebiete der Erde gemacht.

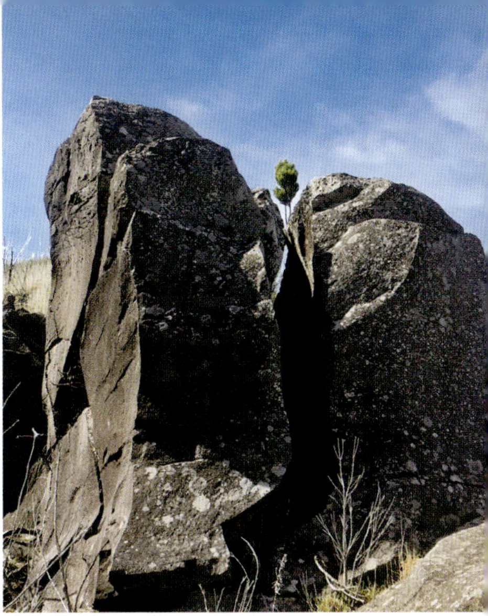

Irgendwann werden die Wurzeln des jetzt noch kleinen Bäumchens den Felsspalt ausfüllen.

Riesige, freistehende Basaltwand am Pico do Milhafre (Tour 26).

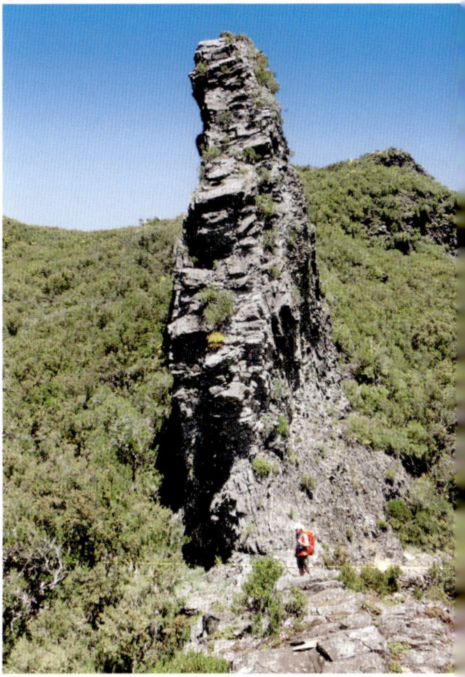

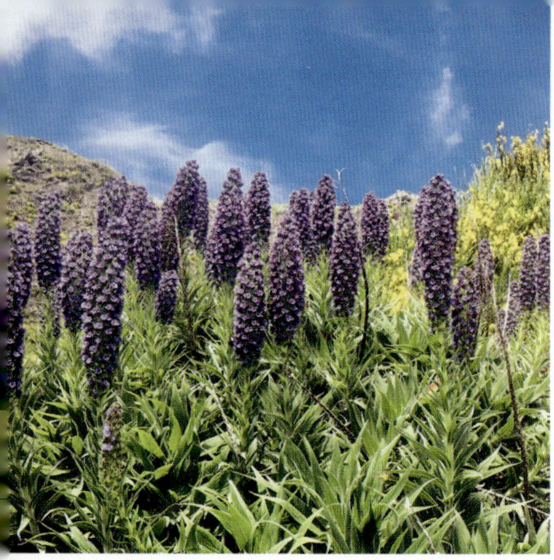

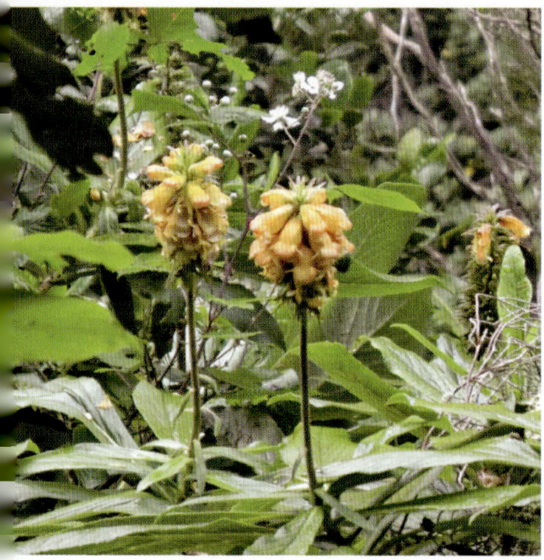

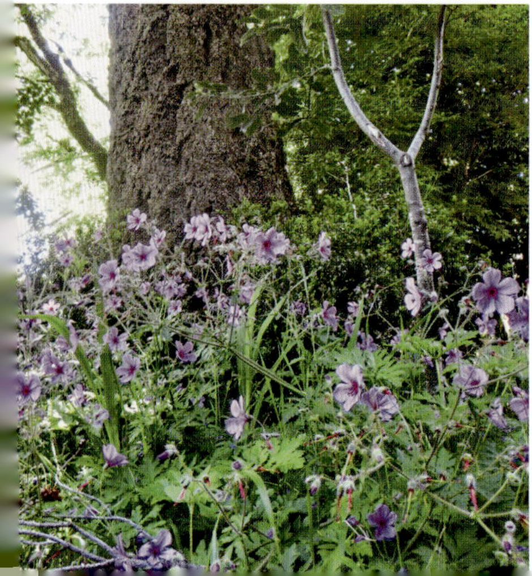

Flora

Viel wird über die Blumeninsel Madeira geschrieben, und tatsächlich erleben Reisende bei der Ankunft zunächst zu jeder Jahreszeit blühende Parks und Gärten. In den Bergen und den Wäldern ist die Natur mit den Blüten nicht ganz so freizügig. Hier gibt es, wie auch in Mitteleuropa, den großen Blütenrausch im Frühsommer von Mai bis Anfang Juli, je nachdem in welcher Höhenlage wir uns bewegen. Einheimische Pflanzen, wie der Stolz von Madeira, die Strauch-Gänsedistel und verschiedene Margeriten-, Storchschnabel- und Orchideenarten, zaubern einen Garten Eden von der Küste bis hinauf zu den höchsten Gipfeln. Dazu färbt der nicht-heimische Besenginster (*Cytisus scoparius*) die grünen Flanken der Berge satt gelb, und blaue und weiße Schmucklilien (*Agapanthus africanus*) begleiten die Wege und Levadas. Auch Letztere gehören zu den eingeführten Pflanzen und sind wegen ihres starken Ausbreitungsdrangs nicht ganz unproblematisch. Echte Probleme – auch für Wanderer – können jedoch die dekorativen Girlandenblumen (*Hedychium gardnerianum*) im Norden und der Stechginster (*Ulex europaeus*) auf der Hochebene Paúl da Serra bereiten. Wer allerdings einen Schopffingerhut (*Isoplexis sceptrum*) oder sogar die Riesenglockenblume (*Musschia wollastonii;* siehe Foto S. 73) im Lorbeerwald entdecken kann, darf sich glücklich schätzen – sie sind äußerst selten.

Von oben nach unten: Stolz von Madeira (Echium candicans), Madeira-Schopffingerhut (Isoplexis sceptrum), Anemonenblättriger Storchschnabel (Geranium palmatum).

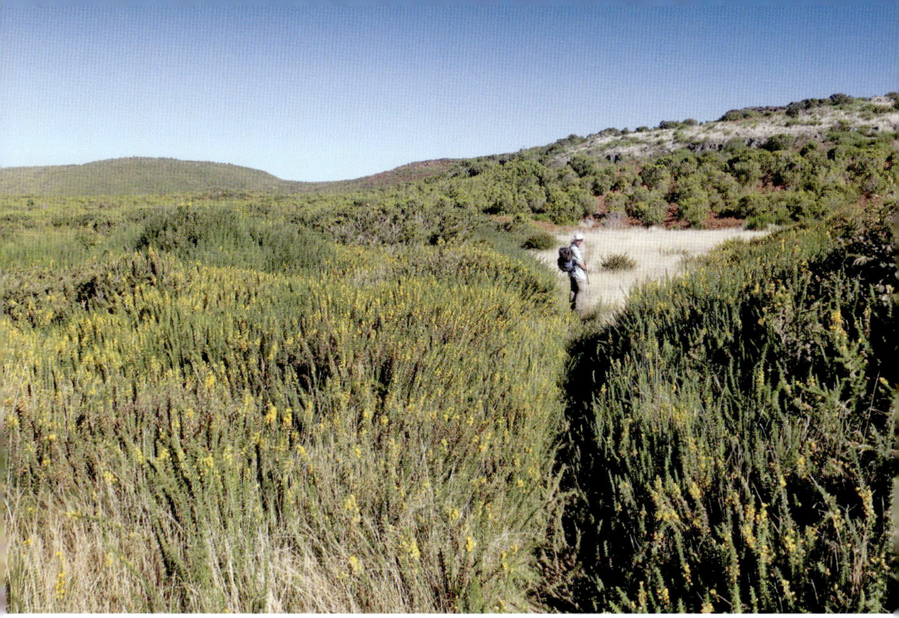

Die leuchtend gelben Blüten des Stechginsters sind schön anzusehen, doch wenn dieser Pfad zuwächst, hat man als Wanderer keine Chance mehr, dann hilft nur noch umkehren.

Der Lorbeerwald – Laurissilva: Seit Tausenden von Jahren wehen Passatwinde über den Archipel Madeira. Und seit Tausenden von Jahren kondensiert die vom Wind getragene Feuchtigkeit an den Blättern und Nadeln von Lorbeerbäumen und Baumheiden. Das Wasser tropft von den Blättern ab, versickert im Boden und nährt die Wurzeln des einheimischen Baumheide-Busch- und Lorbeerwalds, bevor es in Tausenden von Quellen wieder zutage tritt. Im Hochgebirge und in den Wäldern sind neben den Bäumen auch die Moose wichtig für den Wasserhaushalt durch ihre hohe Effizienz beim Zurückhalten von Wasser aus Nebel und Regen, im Mineralienkreislauf und bei der Produktion von Biomasse. Die Pflanzenwelt des Lorbeerwalds trägt also ganz entscheidend zum Mikroklima und zum Erhalt eines intakten Ökosystems bei.

Der mächtigste Vertreter dieser Pflanzengemeinschaft ist der Stinklorbeer (*Ocotea foetens*, Til), der in einer Höhenlage von 1100 bis 1500 Metern wächst und im Fanal am Nordrand der Hochebene Paúl da Serra mit Methusalem-Exemplaren

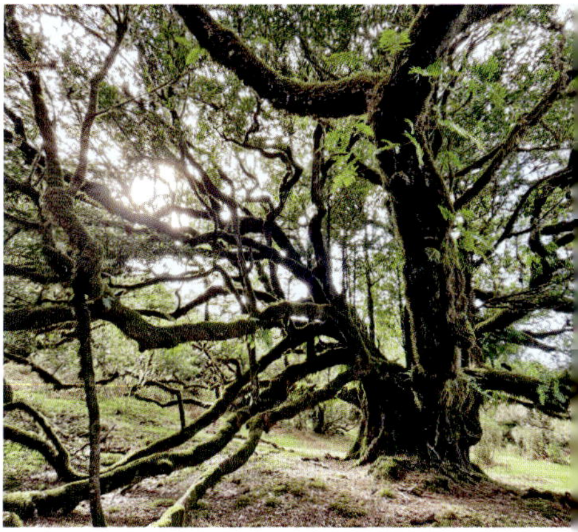

Ein mächtiger, uralter Stinklorbeerbaum.

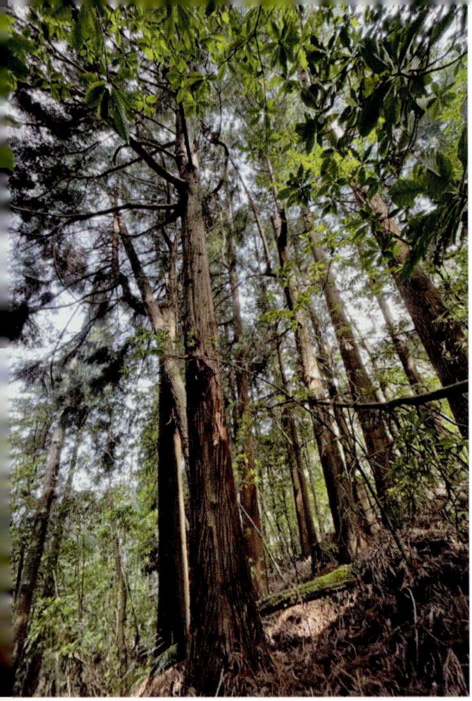

Alte Exemplare des Zedernwacholders im Tal der Ribeira da Camisa.

zu bewundern ist. In derselben Zone begegnen wir auch dem Kanarischen Lorbeer (*Laurus novocanariensis*, Loureiro), der im Norden noch immer große Bestände bildet. Seine entrindeten Zweige wurden ursprünglich für das Nationalgericht »Espetada«, einen Fleischspieß, verwendet. Die beiden Bäume unterscheiden sich nicht nur in der Höhe, sondern vor allem durch die Früchte. Stinklorbeerfrüchte sehen aus wie Eicheln, die des Kanarischen Lorbeer wie Oliven. In tieferen und wärmeren Lagen gedeiht der Madeira-Mahagoni (*Persea indica*, Vinhático). Seine Blätter färben sich leuchtend rot, bevor sie abfallen. Bis zur Küste hinunter finden wir das Kanarische Ebenholz (*Apollonias barbujana*, Barbusano) mit seinen stark glänzenden, tiefgrünen Blättern. Dort gedeiht auch der relativ kleine, duftende Maiblumenbaum (*Clethra arborea*, Folhado) mit auffälligen weißen Blütenrispen, die an Maiglöckchen erinnern. Nur noch selten ist der Weißstock (*Picconia excelsa*, Pau Branco) zu finden. Das Holz des Baumes mit der weißen Rinde wurde früher zur Herstellung der Weinpressen und für die Fertigung der Korbschlittenkufen verwendet. Wie alle vorher genannten steht auch er seit 1982 unter Schutz. Ebenso selten ist der Zedernwacholder (*Juniperus cedrus*, Cedro-da-Madeira) im Bergland geworden. Das einst häufig vorkommende Nadelgehölz ist aufgrund seines hohen ätherischen Ölgehalts resistent gegen Insektenfraß

Kegelkopfmoose finden sich an frischen und feuchten Erdstandorten.

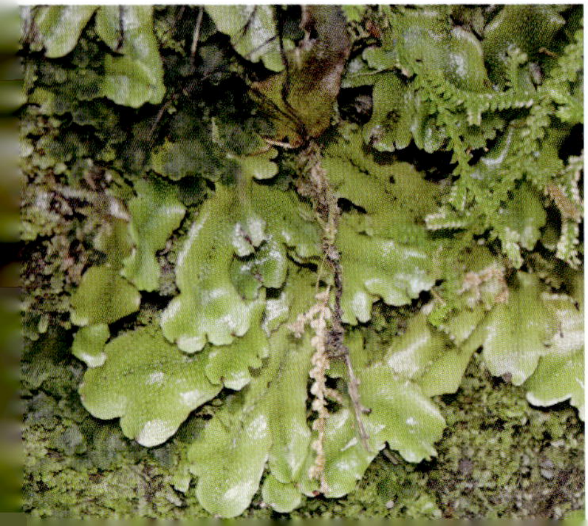

Talerfarne gedeihen in schattigen Felsspalten.

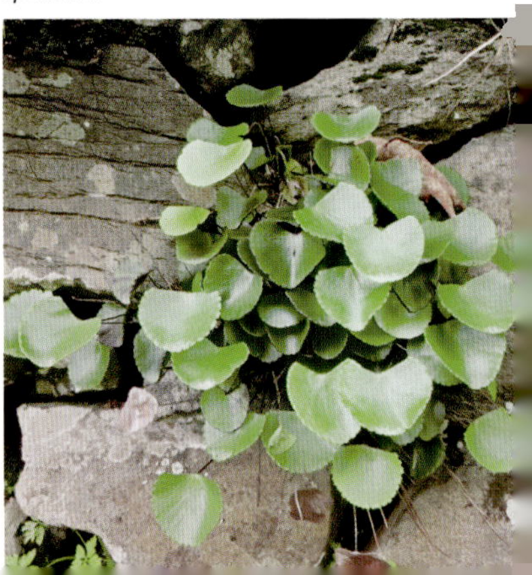

und fand deshalb vielfältige Verwendung. Die geschnitzten Decken der Kathedrale in Funchal und der Kirche in Calheta sind aus Zedernwacholder. Einen anderen Verwendungszweck fand die Baumheide (*Erica arborea*, Urze), die zusammen mit der Madeira-Besenheide (*Erica scoparia maderincola*, Urze-das-vassouras) oberhalb der Lorbeerwaldzone ausgedehnte Wälder bildete. Ihr Holz wurde gesammelt und zu Holzkohle verbrannt. Diese schlichten Köhlerstätten können wir bei aufmerksamem Hinschauen oft mitten im Wald entdecken. Zu dieser Fels- und Gebirgslebensgemeinschaft gehören noch die drei bis vier Meter hohe Madeira-Heidelbeere (*Vaccinum padifolium*, Uva-da-Serra) mit essbaren Früchten und die Wachsmyrte (*Myrica faya*, Faia). Erst spät entdeckte der Mensch, dass der Wert dieser Bäume weniger in der Nutzung ihres Holzes oder ihrer Früchte liegt, sondern dass sie überlebenswichtig für die Wasserversorgung der Bewohner von Madeira sind. Der Laurissilva speichert nicht nur Regenwasser, die Bäume »saugen« Wasser regelrecht aus den Wolken.

Nicht weniger beeindruckend als die Bäume des Lorbeerwaldes sind die

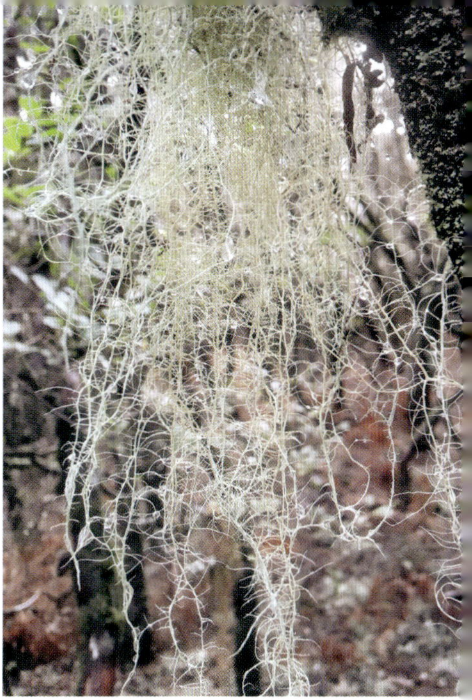

Flechten hängen wie Engelshaar von den Bäumen und sammeln Wassertröpfchen ein.

Moose und Flechten. Man muss kein Botaniker sein, um sich für diese vielfältige grüne Lebensgemeinschaft begeistern zu können. Kaum irgendwo auf der Welt finden Wandernde so viel Biodiversität auf kleinstem Raum. Laubmoose, Lebermoose und

Pilze in allen Formen und Farben. Der an Lorbeerbäumen wachsende Pilz Madre do Louro (links) wird in der traditionellen Medizin zu Heilzwecken verwendet.

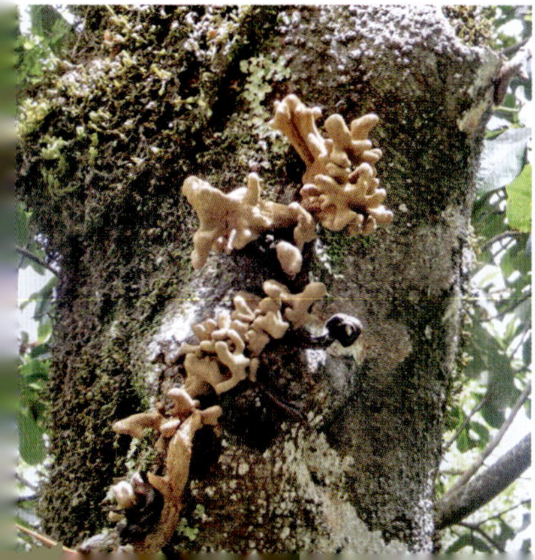

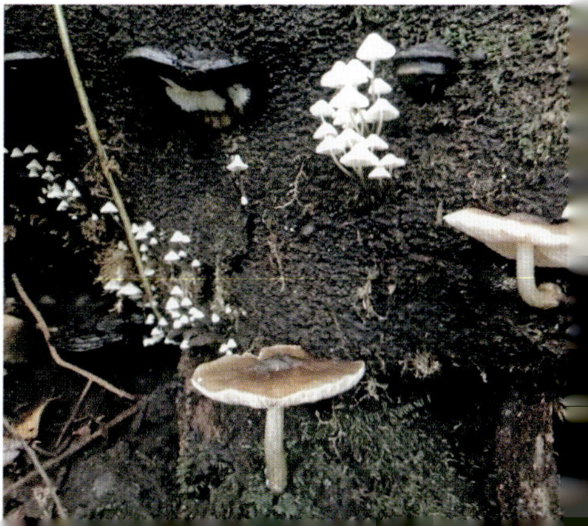

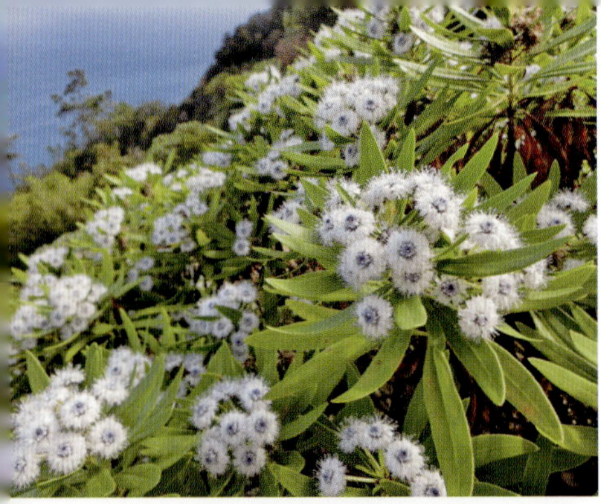

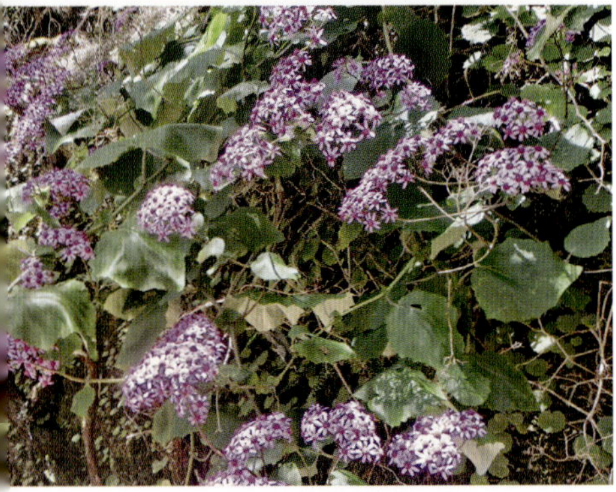

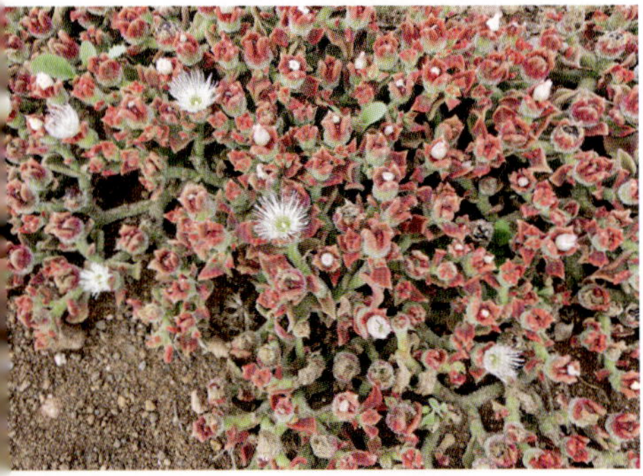

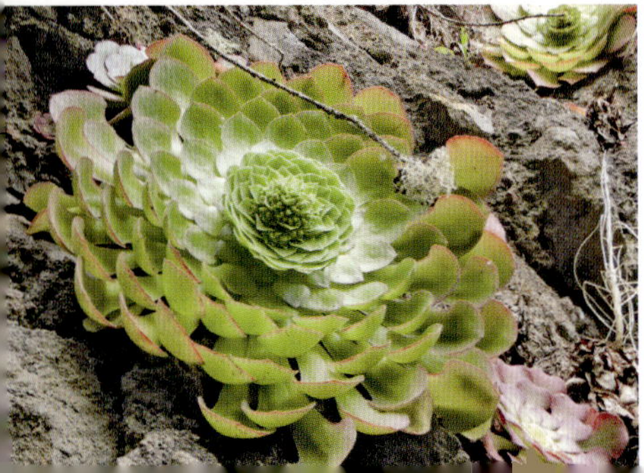

Hornmoose machen mit mehr als 500 unterschiedlichen Arten 7 Prozent der weltweiten botanischen Artenvielfalt aus – nur auf der kleinen Insel Madeira! Sie besiedeln Böden, Hänge, Felsen, Äste und Stämme, bilden zusammenhängende Flussufergemeinschaften.
Und nicht zu übersehen: die Vielzahl von **Farnen** – von zart und winzig bis meterhoch. Sie gehören zu den ältesten Pflanzenarten und viele von ihnen sind endemisch, also nur auf Madeira zu finden.
Und dann sind da noch die **Pilze**: Wie in Mitteleuropa sprießen sie in der feuchten Jahreszeit, manche farbig leuchtend. Das Sammeln von Pilzen sollte man mangels Kenntnissen auf Madeira allerdings unterlassen und sich auf das Betrachten beschränken.
Während wir in den Steilhängen der Nordseite Madeiras noch große Gebiete natürlicher Lebensräume finden, haben die Besiedelung und die Landwirtschaft in den Küstenbereichen und Gebieten mittlerer Höhe zu tiefgreifenden Veränderungen geführt. Die ursprüngliche Waldgemeinschaft des **Zambujal** mit wilden Oliven- und Drachenbäumen (*Olea europaea ssp. maderensis* und *Dracaena draco*) gibt es nur noch in einigen unzugänglichen Flusstälern. Eine überwiegend niedrig wachsende endemische Vegetation, deren Sträucher selten mehr als einen Meter hoch werden, kann aber durchaus bei Küstenwanderungen noch entdeckt werden.

Von oben nach unten: Weidenartige Kugelblume (Globularia salicina), Madeira-Cinerarie (Pericallis Aurita), Eiskraut (Mesembryanthemum crystallinum) und die »Untertassenpflanze« Drüsenäonium (Aeonium glutinosum).

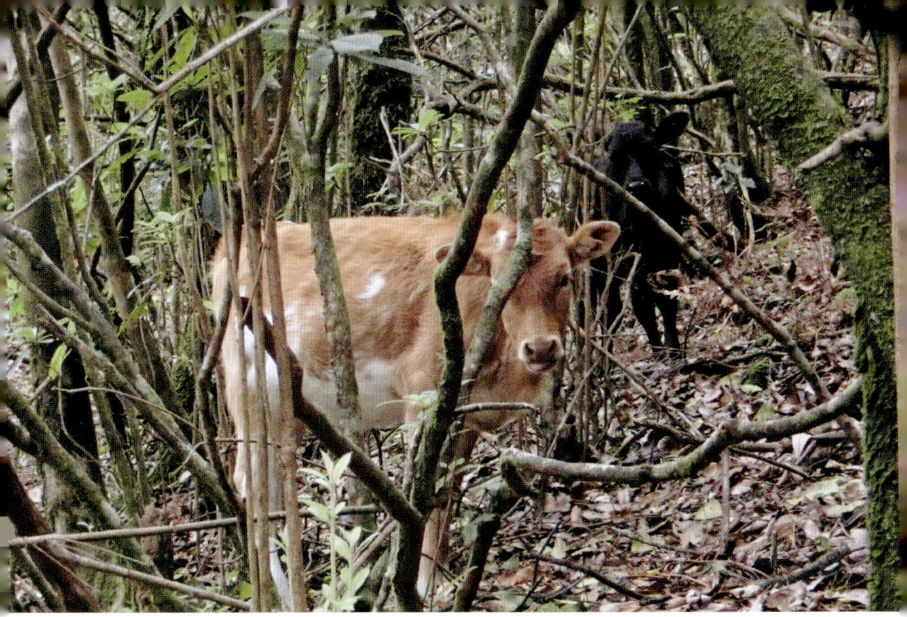

Junge Abenteurer, die sich beim Anblick von Wanderern schnell im Wald verstecken.

Fauna

Wildtiere sind auf Madeira rar. Fledermäuse, Kaninchen, Mäuse und Ratten sind die einzigen wild lebenden Säugetiere. Alle anderen, die uns auf unseren Wanderungen begegnen können, sind Haus- oder Nutztiere. Gefährliche oder giftige Wildtiere gibt es nicht. Wenn es also im Unterholz oder in den Baumwipfeln raschelt, brauchen wir uns auch nicht vor Schlangen zu fürchten. Es sind nur kleine Reptilien und Vögel. Zecken gibt es, die Übertragung von Borreliose ist allerdings selten. Die Frühsommer-Meningoenzephalitis kommt nicht vor. Wespenallergiker sollten im Spätsommer das Zentralmassiv meiden, da sich auffallend viele Wespen in den freien Lagen heimisch gemacht haben.

Die Madeira-Eidechse (*Lagartixa da Madeira, Lacerta dugesii*) ist endemisch und vom Meeresspiegel bis hinauf zum höchsten Gipfel, dem Pico Ruivo, anzutreffen.

Was wir im Lorbeerwald häufig über uns hören können, weil sie laut polternd aufflattert, aber fast nie zu Gesicht bekommen, ist die Madeira-Silberhalstaube (*Columba trocaz*), ein großer, exklusiver Vogel des Laurissilva. Sie war und ist als Fruchtfresser maßgeblich an der Aussaat der Lorbeerwälder beteiligt und gilt praktisch als lebendes Fossil.

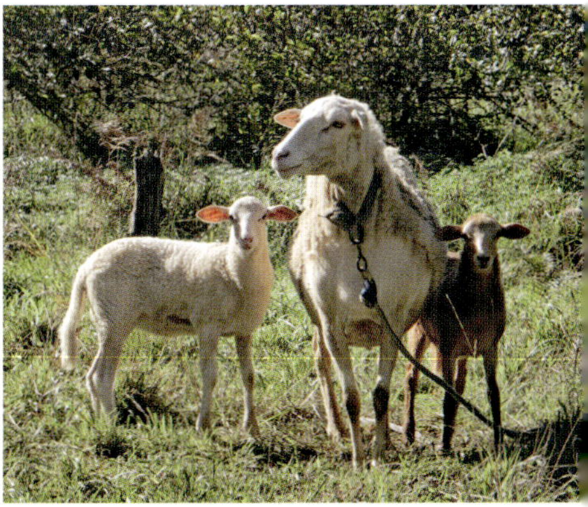

Die Haltung von Schafen erfolgt schon lange nicht mehr in Herden.

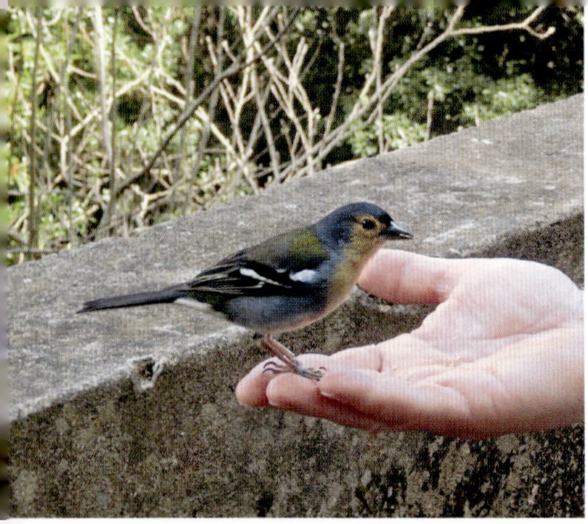

Ein Buchfink, der auf ein paar Krümel wartet.

Das Madeira-Goldhähnchen (*Regulus ignicapillus madeirense*) und der Madeira-Buchfink (*Fringilla coelebs*) gesellen sich jedoch gerne zu uns Wanderern. Ersteres fällt zunächst durch seinen charakteristischen Ruf auf, der aus einem kurzen, hohen Ton besteht, der recht laut wiederholt wird: »bis-bis, bis-bis«. Mit seinem gelben bzw. orangeroten Kamm lässt sich der winzige Vogel selbst in dichtem Gebüsch schnell entdecken. Die Buchfinken sind entlang von Wasserläufen und vor allem an Picknickplätzen häufig anzutreffen und nähern sich uns Menschen bis auf die Hand oder Stiefelspitze.

In der offenen Bergregion ziehen Madeira-Bussarde (*Buteo buteo harterti*, Manta) majestätisch ihre Kreise, während die Kanaren-Turmfalken (*Falco tinnunculus canariensis*), an der Küste und in den großen Tälern recht häufig zu beobachten sind.

Riskant erscheinende Flugmanöver an Klippen genauso wie an Levadas leisten sich die Einfarbsegler (*Apus unicolor*), die gerne mit Schwalben verwechselt werden. Sie sind jedoch deutlich größer und haben einen sehr reißenden Flug – mitunter zischt es richtig über unseren Köpfen.

Kaum vom Boden kommen jedoch die Rothühner (*Alectoris rufa*). Es sind Fasanenvögel, die mehr laufen als fliegen. Wir begegnen ihnen oft auf der Hochebene Paúl da Serra, da sie dort zu Jagdzwecken immer neu ausgesetzt werden. Andernfalls wären sie wohl schon längst ausgestorben.

Ein Rothuhn, das ausnahmsweise nicht scheu davonläuft.

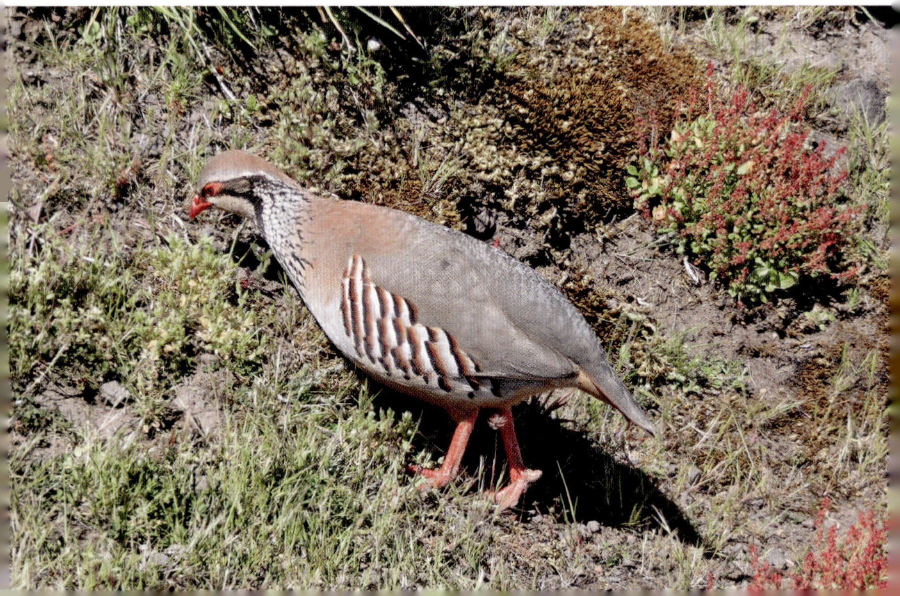

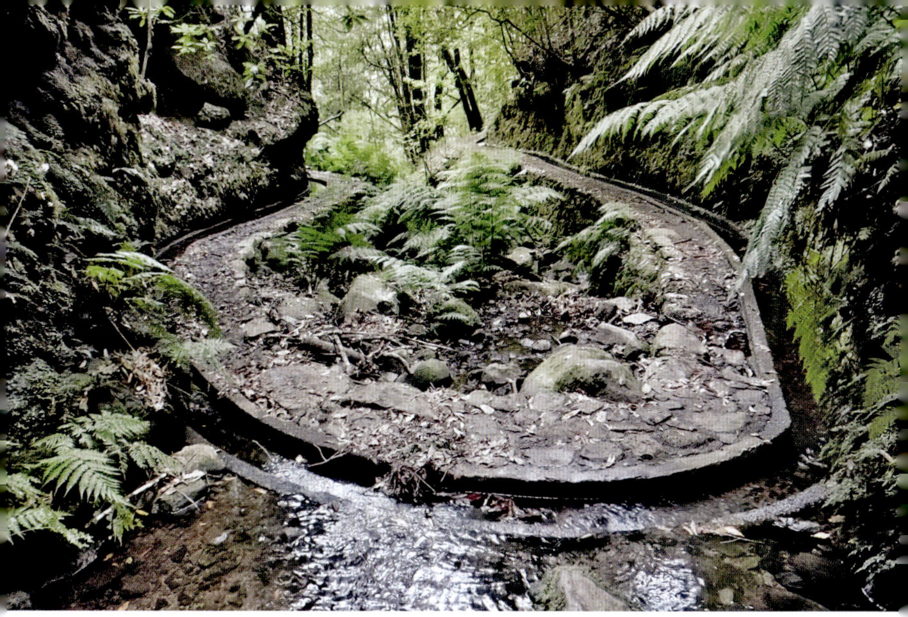

Die schönste Schleife an der Levada dos Cedros (Tour 10).

Levadas und Wassermühlen

Madeiras Levadas sind ein weit verzweigtes System von Kanälen und Aquädukten, die das aus Flüssen, Bächen oder Quellen gesammelte Wasser über die Insel »bringen« (das portugiesische Verb »levar« war Namensgeber für den Begriff Levada).

Ihr Ursprung geht auf die ersten Besiedelungen Madeiras im 15. Jahrhundert zurück. Zu jener Zeit waren es einfache, kurze Wasserwege, die ins Gestein gegraben wurden oder aus hölzernen Rinnen bestanden. Zur Bewässerung der landwirtschaftlichen Flächen, insbesondere der Zuckerrohrfelder (Zuckerrohr war die erste Kulturpflanze von hohem wirtschaftlichen Wert), und später für den Weinanbau wurde die Technik der Konstruktion immer weiter verbessert und das Netz der Levadas kontinuierlich ausgebaut. Mitte des 19. Jahrhunderts begann man damit, das Wasser aus dem niederschlagsreichen Norden durch Tunnel in den trockenen Süden zu leiten. Und 100 Jahre später konnte ein kühner Plan umgesetzt werden, der mit dem Bau neuer Levadas die Wasser-

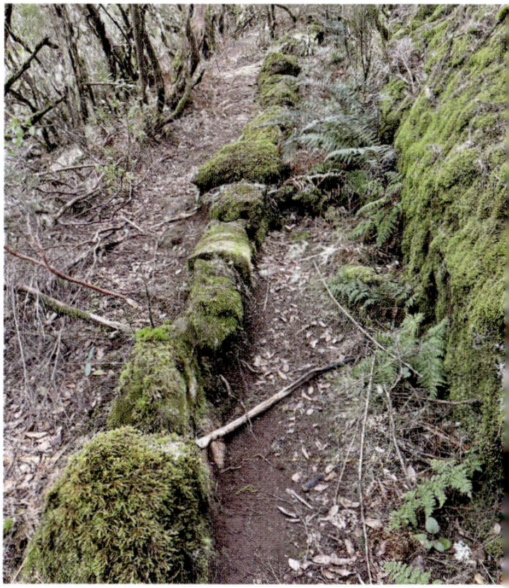

Seit Jahrzehnten stillgelegt und dennoch immer noch sichtbar: das Bett der Levada da Senhora.

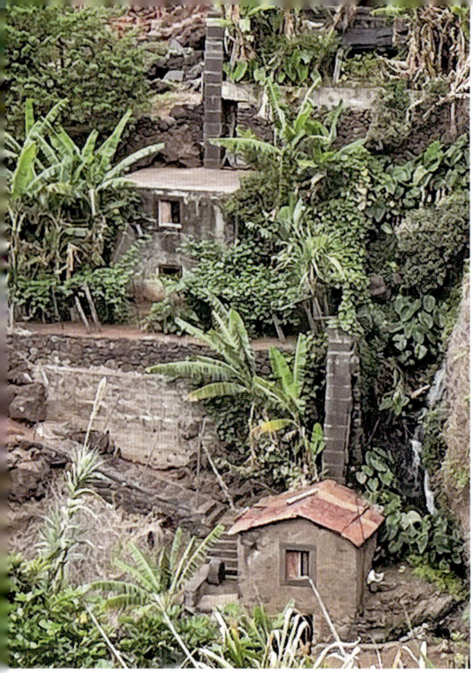

Zwei ehemalige Wassermühlen, deutlich erkennbar an den Drucktürmen.

versorgung mit der Erzeugung von Energie kombinieren sollte. Heute sind sie ein historisches und kulturelles Wahrzeichen, nicht nur wegen ihrer Geschichte, sondern weil sie mit einer Gesamtlänge von 3100 Kilometer auf einer wirklich kleinen Insel (Madeira misst nur 742 km² mit maximal 55 km Ost–West- und 23 km Nord–Süd-Ausdehnung) ein außergewöhnliches Beispiel für die Nutzung von Wasserressourcen darstellen.

In den 1980er-Jahren wurden die Levadas als Wanderattraktion bekannt. Man machte sich den Umstand zunutze, dass fast immer ein Weg neben der Levada verläuft, um ihren Unterhalt zu gewährleisten. Diese Wege sind allerdings von sehr unterschiedlicher Beschaffenheit: selten so breit, um Spaziergänge zuzulassen, oft schmal und bisweilen ausgesetzt und nicht immer mit Geländern oder Seilen gesichert, sodass viele Levadas per se schon zu den »wilden« Wegen gehören. Dies gilt insbesondere bei den sogenannten Vertikal-Levadas, die quasi in Falllinie an den Berghängen verlaufen. Einzigartig ist, dass sich aufgrund dieses über Jahrhunderte gewachsenen Wegenetzes für Wandernde endlose Möglichkeiten ergeben, tief ins Inselinnere vorzudringen. Selbst entlang längst aufgegebener Levadas ist immer noch eine Spur zu finden, die uns in einen intensiven Kontakt mit der faszinierenden Natur Madeiras bringt.

Interessant ist auch die Tatsache, dass viele Levadas, die ursprünglich

Mühlsteine in der Mühlenruine von Achadas da Cruz.

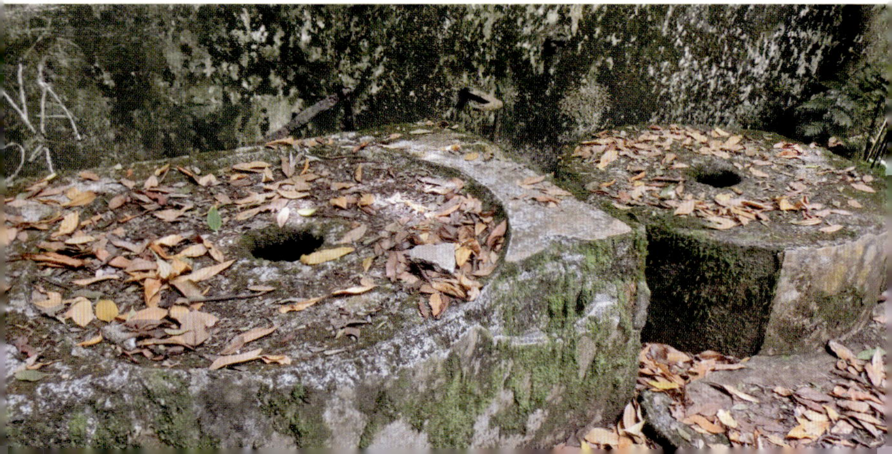

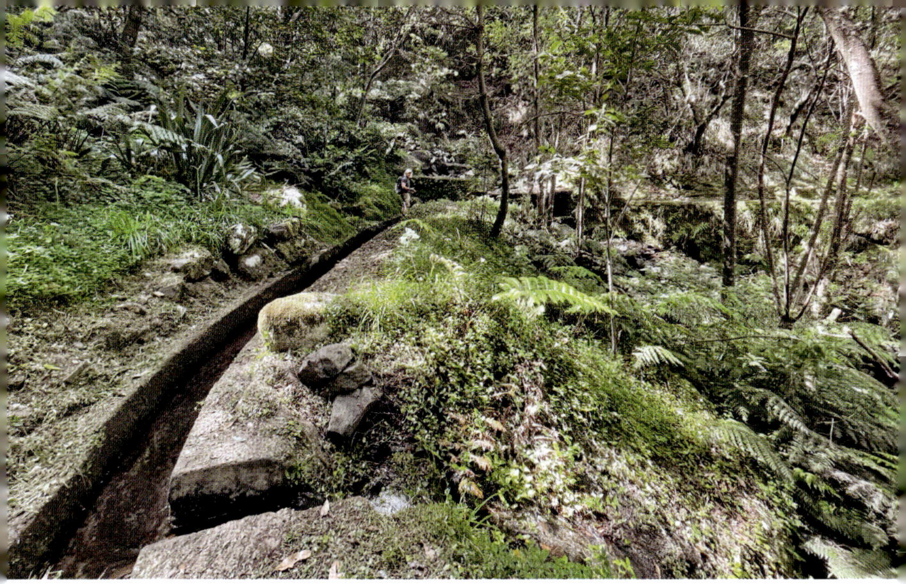

Führt die Levada nach starken Regenfällen zu viel Wasser, wird über Ableitungen reguliert.

zur Bewässerung landwirtschaftlicher Flächen gebaut worden waren, auch für Wassermühlen und den Antrieb von Sägewerken genutzt wurden. Meist in Hanglagen oder an Levadastufen ließ sich die Fallenergie des Wassers in nutzbare hydraulische Energie umwandeln. Die Wassermühlen Madeiras sind einfach zu erkennen, wenn ihre monumentalen Türme, die manchmal an Schornsteine erinnern, am Gebäude noch sichtbar sind. Der meist senkrechte, zylindrische Druckturm – Kubus – aus dickem Steinmauerwerk, später auch aus Beton, mit einem Innendurchmesser von etwa einem Meter und einer Höhe von bis zu zehn Meter ermöglichte den Antrieb der Mühlsteine durch horizontale Wasserräder. Auf Tour 32 sind einige Beispiele dieses kulturgeschichtlichen Erbes zu entdecken. Wer mehr Interesse daran findet, kann sich im ethnografischen Museum in Ribeira Brava anschaulich informieren.

»As levadas são caminhos no Paraíso, que paradisíaco é tudo quanto se vê, ouve e sente ... A água vadia vem cantando por entrerochas cobertas de musgos, por entre rendados fetos, por entre árvores; brilha acolhá, que nem prata, desparece além, aparece de novo, adelgaçando-se numas rochas, despenhando-se de outras e enche de ritmo de silêncio.«

»Die Levadas sind Wege zum Paradies, das Paradies ist alles, was man sieht, hört und fühlt ... Das wandernde Wasser kommt singend durch moosbewachsene Felsen, durch filigrane Farne, durch Bäume. Es glänzt warm, wie Silber, es verschwindet und taucht wieder auf, es gleitet über Felsen oder durchbricht sie und erfüllt den Rhythmus der Stille.

(Ferreira de Castro, 1937 – Schriftsteller und Journalist)

1 Hoch über dem Ribeira-Brava-Tal

Von Fajã da Ribeira zur Levada do Baixo

4.30 Std. | 8,3 km | ↗490 m | ↘560 m

Aussichtsreiche Wanderung in den Steilhängen

Es ist manchmal kaum zu glauben, in welchen Steilhängen Menschen auf Madeira einst gelebt und kleinste Felder bewirtschaftet haben. Im Ribeira-Brava-Tal sind noch viele Wohnhöhlen und einfache, winzig kleine Häuser bzw. deren Ruinen zu finden. Kochstellen, Gärtchen und Schlafkammern zeugen von ihren ehemaligen Bewohnern. Die Wege dorthin sind oft kurios: Im Tal herrscht reger Autoverkehr, wird eingekauft, liegt ein hochmodernes Sportzentrum, doch sobald man sich ein paar Schritte bergauf bewegt, gelangt man in eine andere Welt. Diese Wanderung verbindet den Einblick in das Leben der einfachen Leute mit der Erkundung historischer, kleiner, aber noch funktionierender Levadas, und beeindruckt außerdem mit spektakulären Aussichten.

Ausgangspunkt: Fajã da Ribeira, Parkplatz, 95 m. Anfahrt von Funchal auf der VR 1 bis Ribeira Brava und dem Hinweis Richtung Zentrum folgen. Beim ersten Kreisverkehr nimmt man die zweite Ausfahrt Richtung São Vicente und biegt nach 300 m rechts über eine Brücke ab nach Fajã da Ribeira. Nach der Brücke links fahren und weitere 400 m bergauf bis zu einem kleinen Parkplatz am Ortseingang.
Bus: mit der Linie Rodoeste Nr. 6 bis zum Sportplatz Meia Légua oder den Busfahrer bitten, an der Brücke nach Fajã da Ribeira aussteigen zu dürfen.
Endpunkt: Ribeira Brava, Largo das Heredias, 20 m, im Zentrum.
Anforderungen: Der Aufstieg über einen gesicherten Treppenweg ist einfach bis moderat, das kurze Stück entlang der Levada do Norte ist sehr leicht. Ab dem Abstieg in und durch die Schlucht der Ribeira Funda wird der Weg zunehmend schwieriger, sowohl was die Orientierung als auch die Trittsicherheit und Schwindelfreiheit entlang der beiden Levadas betrifft.
Einkehr: Bar Jamaica nahe dem Miradouro da Cruz und in Ribeira Brava.
Hinweise: Die Tour nur bei eindeutig guten Wetterverhältnissen begehen.
Für den Zugang zur Klamm der Ribeira Funda ist ein Taschenmesser mit Scherenfunktion hilfreich, um den Brombeer-»Vorhang« am Eingang zu lichten.

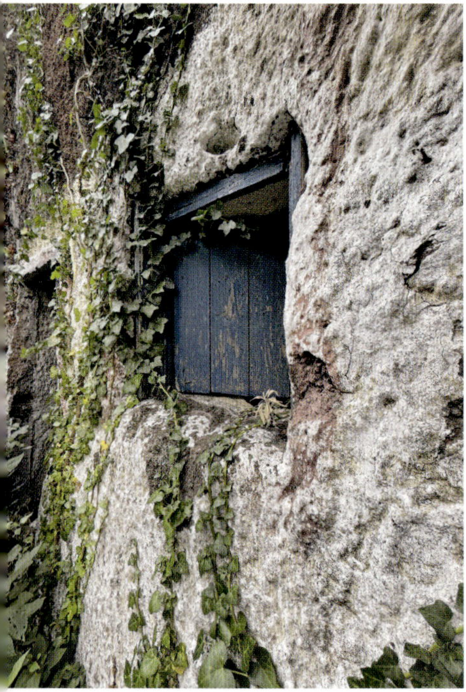

Ehemalige Wohnhöhlen auf dem Weg nach Eira do Mourão.

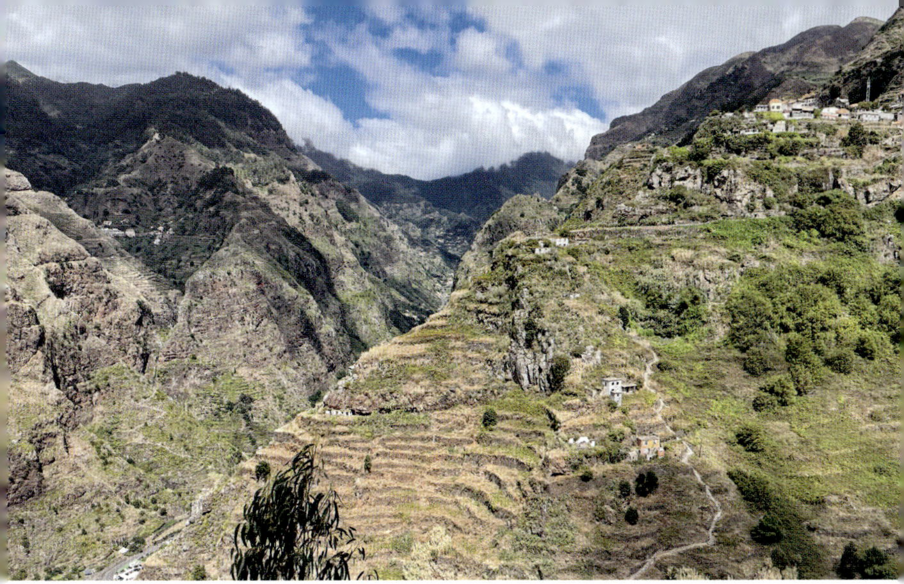

Blick zum Encumeada-Pass, im Vordergrund ist der Treppenaufstieg nach Eira do Mourão zu sehen.

Wir gehen vom Parkplatz in **Fajã da Ribeira** ❶, 95 m, die Straße aufwärts, bis nach 150 m rechts ein Treppenweg abzweigt. Am Ende der Treppe treffen wir auf die Hinweistafel »Vereda da Eira do Mourão«, dort beginnt der Aufstieg auf einem gestuften Weg. Nach 25 Min. kommen wir an eine Weggabelung und halten uns links, weiter entgegen der Fließrichtung an der kleinen Levada entlang. Wir passieren eine **Höhlenwohnung** ❷, 310 m, wie sie im Ribeira-Brava-Tal bzw. an dessen Steilhängen häufiger zu entdecken sind. Bald danach überqueren wir auf einer Brücke die Ribeira Funda, in deren Schlucht wir auf unserem Weg noch ganz tief eintauchen werden. Im weiteren Aufstieg sehen wir immer wieder kleine verlassene Häuser, Ruinen und aufgegebene Terrassenfelder. Erst direkt unterhalb der Siedlung **Eira do Mourão** ❸, 510 m, beginnen die bewirtschafteten Parzellen. Auf der Stichstraße, die die wenigen Häuser mit der Außenwelt verbindet, gehen wir bergauf bis zur **Levada do Norte** ❹, 555 m. Nach rechts folgen wir der Levada in Fließrichtung ins Tal der Ribeira Funda

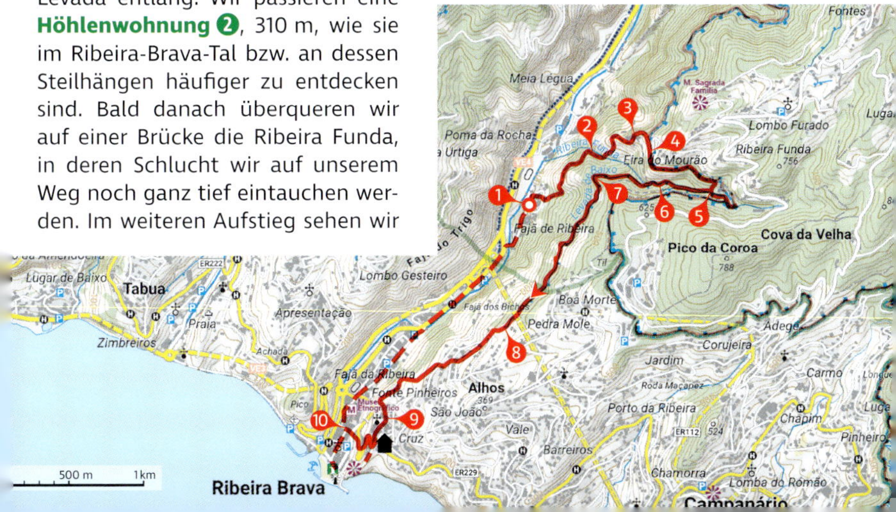

hinein. Direkt vor dem ersten Haus steigen wir nach rechts hinunter. Je nach Jahreszeit kann der gepflasterte Weg sehr verwachsen sein. Wir erreichen eine betonierte Bachverbauung und steigen auf der anderen Bachseite wenige Meter auf zur **Levada do Meio** ❺, 540 m. Es lohnt sich, der Levada zunächst bis zur Madre nach links zu folgen, um von dort die – meist trockene – Klamm der **Ribeira Funda** zu erkunden. Leider ist dieser Abschnitt sehr stark mit Brombeergestrüpp verwachsen, was eine gewisse Robustheit im Hinnehmen von Kratzern voraussetzt. Hat man jedoch den »Vorhang« aus dornigen Ruten überwunden, ist es ein spezielles Erlebnis, zwischen den hohen, grünen Felswänden immer weiter vorzudringen. Die Levada do Norte führt über eine Levadabrücke über die Klamm.

Wenn die Wasserbassins zu tief werden, ist es Zeit umzukehren. Ab der Madre bleiben wir die nächsten 350 m an der Levada do Meio und achten nach etwa 15 Min. auf einen Abzweig nach rechts unten. Er ist leicht zu übersehen. Wenn man ihn verpasst hat, ist nach weiteren 100 m der Weg an der Levada zu Ende, und man findet den Abzweig nach dem Umkehren in diese Richtung leichter. Der Abstieg führt an einer tiefen Höhle vorbei, und nach drei Serpentinen und einer nassen Felstreppe sind wir wieder im Bachbett der Ribeira Funda. Hier wird eine Mini-Levada abgeleitet, der wir nicht folgen können. Stattdessen steigen wir über eine Felsstufe tiefer hinunter ins Bachbett und folgen der deutlichen Spur auf der anderen Bachseite bis zur Madre der **Levada do Baixo** ❻, 480 m. Nach 15 Min. erreichen wir einen **Felsgrat** ❼, 455 m, der gerade breit genug ist, um dort eine aussichtsreiche Pause einlegen zu können. Der 180-Grad-Blick schweift vom Encumeada-Pass über unseren Aufstiegsweg zum »Adlernest« Eira do Mourão und weiter durch das ganze Ribeira-Brava-Tal bis zur Mündung ins Meer.

Nun kommt eine etwas knifflige Passage: Wir müssen rechts der senkrecht abfallenden Levada 3 m hinunterklettern. Im weiteren Verlauf (1,6 km) gibt es immer wieder ausgesetzte Passagen, die aber mit Vorsicht problemlos zu begehen sind. Das Ende der Levada do Baixo ist an einer Sackgasse der Siedlung **Pedra Mole** ❽, 360 m, erreicht. Hier wird sie unter der Straße hindurch in die Felder geleitet. Wir gehen rechts bergab auf einer Vereda in Richtung eines Strommasts, überqueren eine

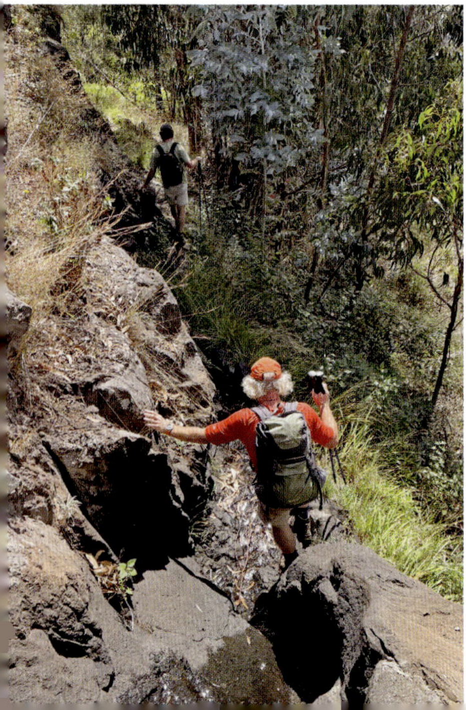

Etwas knifflig: Hier rauscht die Levada bergab, und für einige Meter muss auf der schmalen Steinkante balanciert werden.

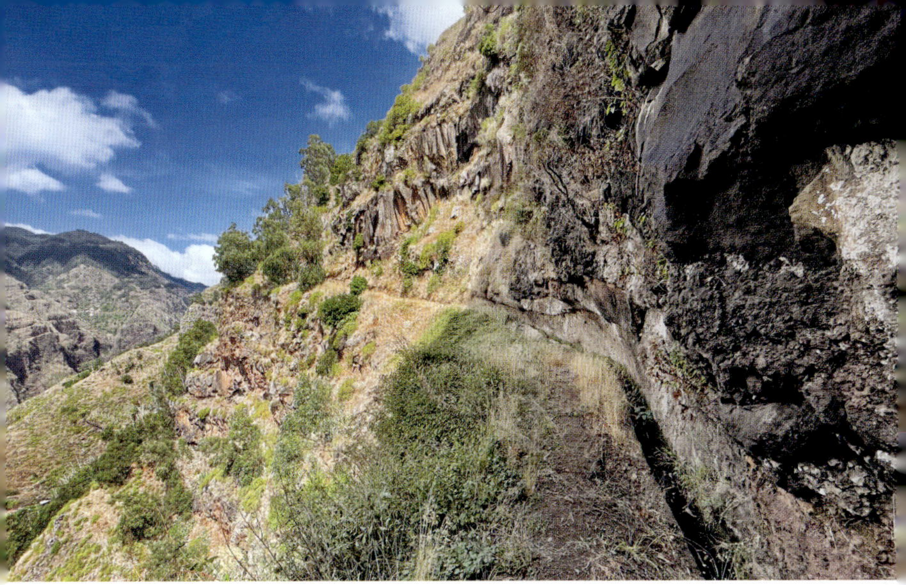

Blick zurück über die Levada do Baixo.

Straße und folgen weiterhin der Vereda, die in einen Fahrweg übergeht. Bei Hausnummer 21 zweigt rechts ein Treppenweg ab, der zweimal eine Straße quert. Nach der zweiten Überquerung knickt der Weg nach links ab und führt uns entlang einer hohen Mauer und an Feldern vorbei zu neu angelegten Bananenplantagen. Wir bleiben rechts und erreichen den Klippenweg, der uns eine Vogelperspektive auf den Stadtkern von Ribeira Brava bietet. Am Ende steht ein kleines Haus mit überbordendem Blumenschmuck. Der schöne Anblick darf uns nicht verleiten geradeaus weiterzugehen, denn wir müssen kurz davor in einen Treppenweg nach links unten abbiegen. Bevor dieser wieder in eine Straße mündet, steigen wir in das Bachbett der **Fonte Pinheiros** ⑨, 150 m, hinunter. Nach 50 m treten wir wieder auf eine Vereda, die nach weiteren 250 m in die Regionalstraße ER 229 mündet. (Geradeaus über die Straße führt ein Abstecher zum Miradouro Pico da Cruz, der einen schönen Blick auf Ribeira Brava und die Südküste bietet.) Wieder zurück an der ER 229 gehen wir links entlang der Straße, bis wir nach 100 m auf den historischen Pflasterweg, den Caminho Real 23, treffen. Dieser führt versetzt zur Straße direkt zum Largo das Heredias im Zentrum von **Ribeira Brava** ⑩, 20 m.

Zurück zum Startpunkt geht man geradeaus zum ZOB und nimmt den Bus Nr. 6 oder wandert weiter zu Fuß am Fluss entlang. Alternativ erreicht man einen Taxistand, wenn man vom Platz nach links durch die Rua do Visconde bis zur Promenade und dann links 150 m bis zum Kreisel geht.

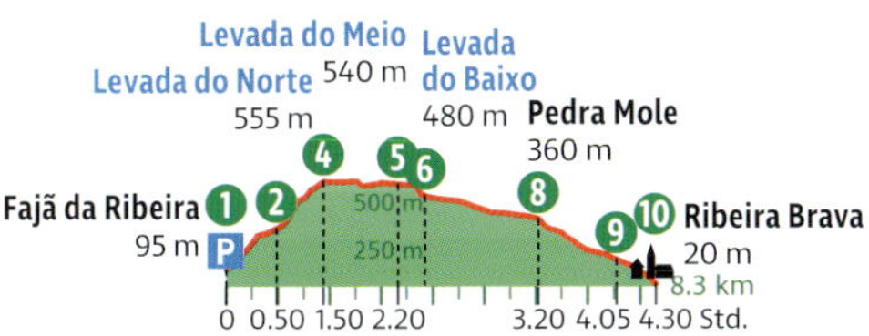

2 Ribeira da Madalena

Von Madalena do Mar über die wilde Levada Nova

4.30 Std. | 10,6 km | ↗700 m | ↘700 m

Abwechslungsreiche Rundwanderung auf Bananenwegen, Veredas und Levadas

Diese Runde im Südwesten Madeiras vermittelt einen sehr lebendigen Eindruck davon, wie hart die Arbeit der Bananenbauern und ihrer Erntehelfer auf der Insel ist. Wir unternehmen eine Wanderung auf Arbeitswegen, die uns Schweiß und Mühsal spüren lassen. Belohnt werden wir mit einem tiefen Einblick in das einfache Leben der Dorfbevölkerung, aber auch mit großartigen Ausblicken über die terrassierte Steilküste. Dass wir mit der Levada Nova do Arco da Calheta in der wilden Schlucht der Ribeira da Madalena ganz nebenbei auch noch in das letzte Lorbeerreservat der Südküste eintauchen, ist das Sahnebonbon dieser Tour.

Ausgangspunkt: Madalena do Mar, zentraler Parkplatz am Westende des Küstenorts, 20 m. Anfahrt von Funchal auf der VR 1 bis Ribeira Brava und weiter auf der VE 3 bis Madalena do Mar. Bus: Rodoeste Nr. 8, 80, 142; nur montags bis freitags.
Anforderungen: Der sehr steile Aufstieg ist physisch herausfordernd, die Levada Nova verlangt absolute Schwindelfreiheit.
Einkehr: Unterwegs in der Bar in Carvalhal, am Ende der Wanderung bei Dona Maria am westlichen Ende der Promenade von Madalena do Mar.
Tipp: Die Rotas da Banana – RB 1-4 – wurden erst vor wenigen Jahren in Madalena do Mar eingerichtet. Es sind die üblichen Arbeitswege in den Bananengärten (RB 1, 2 und 3) und hinauf in die höher gelegenen Terrassen (RB 4). Sie sind für kurze Spaziergänge im Schatten der hohen Fruchtstauden eine schöne Alternative, wenn das Wetter inselweit nicht wirklich zum Wandern taugt.

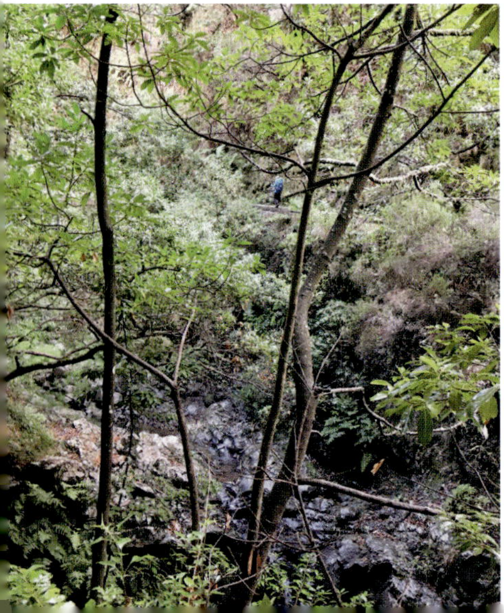

Wir beginnen unsere Wanderung am zentralen Parkplatz in **Madalena do Mar ❶**, 20 m. Das Meer im Rücken gehen wir auf der Verlängerung der Küstenstraße auf das Restaurant »A Poita« zu und sehen kurz davor den Hinweis »Rotas da Banana – RB 4«. Hier beginnt der Aufstieg durch die Bananenterrassen auf einem Treppenweg entlang eines **»Bananenlifts« ❷**, der bei 185 m Höhe endet. Ab hier wird der Weg steiler und ruppiger, um 40 m höher (ab einem Wasserhäuschen)

In den tiefen Schluchten lassen sich noch Lorbeerbäume entdecken.

ganz in einen Bergweg überzugehen. Kurz darauf teilt sich der Weg, wir bleiben rechts. Wasser tritt links aus der Wand, der Weg ist nass und entsprechend üppig zugewachsen. Hier gilt es aufzupassen, dass wir auf dem Weg bergauf bleiben. Ein besser sichtbarer Pfad geradeaus endet nach wenigen Metern im Dickicht. Nach dieser Passage geht es eindeutig in einer langen Serpentine weiter, und wir können immer wieder einen Blick in die Schlucht der Ribeira do Carvalhal werfen. Auf 400 m Höhe dürfen wir uns an einer Quelle erfrischen, danach wandern wir weiter moderat ansteigend bis zur Regionalstraße. Wir überqueren sie und gehen direkt gegenüber die Calçada do Socorro weiter hinauf, bis wir 5 Min. später eine **Kapelle ❸**, 475 m, an der Estrada do Socorro erreichen. Gleich nach dem gegenüberliegenden Haus zweigt rechts ein befestigter Feldweg ab. Nach 50 m verzweigt sich der Weg an einem Wassertank. Wir bleiben hier links und gehen bei der nächsten Kreuzung rechts weiter durch die Felder. Wir überqueren die Ribeira do Carvalhal, die hier oben nur ein unscheinbarer Bach ist, und halten dann direkt auf die **Kirche ❹**, 530 m, zu. Vor dem Kirchplatz links sehen wir einen Brunnen und einige Bänke. Ein schmaler Pfad biegt hier nach links weg, dem wir immer weiter ansteigend folgen. Er endet nach 350 m (7 Min.) an einer Anliegerstraße. Wir gehen links und gleich darauf an einem Treppenweg wieder rechts. Bei Erreichen der Straße bietet sich direkt eine Einkehr in einer Bar in Carvalhal an. Der Treppenweg setzt sich auf der anderen Straßenseite fort bis zu einer betonierten Piste. Nun gehen wir ein paar Meter rechts und erreichen die nächste Treppe, die nach wenigen Stufen in einen

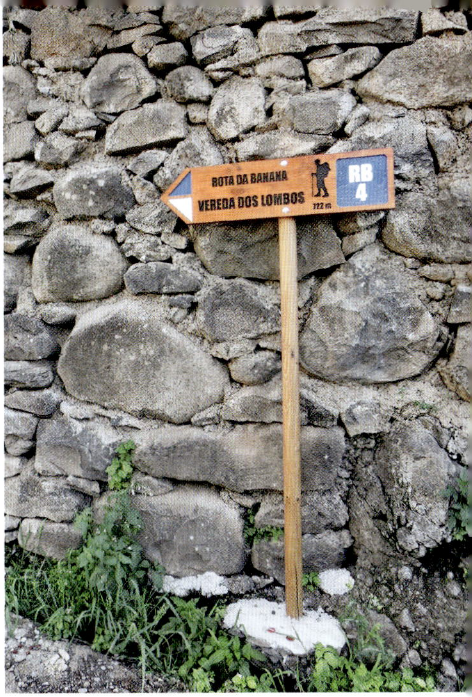

Die Rotas da Banana in Madalena do Mar führen durch die kleinen Labyrinthe der Bananengärten.

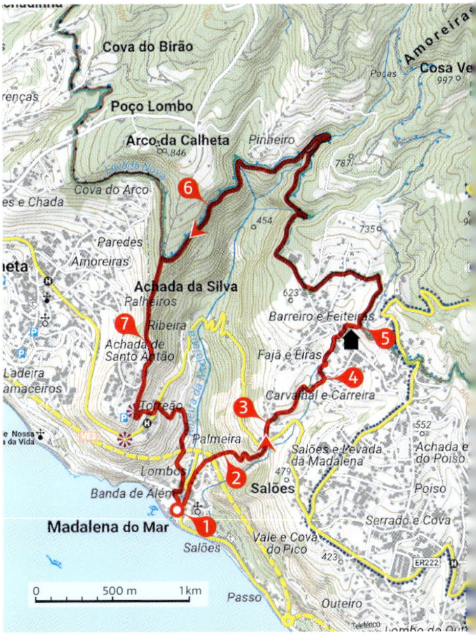

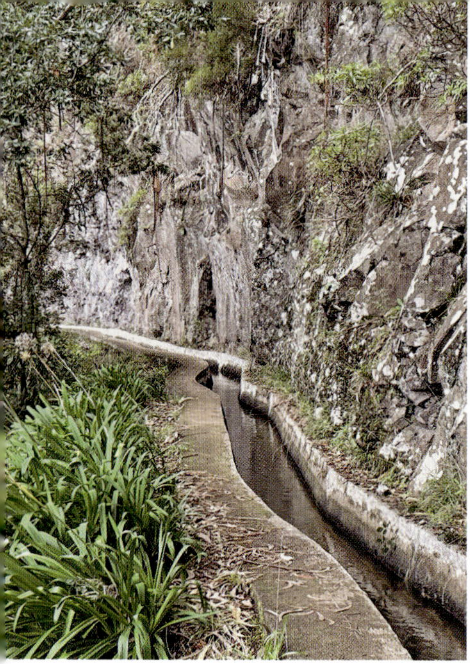

Die Levada Nova do Arco da Calheta zeigt sich in der Ribeira da Madalena von ihrer wilden Seite.

steilen Erdpfad übergeht. Neben uns schießt eine Levada herunter, die den Weg teilweise überschwemmt und rutschig macht. Auf 650 m Höhe erreichen wir den breiten Kanal der **Levada Nova do Arco da Calheta** ❺. Nach links, gegen die Fließrichtung, können wir der Levada entlang von kleinen Obst- und Gemüseplantagen für die nächste halbe Stunde sehr gemütlich folgen. Dann schwenkt sie abrupt in die tiefe, wilde Schlucht der **Ribeira da Madalena** ein. Wir müssen häufig ohne Sicherungen entlang der Felsen auf der Levadakante gehen – der Blick in den Abgrund darf uns hier nicht schwindelig machen. Die Levada führt uns durch drei Talschlüsse: Die beiden ersten werden direkt über eine Brücke gequert, den dritten müssen wir unterhalb der Levada umgehen. Eine Viertelstunde später kommen wir durch einen kurzen **Tunnel** ❻, 675 m (es ist keine Taschenlampe notwendig). Nun wird der Weg entlang der Levada breiter, und nach weiteren 550 m kreuzt ein gepflasterter Waldweg. Hier beginnen wir den langen Abstieg zurück zum Meer. Bei 530 m Höhe erreichen wir die ersten Häuser von **Achada de Santo Antão** ❼. Wir bleiben auf der asphaltierten Straße, bis wir nach 7 Min. auf der rechten Straßenseite den Brunnen »Fonte da Achada« sehen. Gegenüber zweigt – zunächst

Unterhalb der Siedlung Pinheiro sind noch die Ruinen eines Palheiros zu sehen.

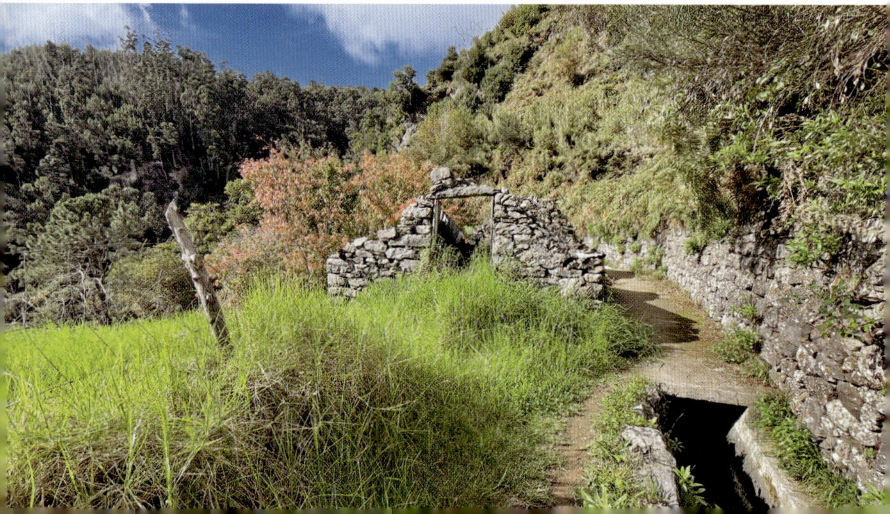

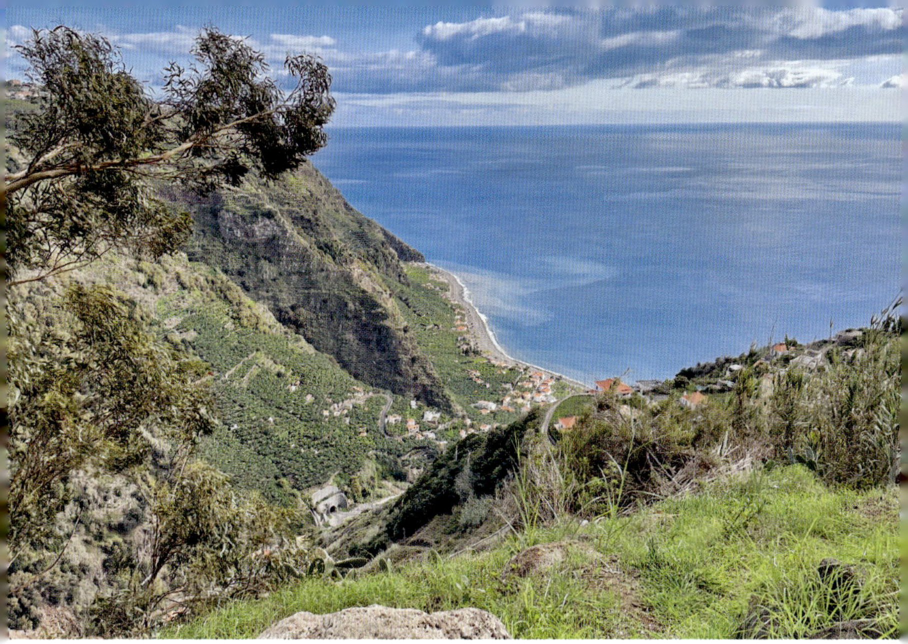

Von Achada de Santo Antão können wir auf den Küstenort Madalena do Mar und unseren Aufstieg durch die Bananenhänge schauen.

ganz unscheinbar – die Vereda da Achada ab. Nach wenigen Schritten wird der Weg eindeutig. Er begleitet eine alte, mittlerweile verrohrte Levada und verläuft quer zum Hang bis zu einem Wasserhäuschen. Dort verlassen wir die Levada, unser Weg macht eine 170-Grad-Kurve. 100 m weiter geht es nach rechts steil durch die Bananenterrassen bergab. Der Weg trifft an einem kleinen Platz auf die Straße, der wir nach links ganz kurz folgen. Beim Schild »Vereda do Barreiro« biegen wir nach rechts ab und steigen über einen alten Pflasterweg weiter bergab. Nach einer Viertelstunde treffen wir wieder auf die Straße, folgen ihr nach rechts 150 m bis zur nächsten Linkskurve. Wir gehen geradeaus auf dem Fußweg weiter, ebenso beim nächsten Straßenkontakt. Hier nehmen wir von den beiden Wegen den linken, und zwischen Hauseingängen, Blumentöpfen und bellenden Hunden erreichen wir eine Anliegerstraße. Nach links kommen wir wieder an unseren Ausgangspunkt, den großen Parkplatz in **Madalena do Mar ①**. Für eine verdiente Einkehr am Meer gehen wir noch ein paar Schritte nach rechts hinunter zum Strand, wo wir die kleine Bar »Dona Maria« finden.

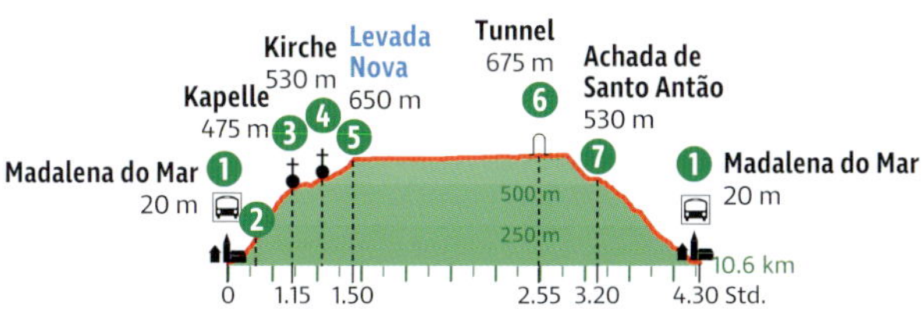

3 Von Prazeres nach Paúl do Mar

Über den Pico dos Bodes

4.30 Std. | 8,9 km | ↗ 870 m | ↘ 870 m

Auf historischen Wegen zu grandiosen Aussichten
Wenn der NO-Passat im Winter mal wieder für wechselhaftes und kühles Wetter sorgt, ist man zum Wandern in Paúl do Mar am besten aufgehoben. Mit der Rückendeckung der mächtigen Felswände, die sich direkt hinter dem Fischerdorf erheben, wandert man geschützt vor den kräftigen Windböen und meist in der Sonne. Die Szenerie dieser Runde mit tief eingeschnittenen Schluchten, tollen Miradouros, saftig grünen Weiden und heranrollenden Wellen ist an Abwechslung kaum zu überbieten.

Ausgangspunkt: Parkplatz am Lombo da Rocha, 560 m, bei Prazeres. Anfahrt von Funchal auf der VR 1 nach Ribeira Brava, weiter auf der VE 3 Richtung Calheta/Ponta do Pargo. Am Kreisverkehr Prazeres verlässt man die Schnellstraße über die dritte Ausfahrt Richtung Lombo da Rocha. Vor einem Supermarkt links und 500 m weiter zum großen Parkplatz an der linken Straßenseite.
Bus: Rodoeste Nr. 80, Ausstieg in Prazeres-Zentrum, dann zu Fuß 1,7 km auf dem Caminho do Lombo da Rocha zum Ausgangspunkt.
Anforderungen: Für die Ab- und Aufstiege braucht es Trittsicherheit und eine gute Kondition. Für den Übergang vom Caminho Real bis zum Pico dos Bodes sind Schwindelfreiheit und Orientierungssinn vonnöten.
Einkehr: In Paúl do Mar etliche Bars und Restaurants.
Tipp: Vor dem Fischerhafen von Paúl do Mar gibt es einen kleinen, geschützten Badestrand.
Hinweis: Einige Abschnitte der Wanderung wurden durch die Waldbrände vom Oktober 2023 sehr in Mitleidenschaft gezogen. Start und Ende der Tour über den Caminho Real do Paúl do Mar sind derzeit noch gesperrt (Stand Februar 2024).

Regenbögen begleiten häufig unsere Winterwanderungen.

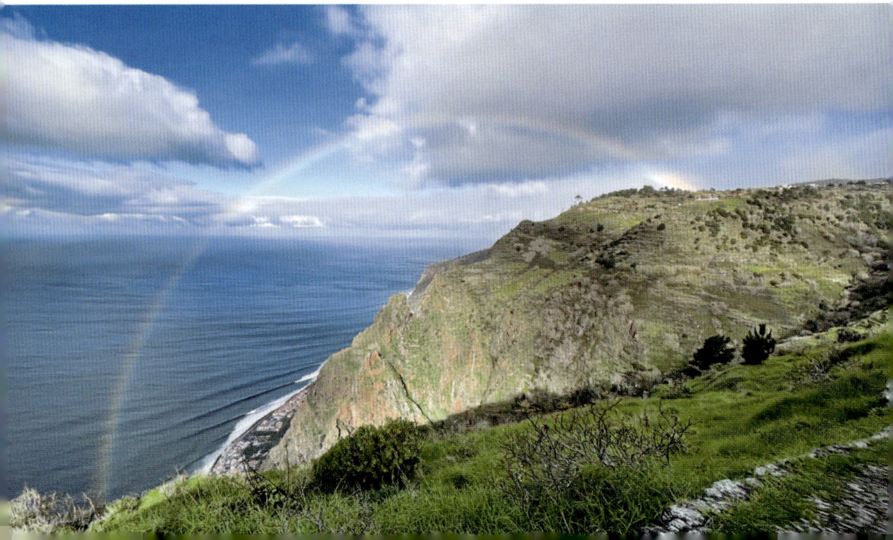

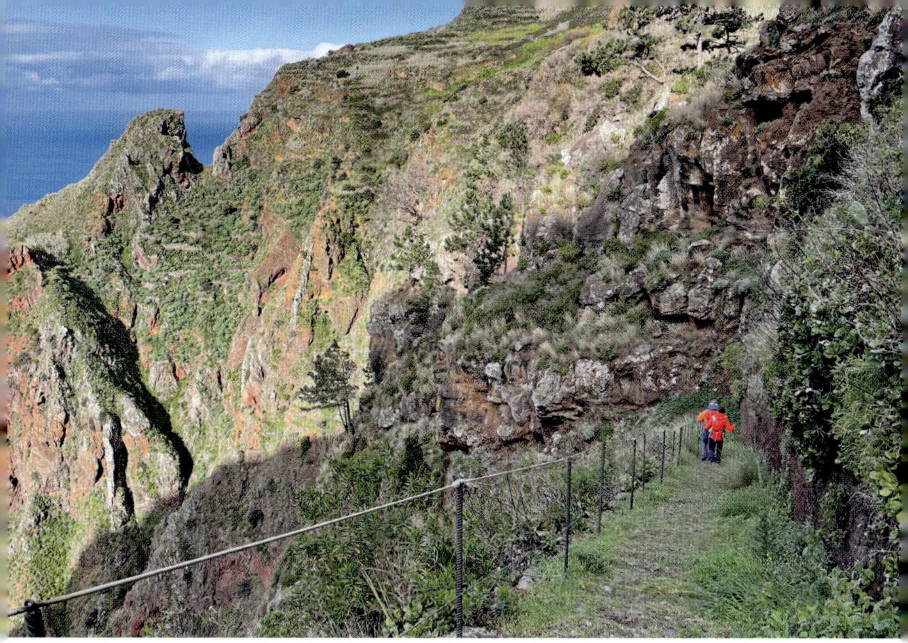

Auf dem historischen Caminho Real do Paúl do Mar.

Wir folgen vom Parkplatz in **Lombo da Rocha ①**, 560 m, der Straße Richtung Hotel Jardim Atlântico, überqueren dort den Parkplatz bis zur Wandertafel für den Caminho Real do Paúl do Mar, PR 19, und folgen den Hinweisen durch das Hotelgelände bis zum Miradouro. Wir können im Osten das malerische Jardim do Mar sehen, im Westen unter uns liegt das Fischerdorf Paúl do Mar. Hier beginnt der historische Küstenabstieg. Nach einer Viertelstunde achten wir auf einen beschilderten Abzweig nach Maloeira. Es ist ein schmaler Erdpfad, der nach 50 m durch einen kurzen Tunnel (keine Taschenlampe notwendig) in die Schlucht der Ribeira Seca führt. Wir sehen die Wasserfälle der beiden Schluchtarme, zwischen denen wir unseren Aufstieg nach der Überquerung einer Furt in der **Ribeira Seca ou do Paúl ②**, 370 m, beginnen. Der deutliche Bergpfad zieht sich durch aufgegebene Terrassen, ein mächtiger Felsblock bildet ein Tor, durch das wir etwas gebückt hindurchkraxeln. Dann säumen Natursteinmauern den Weg. Vor einem Holzgatter können wir links einen Trampelpfad durch das Gras erkennen. Er führt durch eine mit Schilf bestandene Senke und danach etwas schwieriger erkennbar bergauf. Als Orientierung dienen Begrenzungssteine, bis wir wieder auf einem ausgetretenen Erdweg ankommen. Wir folgen ihm

Ein kurzer Tunnel führt in die Schlucht der Ribeira Seca ou do Paúl.

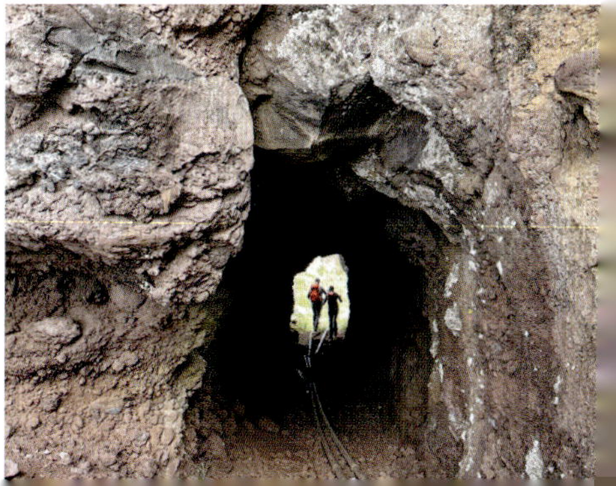

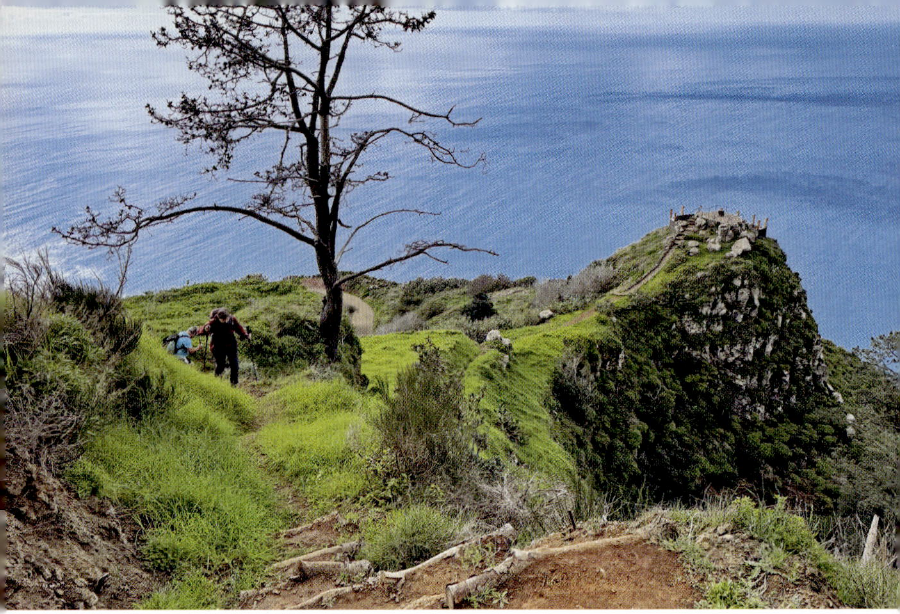

Der Miradouro auf dem Pico dos Bodes.

links hinunter ins Tal der **Ribeira da Cova**. Nach der Bachquerung gehen wir etwa 50 m entlang einer hohen Natursteinmauer bis zu einem Zaun und kraxeln kurz davor zwischen den Mauern über hohe Felsstufen hinauf bis zu einer breiten Graspiste. Es geht links weiter, ganz bequem ansteigend, und nach einer Viertelstunde sehen wir den gut gesicherten Aufstieg zum **Pico dos Bodes ❸**, 530 m. Dieser besondere Miradouro sitzt auf dem Felsen wie ein Adlerhorst und bietet uns eine 360-Grad-Rundsicht. Das Fischerdorf unter uns lässt sich aus der Vogelperspektive betrachten und auch der vor uns liegende Abstieg ist bereits erkennbar.

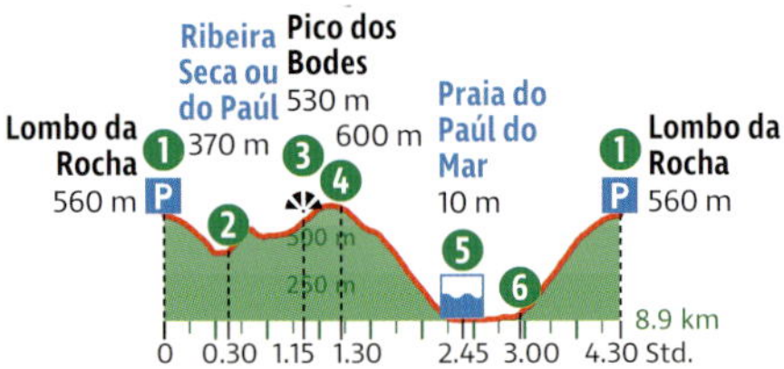

Doch zuerst müssen wir vom Miradouro auf einem gestuften Erdpfad weiter bergauf. Vom Geodésico/Vermessungsstein gehen wir auf einem Sträßchen 250 m bis zu einer Kreuzung, halten uns für weitere 150 Straßenmeter links und biegen dann auf der **Vereda da Atalaia ❹**, 600 m, links zu den anfänglich noch bewirtschafteten Feldern ein. Im weiteren Verlauf begleiten uns aufgelassene Felder, Wiesen und zahlreiche Eichen. Recht unvermittelt stehen wir nach 20 Min. Abstiegszeit auf einem kleinen Felsplateau. Die saftig grüne Vegetation wechselt ebenso plötzlich zu silbergrauer Küstenvegetation mit Opuntien und riesigen Wolfsmilchsträuchern. Der Abstieg durch den Steilhang zieht sich in engen Serpentinen bis hinunter zur Straße, die von Fajã da Ovelha kommend nach Paúl do Mar führt. Wir gehen hier links (nicht der gegenüberliegenden Vereda da Ribeira Chã folgen, sie endet in einem unzugänglichen Bachbett) auf

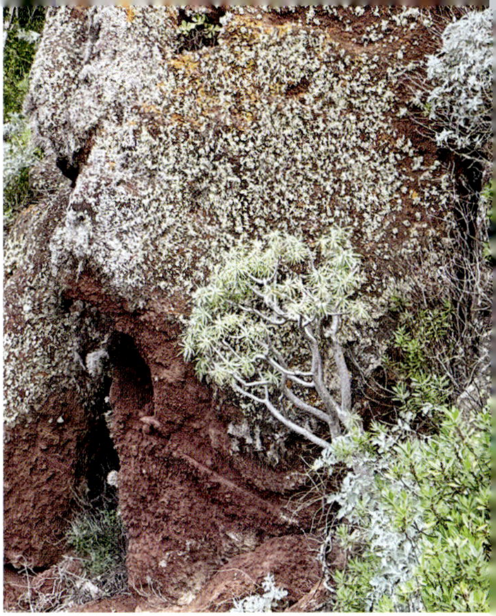

Ein Farbspiel aus Flechten und Wolfsmilchgewächsen auf rotbraunem Tuff.

der Straße. Nach 100 m, am Ende eines Maschendrahtzauns, zweigt ein Treppenweg entlang der Levada do Paúl ab, hinunter in die Bananengärten. Wir können einfach geradeaus bis zum Strand durchgehen, spannender ist es jedoch, bei der ersten Möglichkeit links in das Bananen-Labyrinth einzubiegen und es bei einem blauen Haus wieder zu verlassen. Wir erreichen die **Praia do Paúl do Mar ❺**, 10 m, und gehen nun auf der Uferstraße links weiter zum historischen Dorfkern. Am anderen Ende, kurz vor dem Fischerhafen, halten wir uns links und biegen gleich darauf in die Vereda da Bica rechts ein. Zwischen Fels und Hauswand zwängt sich diese Gasse, bis wir auf dem **Caminho Real do Paúl do Mar ❻**, 40 m, stehen und den Aufstieg durch die großartige Schlucht der Ribeira Seca beginnen. Nach einem letzten Blick über den Hafen treten wir zwischen senkrechten Felswänden in eine atemberaubende Kulisse ein. Vor uns ergießt sich der Wasserfall in etlichen Kaskaden in die Schlucht, die wir auf einer gemauerten Brücke überqueren. Rechts davon können wir noch den gut erhaltenen ehemaligen Waschplatz erkennen. Dann steigen wir in langen Serpentinen den steilen Weg in einer bis anderthalb Stunden nach oben. Wir sollten bei den Pausen unbedingt den Blick durch die zerklüftete Schlucht schweifen lassen.

Mit Erreichen des Miradouros unterhalb der Hotelanlage Jardim Atlântico haben wir unsere Runde fast beendet. Auf bekanntem Weg geht es nun zurück zum Parkplatz in **Lombo da Rocha ❶** bzw. zur Bushaltestelle im Zentrum von Prazeres.

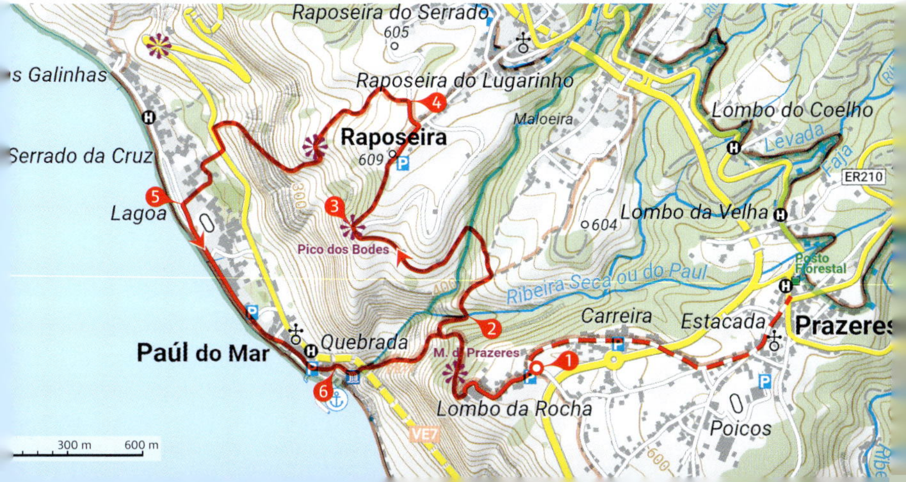

4 Steilküstenrunde bei Ponta do Pargo

Über die Fajã Grande

3.15 Std. | 6,7 km | ↗580 m | ↘580 m

Spektakulärer Abstieg und Wiederaufstieg auf alten Fischersteigen

Die kurze, aber knackige Rundtour im äußersten Westen Madeiras konfrontiert den Wanderer mit einer gewaltigen Kulisse. Aus der Ferne sehen die Steilhänge, die senkrecht zum Meer abfallen, fast unbegehbar aus. Verläuft der Abstieg über den Fischersteig in Serpentinen noch ganz moderat zum Meer hinunter, wartet dort die erste Herausforderung: Weglos geht es am Küstensaum über große, felsige Rundlinge. Gewaltige Wellen rollen auch bei ruhiger See herein. Bis die schmale Fajã erreicht ist, fühlt man sich winzig zwischen dem Atlantischen Ozean und dem 400 Meter hoch aufragenden Fels. Ruhiges, trockenes Wetter und Niedrigwasser sind Grundvoraussetzungen für ein gefahrloses Erlebnis (siehe »Hinweise«). Der Wiederaufstieg führt auf schmalem Pfad mehr oder weniger senkrecht bergauf, und nur im oberen Viertel existieren rudimentäre Sicherungen in Form eines dünnen Drahtes. Nach dieser Mühe ist der Rückweg über die kargen Hügel fast erholsam. Die Wanderung eignet sich besonders für die Wintermonate mit kühleren Temperaturen und frischem Grün auf der Ebene um Ponta do Pargo.

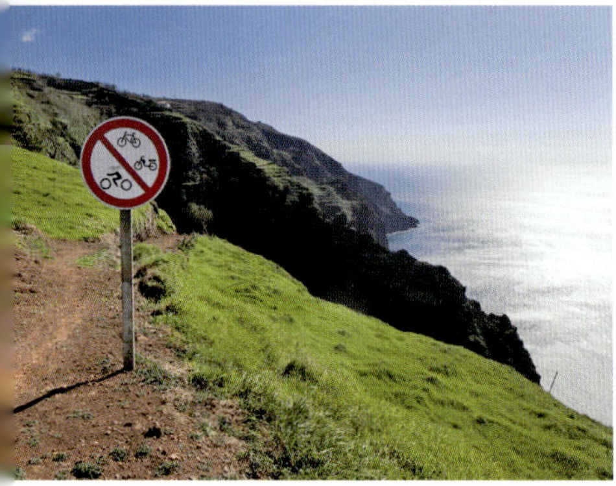

Hier beginnt der Abstieg auf der Vereda do Pesqueiro.

Wir wandern gut gesichert über eine Felsnase.

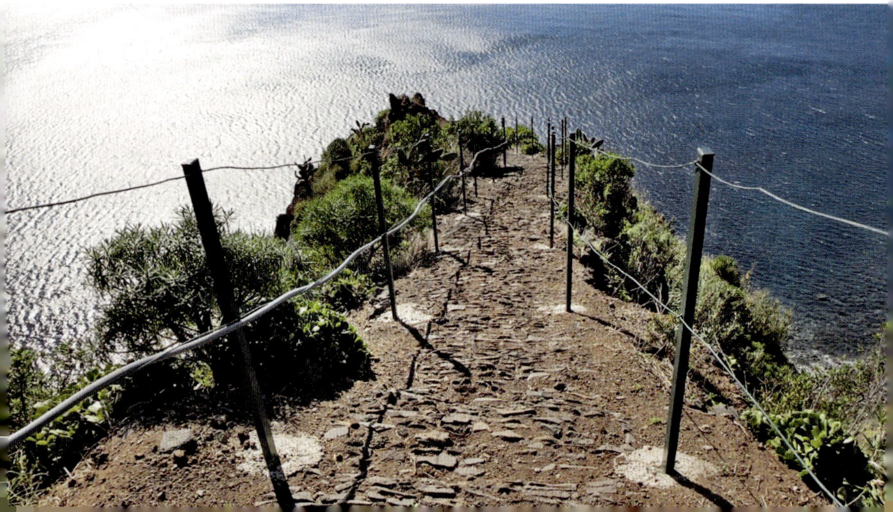

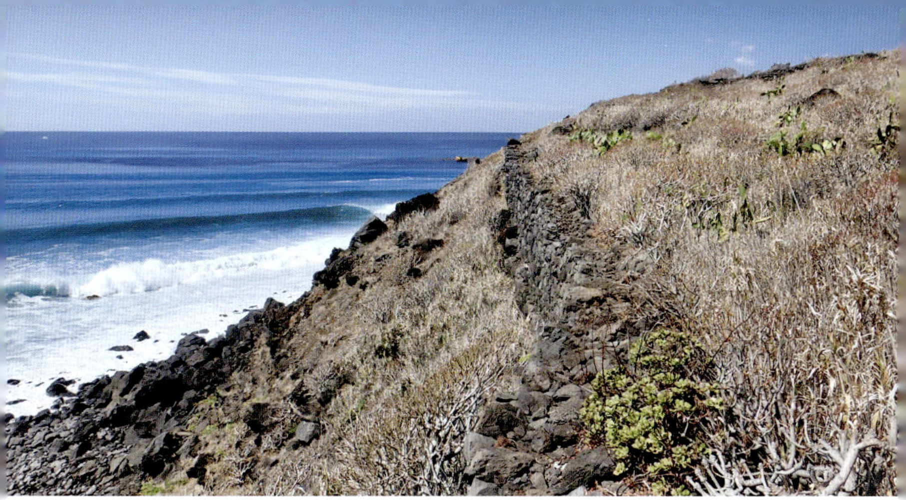

Auf der Fajã Grande geht es parallel zum Strand auf der Krone einer Trockenmauer entlang.

Ausgangspunkt: Capela da Lombadinha, 520 m, in Amparo an der ER 222. Anfahrt von Funchal auf der VR 1 nach Ribeira Brava und weiter auf der VE 3 Richtung Ponta do Pargo. Am Kreisverkehr Amparo verlässt man die Schnellstraße über die dritte Ausfahrt, erreicht im Ort Amparo die Regionalstraße ER 222, biegt rechts ab und gelangt nach 1 km zur Capela da Lombadinha. Bus: Rodoeste Nr. 80 und 142 bis Ponta do Pargo, Ausstieg an der Kirche. Von hier dem Hinweis »Vereda do Pesqueiro« folgen.

Anforderungen: Trittsicherheit und Schwindelfreiheit sind speziell für den Aufstieg von der Fajã Grande ein Muss. Im oberen Drittel gibt es einige ausgesetzte Passagen, die bei Nässe gefährlich sein können. Die Tour ist nicht ausgeschildert, die Pfade aber gut erkennbar.

Einkehr: Casa de Chã »O Fio« am Miradouro »O Fio« (geöffnet 11.00–20.00 Uhr, sonntags geschlossen).

Hinweise: Unbedingt ausreichend Trinkwasser mitnehmen und auf Sonnenschutz (Hut etc.) achten. Der Küstensaum ist bei Flut nicht passierbar, es gibt an einer felsigen Passage keine Ausweichmöglichkeit nach oben. Deshalb muss vor der Wanderung der Stand der Gezeiten abgefragt werden (z. B. unter hidrografico.pt/prev.mare)!

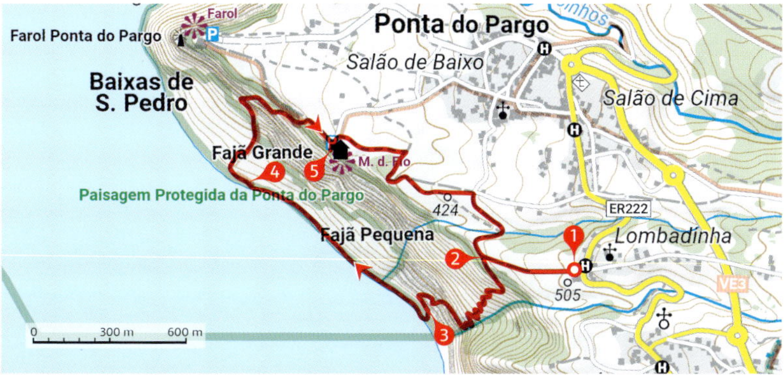

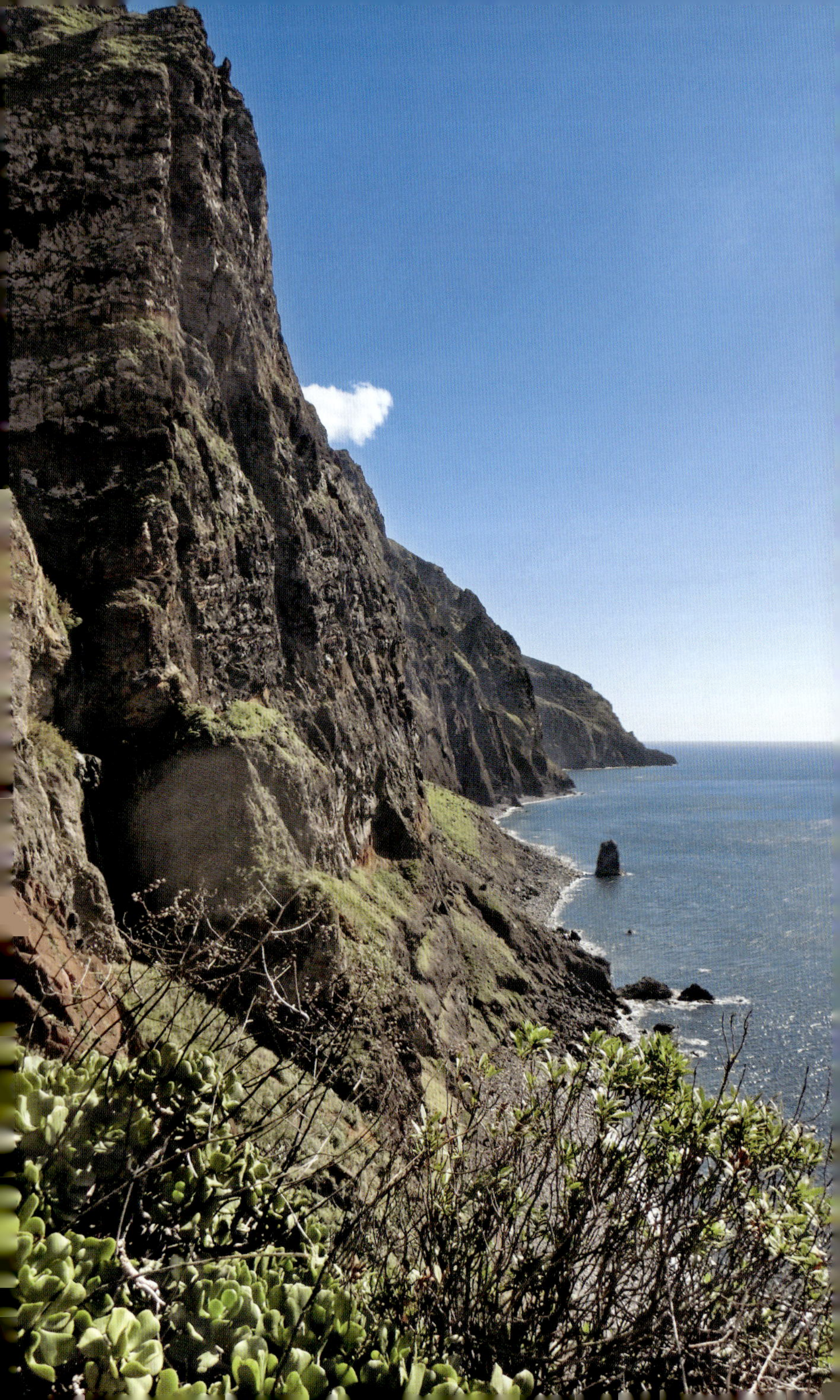

Gegenüber der an der Regionalstraße ER 222 gelegenen **Capela da Lombadinha ❶**, 520 m, folgen wir dem Schild »Vereda do Pesqueiro«. Das Sträßchen geht bald in eine Lehmpiste über, die zur Kante an der Steilküste, 460 m, führt. Dort weist ein **Verkehrsschild ❷** darauf hin, dass der Abstieg nicht mit einem Zweirad erfolgen darf. In engen Serpentinen führt der anfänglich breite, teils gepflasterte Weg bergab. Wir passieren einen feuchten Schilfgürtel eng unterhalb der Felswand, dann verläuft der Weg gut gesichert hinaus auf eine Felsnase. Kurz vor Erreichen der Küste überrascht eine **Einsiedelei ❸**. Am Strand angekommen, wenden wir uns nach rechts und haben gleich die kritische Passage vor uns. Bei Niedrigwasser und ruhiger See können die 80 m Küstensaum mit zwei weit hinausragenden Felsen (3–5 m) trockenen Fußes begangen werden. Trotzdem muss auf heranrollende Wellen geachtet werden. Bei Hochwasser und starkem Seegang ist diese Stelle unpassierbar. Für die weitere Etappe am Meer entlang, unterhalb der Fajã Pequena, brauchen wir, von Stein zu Stein springend, etwa eine halbe Stunde. Dann haben wir die **Fajã Grande ❹** erreicht. Dort beginnen die Trockenmauern, die ehemals den Anbau von Feldfrüchten auf der schmalen Fajã ermöglichten. Zunächst müssen wir auf der breiten Mauerkrone bis zum vertikalen Pfad entlanggehen, dann geht es extrem steil durch Kakteen und Wolfsmilchsträucher bergauf. Auf 220 m Höhe beginnt die Traverse durch die Felswand, die kaum Sicherungen aufweist und mit erhöhter Aufmerksamkeit begangen werden muss. Ist die Ebene, 370 m, erreicht,

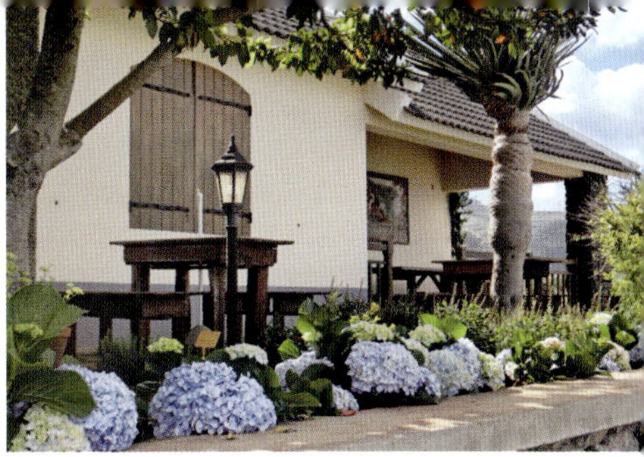

Sonntags geschlossen – die einladende Casa do Chã »O Fio«.

wenden wir uns nach rechts (links ist der Leuchtturm von Ponta do Pargo zu sehen) und können uns kurz darauf am **Miradouro »O Fio« ❺** unsere Route aus der Vogelperspektive ansehen. Im Restaurant Casa de Chã »O Fio« tut eine Pause gut.
Der Rückweg beginnt direkt hinter dem Gebäude als Wiesenpfad, der über mehrere kleine Hügel verläuft und auf die Piste Vereda do Pesqueiro trifft. (Das Gelände wird mitunter von Crossroadern benutzt, deshalb verändern sich die Wege und Pisten immer wieder. Man kann sich aber gut auf Sicht orientieren.) Nach einem Kilometer stoßen wir auf eine Fahrstraße. Wer zurück zum Bus nach Ponta do Pargo möchte, hält sich links auf der Straße bis zur Kirche. Für den Weg zurück zur Capela da Lombadinha bleiben wir rechts auf der Piste, bis wir wieder am kuriosen **Verkehrsschild ❷** ankommen. Hier drehen wir der Küste den Rücken zu und wandern auf bekanntem Weg bergauf zur **Capela da Lombadinha ❶**.

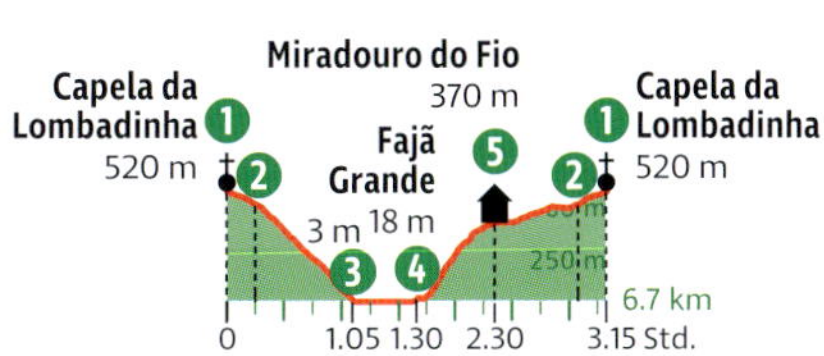

Beim Blick zurück sehen wir die kritische Passage mit den Felsvorsprüngen.

5 Levada dos Marinheiros

Durch den Märchenwald des Bardo Velho

2.00 Std. | 4,4 km | ↗180 m | ↘180 m

Kurze Wanderung am Oberlauf der Ribeira dos Marinheiros

An den Südhängen von Paúl da Serra überwiegen Forstpisten und Ginsterdickicht. Um so überraschender ist die kleine, idyllische Runde durch den verwunschenen Oberlauf der Ribeira dos Marinheiros auf einem alten Viehpfad, der erst 2020 wieder freigelegt worden ist. Der Wald mit endemischem Baumheidebewuchs ist licht, sodass sich bei Sonnenschein das Licht im Bach widerspiegelt. Noch märchenhafter ist jedoch eine Wanderung im Nebel, wenn an den feinen Nadelblättern winzige Tröpfchen zu glitzern beginnen, die Flechten und Moose an den Bäumen sich sichtlich aufbauschen und die Stille im Wald »hörbar« wird.

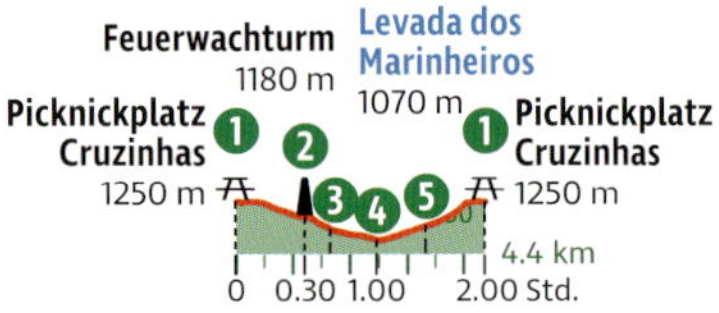

Im Sommer an der Levada dos Marinheiros.

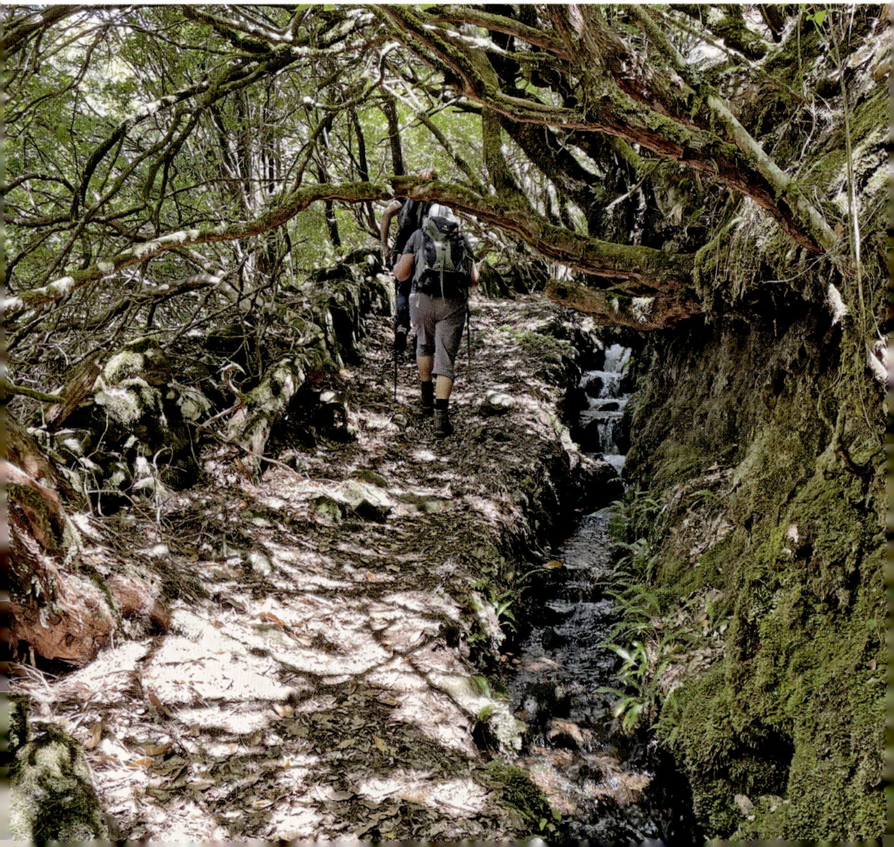

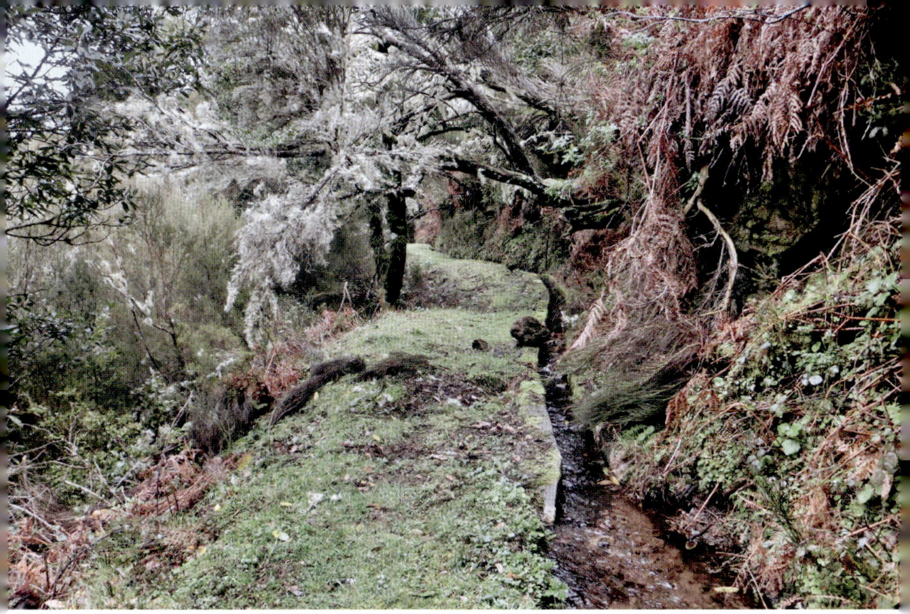

Die Levada dos Marinheiros im Winter.

Ausgangspunkt: Picknickplatz »Cruzinhas«, 1250 m, nahe Fonte do Bispo. Anfahrt von Funchal auf der VR 1 nach Ribeira Brava, weiter auf der VE 3 Richtung Ponta do Pargo. An der Ausfahrt Prazeres verlässt man die Schnellstraße und folgt dem Wegweiser Paúl da Serra auf der ER 210. Vor der Kreuzung ER 210 / Rabaçal / Fonte do Bispo – direkt nach dem Kuhgitter – zweigt eine Schotterpiste links ab. Das Auto kann direkt hier abgestellt werden oder man fährt auf sehr ruppiger Piste dem Wegweiser folgend bis zum Picknickgelände. Keine Busanbindung.
Anforderungen: Kurze Wanderung ohne Wegmarkierungen, die auch für ältere Kinder interessant ist. Am Bachlauf gibt es zwei Badegumpen.
Einkehr: Keine.
Tipp: Die Wanderung kann mit einem Picknick verbunden werden, Tische, Bänke, Trinkwasser und Feuerstellen zum Grillen sind vorhanden.
Variante: Eine Verlängerung der Wanderung bietet sich speziell im Frühling und Frühsommer an, wenn alles in voller Blüte steht. Dazu gehen wir am Holzschild »Levada da Fonte do Folhado« ❸ geradeaus weiter bergab. Der Saumpfad verläuft parallel zur staubigen Piste. Er wird gerne auch von Mountainbikern genutzt (keine offizielle Strecke, trotzdem Vorsicht!). Nach etwa 30 Min. setzen wir den Abstieg weiter über die Piste fort, bis wir an ein breites Tor und dahinter an das Wasserreservoir der Levada dos Marinheiros gelangen. Wir umrunden den hohen Betontank, gehen rechts und finden 30 m weiter auf der rechten Seite einen Aufstiegspfad. Kurz darauf muss ein Zaun über eine Leiter überstiegen werden, dann sind wir am offenen Kanal der Levada dos Marinheiros. Wir folgen dem natürlich anmutenden Wasserlauf durch herrliche Vegetation sanft bergauf. Dabei eröffnen sich auch schöne Weitblicke über die ginsterbewachsenen Südhänge der Serra. Nach etwa anderthalb Stunden haben wir den Zugangsweg ❹ erreicht und setzen den Weg wie in der Haupttour beschrieben fort. Zusätzlich: 2.30 Std., 235 Hm im Abstieg und 185 Hm im Aufstieg, 4,2 km.
Hinweis: Der Abstieg (zu Beginn der Wanderung) an den Südhängen ist von den Waldbränden im Oktober 2023 betroffen, ist aber begehbar.

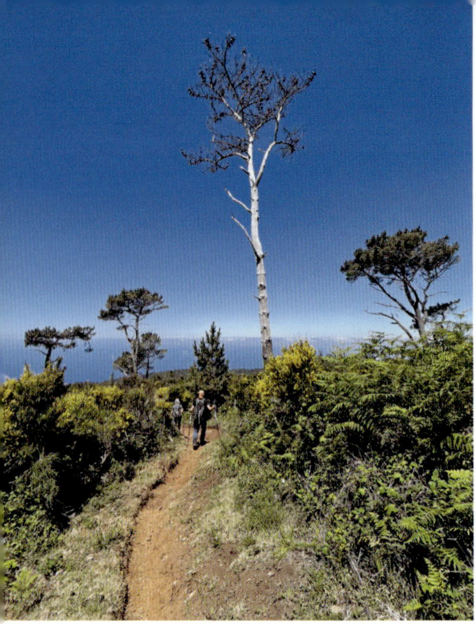

Ginsterblüte an den Südhängen der Serra.

Wir verlassen das weitläufige **Picknickgelände Cruzinhas ❶**, 1250 m, bergab auf einer breiten, im Sommer etwas staubigen, von Ginster gesäumten Piste in Richtung **Feuerwachturm ❷**, 1180 m. Alle abzweigenden Wege und Pisten bleiben unbeachtet. Rechts am Turm vorbei führt ein schmaler Pfad weiter bergab, bis wir auf das Holzschild **»Levada da Fonte do Folhado« ❸** treffen. Wir gehen rechts auf dem stellenweise etwas matschigen Weg weiter bergab bis zur **Levada dos Marinheiros ❹**, 1070 m (auf alten Karten und im Volksmund als Levada da Fonte Folhada bezeichnet). Entgegen der Fließrichtung folgen wir dem in natürlichem Bett fließenden Wasserlauf bis zur **Madre ❺**, 1140 m. Hier gilt es, gut auf die Baummarkierungen zu achten. Ein kurzer, steiler Anstieg von ca. 30 m bringt uns auf einen Saumpfad, der in Folge immer parallel oberhalb des Bachs verläuft. Hin und wieder sind noch die Reste eines alten Drahtzauns zu erkennen, der früher (als die Serra noch beweidet wurde) zur Sicherung des Viehs diente. Von rechts fließen mehrere Bäche zu; hier helfen uns wieder Baummarkierungen, um dem richtigen Bach weiter zu folgen. Nach einer knappen Stunde Gehzeit ab der Madre der Levada kreuzt ein **Zaun ❻**, 1220 m, den Weg. Wir steigen darüber, verlassen den Bachlauf nach rechts und wandern direkt neben dem Zaun bergauf. Und so tauchen wir aus dem Märchenwald wieder auf und treffen auf einen breiten Grasweg. Diesem folgen wir nach rechts ca. 300 m, bis auf der rechten Seite ein Zaunübertritt zu sehen ist. Wir steigen darüber und gelangen auf einem kurzen Hohlweg von hinten wieder zum **Picknickgelände Cruzinhas ❶**.

Links: Der »Märchenwald« des Bardo Velho: kein Baum, kein Stein, der nicht von Moos und Flechten bewachsen wäre.

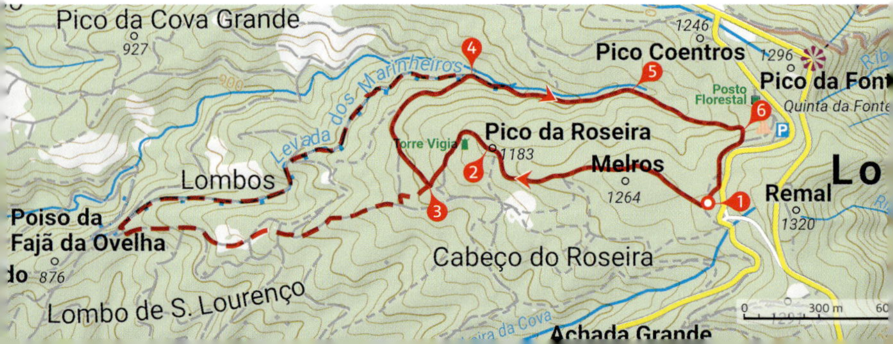

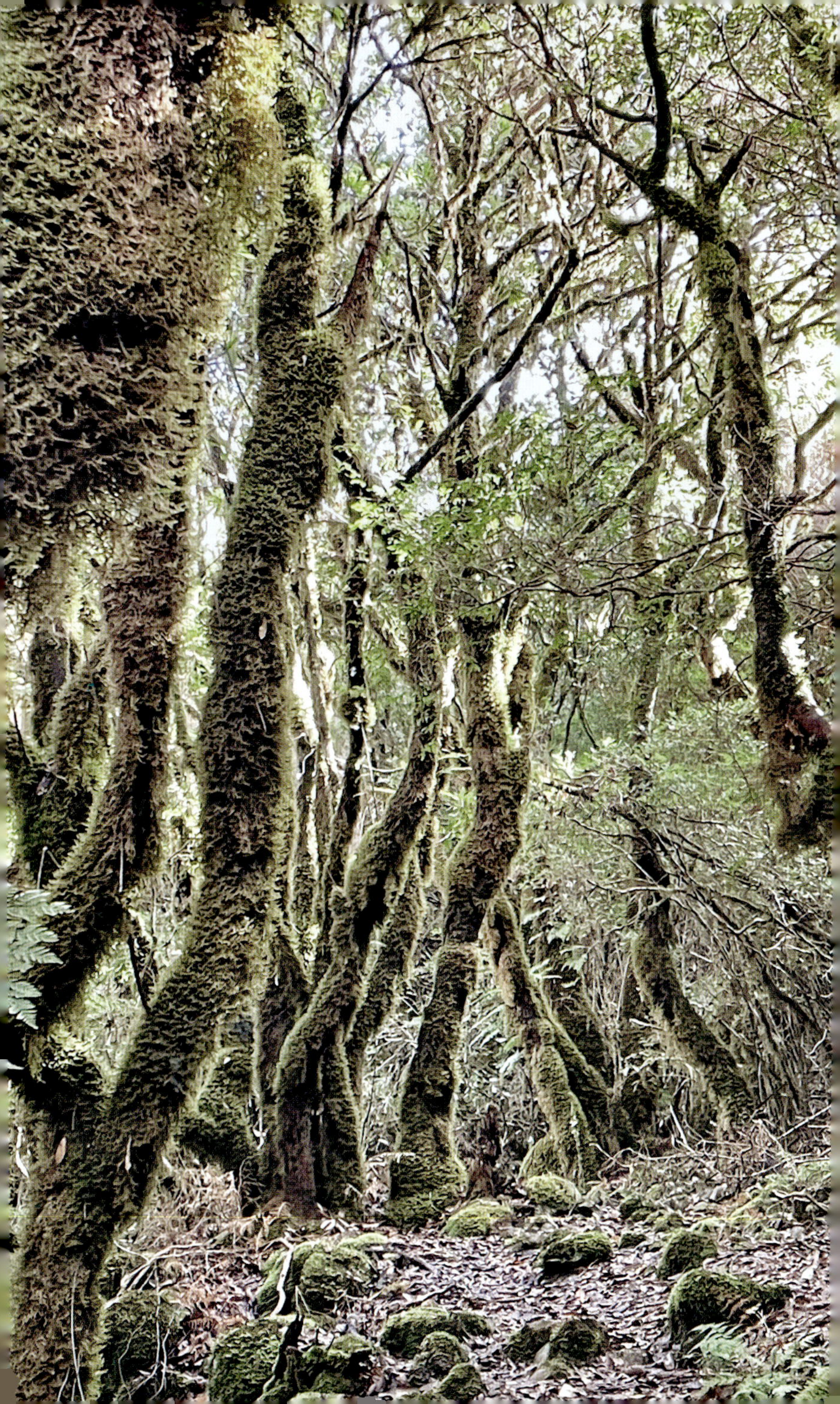

6 Auf der Hochebene Paúl da Serra

Über den Pico Gordo zur Levada Velha do Rabaçal

2.00 Std. | 5,8 km | ↗ 250 m | ↘ 250 m

Einfache Rundwanderung in der Rabaçal-Region
Wilde Wege müssen nicht immer herausfordernd sein. Eine gemütliche Runde, vielleicht sogar ein kurzer Familienausflug, lässt sich entlang der stillgelegten Levada Velha do Rabaçal gut machen. Nur wenige Schritte abseits der hoffnungslos überlaufenen Levadas im Rabaçal-Gebiet ist man auf diesem idyllischen Wanderweg fast alleine unterwegs – obwohl er als empfohlener Wanderweg ausgewiesen und beschildert ist. Die Ausblicke über das großartige Ribeira-da-Janela-Tal auf der Nordseite und über die Lombos der Südseite machen diese kleine Runde perfekt – auch ohne Wasser in der Levada.

Ausgangspunkt: Parkplatz »Ponto«, 1180 m, an der ER 105 zwischen Rabaçal und Fonte do Bispo. Anfahrt von Funchal auf der VR 1 nach Ribeira Brava und weiter auf der VE 3 Richtung Ponta do Pargo. An der Ausfahrt Prazeres verlässt man die Schnellstraße und folgt dem Wegweiser Paúl da Serra auf der ER 210. An der ersten Kreuzung oben auf dem Berg fährt man rechts Richtung Rabaçal. Nach der Einmündung in die ER 105 sind es noch 3,5 km bis zum kleinen Parkplatz »Ponto« am Straßenrand. Dort steht auch die Wandertafel PR 6.4.
Keine Busanbindung.
Anforderungen: Die Auf- und Abstiege sind sehr moderat, der Weg entlang der trockenen Levada ist breit und an exponierten Stellen mit Seilzaun gesichert.
Einkehr: Keine.

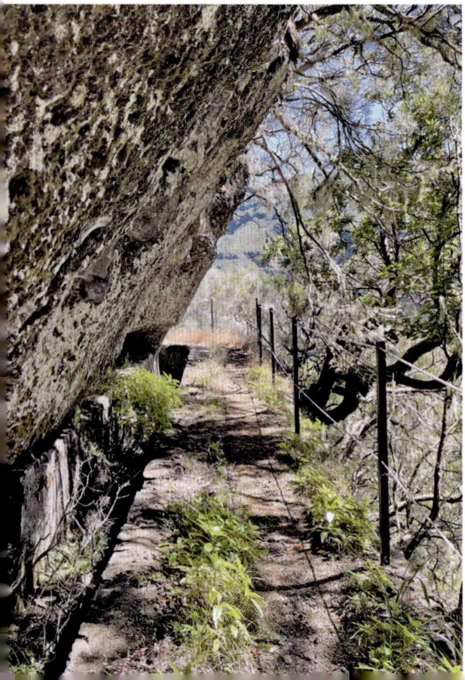

Wir beginnen die Runde an der ER 105 am **Parkplatz »Ponto« ❶**, 1180 m, mit einem weglosen Aufstieg – gegenüber der Wandertafel PR 6.4 – zum **Pico Gordo ❷**, 1264 m. Der »dicke Berg« ist Kuhweide und Wetterstation für die Rabaçal-Region und bietet von seiner Kuppe weite Sicht über die Hochebene Paúl da Serra und den Westen der Insel. Genauso weglos wie hinauf, gehen wir auf der anderen Seite wieder zur Straße hinunter und wechseln auf die linke Straßenseite. Nach 300 m entlang der Straße sehen wir einen mit Steinstufen befestigten Weg nach links abzweigen (hier ist noch kein Hinweisschild auf-

Exponierte Stellen sind mit Seilzäunen gesichert.

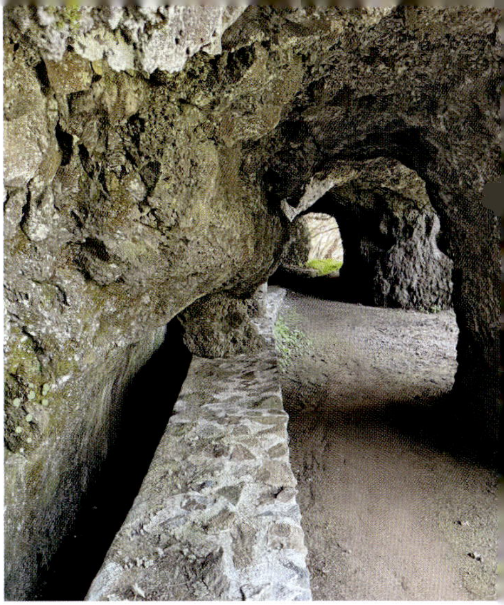

Tunnel mit Galeriefenster.

gestellt). Wir folgen diesem deutlichen Weg, der **Vereda do Guilharte**, während der nächsten 20 Min. durch dichte Baumheidevegetation. Immer wieder eröffnen sich »Fenster« für wunderschöne Ausblicke. Nach einer letzten etwas steileren Passage, die gut mit Holzbohlenstufen entschärft wurde, erreichen wir den trockenen Graben der **Levada Velha do Rabaçal (Levada do Furado Velho) ❸**, 1050 m. Wir gehen links weiter (rechts käme man zum Forsthaus Rabaçal und allen weiteren Levadas, die im Rother Wanderführer von Rolf Goetz beschrieben sind). Wir erreichen nach wenigen Minuten einen kleinen Miradouro und können von hier die großen Bussarde sehen und hören, die über das dicht bewaldete Tal der Ribeira da Janela hinweggleiten.

Kurz darauf erwartet uns ein sehr besonderer Tunnel (keine Taschenlampe notwendig). Hier wurde neben dem Durchlass für die Levada auch ein extra Durchlass für die Menschen geschaffen, nebst einem Galeriefenster. Ein zweiter kurzer Tunnel überrascht durch seine Höhe – hier würde auch ein Fuhrwerk noch durch passen. Wenige Meter weiter sehen wir auch schon unseren Aufstiegsweg, angezeigt durch die Markierung PR 6.4. Zunächst verfolgen wir den Levadakanal aber noch um die nächste Kurve zum geradezu gewaltigen Eingang des **Túnel das Estrebarias ❹**, 1055 m. Er führt mit 0,8 km Länge in gerade Linie auf die Südseite. Doch auch wenn wir den Lichtschein am Tunnelausgang sehen, sollten wir uns nicht zu weit hineinwagen, denn bald versinkt man beinahe knietief in aufgeweichter Erde. Wir gehen also bis zur Markierung PR 6.4 zurück und folgen dem Bergweg. Nach 20 Min. erreichen wir eine Betonmauer, die die Straße darüber stützt. An der Mauer entlang und noch ein paar Steinstufen hoch, und wir haben den **Parkplatz »Ponto« ❶** wieder erreicht.

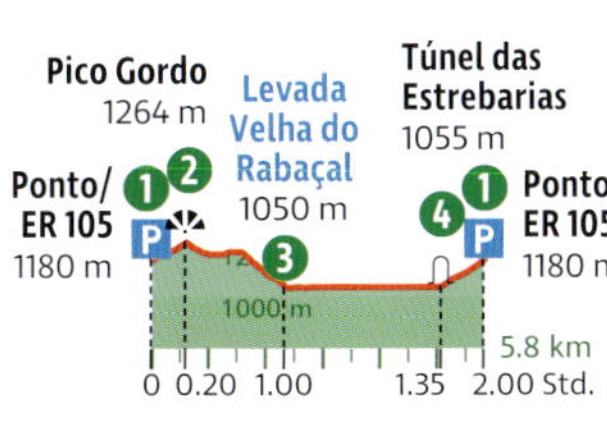

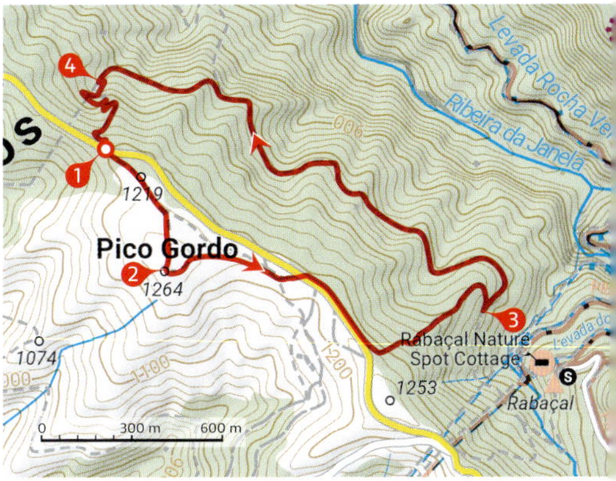

7 Rundtour in Rabaçal zu den 25 Quellen

Über den Pico Fernandes und Louro da Gota

3.30 Std. | 9,5 km | ↗ 525 m | ↘ 525 m

Ohne Massenwandertourismus zur Levada das 25 Fontes

Rabaçal und die Levada das 25 Fontes sind schon seit 150 Jahren Anziehungspunkt für Ausflugstouristen und entsprechend überfüllt ist der Weg zu den berühmten 25 Quellen. Wer sich den Zauber dieser Region dennoch nicht entgehen lassen will, wählt einen einsamen Weg hinunter von der Hochebene Paúl da Serra und wieder hinauf und ist damit fast alleine unterwegs. Für das Highlight der 25 Quellen sollte der späte Nachmittag gewählt werden, dann sind die geführten Gruppen schon weg und die tiefer stehende Sonne leuchtet den Kessel aus. Die beiden »wilden« Zugänge wurden zwar in den letzten Jahren deutlich gezähmt und gelten als empfohlener Wanderweg, haben aber nun den entscheidenden Vorteil, dass man auch ohne Machete seinen Weg findet.

Ausgangspunkt: ER 209, 500 m nach der Kreuzung Canhas/ER 105, Wandertafel PR 6.5 Vereda do Pico Fernandes, 1420 m. Anfahrt von Funchal auf der VR 1 nach Ribeira Brava, weiter auf der VE 3 bis Ponta do Sol und von dort auf der ER 222 Richtung Canhas. Dem Abzweig nach Paúl da Serra folgend gelangt man auf der ER 209 auf die Hochebene und folgt dort dem Hinweis zum Fanal. Nach 500 m kann an der Wandertafel auf der linken Straßenseite geparkt werden.
Keine Busanbindung.

Anforderungen: Ab- und Aufstieg auf gut ausgebautem Wanderweg mit vielen Stufen und Sicherungen. Der kurze Weg entlang der Levada ist eng, aber an exponierten Stellen mit Seilzaun gesichert. Der Abstecher an die alte Madre ist versierten Levadagängern vorbehalten, denn die schmalen Mauern sind rund und nass. Der Rückweg über den PR 13 auf der Nordseite des Pico da Fajã da Lenha und durch den Baumheidewald auf der Serra ist unschwierig, allenfalls der Farnhang kurz vor Erreichen der Ribeira da Água Negra ist im Spätsommer sehr zugewachsen und erfordert eine gute Orientierungsfähigkeit.

Einkehr: Keine.

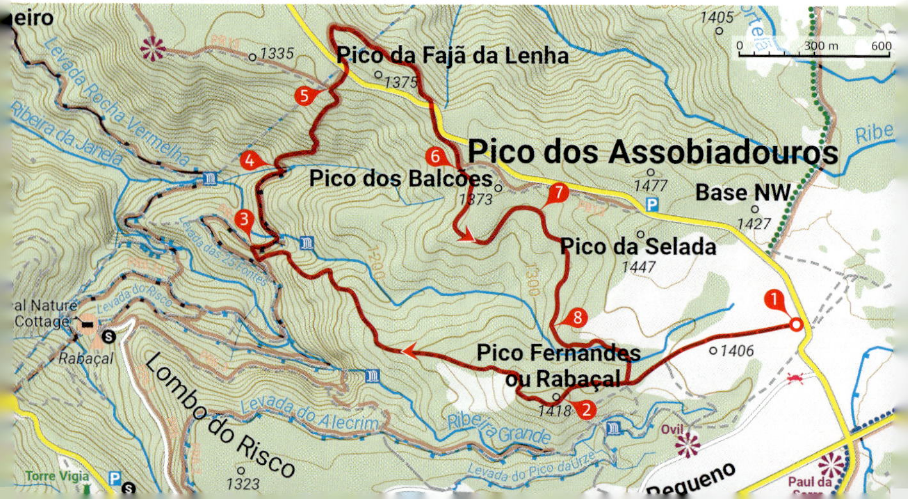

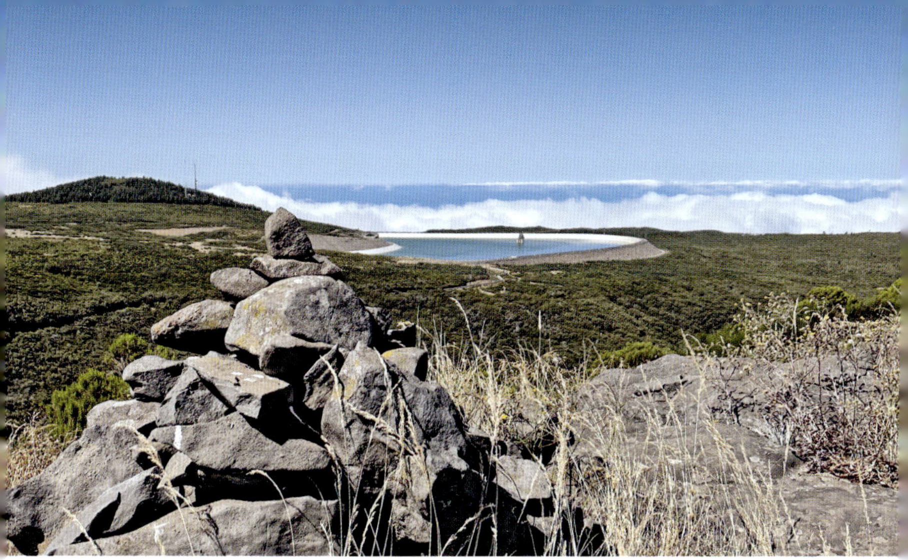

Vom Pico Fernandes schauen wir über die ganze Hochebene Paúl da Serra, im Hintergrund das große Speicherbecken.

Von der Wandertafel an der **ER 209** ❶, 1420 m, folgen wir auf einer Graspiste dem Hinweisschild »25 Fontes« geradeaus auf die sich vor uns erhebende Kuppe zu. Nach 500 m verjüngt sich die Piste zu einem ansteigenden Pfad, der sich durchs Heidegebüsch schlängelt. Bald stehen wir auf dem **Pico Fernandes** ❷, 1418 m, und genießen den Rundblick über die gesamte Hochebene Paúl da Serra. Beeindruckend sticht das große Speicherbecken hervor, das 2020 fertiggestellt wurde, um die Wasserkraft mithilfe eines Pumpspeicherkraftwerks zur Stromerzeugung nutzen zu können.

Wir gehen nun den deutlich sichtbaren Pfad entlang der Hügelkuppe leicht bergab und kommen an einen Vermessungsstein. Kurz darauf windet sich der Weg, steiler werdend, durch einen dichten Farnwald. Holzbohlenstufen helfen dabei, auf der richtigen Spur zu bleiben. Nachdem wir eine einsame Kiefer passiert haben, wird der Weg wieder deutlicher, denn nun hält die Baumheidevegetation den Farnwuchs unter Kont-

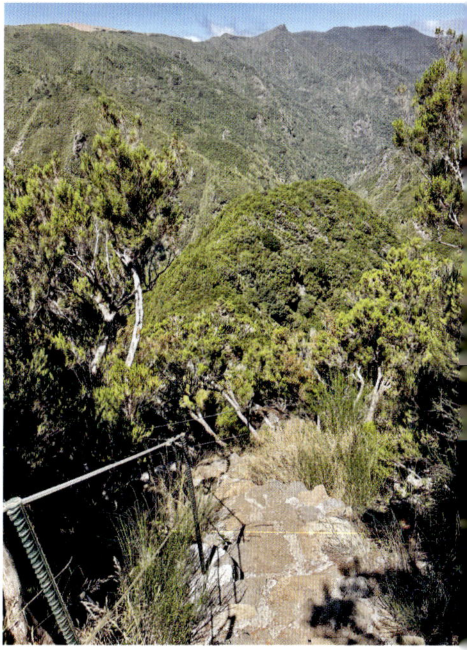

Die entschärfte Felspartie beim Abstieg zur Levada.

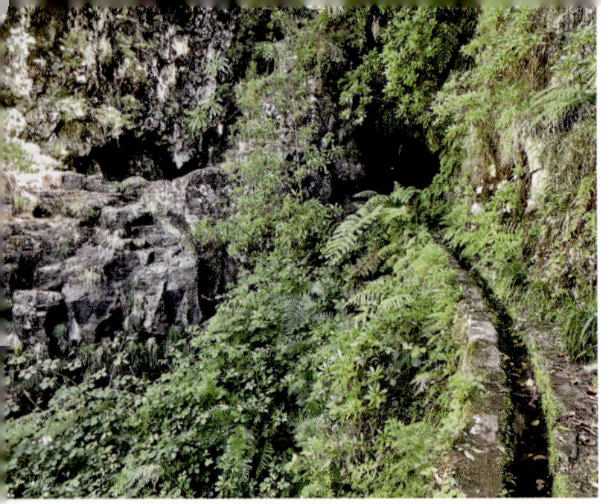

Die Levada das 25 Fontes kurz vor der ursprünglichen Madre.

rolle. Das Felsstück, die ehemalige Kraxelpartie, ist nun mit Steinstufen und Seilgeländer recht einfach zu bewältigen. Nach 1.30 Std. – auf dem ehemals als Vereda do Pau Seco bekannten Pfad – erreichen wir die Kreuzung mit der Einbahnregelung zur Levada. Wir folgen dem Wegweiser nach rechts, steigen die letzten Stufen zur **Levada das 25 Fontes ❸**, 995 m, hinunter und gehen hier rechts gegen die Fließrichtung weiter Richtung 25 Quellen. Wer das erste Mal hier ist, wird wohl vor der Brücke einen Blick in den beeindruckenden Kessel werfen wollen. Je nach Tageszeit müssen wir uns nun mit bis zu hundert Wanderern gleichzeitig den Zugang zu den Quellen teilen.

Wieder zurück, gehen wir über die Brücke und folgen weiter der Levada, bis wir nach 10 Min. einen Abzweig nach links unten sehen. Wer absolut trittsicher ist, kann an der Levada auf einer schmalen Mauer noch 80 m bis zur ehemaligen Madre entlang balancieren. Dort gibt es zwei kleine Höhlen, in denen sich das Wasser für die Levada sammelt. Der Abstieg ins trockene Bachbett ist hier nicht zu empfehlen, weil man sich sonst im stark wuchernden Brombeergestrüpp wiederfindet. Also balancieren wir zurück zum Abzweig, steigen dort wenige Stufen hinunter und können das Bachbett der **Ribeira dos Cedros ❹**, 990 m, auf einer Brücke überqueren.

Nun beginnt der Aufstieg auf dem – ebenfalls in jüngster Zeit – renovier-

Ein wilder Weg unterhalb des Pico da Fajã da Lenha.

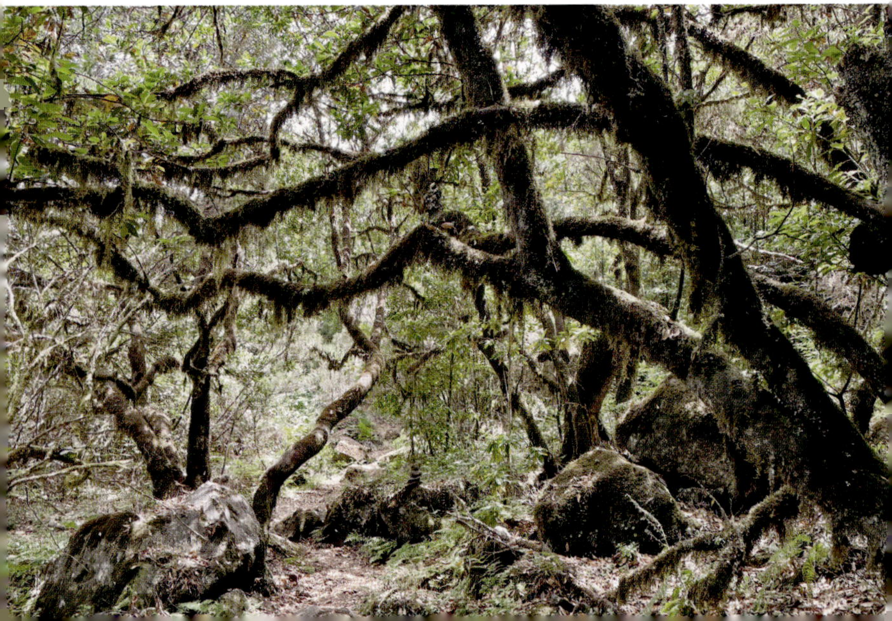

ten Wanderweg **Vereda da Palha Carga**. Nach wenigen Minuten kommen wir zu einem kleinen Miradouro, der sich für eine Wanderpause mit Blick über das Tal der Ribeira da Janela anbietet. Nach einer knappen Stunde Aufstiegszeit treffen wir bei **Louro da Gota 5**, 1305 m, auf den PR 13 und gehen rechts weiter bis zur Querung der Fanalstraße ER 209. Auf der gegenüberliegenden Seite halten wir uns links, sehen gleich ein Picknickgelände und können hinter dem Brunnen leicht ansteigend unsere Route fortsetzen. Der schöne Weg führt uns auf die Nordseite des **Pico da Fajã da Lenha**. Hier bekommt unsere Rundwanderung endlich das Prädikat eines wilden Weges. Sehr verwunschen und oft in Wolken gehüllt geht es unterhalb der Felswände durch Blockgestein und moosbedeckte Lorbeerbaum-Riesen. Nach einer halben Stunde queren wir erneut die Regionalstraße ER 209 und gelangen nach weiteren 5 Min. an eine (derzeit – 2024 – zusammengebrochene) **Holzbohlentreppe 6**, 1335 m, mit Geländer. Rechts davon geht unser versteckter Weg weiter und wir tauchen in ein wahres Labyrinth aus kreuz und quer wachsenden Baumheiden. Der deutlich sichtbare Pfad windet sich für eine halbe Stunde ohne wesentliche Höhenunterschiede durch den lichten Wald. Nach der Überquerung eines meist trockenen Bachlaufs muss auf eine **Weggabelung 7**, 1350 m, geachtet werden. Wir bleiben rechts bergauf (links führt ein Pfad zur ER 209). Dann treten wir heraus auf einen baumfreien, mit Farn bewachsenen Hang. Leicht ansteigend nähern wir uns der **Ribeira da Água Negra**, deren kleine Wasserfälle wir bald rauschen hören. Bei einer **Wegteilung 8**, 1360 m – rechts kann man

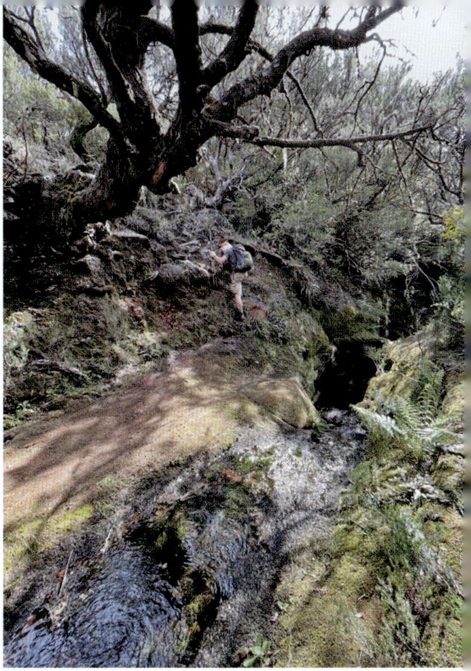

Nahe der Quelle lässt sich die Ribeira da Àgua Negra leicht überqueren.

zum Bach hinuntersteigen, um dort am Ufer ein wenig zu verweilen –, wandern wir nach links hinauf und kommen wieder in niedriges Baumheide-/Ginstergebüsch. Wir folgen dem Weg immer links bleibend und ansteigend parallel zum Bachlauf, bis wir nahe seiner Quelle auf die andere Uferseite wechseln und rechts eines einzeln stehenden, großen Baums weglos die Uferböschung hinaufkraxeln können. 100 m weiter treffen wir auf die vom Hinweg bekannte Graspiste, die uns nach links zum Startpunkt an der **ER 209 1** zurückführt.

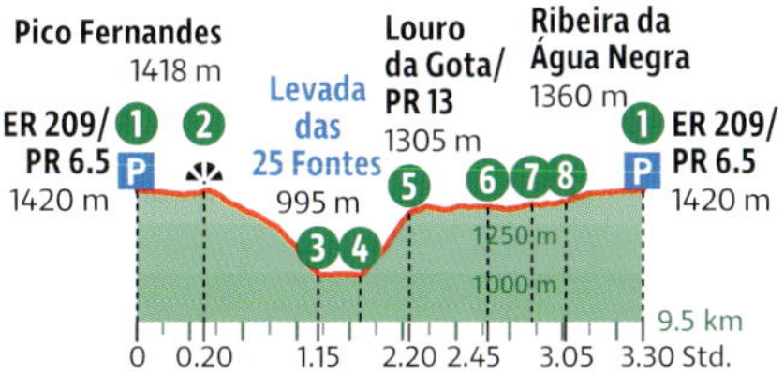

8 Ribeira do Seixal

Von Paúl da Serra durch den Seixal-Kessel

5.00 Std. | 8,3 km | ↗750 m | ↘750 m

Anspruchsvolle Rundwanderung mit Klettereinlage am Felsgrat Lombo das Faias

Hier kommen Wildnisfreaks auf ihre Kosten: Erst mal gilt es den richtigen Einstieg zu finden, dann taucht man ab in einen grünen Kessel, durchquert etliche Schluchten und steigt über einen Felsgrat wieder nach oben. Begleitet wird man nur vom Rauschen des Wassers und hin und wieder mit Vogelgezwitscher, ansonsten bleibt man auf dieser Tour alleine.

Ausgangspunkt: ER 209 zwischen Paúl da Serra und Fanal, 1310 m. Anfahrt von Funchal auf der VR 1 nach Ribeira Brava, weiter auf der VE 3 bis Ponta do Sol und von dort auf der ER 222 Richtung Canhas. Dem Abzweig nach Paúl da Serra folgend gelangt man auf der ER 209 auf die Hochebene und folgt dort dem Hinweis zum Fanal. Wir passieren drei Hinweistafeln für empfohlene Wanderwege, bis wir nach 4 km ab der Kreuzung auf der linken Straßenseite eine Haltebucht für 2 bis 3 Fahrzeuge sehen. Dort gibt es auch ein kleines, viertes Hinweisschild für den Zugang zum Wanderweg PR 13. Hier kann geparkt werden. Keine Busanbindung.

Anforderungen: Pfadfindergeist, absolute Schwindelfreiheit und Trittsicherheit sowie Kondition und Klettererfahrung sind Grundvoraussetzungen. Am Felsgrat gibt es keine Sicherungen!

Einkehr: Keine.

Variante: Alternativ kann der Rückweg anstatt auf dem PR 13 auf der wenig befahrenen Straße ER 209 abgekürzt werden. Dazu wenden wir uns kurz nach Wegpunkt 7 nach links und gehen auf der Straße 1,6 km (anstatt 3,2 km) direkt zum Ausgangspunkt zurück. Das bietet sich besonders bei aufkommendem Nebel an.

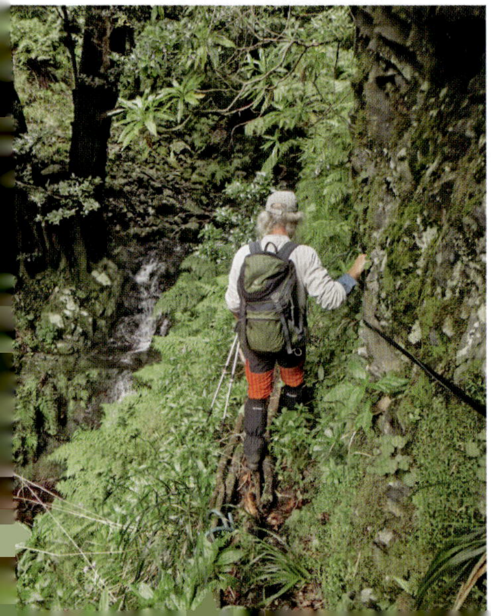

Wir beginnen unsere Wanderung mit dem Abstieg zur Ribeira do Seixal und müssen uns gegenüber unserem Parkplatz an der **ER 209** 1, 1310 m, zunächst durch die dichte, relativ niedrige Baumheidevegetation unseren Weg suchen. In noch flachem Gelände halten wir uns dazu knapp 350 m (oder ca. 5 Min.) in exakt nordöstlicher Richtung. Mit Beginn des Abstiegs lichtet sich der Bewuchs, der Weg ist nun deutlich sichtbar und führt uns in östliche Richtung. Nach etwa 10 Min. erhebt

Typisch für wilde Wege: eine schlichte »Seilsicherung« mit Kabeln und Gartenschläuchen.

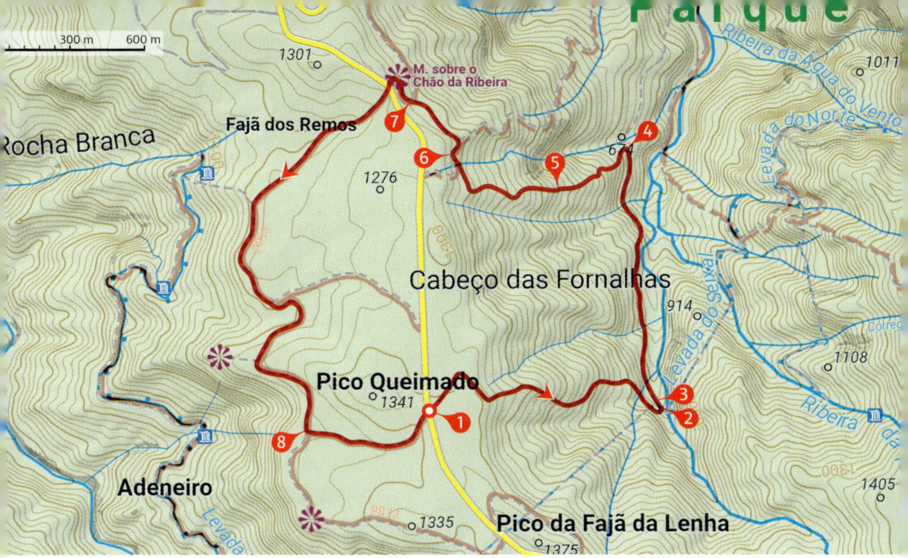

sich links von uns eine Felswand, der Weg bergab bleibt aber sehr moderat. Nach etwa 1 Std. Abstiegszeit können wir das erste Mal in den Kessel der Ribeira do Seixal hinabschauen. Hier erwartet uns auch eine kritische Passage. Der abgerutschte Weg ist mit einer rudimentären Holzkonstruktion überbrückt und nur notdürftig gesichert. Mit Vorsicht lassen sich die 10 m jedoch gefahrlos begehen. Wenige Minuten später haben wir die **Ribeira do Seixal** ❷, 870 m, erreicht. Der Bach wird hier zwischen zwei Tunneln in die gleichnamige Levada geleitet. Wir müssen bis zur Levada über die Felsplatten hinuntersteigen und nach links in Fließrichtung dem Wasserkanal 50 m bis zum Tunneleingang folgen. Direkt vor dem Túnel do Seixal zweigt die **Vereda das Feitas** ❸, 850 m, rechts ab. Hoch über der Schlucht der Ribeira do Seixal steigen wir auf dem schmalen Pfad, mitunter etwas ausgesetzt, langsam ab. Es werden in der nächsten Stunde mehrere Bachläufe in Mini-Schluchten durchquert – auch hier gibt es eine »Holzbrücke«, die ein Stück Weg ersetzen muss –, bis wir am Abzweig zum **Lombo das Faias** ❹, 730 m, ankommen. Markant für den Abzweig ist ein mächtiger Lorbeerbaum mit einem riesigen, grünschillernden Baumpilz am Fuß des Stamms.

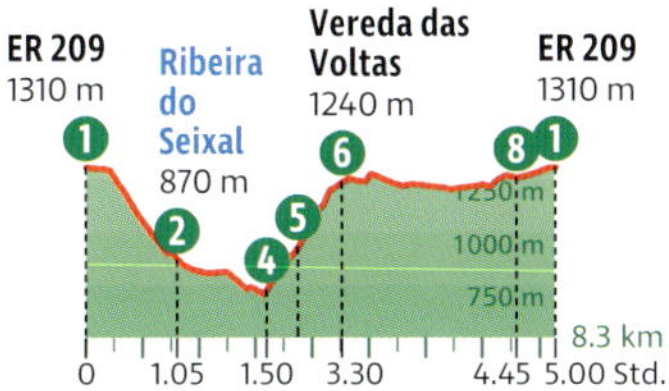

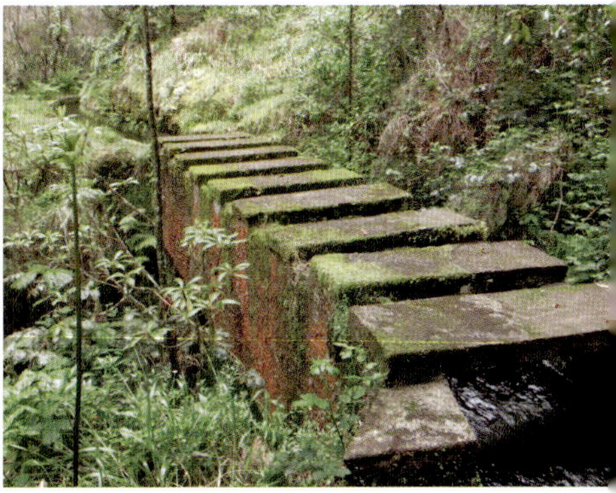

Levada do Seixal als Brücke.

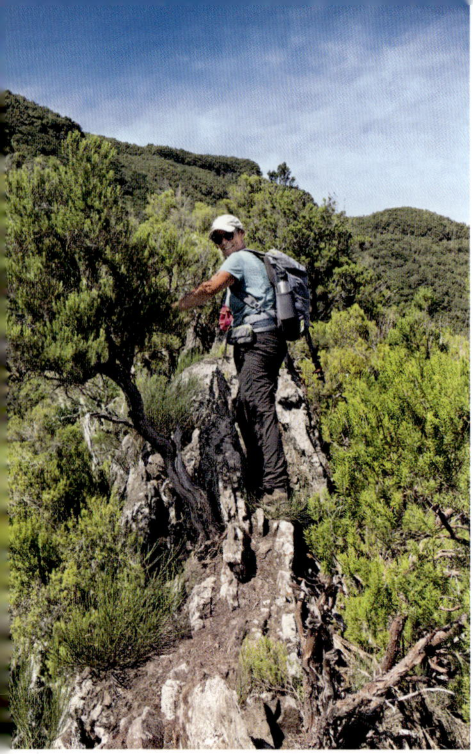

Am Felsgrat des Lombo das Faias. Zur Sicherung hilft hier ein beherzter Griff ins Gebüsch.

Der folgende Aufstieg hat drei sehr unterschiedliche, aber ähnlich herausfordernde Aufstiegspartien. Auf weichem Waldboden geht es extrem steil hinauf. Baummarkierungen helfen, die Aufstiegslinie im dichten Laubteppich zu erkennen. Auf etwa 900 m Höhe kommen wir in felsiges Gelände. Die Vegetation wechselt zu knorrigem Baumheidebewuchs, der eine gute Hilfestellung beim Aufstieg leistet. Mit Erreichen des markanten Felsentors, dem **»Auge des Drachen« ❺**, 935 m, beginnt die Kraxelei. Auf dem Grat selbst bietet sich eine grandiose Aussicht über die bewaldeten Nordhänge auf Paúl da Serra. Nach den Felspassagen sind noch ca. 200 Höhenmeter zu bewältigen, die wirklich kräftezehrend sind. Zum Glück können wir uns oft an den Wurzeln und dünnen Stämmen der Baumheiden hochhangeln. Dabei muss immer wieder auf Baummarkierungen geachtet werden, denn der Pfad ist nicht immer deutlich. Auf 1240 m Höhe treffen wir auf die **Vereda das Voltas ❻**, gehen rechts weiter und folgen nach 50 m links dem Hinweisschild »PR 13 Fanal«. Nach 300 m teilt sich der Weg. Wir folgen dem Abzweig nach links **PR 13 »Paúl da Serra« ❼**, 1240 m, und erreichen 5 Min. später die Straße ER 209. Wir überqueren sie und bleiben nun auf dem ausgewiesenen Wanderweg PR 13 Richtung Paúl da Serra. Nach einem kurzen Abstieg wandern wir in gemächlichem Auf und Ab weiter durch die zu allen Jahreszeiten zauberhafte Vegetation der Serra und lassen diese Wanderung entspannt ausklingen. Zudem ergeben sich immer wieder schöne Ausblicke, diesmal über das imposante Tal der Ribeira da Janela. Nach etwa 30 Min. erreichen wir den beschilderten, zweiten Abzweig (der erste nach 15 Min. führt zu früh zur Straße zurück) **»PR 13/ER 209« ❽**, 1260 m. Hier geht es noch eine Viertelstunde bergauf, dann sind wir zurück am Ausgangspunkt an der **ER 209 ❶**, 1310 m.

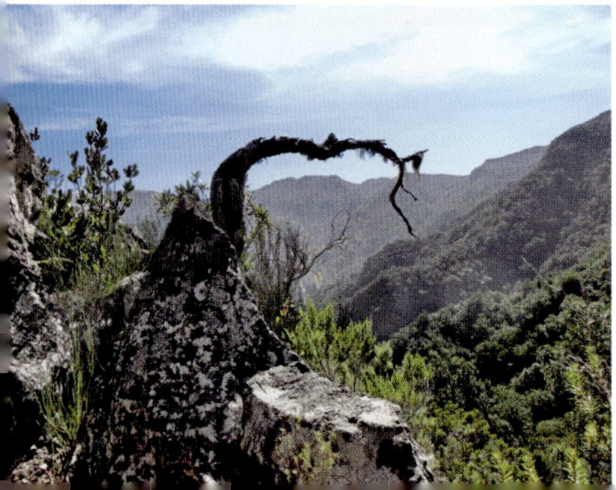

Schöne Ausblicke vom Grat.

Levada da Rocha Vermelha

An der Nordflanke hoch über dem Janela-Tal

9

6.00 Std. | 12,3 km | ↗ 610 m | ↘ 610 m

Abwechslungsreiche Rundwanderung mit Besuch der 25 Quellen

Wer die wasserreiche Rabaçal-Region ohne Massenwandertourismus und mit noch weitgehend authentischer Wegführung erleben möchte, ist auf dieser Runde richtig. Die Wege sind zwar in den letzten Jahren ausgebaut und mit vielerlei Sicherungen versehen worden, was den Schwierigkeitsgrad der Tour deutlich vermindert hat, aber weiterhin wildromantisch. Die Levada da Rocha Vermelha überrascht nach jeder Wegbiegung mit neuen Ausblicken, Wasserfällen und interessanten Levadatreppen. Die Vereda do Fanal ist dazu ein guter Kontrast, ruhig und gemütlich können wir die Wanderung nach dem Aufstieg ohne weitere Anstrengung beenden. Wenn Wolken aufziehen und sich die Feuchtigkeit mit glitzernden Tröpfchen in den Baumheiden niederlässt, wirkt der niedrige Wald wie verzaubert.

Ausgangspunkt: Picknickplatz Louro da Gota an der ER 209, 1322 m. Anfahrt von Funchal auf der VR 1 nach Ribeira Brava, weiter auf der VE 3 bis Ponta do Sol. Von dort auf der ER 222 Richtung Canhas. Dem Abzweig nach Paúl da Serra folgend gelangt man auf der ER 209 auf die Hochebene und folgt dem Hinweis zum Fanal. 3,3 km nach der Kreuzung ER 209/105 nahe dem Hinweisschild PR 13 am Straßenrand parken. Keine Busanbindung.

Anforderungen: Für die Levada sind Trittsicherheit und Schwindelfreiheit notwendig. Die Runde ist durchgängig beschildert und offiziell markiert.

Einkehr: Keine.

Variante: Wer sehr zeitig startet, kann den Kessel der 25 Quellen und die Levada das 25 Fontes noch fast alleine (ohne Gegenverkehr) genießen. Dann lohnt es, die Levada bis zur zweiten, sehr viel reizvolleren Abstiegsmöglichkeit zur Levada da Rocha Vermelha zu verfolgen. Auf der Levada 25 Fontes verlängert sich der Weg mit der Schleife durch die Schlucht der Ribeira Grande um etwa 2 km.

Hinweis: Ein leichter Regenschutz für die Wasserfälle an der Levada ist hilfreich.

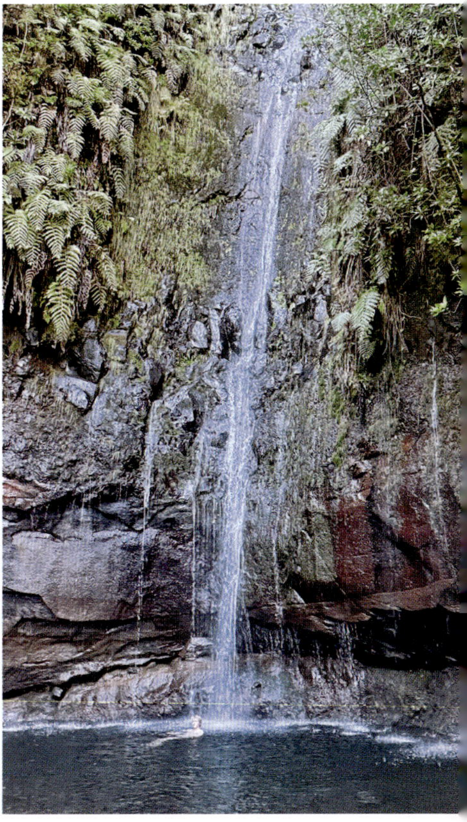

Der Kessel der 25 Fontes am Morgen.

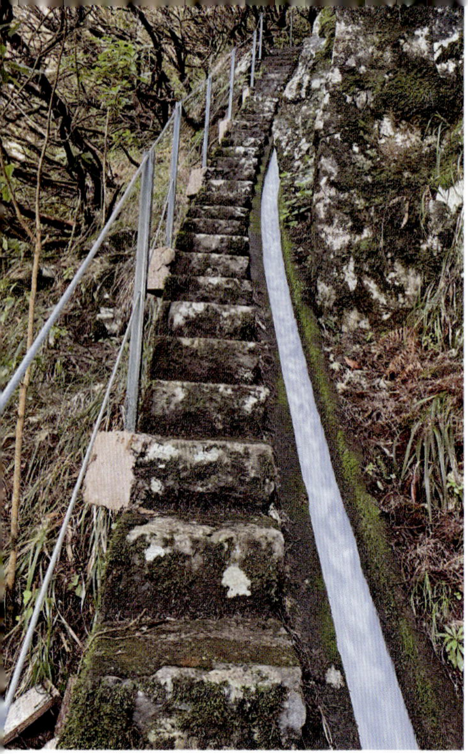

Die gesicherte Levadatreppe.

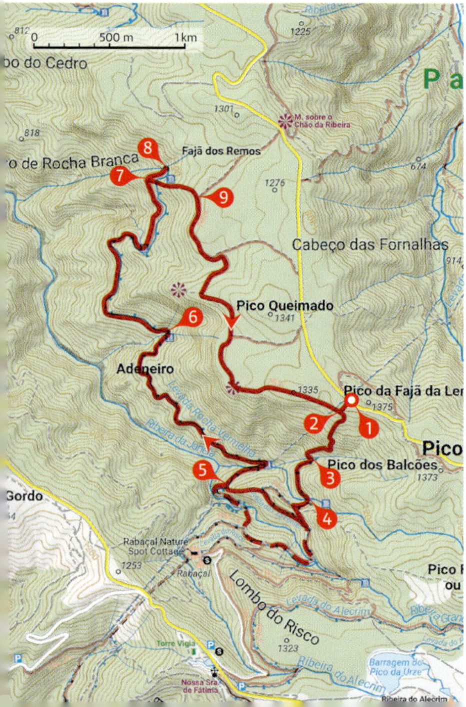

Wir starten am Picknickplatz **Louro da Gota ❶** an der ER 209 bei der Wandertafel Vereda da Palha Carga, PR 13/PR13.1 und gehen den nur leicht abschüssigen Weg bis zur ersten Verzweigung. Der **Wegweiser 25 Fontes/PR 13.1 ❷**, 1305 m, führt uns auf der fast durchgängig gestuften Vereda da Carga Palha durch Baumheidewald hinunter. Immer wieder eröffnen sich »Fenster«, die den Blick auf das gegenüberliegende Forsthaus Rabaçal und das dicht bewaldete Tal freigeben. Nach einer knappen Stunde Abstieg erreichen wir die **Ribeira dos Cedros ❸**, 990 m, die wir auf einer Holzbrücke überqueren. Nach kurzem Gegenanstieg sehen wir die Levada das 25 Fontes, hier noch als sehr kleinen Wasserkanal, neben uns fließen. Das nächste Schluchtbett, die **Ribeira das Águas Negras**, überqueren wir auf einer steinernen Bogenbrücke. Direkt danach zweigt ein Weg nach links ab, zum Kessel der **25 Quellen ❹**, 992 m. Schön ist es dort jedoch nur in den ganz frühen Morgenstunden oder spät am Nachmittag. Wir gehen denselben Weg zurück zur Bogenbrücke und folgen der **Levada das 25 Fontes** nun weiterhin in Fließrichtung bis zu einem Abzweig nach links. Wir folgen der verpflichtenden Einbahnregelung, die eingeführt wurde, um das hohe Besucheraufkommen besser zu regulieren und um Unfälle zu minimieren. Nach ein paar Minuten hinauf und wieder hinunter treffen wir wieder auf die Levada das 25 Fontes und halten uns jetzt rechts, gegen die Fließrichtung, bis zum Hinweis Richtung **Levada da Rocha Vermelha** und steigen zum breiten Kanal der Levada ab **❺**, 870 m. Der Weg geradeaus weiter bergab bleibt unberücksichtigt, er führt zum Levadeiro-Haus. Unser

Weg verläuft nun für 5 km entlang der Levada gegen die Fließrichtung. Nach nur wenigen Minuten überqueren wir auf einem Steg zum zweiten Mal die **Ribeira das Águas Negras** und können in den langen Seixaltunnel hineinblicken. Hier fließen die Levada do Seixal und die Levada da Rocha Vermelha zusammen. Wir bleiben am offenen, immer schmaler werdenden Kanal und gehen auf dem gut gesicherten Begleitweg hoch über dem Janela-Tal mit spektakulären Weit- und Tiefblicken. Die Levada ändert immer wieder ihr Gesicht: Mal verschwindet sie fast unter üppiger Vegetation, mal schlängelt sie sich an schroffen Felsen entlang oder taucht in den tiefen Schatten einer dichten Baumheidengalerie ein. Je nach Jahreszeit können mächtige Wasserfälle in die Levada und auch auf den Weg prasseln. Die kritischste Passage ist bei **Adeneiro ❻**, 880 m. Fixseile helfen hier gegen das Ausrutschen, nass kann man im Winter trotzdem werden.

Danach folgen zwei gut ausgebaute Umgehungen und auch die folgende, sehr steile und oft nasse Levadatreppe hat gute Sicherungen. Der Levadakanal hat nun nur noch ein schmales, flaches Bett und der Weg wird immer romantischer. Wenige Meter vor der aktuellen Madre am Ribeiro da Água do Queijo zweigt unser **Aufstiegsweg zur Vereda do Fanal ❼**, 1005 m, nach rechts ab. Es lohnt sich aber, die winzige Levada noch bis zu ihrer ursprünglichen

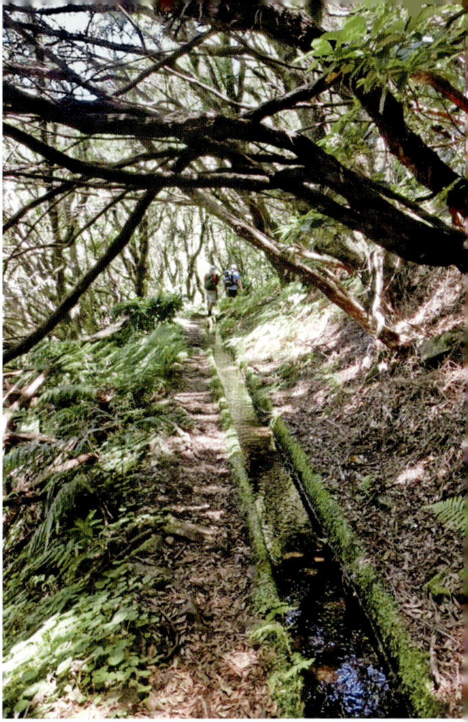

Levada da Rocha Vermelha.

Madre ❽, 1074 m, zu verfolgen. Mehrere kleine Wasserfälle verzaubern den Ort bei Sonnenschein zu einem magischen Platz für eine kurze Ruhepause.

Zurück am **Abzweig ❼** beginnen wir den Aufstieg in langen Serpentinen, bis wir die **Vereda do Fanal ❾**, 1216 m, erreichen. Wir halten uns rechts und wandern für die nächste gute Stunde durch die typische Vegetation der Serra mit ihren Baumheiden und Heidelbeersträuchern, Moosen und Flechten zurück zum Ausgangspunkt **Louro da Gota ❶**.

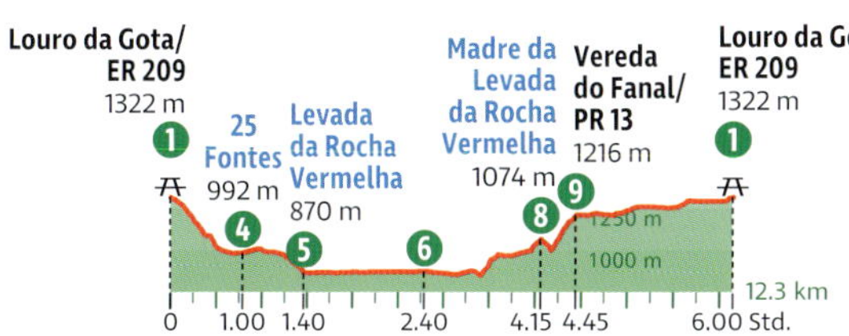

10 Lorbeerwald Fanal

Vereda dos Castanheiros und Levada dos Cedros

TOP | 5.30 Std. | 12,1 km | ↗ 650 m | ↘ 650 m

Rundtour unter uralten Lorbeerbäumen und riesigen Baumfarnen
Der zauberhafte Fanal ist ein »Muss« bei einem Besuch auf Madeira. Die meisten Wanderer statten den uralten Lorbeerbäumen nur einen kurzen Besuch ab oder machen eine kleine Runde über einen Miradouro. Unsere Wanderung führt uns auf fast vergessenen Wegen durch die Nordhänge tiefer in den »Urwald« hinein. Der Rückweg entlang der sehr ursprünglichen Levada dos Cedros, hoch über dem grandiosen Tal der Ribeira da Janela, zeigt uns eindrucksvoll den Wasserreichtum Madeiras. Der Aufstieg zurück zum Fanal auf einem Arbeitsweg der Levadeiros zeugt von den Arbeitsbedingungen derer, die ständig dafür Sorge tragen, dass dieses Wasser dorthin fließt, wo es gebraucht wird.

Ausgangspunkt: Parkplatz Fanal an der ER 209, 1130 m. Anfahrt von Funchal auf der VR 1 nach Ribeira Brava, weiter auf der VE 3 bis Ponta do Sol und von dort weiter auf der ER 222 Richtung Canhas. Dem Abzweig nach Paúl da Serra folgend gelangt man auf der ER 209 über die Hochebene zum Fanal.
Keine Busanbindung.

Anforderungen: Für den Abstieg vom Fanal braucht es Trittsicherheit. Schwindelfreiheit und Orientierungsvermögen sind vor allem für den Aufstieg ab der Levada dos Cedros notwendig.

Einkehr: Keine.

Hinweis: Die Wanderung eignet sich besser für heiße Sommer- und Herbsttage, wenn der Fanal von kühlenden Wolken verhüllt wird und die Wege überwiegend trocken sind.

Variante: Wer die Madre der Levada dos Cedros unter dem schönen Wasserfall besuchen möchte, folgt ab dem Miradouro 7 weiter der Levada und kann dann von der Madre den offiziellen, aber leider etwas langweiligen Aufstieg über den Blockbohlenweg zum Fanal nehmen.

Wolken ziehen auf, nicht ungewöhnlich im Fanal.

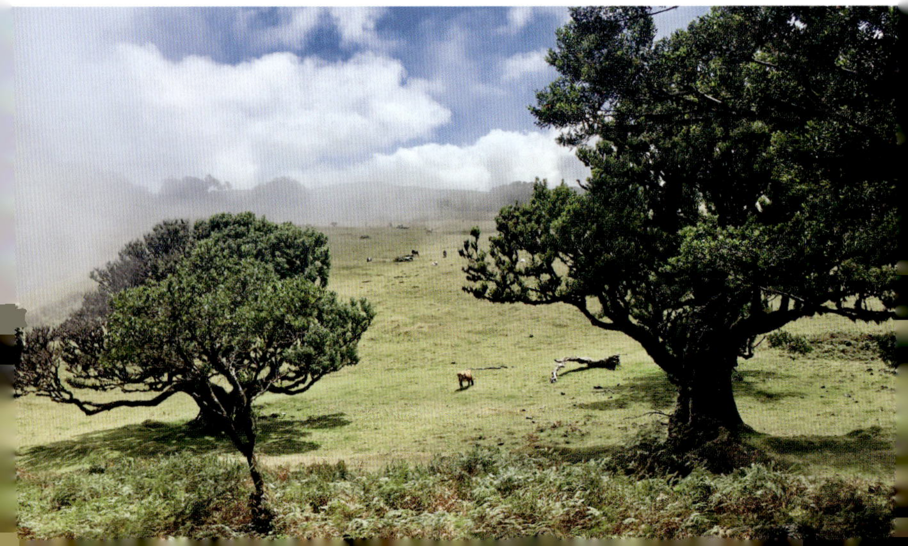

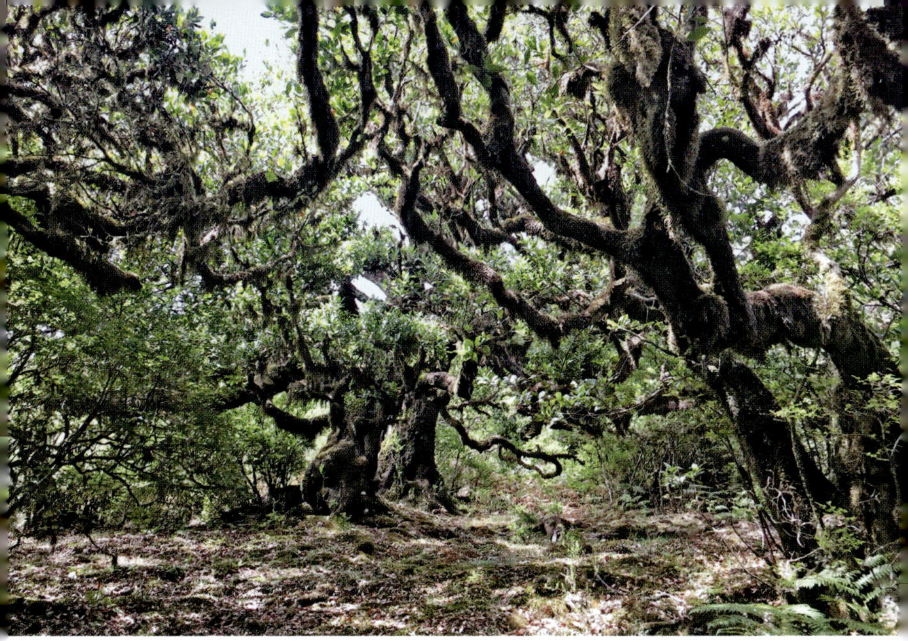

Wie Wächter einer verlorenen Zeit stehen die Lorbeerbäume im Fanal.

Vom **Parkplatz Fanal ❶**, 1130 m, gehen wir zwischen vereinzelten Lorbeerbäumen weglos über die Weide direkt in nördlicher Richtung bergauf bis zur steil abfallenden Geländekante. Dort oben haben wir einen tollen Blick in die Schlucht der Ribeira Funda. Auf dem Trampelpfad halten wir uns links bergab, bis wir die majestätischen Lorbeerbäume, die **Loureiros ❷**, 1110 m, mit ihren weit ausladenden Kronen erreichen. Wir lassen den Blick wandern und nehmen die Ruhe dieses erhabenen Ortes in uns auf, bevor wir unseren Weg auf dem schwach erkennbaren Pfad noch wenige Meter bergauf fortsetzen. Nach der Kuppe fällt der jetzt deutliche Weg sanft bergab. Weiterhin begegnen uns imposante Exemplare von Lorbeer-Methusalems. Dann wird der Weg steiler. Nach einstündigem Abstieg auf der Vereda dos Castanheiros kreuzt ein ehemaliger **Viehpfad ❸**, 650 m. Ein Maschendrahtzaun weist auf die

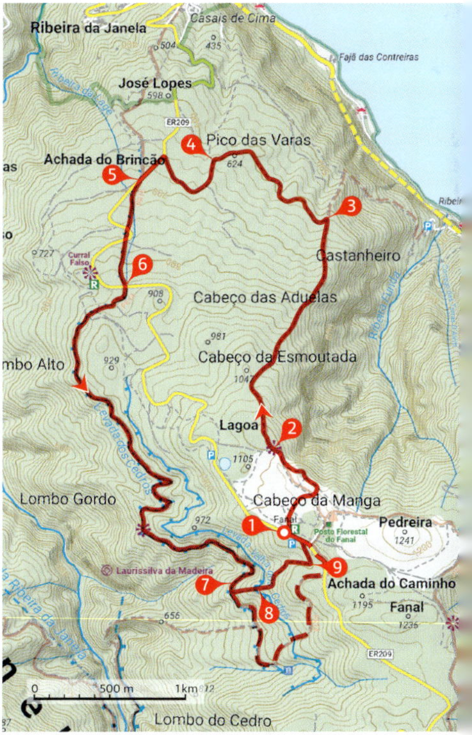

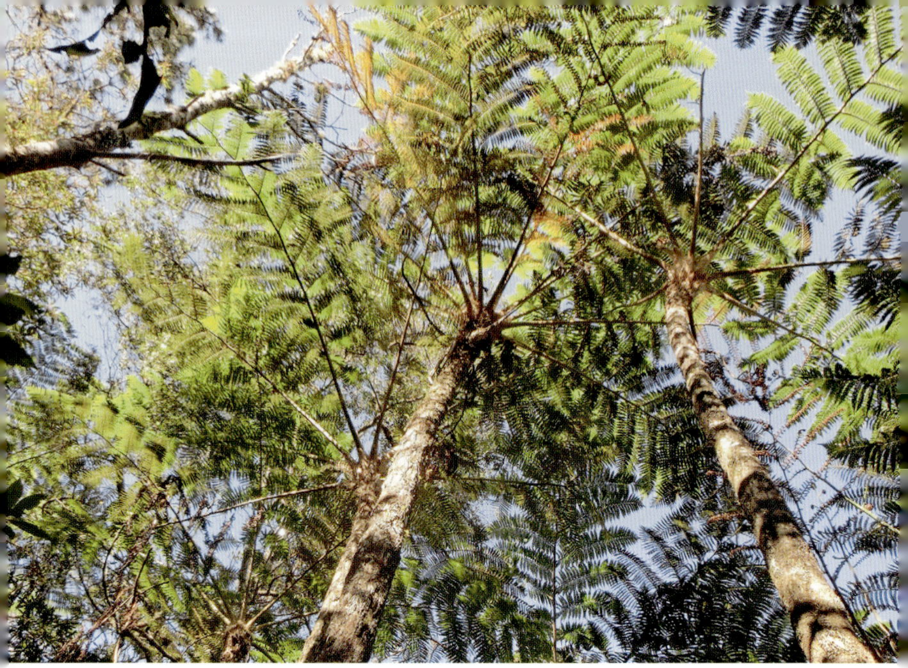

In tieferen Lagen sind riesige Baumfarne im Mischwald zu entdecken.

frühere Nutzung des Weges hin. Wir wenden uns nach links und folgen diesem Weg im Auf und Ab, wobei immer wieder Bachläufe gequert werden müssen. Der dunkle Lorbeerwald ist hier einer dschungelartigen Mischvegetation gewichen. Eine weitere Stunde später kreuzt die ausgefahrene Spur einer **Mountainbike-Piste** ❹, 670 m, die von Downhill-Bikern genutzt wird. Wir halten uns auf dieser links bergauf, achtsam, eventuell herabsausenden Zweirädern auszuweichen, und erreichen nach 5 Min. eine Graspiste. Hier gehen wir rechts weiter, bis wir nach 550 m die ER 209 erreichen. Wir halten uns links und kommen entlang der Straße nach 250 m zum Hinweis für den Wanderweg **PR 15 Vereda da Ribeira da Janela** ❺, 700 m. Hier beginnt der Aufstieg parallel zur Levada dos Cedros, die in diesem Abschnitt als Bach hinuntersprudelt. Der Weg ist stark ausgewaschen und die eingelassenen Blockbohlenstufen sind eher hinderlich als hilfreich. Wir queren während des Aufstiegs dreimal die Straße und gelangen dann an die ruhig in ihrem Bett fließende **Levada dos Cedros** ❻, 835 m. Wir folgen dem Wasserkanal durch zahlreiche imposante Schluchten mit beeindruckenden Wasser-

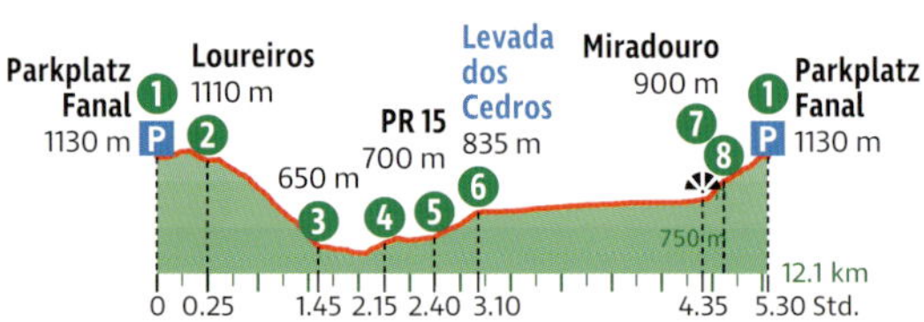

fällen und schroffen Felswänden. Die gefährlichen Passagen sind mit stabilen Geländern gesichert! Nach anderthalb Stunden erreichen wir einen **Miradouro 7**, 900 m. Eine kleine Aussichtskanzel lässt endlich einen weiten Ausblick auf das unter uns liegende Tal der Ribeira da Janela zu. Nur 75 m weiter zweigt links ein unscheinbarer Pfad ab. Um von der Levada auf den eindeutigen Weg zu gelangen, ist Handeinsatz notwendig und wir müssen uns an Baumwurzeln ein paar Meter hinaufhangeln. Der Weg trifft auf 1000 m Höhe auf das deutlich erkennbare Bett der historischen, inzwischen aufgegebenen **Levada dos Cedros Velha 8**. Wir gehen rechts 40 m daran entlang, dann führt der Weg weiter steil bergauf. Ein breiter Gratweg scheint sich nach 200 m plötzlich im Dickicht zu verlieren. Hier muss man durch große Blocksteine etwa 20 m nach links absteigen. Es folgt eine **Bachquerung 9**, 1080 m, die besondere Aufmerksamkeit und

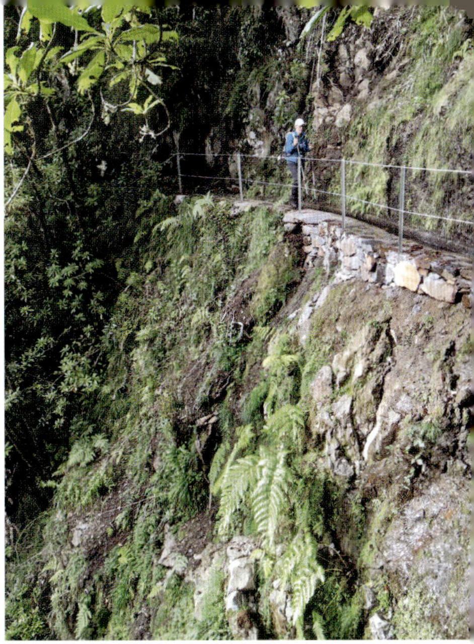

Die gefährlichen Passagen an der Levada dos Cedros sind gut gesichert.

etwas Spürsinn bei der Wegfindung erfordert. Danach ist der Weg wieder eindeutig, bis er kurz vor dem **Fanal-Parkplatz 1** auf die ER 209 trifft.

Ein bisschen Pfadfindergeist ist trotz GPS-Track bei diesen Wegen hilfreich.

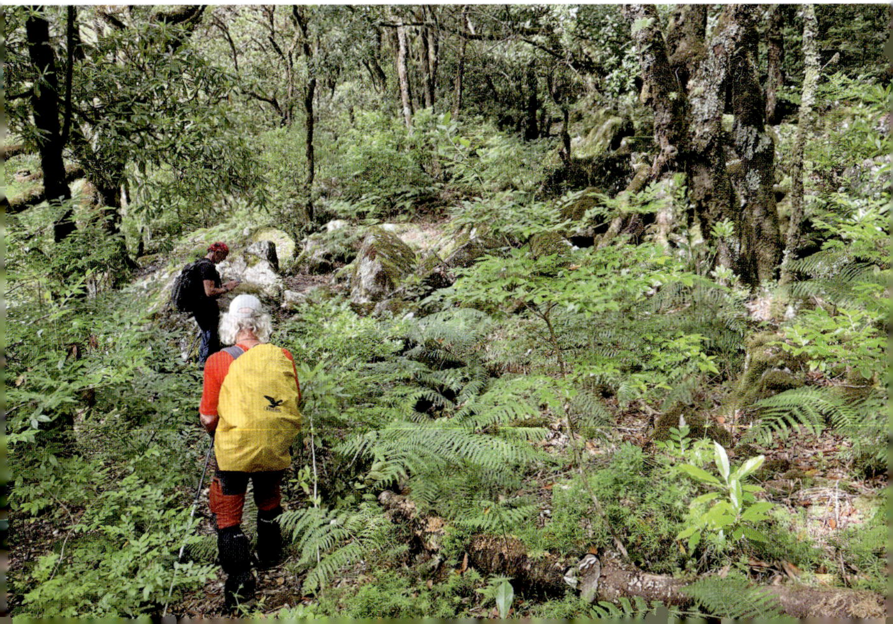

11 Cascata do Hortelã

Über den Lombo Barbinhas

TOP | 4.30 Std. | 6,6 km | ↗ 490 m | ↘ 490 m

Spektakuläre Runde durch die Schlucht der Ribeira do Seixal

Die Wanderung führt aus dem idyllischen Hochtal Chão da Ribeira heraus und über anspruchsvolle Berg- und Levadawege durch drei wasserreiche Schluchten. Sie sind nicht nur ein Eldorado für Canyoning-Enthusiasten, sondern auch für ambitionierte Wanderer. Absoluter Höhepunkt ist der gewaltige Hortelã-Wasserfall.

Ausgangspunkt: Chão da Ribeira, Parkplatz am »Restaurant Laurissilva«, 500 m. Anfahrt von Funchal auf der VR 1 Richtung Ribeira Brava, weiter auf der VE 4 bis São Vicente und von dort auf der VE 2 in Richtung Seixal/Porto Moniz. Etwa 150 m nach dem Túnel Lugar weist links ein Schild nach Chão da Ribeira. Wir folgen dieser Straße (ER 221), bis sie nach 3,7 km an einer Brücke in eine breite Staubpiste mündet, wo wir vor dem (schon lange geschlossenen) Restaurant Laurissilva parken.
Keine Busanbindung.

Anforderungen: Der Aufstieg über die Vereda do Lombo Barbinhas und entlang der Levada do Seixal verlangt absolute Schwindelfreiheit und eine gute Kondition, während es beim Abstieg auf der Vereda das Feitas vor allem auf Trittsicherheit ankommt.

Einkehr: Keine.

Hinweise: Wanderung nicht nach starken Regenfällen und Sturm unternehmen!
Taschen- oder Stirnlampe für den Tunnel und Regencape für die Wasserfall-Passagen mitnehmen.

Im Winter kann die Überquerung der Ribeira do Seixal für nasse Füße sorgen.

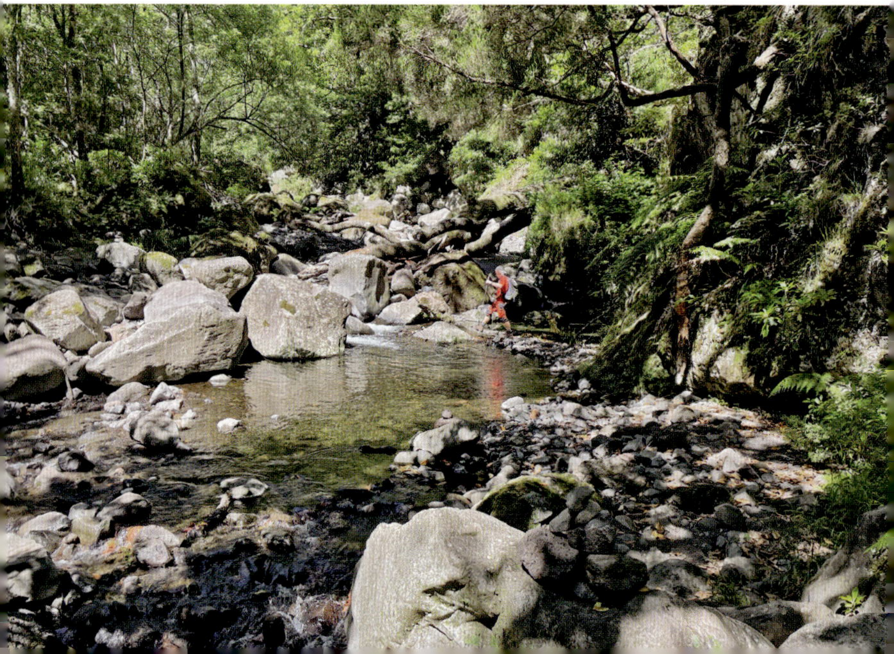

Vom Parkplatz vor dem ehemaligen **Restaurant Laurissilva ❶**, 500 m, gehen wir weiter auf der breiten Fahrpiste und treffen gleich auf ein Hinweisschild, das die verschiedenen Canyoning-Routen in diesem Gebiet ausweist. Nach 10 Min. kommen wir am Gelände einer Forellenzucht vorbei. Die Fahrpiste endet vor einem Wäldchen, das wir auf einem deutlich sichtbaren Pfad durchqueren. Bald fließt die Levada do Chão da Ribeira neben uns. Nach Erreichen der **Madre ❷** der Levada bleiben wir am rechten Flussufer, bis wir auf den Wegweiser **»Lombo Barbinhas« ❸**, 555 m, treffen. Hier muss eine passende Furt zur Überquerung der Ribeira do Seixal gesucht werden. Am anderen Ufer des Flusses beginnt der Aufstieg auf einem sehr steilen, aber guten Bergweg, hin und wieder mit Seilhilfe. Wir gewinnen schnell an Höhe, bis wir bei 710 m den Bergrücken erreichen. Dann geht es in moderatem Anstieg auf dem Grat weiter und nach ca. 1 Std. Aufstiegszeit sind wir an der **Levada do Seixal ❹**, 860 m, angekommen. Sie fließt hier noch in einem kleinen, schmalen Bett. (Wer die Madre besuchen möchte, wendet sich nach links und verfolgt den Wasserkanal für 10 Min. – sehr nass!)

Wir gehen rechts in Fließrichtung auf schmalem Weg zunächst noch durch üppige Vegetation. Schon bald begleiten uns jedoch nur noch hoch aufragende Felswände, von denen immer mehr Wasser in die Levada heruntertropft. Auf der 30 cm breiten Levadamauer geht es in die Schlucht der **Ribeira do Folhado** hinein und wir haben auf dem rutschigen Sims zum Glück eine Sicherung zur tiefen Schlucht und ein Drahtseil entlang der Felswand. Es empfiehlt sich, das Regencape rechtzeitig an-

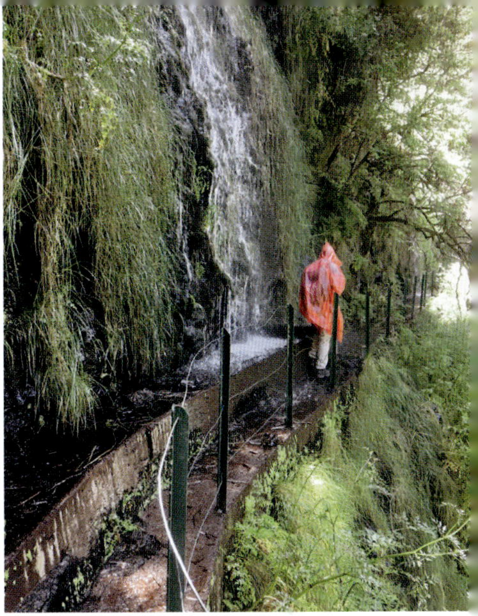

Entlang der Levada do Seixal leistet ein einfaches Regencape gute Dienste.

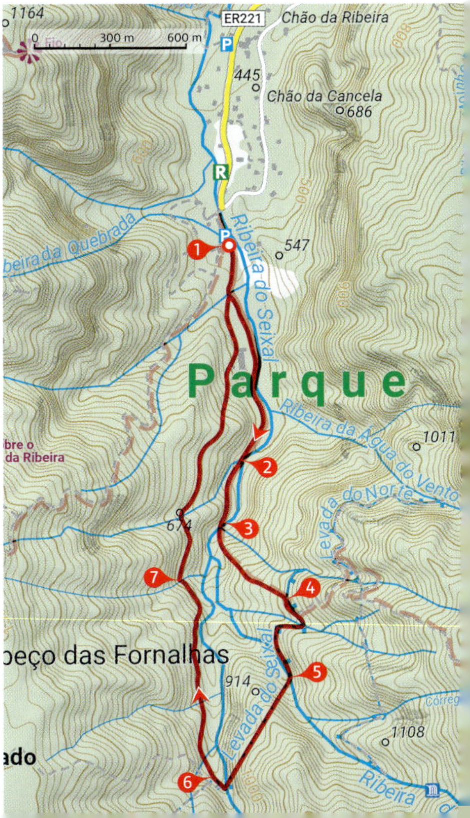

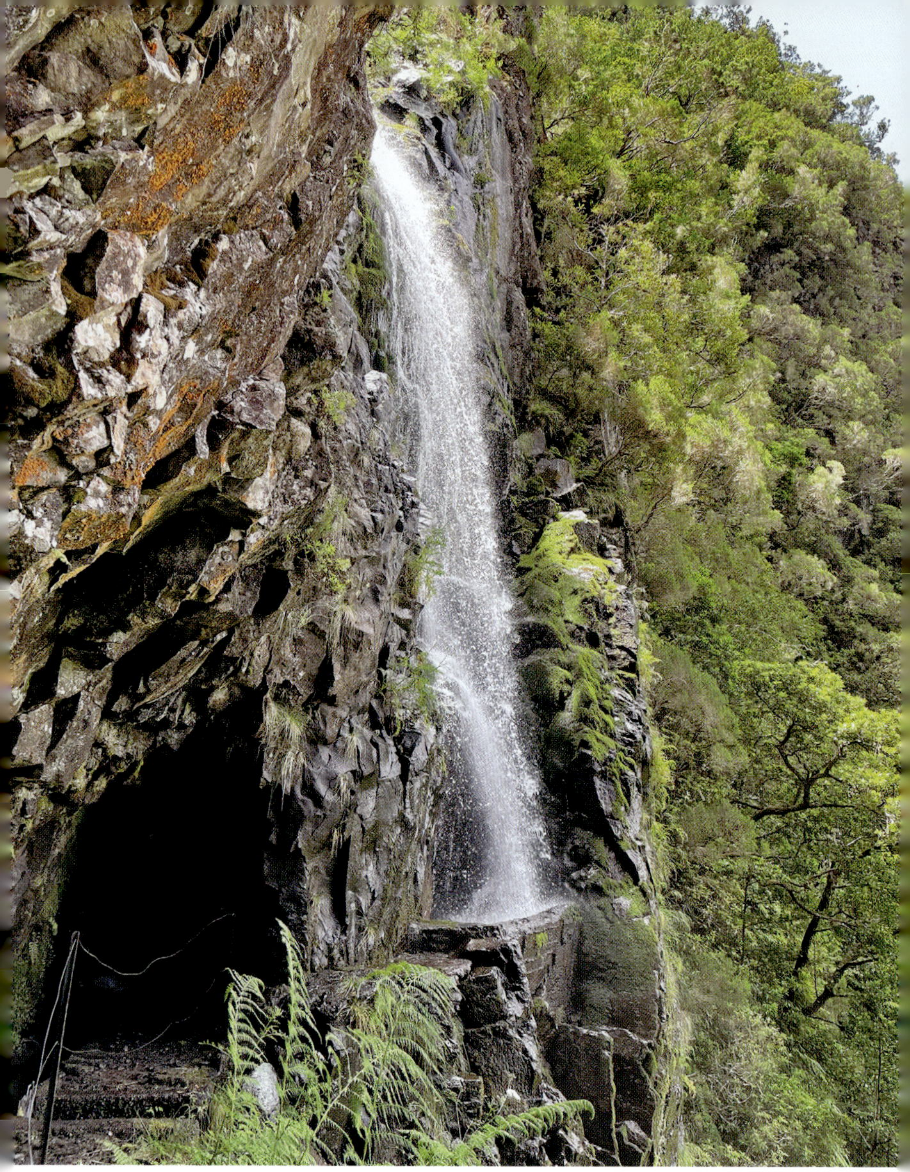

Der Hortelã-Wasserfall verschwindet durch eine Felsöffnung im Tunnel.

zuziehen, damit man diese nassen Passagen langsam und mit Vorsicht begehen kann. Wenige Minuten später taucht vor uns der eigentliche Höhepunkt dieser Wanderung auf: der **Hortelã-Wasserfall** **5**, 885 m. Er donnert mit Getöse durch eine Felsöffnung zu Beginn des 500 m langen Tunnels ins Levada-Bett.

Der Tunnel ist mit einer guten Taschen- oder Stirnlampe einfach zu durchqueren. Nach dem Ausgang gilt es allerdings eine etwas schwierige Stelle zu meistern: Immer wieder

zerstören Felsstürze die Betonabdeckungen der Levada und man muss eventuell einige Meter auf der Kante des Wasserkanals balancieren. Dann haben wir die **Ribeira do Vimeiro** erreicht, die als breite Kaskade in die Levada fällt. Auf dem trockenen Felsplateau bietet es sich an, eine Pause vor dem Abstieg zu machen und die eindrückliche Wildheit der Natur aufzunehmen.
Wir verfolgen die Levada do Seixal über eine Brücke bis zum Eingang des **Seixaltunnels ❻**, 875 m. Direkt davor zweigt die **Vereda das Feitas** nach rechts ab. Sie beginnt sehr steil, und der Pfad ist teilweise extrem eng in den fast senkrechten Hang geschnitten. In kurzer Folge werden sechs temporäre Wasserläufe gequert. Nach etwa 1 Std. steigen wir steil in die Schlucht der **Ribeira das Lajinhas ❼**, 730 m, ein. Beim Ausstieg helfen ein Seil am Fels und eine »Brücke« aus zusammengebundenen Hölzern, das weggerutschte Wegstück zu passieren. Es folgen noch drei weitere Wasserläufe mit etwas kniffeligen Passagen, danach wird der Weg breiter und ist sehr viel einfacher zu gehen. Nach dem letzten Bach wird es nochmals steil. Wenn wir bereits die Becken der Forellenzucht von oben sehen, ist noch eine letzte »Schikane« zu überwinden: An einem nassen Felsstück muss man sich an einem dünnen Fixseil etwa 4 m hinunterhangeln. Danach geht es noch 30 m im Geröll nach unten und wir erreichen

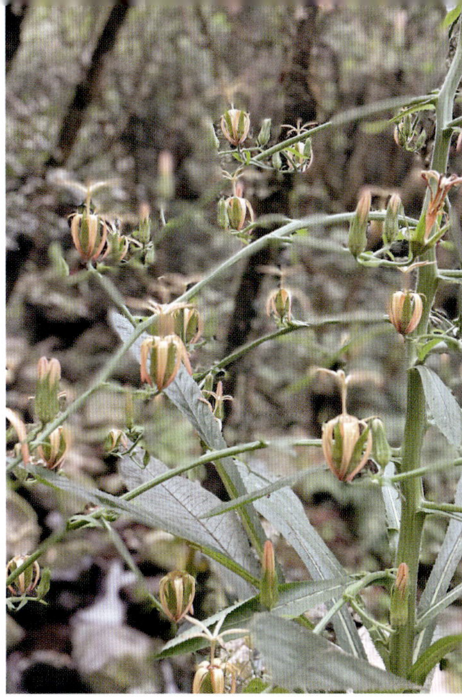

Nur im September lässt sich die sehr seltene Madeira-Riesenglockenblume (Musschia wollastonii) auf wilden Wegen entdecken.

den Talgrund auf einer Wiese. Auf einem Trampelpfad halten wir auf ein Holztor zu (Wichtig: nach dem Durchgang immer schließen!), gehen weiter entlang eines Zauns und passieren ein zweites Holztor. Rechts neben uns fließt wieder die Levada do Chão da Ribeira. Nach 200 m gehen wir erneut durch ein Holztor und sind damit wieder auf der Fahrpiste und kurz darauf beim Parkplatz vor dem ehemaligen **Restaurant Laurissilva ❶** angelangt.

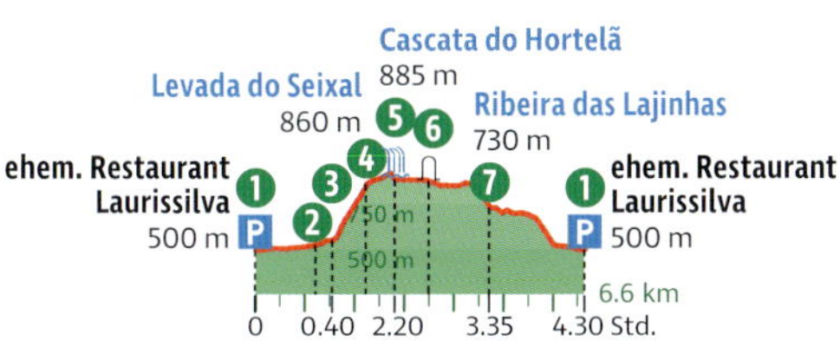

12 Von Chão da Ribeira zur Hochebene

Über den Felsgrat Lombo das Faias

5.00 Std. | 5,8 km | ↗800 m | ↘800 m

Herausfordernde Bergwanderung durch den Laurissilva

Die Aufstiege durch den Lorbeerwald auf der Nordseite Madeiras sind immer steil. Diese Runde stellt jedoch auch technisch einige Anforderungen an den Wanderer. Sie lässt uns eintauchen in eine beinahe ungezähmte Wildnis, und nur der schmale Pfad, auf dem wir uns oberhalb der Schlucht der Ribeira do Seixal bewegen, lässt darauf schließen, dass es noch irgendwo menschliche Zivilisation geben muss. Es waren hier – nach Erzählungen – die Schmuggler, die sich einst auf verschwiegenen Wegen eine Route zur Hochebene Paúl da Serra bahnten. Nicht ungefährlich mit einem Schnapsfass auf der Schulter!

Der Aufstieg verlangt öfter Handeinsatz.

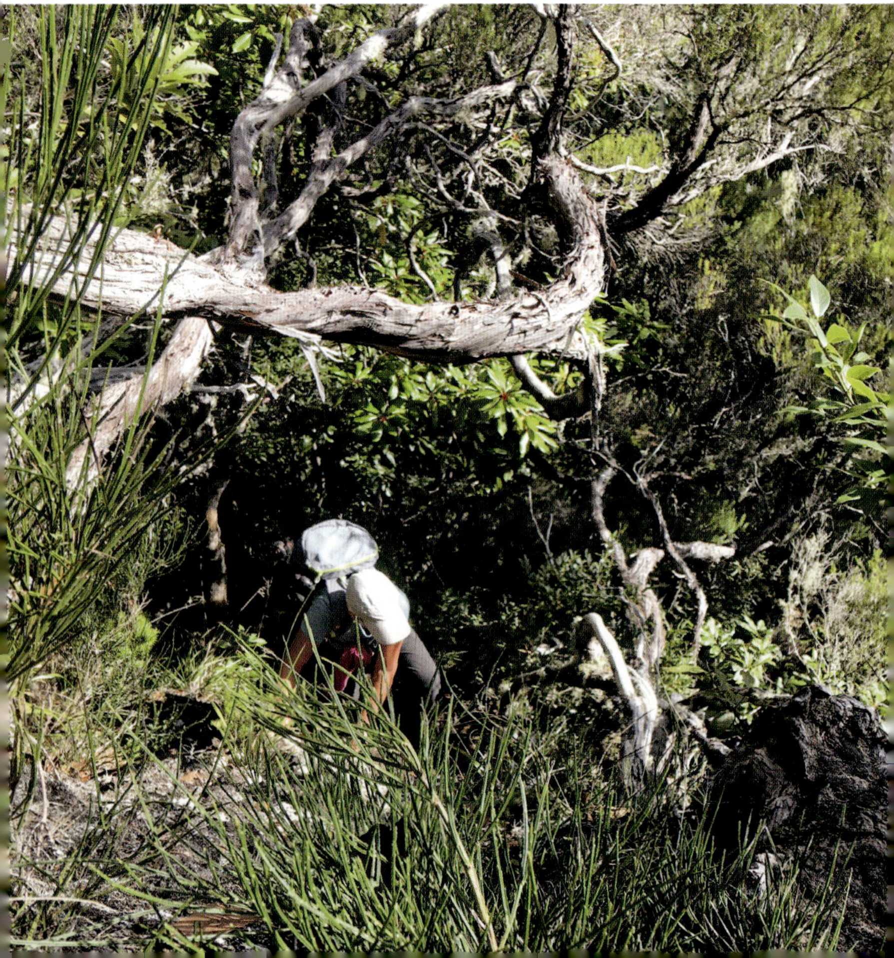

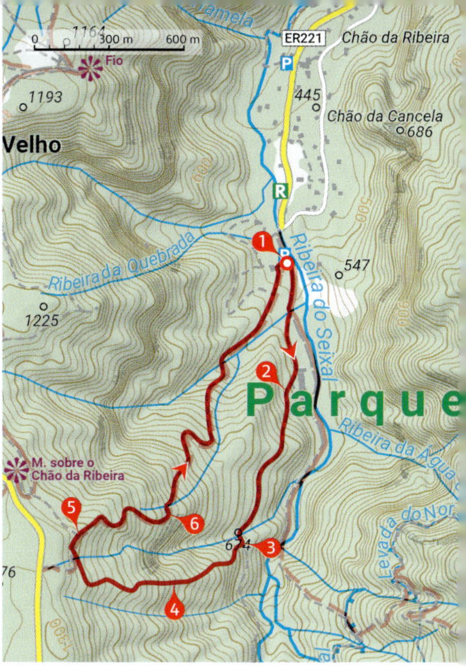

Ausgangspunkt: Chão da Ribeira, Parkplatz am »Restaurant Laurissilva«, 500 m. Anfahrt von Funchal auf der VR 1 Richtung Ribeira Brava, weiter auf der VE 4 bis São Vicente und von dort auf der VE 2 in Richtung Seixal/Porto Moniz. Etwa 150 m nach dem Túnel Lugar weist links ein Schild nach Chão da Ribeira. Wir folgen dieser Straße (ER 221), bis sie nach 3,7 km an einer Brücke in eine breite Staubpiste mündet, wo wir vor dem (schon lange geschlossenen) Restaurant Laurissilva parken.
Keine Busanbindung.
Anforderungen: Der Aufstieg verlangt absolute Schwindelfreiheit und eine gute Kondition. Während es auf der Vereda das Feitas vor allem auf Trittsicherheit ankommt, braucht es im felsigen Gelände der Vereda das Faias alpine Erfahrung für die Kraxelpassagen. Der Abstieg erfolgt auf einem gut ausgebauten und markierten Bergweg, der Vereda das Voltas.
Einkehr: Unterwegs keine. Restaurant »Casa de Pasto Justiniano« an der ER 221.

Hinweis: Wanderung nicht nach starken Regenfällen und Sturm unternehmen!

Beim Parkplatz vor dem ehemaligen **Restaurant Laurissilva ❶**, 500 m, weist eine Wandertafel zur Vereda das Voltas e Cruzinhas, über die wir später zurückkommen werden. Vorerst halten wir uns aber links und wandern 300 m geradeaus. Durch ein Holztor auf der rechten Seite (bitte nach dem Durchgang wieder verschließen!) – kommen wir an die Levada do Chão da Ribeira, der wir gegen die Fließrichtung entlang eines Zauns folgen. Bald sehen wir links von uns die Wasserbecken einer Forellenzucht. Wir verlassen die Levada, treten ein weiteres Mal durch ein Tor und gelangen auf eine Wiese hinter der Fischfarm. Hier ist nun etwas Spürsinn gefragt, denn es gibt mehrere Zugänge zur **Vereda das Feitas**. In jedem Fall müssen wir einen kurzen Steilanstieg durch Geröll und eine nasse Felspassage (ein Fixseil leistet hier Aufstiegshilfe) hinter uns bringen, bevor wir auf

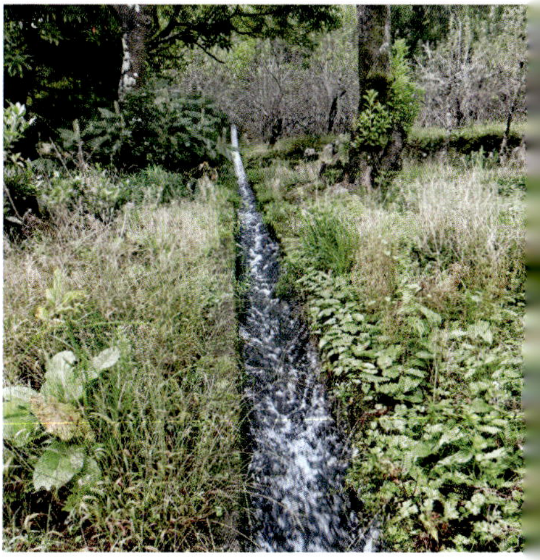

Entlang der Levada do Chão da Ribeira.

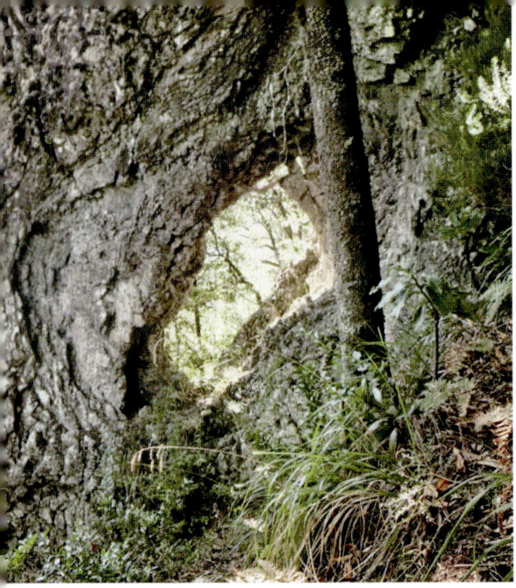

Das »Auge des Drachen« auf dem Lombo das Faias.

dem eindeutigen Weg stehen ❷, 550 m. Dann geht es moderat ansteigend weiter auf teils gestuftem Pfad. Es gibt immer mal wieder kurze rutschige Abstiege, um Bachläufe zu queren, die – je nach Jahreszeit – auch schon mal als kleiner Wasserfall in den Weg hineinspringen.

Nach etwa 45 Min. auf der Vereda das Feitas, kurz nachdem wir zum zweiten Mal einen der grünen Kessel passiert haben, zweigt der Pfad über den **Lombo das Faias ❸**, 730 m, ab. Kennzeichen ist hier ein riesiger grüner Baumpilz, der am Fuß eines Lorbeerbaums »leuchtet«. Auf weichem Waldboden geht es jetzt extrem steil nach oben. Baummarkierungen helfen, die Aufstiegslinie im dichten Laub zu erkennen. Auf etwa 900 m Höhe weichen die dunkelgrünen Lorbeerriesen einer lichteren Baumheidevegetation. Der Grund wird felsiger und mit Erreichen des markanten Felsentors, dem **»Auge des Drachen« ❹**, 935 m, beginnt die Kraxelei. Bei 1060 m erreichen wir einen schmalen Felsgrat, der uns ein fantastisches Panorama beschert. Die letzten knapp

Ein Miradouro mit Blick auf die Levada do Norte an der Vereda das Voltas e Cruzinhas.

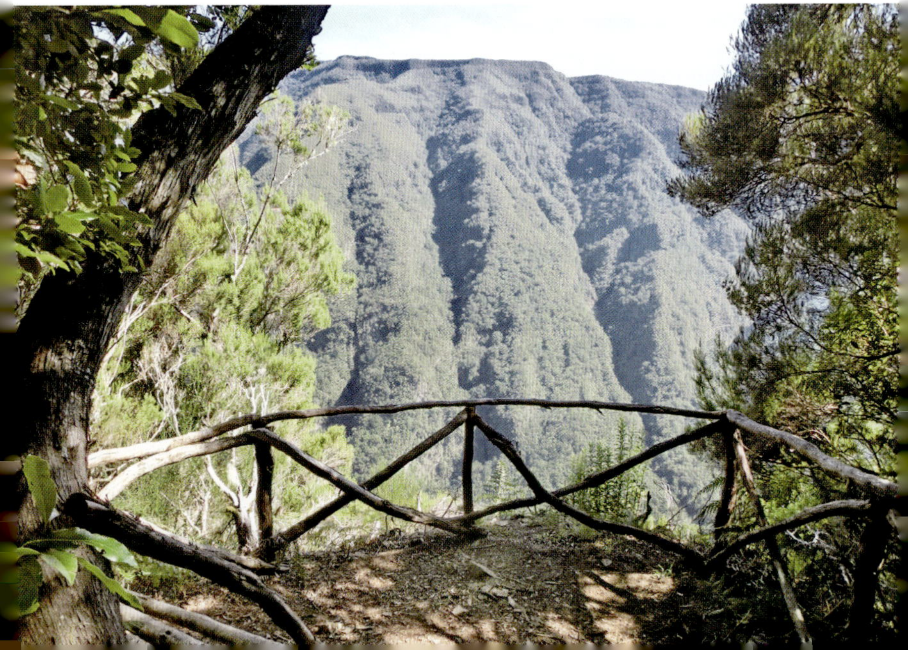

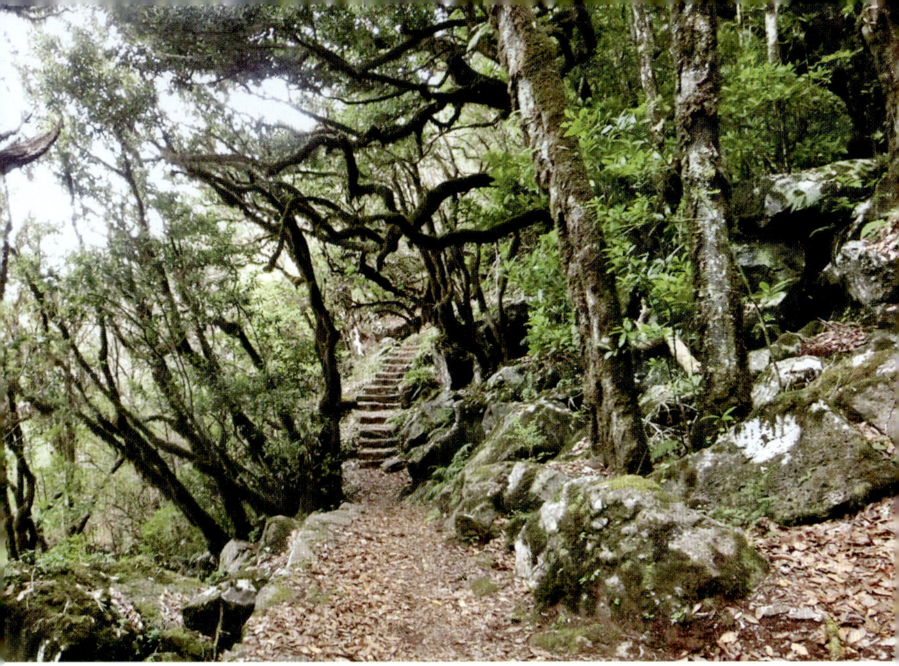

Die Vereda das Voltas e Cruzinhas.

200 Aufstiegsmeter können wieder ohne Handeinsatz gegangen werden, doch hier muss stellenweise wieder nach Baummarkierungen gesucht werden. Sobald wir auf der kreuzenden **Vereda das Voltas** ❺, 1230 m, ankommen, sind wir auf dem Scheitelpunkt angelangt. Wir gehen rechts und sehen sogleich das Wanderschild, das uns den Abstieg nach Chão da Ribeira weist. Auf der gut ausgebauten Vereda das Voltas e Cruzinhas gelangen wir nach einer halben Stunde an einen hübschen, kleinen **Miradouro** ❻, 1020 m, mit einer Bank, die vor dem restlichen Abstieg zu einer Pause einlädt. An der gegenüberliegenden Hangseite können wir das Levadeiro-Haus an der Levada do Norte sehen (siehe Tour 18). Dann haben wir noch 1 Std. Abstieg in Schleifen und Serpentinen vor uns. Auf dem Weg können wir die Mikroflora des Lorbeerwalds mit seinen Flechten, Moosen und Pilzen ausgiebig studieren. Entlang eines kleinen Bachs treten wir am Ende aus dem Wald heraus, folgen einem ausgetretenen Wiesenpfad bis zur Schotterpiste, die zum Parkplatz vor dem ehemaligen **Restaurant Laurissilva** ❶ zurückführt.

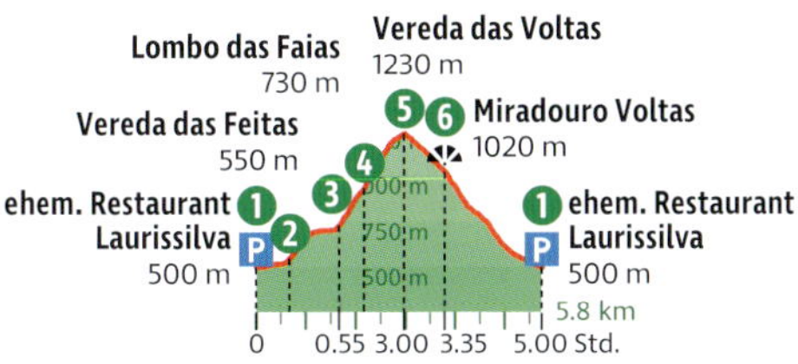

13 Von Seixal nach Porto Moniz

Auf dem historischen Caminho Real 23

TOP | 4.30 Std. | 10,4 km | ↗ 630 m | ↘ 695 m

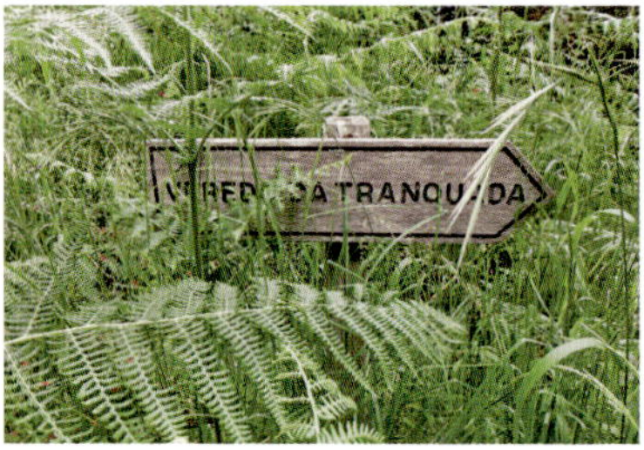

Nordküstenwanderung über die Vereda da Tranquada

Der Caminho Real 23, der auf 180 Kilometern ganz Madeira umrundet und damit die küstennahen Dörfer und Städte verbindet, wurde Mitte des 19. Jahrhunderts geschaffen, um den Handel zwischen den Orten unabhängiger von der Seefahrt zu machen. Viele Abschnitte des historischen Wegs sind inzwischen mit Straßen überbaut, die Verbindung zwischen Seixal und Porto Moniz gilt als eine der wenigen authentischen Wegstrecken: Hoch über der unzugänglichen Steilküste im äußersten Nordwesten verbindet die Vereda da Tranquada die Küstenorte Seixal und Porto Moniz durch dichten Lorbeerwald. Beginn und Ende der Tour verlaufen auf der Estrada Antiga ER 101, der ersten Küstenstraße, die inzwischen für Fahrzeuge gesperrt ist.

Ausgangspunkt: Seixal, Parkplatz an der Estrada Antiga ER 101 (kurz vor der Post), 80 m. Anfahrt von Funchal auf der VR 1 Richtung Ribeira Brava, weiter auf der VE 4 bis São Vicente und von dort auf der VE 2 bis Seixal Zentrum. Keine praktikable Busverbindung von und nach Funchal.
Endpunkt: Piscinas Naturais in Porto Moniz, 15 m. Rückfahrt mit dem Bus Rodoeste Nr. 150 oder mit einem Taxi (Fahrzeit 15 Min. nach Seixal, Standort nahe den Piscinas Naturais, Tel. Zentrale +351 291 852 243).
Anforderungen: Die Orientierung ist einfach, der Abschnitt auf der Vereda da Tranquada erfordert Trittsicherheit.
Einkehr: Unterwegs in der Bar in Eira da Achada (geschlossen zwischen 13 und 15 Uhr) und an der Ponte Antiga; viele Bars und Restaurants in Seixal und Porto Moniz.
Tipp: Die natürlichen Schwimmbecken »Piscinas Naturais« zwischen den Vulkanfelsen in Seixal und in Porto Moniz sind einzigartig in Europa. Es lohnt sich also, Badesachen dabei zu haben und am Ende des Wandertags einen Sprung in den Atlantik zu machen.
Hinweis: Der Abstieg (am Ende der Tour) ist von den Waldbränden im Oktober 2023 betroffen, ist aber begehbar.

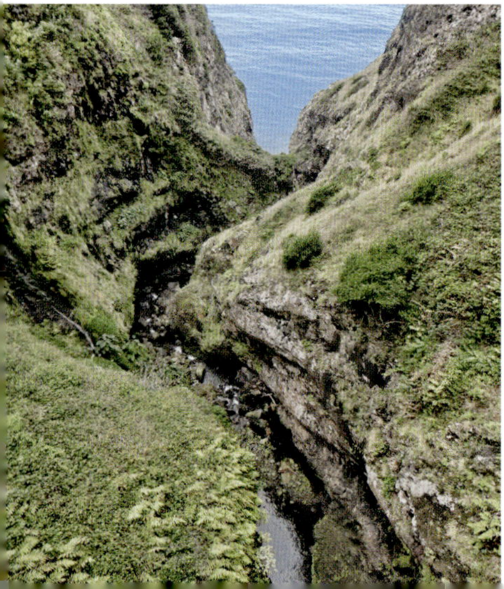

Die Schlucht der Ribeira Funda windet sich zum Meer hinaus.

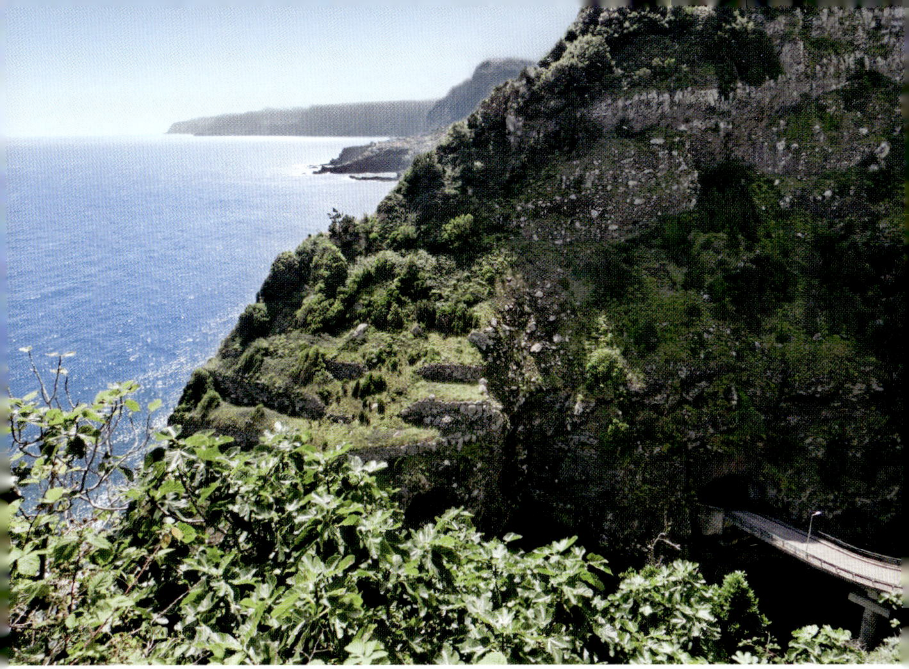

Die Brücke über die Ribeira Funda spannt sich zwischen zwei Tunneln.

Vom Parkplatz an der **Estrada Antiga ER 101** ➊, 80 m, gehen wir entlang der Bucht 160 m auf der Straße bis zu einem Pflasterweg, der rechts zum Meer hinunterführt. Dort treffen wir auf einen kleinen Badekomplex und halten uns links entlang der Palmenallee. Nach einem halben Kilometer müssen wir leider rechts haltend einige Schritte entlang der Schnellstraße hinter uns bringen, bis wir vor dem Tunneleingang auf das Schild »Antiga ER 101« stoßen. Diese abenteuerliche Küstenstraße ist mittlerweile der einzige Zugang zu der 12-Seelen-Siedlung Ribeira Funda. Alle anderen Wege sind durch etliche Erdrutsche unpassierbar geworden. Auch hier müssen wir durch zwei Tunnel, die Schlucht wird auf einer Brücke überquert. Gleich nach dem zweiten Tunnelausgang steigen wir von der Straße ein paar Treppenstufen hoch und kommen somit auf den alten Weg, der ehemals von der Küste heraufführte. Wir gehen zwischen Natursteinmauern zu den wenigen Häusern hinauf, die sich hier zwischen Schlucht und Berg zwängen. Das ist **Ribeira Funda** ➋, 165 m, die abgelegenste Siedlung der Insel. Wir bleiben auf dem Weg, bis wir

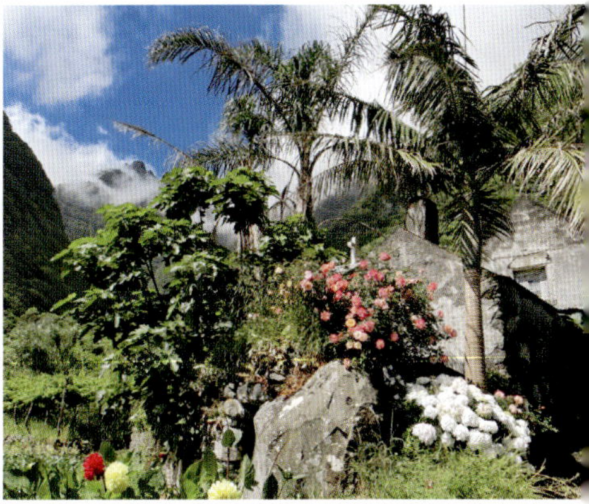

Idylle in der abgelegensten Siedlung der ganzen Insel.

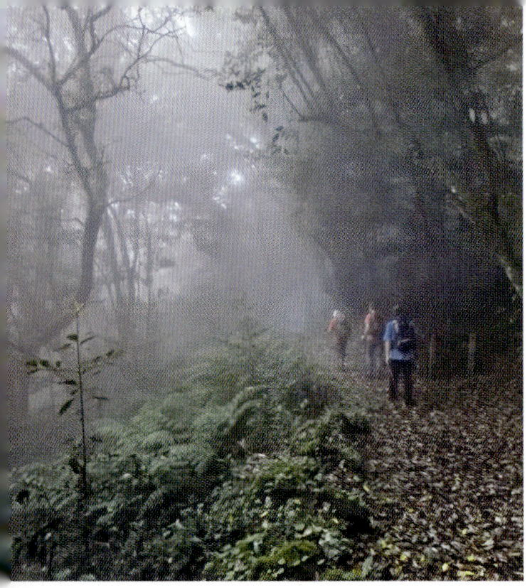

Nicht selten hüllt sich die Tranquada in Wolken und wir wandern durch den Nebelwald.

nach ein paar Minuten auf einen Abzweig vor einem Stall stoßen. Wir gehen hier rechts und sind nun auf der **Vereda da Tranquada**. Sie verläuft mit eindeutiger Wegführung durch dichten Lorbeerwald beständig bergauf. Die Querung der Bachläufe erfordert etwas Umsicht in den steilen und oft rutschigen Böschungen. Nach einer guten Stunde passieren wir einen nach links bergauf abzweigenden Hohlweg, die **Vereda dos Castanheiros ❸**, 460 m. Wir bleiben geradeaus. Nach der Holzbrücke über die Ribeira das Furnas ist der Caminho Real in seiner ursprünglichen Beschaffenheit wieder erkennbar. Eine uralte Wegmarkierung zeigt an, dass es von hier bis Funchal noch 81 km sind. Bald trifft eine breite Forstpiste von links oben auf den Weg. Wir folgen ihr ein kurzes Stück und müssen acht geben, unseren nächsten Abzweig nicht zu verpassen. Unser Weg, undeutlich am alten Pflaster erkennbar, führt rechts bergab, stößt auf eine Bikerpiste und trennt sich wiederum rechts von ihr. Nach der nassen Wegschleife durch die Ribeira Escura gelangen wir auf eine asphaltierte Straße. Vorbei an

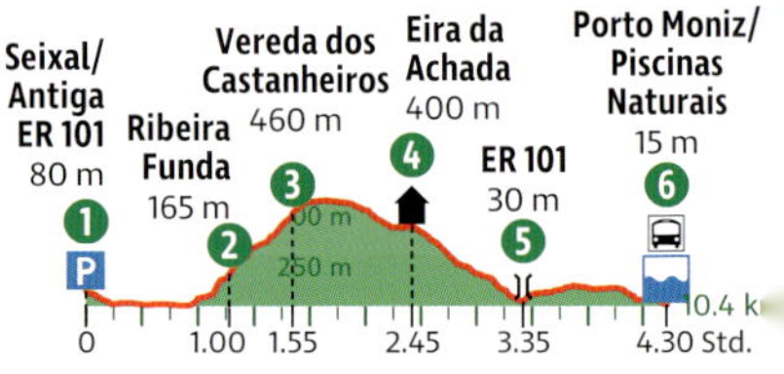

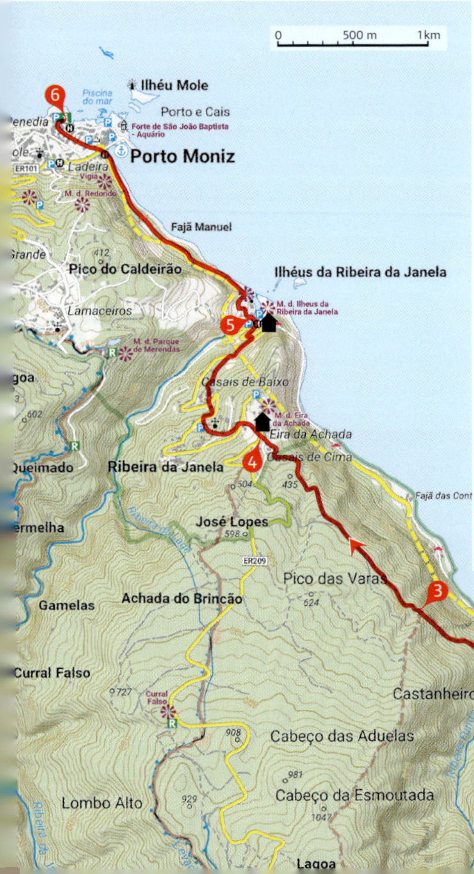

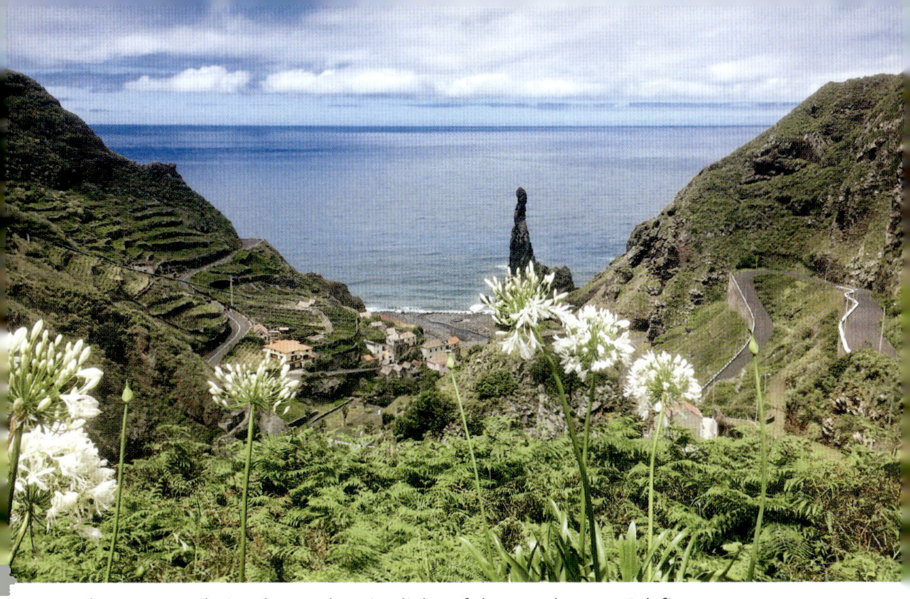

Der Abstieg zur Ribeira da Janela mit Blick auf den markanten Felsfinger.

einem Miradouro können wir auf einem Trampelpfad rechts unterhalb der Straßentrasse bis zum Dorf **Eira da Achada ❹**, 400 m, wandern. Hier bietet sich eine Einkehr in der kleinen Bar an, direkt an der Kreuzung mit der Regionalstraße gelegen.

Auf der anderen Straßenseite beginnt der Abstieg auf dem **Caminho da Voltinha**, wobei wir die Regionalstraße fünfmal überqueren, bis wir kurz vor der Brücke Ponte Antiga an der Mündung der Ribeira da Janela ankommen. Falls die Bar in Eira da Achada geschlossen hatte, gibt es hier nochmals eine Möglichkeit, einzukehren. Wer früh losgegangen ist, kann sich noch 1 Std. Zeit nehmen und zum Strand mit dem markanten Felsfinger hinunterwandern.

Wieder zurück an der alten Bogenbrücke, überqueren wir den Fluss auf der **ER 101 ❺**, 30 m, um kurz darauf rechts zwischen den kleinen Steinhäusern einem gepflasterten Weg zu folgen. Wir erreichen bald wieder die Straße und legen die letzten 2 km nach Porto Moniz auf dieser beeindruckenden Estrada Antiga zurück. Sie ist mittlerweile den Fußgängern vorbehalten, kaum vorstellbar, dass sie bis zur Jahrtausendwende dem Autoverkehr diente. Die letzten 200 m gehen wir entlang der Schnellstraße bis zum Ortseingang von **Porto Moniz**. Geradeaus weiter finden wir den Taxistand vor den **Piscinas Naturais ❻**, 15 m.

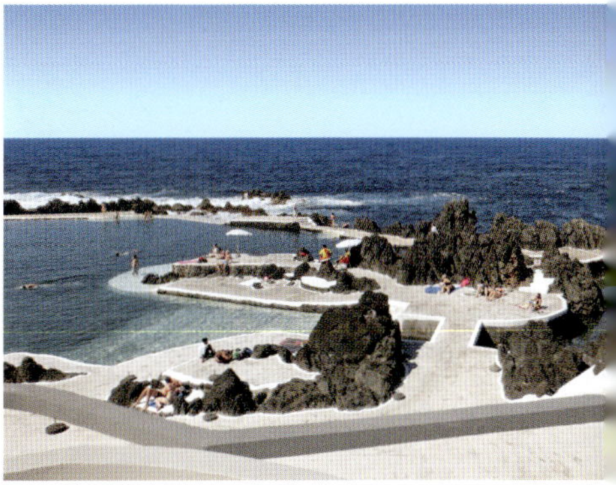

Am Ende der Wanderung wartet eins der schönsten Meeres-Schwimmbäder Europas, die Piscinas Naturais von Porto Moniz.

14 Casa do Caramujo und Paredes
Von Bica da Cana

TOP | 3.00 Std. | 8,1 km | ↗390 m | ↘390 m

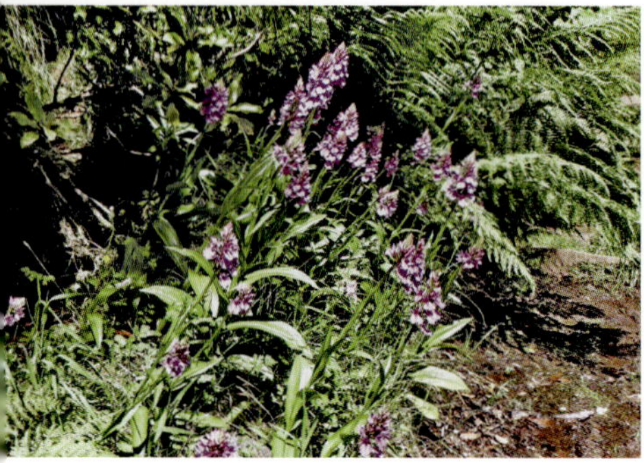

Madeira-Knabenkraut säumt den Weg von Mai bis Juli.

Kurze Bergtour mit Kettenaufstieg

Die Rundwanderung am Fuße der Bica da Cana ist nicht nur sehr abwechslungsreich, sondern bietet mit der kettengesicherten Felskletterei über die Paredes auch eine besondere Herausforderung. Die auf dem Weg liegenden Ruinen der Casa do Caramujo liegen verwunschen unter hohen Bäumen. Der Wegabschnitt der stillgelegten Levada da Ribeira do Inferno zeugt von den Anfängen des Levadabaus und ist mit seinen kurzen Tunneln besonders reizvoll. Im Frühsommer wartet diese Tour mit einem grandiosen Blütenmeer auf. Insbesondere das Madeira-Knabenkraut, eine endemische Orchideenart, ist hier in großen Beständen anzutreffen.

Ausgangspunkt: Bica da Cana, 1550 m. Anfahrt von Funchal auf der VR 1 und VE 3 bis Ponta do Sol und von dort auf die ER 222 bis Canhas. Weiter auf der ER 209 bis zur ER 105 auf Paúl da Serra. An der Kreuzung rechts haltend erreichen wir nach 5 km Bica da Cana. Wer früh kommt, kann direkt am Ortsschild/Wandertafel parken. Der Parkplatz ist 400 m nach der Wandertafel. (Die Anfahrt über Serra de Água und den Encumeada-Pass wird häufig ohne Ankündigung gesperrt.)
Keine Busanbindung.
Anforderungen: Der Wanderweg PR 17 ist gut ausgebaut und einfach. Der Aufstieg über die Paredes setzt Klettersteigerfahrung voraus. Die Variante verlangt Pfadfindergeist.
Einkehr: Keine.
Variante: An dem Fels mit dem Eisenring ❸ verlassen wir den Wanderweg nach rechts. Durch den niedrigen Baumheidewald geht es in engen Serpentinen steil bergab. Nach etwa 30 Min. müssen wir auf einen weniger deutlichen Abzweig nach links achten. Dieser ist mit Steinmännchen und Baummarkierungen gekennzeichnet (die uns auch in der Folge Anhaltspunkte zur Pfadfindung liefern). Zunächst geht es wieder bergauf, wir überqueren einige kleine Wasserläufe, bis wir ein trockenes Bachbett erreichen. Hier steigen wir ca. 20 m im steinigen Bachbett ab, bis zu einem deutlichen »Ausgang« nach links. Wenige Minuten später kommen wir an einem markanten vielstämmigen Lorbeerbaum vorbei, der beweist, dass wir auf dem richtigen Weg sind. Das Gelände dort ist relativ flach, sodass die Suche nach Wegzeichen gefahrlos möglich ist. Eine weitere halbe Stunde später treten wir auf eine große freie Fläche, den Poço do Chão. Im Sommer kann die Feuchtwiese problemlos überquert werden, im Winter gehen wir am rechten Rand nahe an den Wildrosenbüschen entlang. So gelangen wir zurück auf den PR 17. Ein kurzer Abstecher nach links zur Casa do Caramujo ❹ ist empfehlenswert (Gehzeit verlängert sich auf 3.30 Std.).

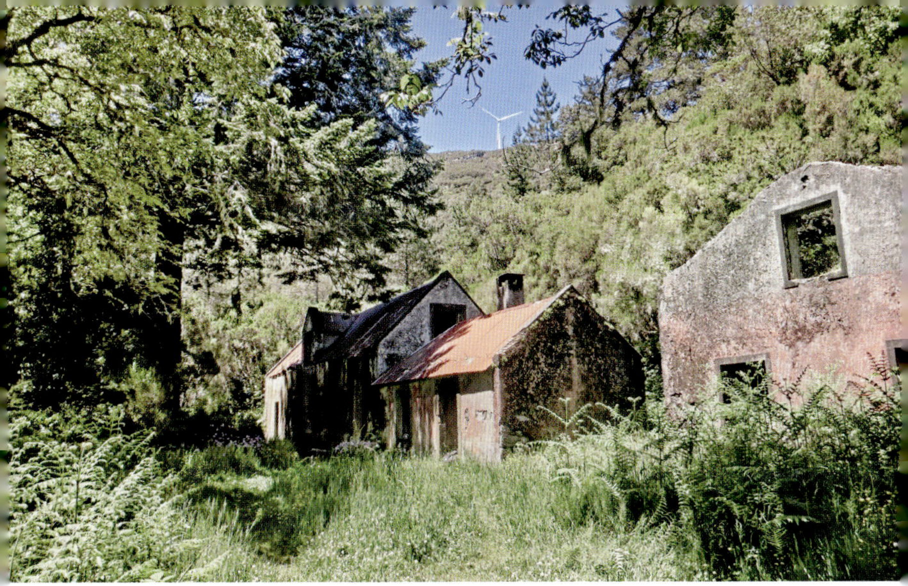

Die Ruinen der Casa do Caramujo.

Wir starten auf **Bica da Cana ❶**, 1550 m, an der Wandertafel auf dem markierten Weg PR 17. Zwischen Ginsterbüschen und hohem Farn wandern wir parallel zu einem Drahtzaun leicht bergab. Nach etwa 10 Min. treffen wir auf einen **Wegweiser PR 17 ❷**, 1510 m, und folgen dem Weg nach links Richtung Casa Caramujo. Nach etwa einer Viertelstunde sehen wir einen **markanten Fels ❸** mit einem Eisenring auf der rechten Seite. Wer Pfadfindergeist besitzt, kann hier den gepflegten Wanderweg verlassen und den Abstieg auf einem wilderen Weg fortsetzen (siehe Variante).

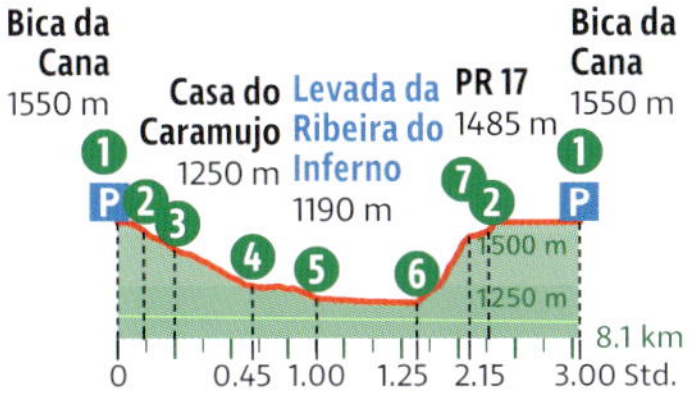

Wir bleiben auf dem 2023 neu ausgebauten Weg mit vielen Blockbohlenstufen, bis wir die Ginjas-Piste ER 208 erreichen. Dort halten wir uns rechts und nach wenigen Schritten weist uns ein Wegweiser wiederum nach rechts. Ein schmaler Pfad windet sich durch niedriges Gebüsch, links von uns taucht ein ural-

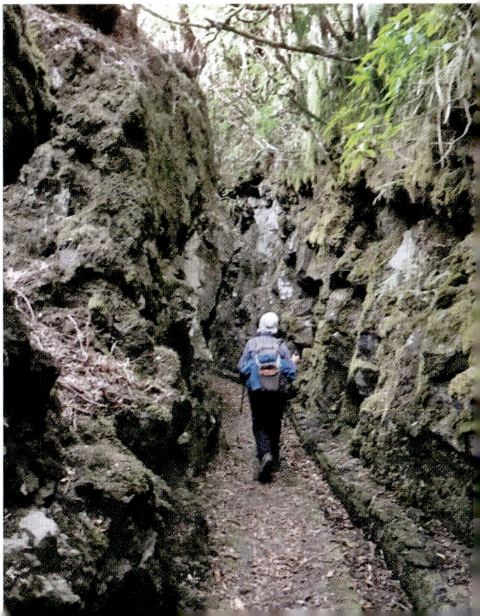

Die Levada da Ribeira do Inferno ist teils tief in den Fels eingegraben.

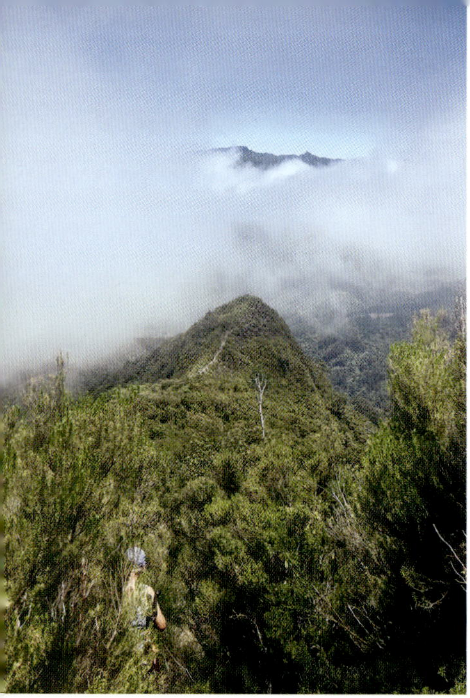

Der Blick vom Paredes-Aufstieg über »Amazonia«.

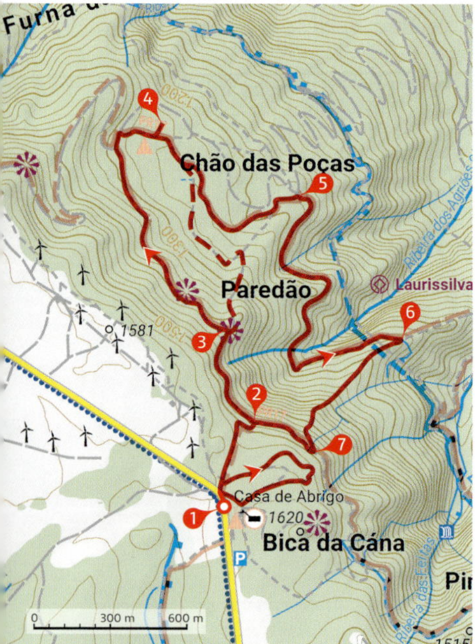

ter, von Moos bewachsener Steinwall auf. Mit etwas Aufmerksamkeit entdecken wir hinter einer lichten Hecke den Eingang zu den Ruinen der **Casa do Caramujo ❹**, 1250 m. Dieser ehemalige Garten im Nirgendwo ist Idylle pur. Der perfekte Platz für eine ausgiebige Rast. Alte Buchshecken säumen Blumenbeete, und im Walnussbaum zwitschern die Madeirafinken. Von dem etwas höher gelegenen Miradouro hat man eine 360-Grad-Rundumsicht: von der Hochebene Paúl da Serra mit ihren Windrädern zum Pináculo und weiter über das Zentralmassiv und ins São-Vicente-Tal.

Wir verlassen den Garten und setzen unseren Weg am Rande eines Feuchtgebietes fort. Durch ein märchenhaftes Baumheidelabyrinth gelangen wir wieder zur Ginjas-Piste. Hier treffen wir auf die verfallene **Levada da Ribeira do Inferno ❺**, 1190 m, und folgen dem Hinweis Richtung »Boca da Encumeada PR 17«. Entlang des trockenen, von Moosen und Flechten überwachsenen Levadakanals bezaubert dieser Weg mit seinen kurzen Tunneln, Brücken und Felseinschnitten. Nach 1 Std. Gehzeit kommen wir an einen **beschilderten Abzweig ❻**, 1170 m, Richtung Boca da Encumeada. Wir verlassen den markierten Weg und nehmen den vertikalen Aufstieg in entgegengesetzter Richtung. Zunächst müssen wir uns zwischen den Bäumen extrem steil nach oben hangeln, dann folgt eine Passage mit moderatem Anstieg. Die darauf folgenden Felspassagen, **Paredes**, sind über fünf Etappen mit Kettensicherungen für geübte Wanderer, die gerne kraxeln, gut zu erklettern. Die letzte Felswand können wir unterhalb umgehen, indem wir uns nach links wenden und höhehaltend

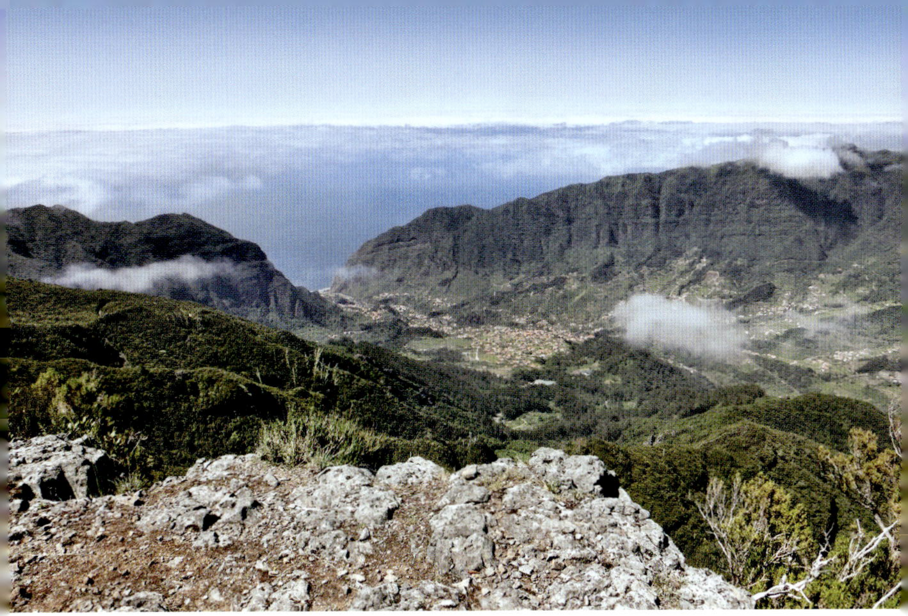

An der Abbruchkante der Paredes haben wir einen wunderbaren Blick auf das weite São-Vicente-Tal.

etwa 130 m weitergehen. An einem Wasserlauf macht der Weg einen 180-Grad-Schwenk, und nach wenigen Metern erreichen wir wieder den markierten Wanderweg **PR 17 ⑦**, 1485 m. Wir gehen rechts weiter, bis wir nach etwa 10 Min. den **Wegweiser ②** mit Aufstieg zur Straße sehen. Wir halten uns links und steigen auf dem bekannten Weg in Richtung unseres Ausgangspunktes auf. Kurz bevor wir die Straße wieder erreichen, können wir eine Lücke im Buschwerk auf der linken Seite entdecken. Durch ein Labyrinth von hohen Baumheiden führt uns ein Pfad an die Kante der Paredes zurück. Dieser weitläufige Miradouro unterhalb des Bica-da-Cana-Gipfels ist still und einsam und bietet nach dieser Wanderung einen krönenden Abschluss. Nachdem wir uns an dem fantastischen Panorama sattgesehen haben, verlassen wir die Abbruchkante, wenden uns nach rechts und folgen dem deutlichen Pfad durch dichtes Baumheideunterholz. Er endet an der gepflasterten Zufahrt des Posto Florestal. Rechts haltend erreichen wir nach ein paar Metern unseren Ausgangspunkt **Bica da Cana ①**.

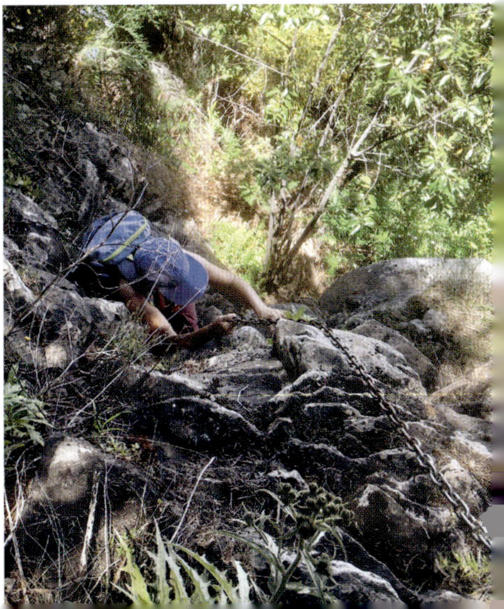

Mithilfe von Ketten lassen sich die Felsen der Paredes gut meistern.

15 Levada da Ribeira do Inferno

Von Bica da Cana zu den Fontes Ruivas

5.30 Std. | 12,8 km | ↗ 460 m | ↘ 460 m

Einsame und wilde Levada- und Bergwanderung

Die Wanderung entlang der längst stillgelegten Levada da Ribeira do Inferno führt uns zwar nicht in eine Höllenschlucht (wie die Übersetzung vermuten ließe; die findet man erst etliche 100 Meter tiefer), aber in ein scheinbar von der Zivilisation völlig unberührtes Gebiet. Doch allein die Tatsache, dass wir an einem trockenen Levadabett und durch etliche kurze Tunnel gehen, zeigt, dass in dieser Wildnis Menschen am Werk waren, die uns Wanderern eine spektakuläre Wegführung hinterlassen haben.

Ausgangspunkt: Bica da Cana, 1550 m. Anfahrt von Funchal auf der VR 1 und VE 3 bis Ponta do Sol und von dort auf die ER 222 bis Canhas. Weiter auf der ER 209 bis zur ER 105 auf Paúl da Serra. An der Kreuzung rechts haltend erreichen wir nach 5 km Bica da Cana. Wer früh kommt, kann direkt am Ortsschild/Wandertafel parken. Der Parkplatz ist 400 m nach der Wandertafel. (Die Anfahrt über Serra de Água und den Encumeada-Pass wird häufig ohne Ankündigung gesperrt.)
Wer die Möglichkeit hat, mit zwei Fahrzeugen anzureisen, biegt am Abzweig Estanquinhos links ab und stellt ein Fahrzeug auf dem zweiten Parkplatz ab (750 m nach dem Abzweig). Mit dem zweiten Fahrzeug geht es zurück zur ER 105 und weiter bis Bica da Cana (3 km). So spart man sich den Rückweg auf der Straße (die Wanderwege führen durch ein Stechginsterdickicht und sind ohne Machete unpassierbar).
Keine Busanbindung.

Anforderungen: Von Bica da Cana bis zum Ende der Levada da Ribeira do Inferno sind absolute Trittsicherheit und Schwindelfreiheit notwendig, der Aufstieg zur Hochebene Paúl da Serra ist steil und stellt hohe Anforderungen an die Kondition.

Einkehr: Keine.

Hinweis: Eine Taschenlampe ist für die (kurzen) Tunnel hilfreich. Eventuell im Winter Regenschutz für den Wasserfall hinter ❺.

Variante: Wer das Straßenstück vermeiden möchte, beginnt die Wanderung am Parkplatz von Estanquinhos ❽. Dann folgt man dem Hinweis »Ponto de Água« am Waldrand entlang. Nach dem Wasserreservoir führt ein Pfad durch den Wald hinauf zum Forsthaus. Dort beginnt die Schotterpiste nach Ginjas. Es geht 2,5 km in langen Schleifen bergab, bis wir auf den zweiten Wegweiser »PR 17« treffen (der erste Hinweis führt bergauf zum »Lombo do Mouro«). Hier gehen wir leicht bergab und sind nach 150 m an der Casa do Caramujo ❸ – weiter wie in der Hauptroute beschrieben. Die Wanderung verkürzt sich um 1 Std.

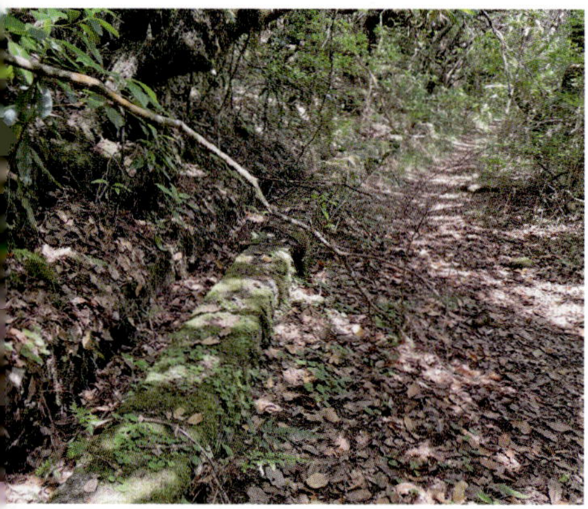

Beginn der Levada da Ribeira do Inferno.

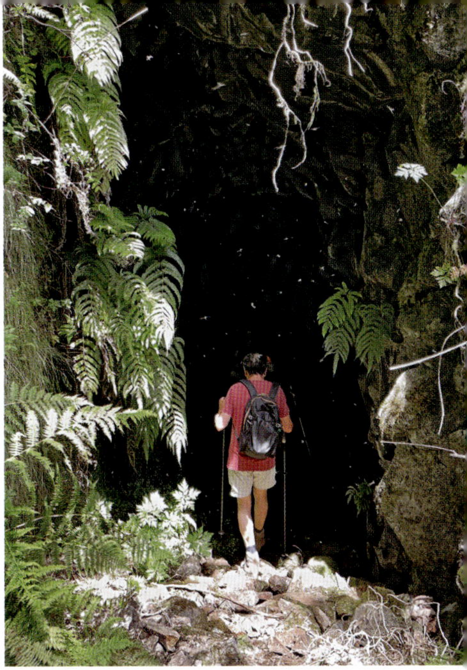

Eingang zum vierten Tunnel.

Wir starten auf **Bica da Cana ❶**, 1550 m, an der Wandertafel auf dem markierten Weg PR 17. Zwischen Ginsterbüschen und hohem Farn wandern wir parallel zu einem Drahtzaun leicht bergab. Nach etwa 10 Min. treffen wir auf den **Wegweiser PR 17 ❷**, 1510 m, und gehen nach links Richtung Boca da Encumeada/Casa Caramujo. Wir folgen dem Bergweg, bis wir auf die Schotterpiste treffen, die von Estanquinhos hinunter nach Ginjas verläuft. Wir gehen rechts 40 m auf der Piste, dann zweigt ein markierter Pfad wieder nach rechts ab und 150 m weiter können wir links am Weg den Eingang zu den Ruinen der **Casa do Caramujo ❸**, 1250 m, entdecken. In dem verwunschenen Garten mit seinen wunderbaren alten Bäumen lohnt eine kurze Rast, bevor wir weiterwandern. Auf der rechten Seite können wir nach wenigen Minuten über die Feuchtwiese Poço do Chão hinweg zu den Windrädern auf der Hochebene blicken. Dann geht es bergab durch einen Baumheide-Wunderwald. Nach etwa 20 Min. treffen wir erneut auf die Piste und gleichzeitig auf die verfallene **Levada da Ribeira do Inferno ❹**, 1190 m. Nun verlassenen wir den ausgewiesenen Wanderpfad und gehen in entgegengesetzter Richtung am trockenen Levadakanal weiter. Der Zugang von der Piste ist meist ein wenig zugewachsen, aber wenige Meter weiter sind wir unter Bäumen auf

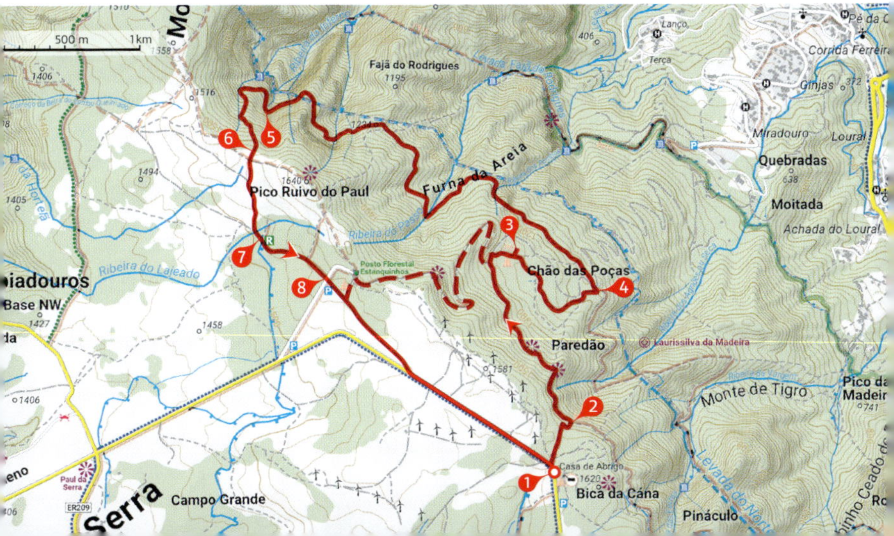

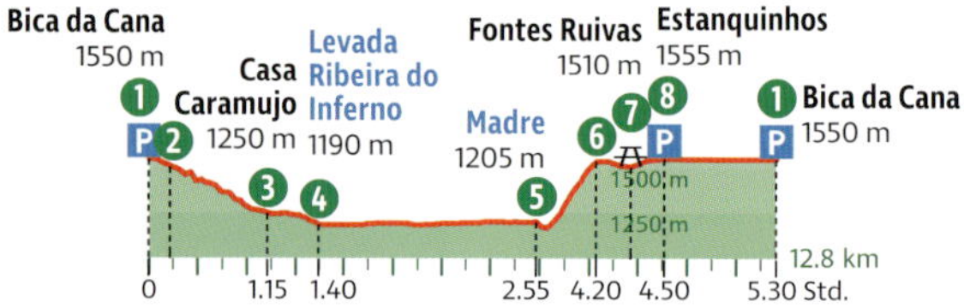

einem schönen Waldweg. Bis zu den beiden ersten kurzen Tunneln spaziert man sehr beschaulich, danach wird der Weg schmaler. Der dritte Tunnel ist feucht und matschig. Danach ist von der ehemaligen Levada nur noch in den weiteren Tunneln etwas erkennbar. Durch Steinschläge und Erdrutsche ist der Weg zu einem schmalen Saumpfad geschrumpft. Das Gelände ist felsig und abgründig, aber immer noch sicher begehbar. Nach etwa 1 Std.Gehzeit entlang der Levada sehen wir links einen deutlichen, gestuften Weg nach oben. Wir gehen geradeaus weiter, der Weg zwischen den kurzen Tunneln ist nun immer mal wieder ausgesetzt und bedarf großer Achtsamkeit. Nach weiteren 40 Min. ist man kurz vor der **Madre** der **Levada da Ribeira do Inferno** 5, 1205 m, und glaubt sich am Ende des Wegs: Eine triefend nasse Felswand mit einem schmalen Mauersims steht vor uns – scheinbar unüberwindbar! Doch drei Schritte weiter sehen wir hinter dem Grasvorhang den Eingang zum Tunnel, der uns sicher auf die andere Seite der nassen Wand führt. Was beim Tunnelausgang im Sommer als feiner Sprühregen auf uns herunter-

Aus dem dichten Lorbeerwald ragen große Basaltmauern heraus.

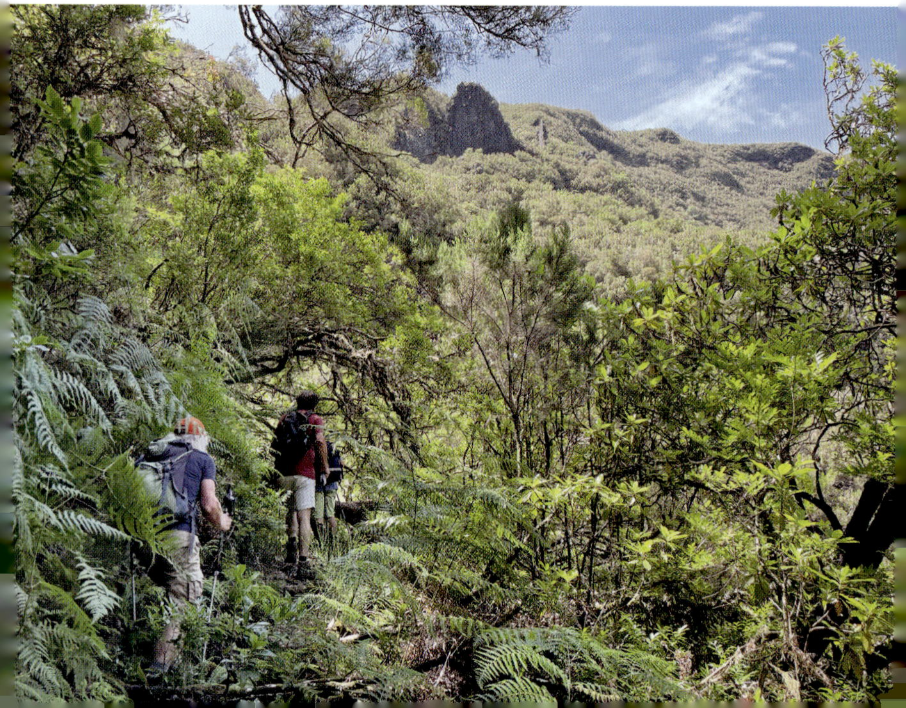

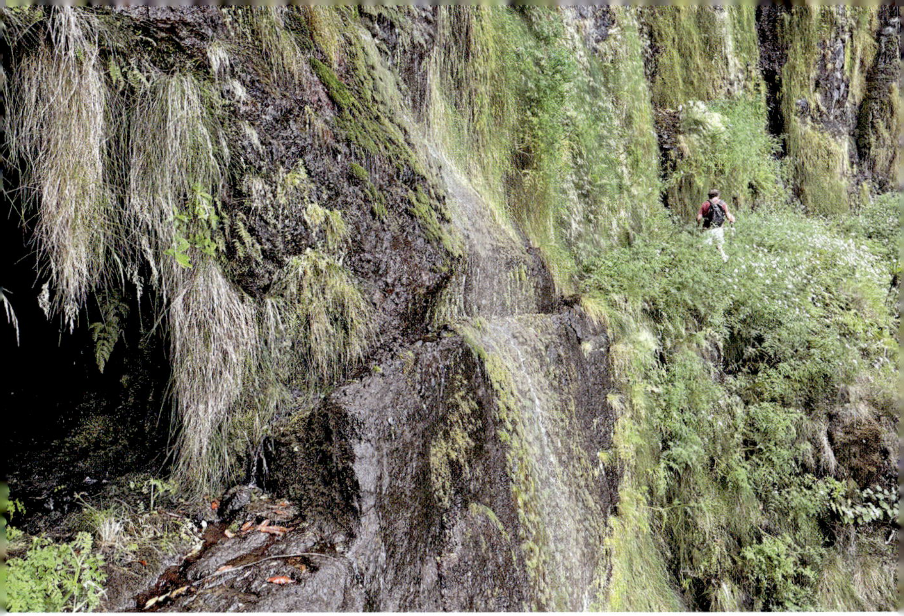

Der »versteckte« Tunnel an der nassen Felswand.

fällt, kann im Winter ein richtiger Wasserfall sein.

Wir treten aus dem Nass heraus auf einen deutlich sichtbaren, sehr steilen Serpentinenpfad, der parallel zum Bach bergab verläuft. 30 m tiefer überqueren wir diesen und beginnen mit dem Aufstieg. Der Pfad ist sehr steil, Handeinsatz ist jedoch nur selten notwendig. Immer wieder haben wir schöne Ausblicke auf die dichten, tiefgrünen Hänge mit den für Madeira typischen, herausragenden Felsenmauern. Auf den letzten 60 zu überwindenden Höhenmetern wird der Bewuchs dichter, der Weg bleibt aber gut erkennbar. Auf 1540 m erreichen wir wieder die **Hochebene Paúl da Serra ❻**. Wir folgen dem Trampelpfad durch hüfthohen Farn in südlicher Richtung und erreichen eine Forstpiste. Wir bleiben geradeaus (die Piste nach links bergauf führt zum Pico Ruivo do Paúl, der Abstiegsweg ist jedoch ungepflegt und mit Stechginster zugewachsen) und kommen nach etwa 20 Min. zum Picknickgelände **Fontes Ruivas ❼**, 1510 m. Ab hier folgen wir dem Wegweiser »Estanquinhos – ER 0,5 km«, bis wir an die Zufahrtsstraße zum Forsthaus kommen. Falls wir ein zweites Fahrzeug am **Parkplatz Estanquinhos ❽**, 1555 m, abgestellt hatten, sind wir am Ziel. Andernfalls müssen wir geradeaus weiter zur ER 105 und die 3 km bis **Bica da Cana ❶** auf der Straße zurücklegen, denn der ehemalige Pfad entlang der Windräder ist komplett zugewachsen.

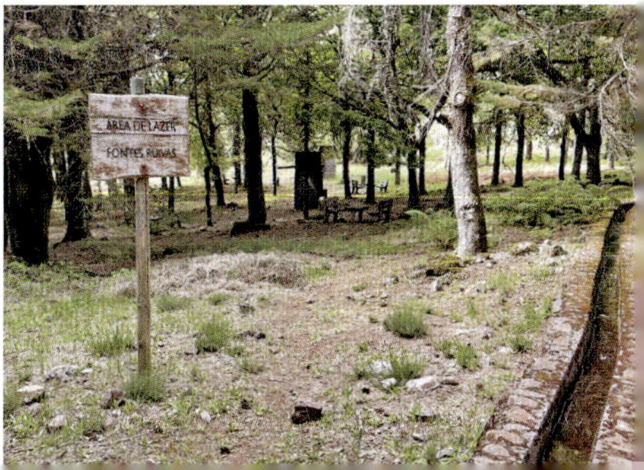

Entspanntes Auslaufen über das Picknickgelände Fontes Ruivas.

16 Pico Redondo, 930 m

Von der Pousada da Fajã dos Vinháticos

4.30 Std. | 8,5 km | ↗ 690 m | ↘ 690 m

Rundwanderung im Tal der Ribeira da Fajã das Éguas

Der Pico Redondo ist kein hoher Gipfel, aber ein sehr auffälliger Berg im Ribeira-Brava-Tal. Besteigen lässt er sich von Nordwesten her auf ehemaligen Hirtenpfaden, und auf seinem breiten Plateau sind wir umgeben von der grandiosen Berglandschaft Madeiras. Die recht kurze Erklimmung des Gipfels lässt sich rein theoretisch mit etlichen sehr spannenden Wegen verbinden. Da aber die Region im Tal der Ribeira da Fajã das Éguas vom Wandertourismus noch vollkommen unentdeckt ist, wachsen die alten Pfade recht schnell wieder zu. Damit die Runde sicher gelingt, halten wir uns an die Wege, die für den Ribeira-Brava-Trail ganzjährig offen gehalten werden. So können wir die Wanderung durch die abgelegenen Siedlungen im Tal mit einem Gipfelsturm verbinden. Levadawege, Feldwege, Treppenwege und die Besichtigung des Wasserkraftwerks von Serra de Água runden die abwechslungsreiche Tour ab.

Ausgangspunkt: ER 228, an der Pousada da Fajã dos Vinháticos, 660 m. Anfahrt von Funchal auf der VR 1 Richtung Ribeira Brava und weiter auf der VE 4 bis Serra de Água. Von dort weiter Richtung Boca da Encumeada auf der ER 228 bis zur Pousada. Das Auto kann auf dem Parkplatz des ehemaligen Hotels abgestellt werden.
Bus: Rodoeste Nr 6 (Funchal – Arco São Jorge).

Anforderungen: Die Levadas im Tal der Ribeira da Fajã das Éguas sind teilweise etwas ausgesetzt und verlangen Trittsicherheit. Bis Fajã das Éguas ist die Orientierung einfach, der Aufstieg zum Pico Redondo und weiter zur Levada das Rabaças ist nicht immer eindeutig und es gibt einige Passagen, bei denen Handeinsatz nötig ist.
Einkehr: Hotel/Bar »Estalagem da Encumeada« an der ER 228.

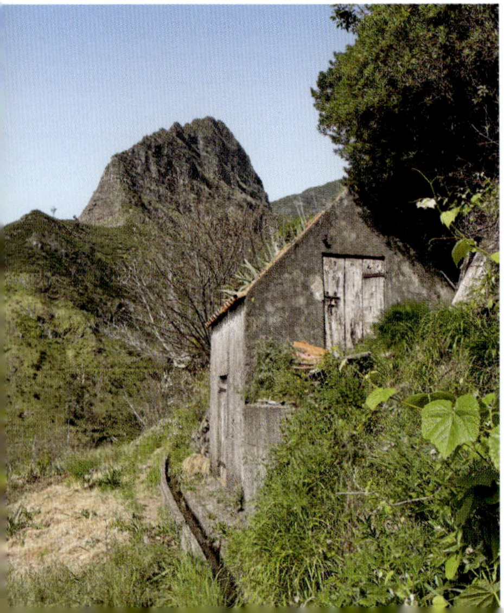

Wir starten an der **Pousada da Fajã dos Vinháticos** ❶, 660 m, gehen entlang der Straße am Gebäude vorbei und steigen an der mit einem Geländer gesicherten Betontreppe links zur **Levada da Achadinha** hinauf. Entlang des kleinen Wasserkanals gehen wir auf das grandiose Panorama des Tals der Ribeira da Fajã das Éguas mit der markanten Silhouette der Crista do Galo zu. Manchmal drängt sich der Vergleich zum Matterhorn »en miniature« auf. Der Weg entlang der Levada ist schmal und

Entlang der Levada da Achadinha gehen wir auf die Crista do Galo zu.

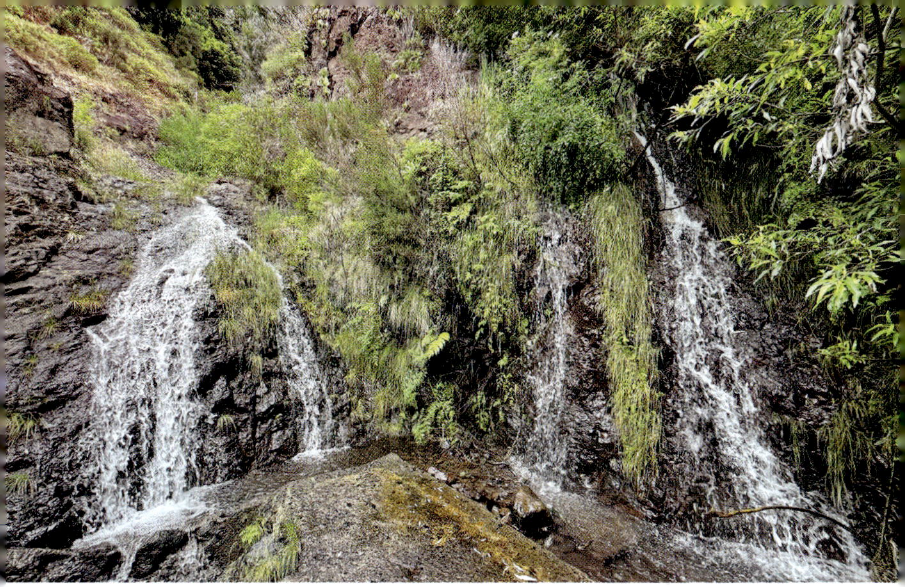

Drei Bäche speisen die Madre der Levada da Achadinha.

hin und wieder ausgesetzt, sodass man besser stehenbleibt, um die Landschaft auf sich wirken zu lassen. Am Ende des Weges kommen wir zu einem schönen, breiten Wasserfall, in dem sich drei Bäche vereinen. Hier ist die **Madre der Levada da Achadinha ❷**, 695 m, und unser Umkehrpunkt. Wir gehen 200 m weit zurück, passieren einen Pfad links bergauf und sehen 10 m weiter einen Pfad rechts bergab. Dieser Abstieg ist nach der Regenzeit etwas verkrautet, doch die Felsstufen lassen sich gut ausmachen. Nach etwa 15 Min. treffen wir auf die **Levada da Fajã dos Vinháticos** und bald auf die ersten Häuser der gleichnamigen Ansiedlung. Hier überqueren wir den Wendeplatz der Sackgasse und gehen zwischen den Häusern auf der Travessa da Fajã dos Vinháticos weiter bergab, überqueren den Fluss auf einer einfachen Metallbrücke und wenden uns dann nach rechts. An einfachen, traditionellen Steinhäusern vorbei geht es auf Treppen bergauf, bis wir auf die nächste Le-

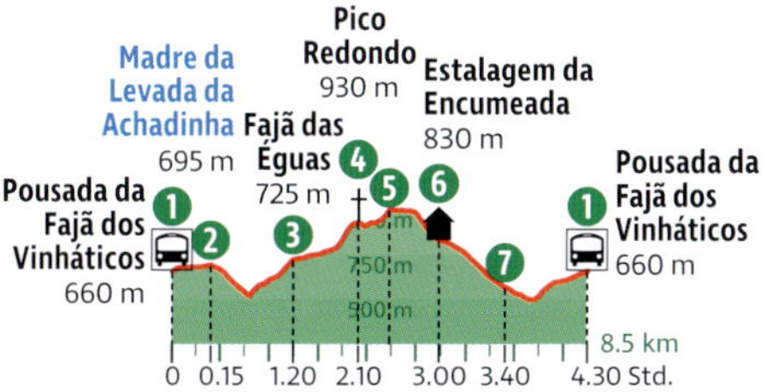

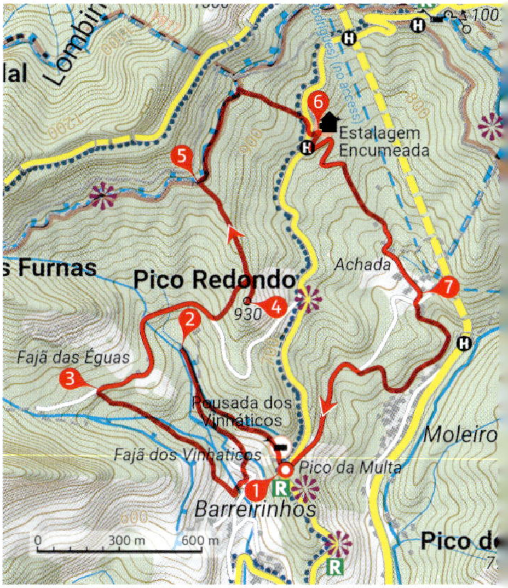

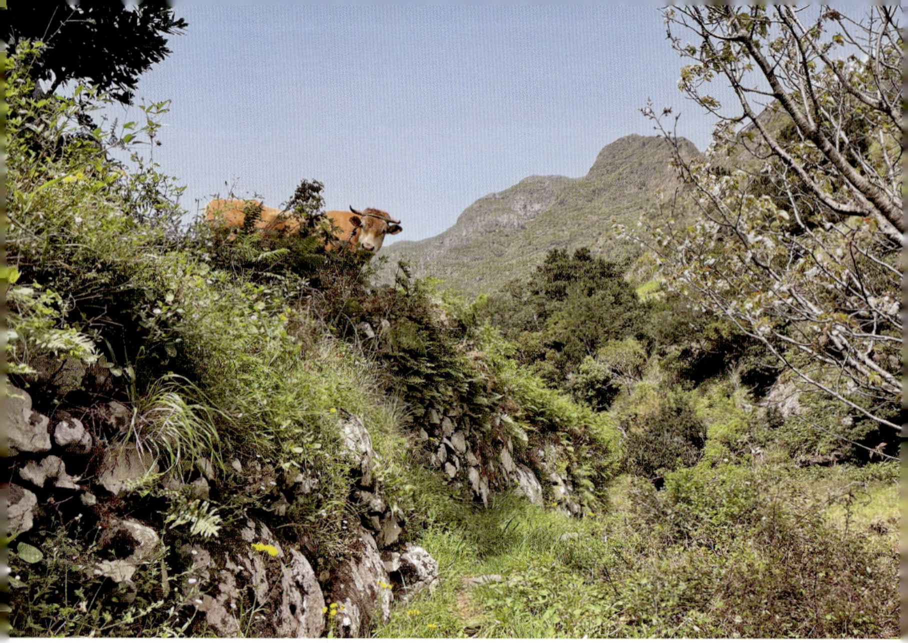

Auf dem Weg nach Fajã das Éguas treffen wir allenfalls neugierige Kühe.

vada treffen. Wir gehen rechts weiter, bleiben aber nicht an der Levada da Eira da Moura, sondern verfolgen den ansteigenden Bergweg entlang der **Ribeira da Fajã das Éguas**. Die ausgewaschenen Bassins im Fluss laden zu einer Erfrischung ein, bevor wir ihn auf einer Brücke überqueren und mit einem kräftigen Anstieg die ersten Felder der Siedlung **Fajã das Éguas ❸**, 725 m, erreichen. Auf einer betonierten Piste geht es rechts weiter, und wir können sehen, dass man hier bemüht ist, wieder etwas Leben in die verlassene Gegend zurückzuholen. Die einfachen Steinhäuschen werden zu Ferienwohnungen hergerichtet – allerdings immer noch ohne Stromanschluss!

Der nächste Kilometer kann ganz entspannt als Spaziergang mit herrlichen Aussichten genossen werden und gibt schon mal den Blick auf unseren Gipfel, den Pico Redondo, frei. Die Piste windet sich durch die Flusstäler, und nach der dritten Brücke heißt es Augen offen halten. Es sind nicht die einladenden Treppen, die unseren Aufstiegsweg markieren, sondern ein versteckter, echter »Wildschweinpfad«, der nach links abzweigt. Zum Glück liegt ein dickes Tau bereit, das bei Nässe eine gute Aufstiegshilfe auf dem rutschigen Erdpfad bietet. Nach etwa 50 m haben wir wieder festen Waldboden unter den Füßen und schon eine Viertelstunde später sind wir auf dem Sockel des **Pico Redondo ❹**, 930 m, angekommen. Eine Schutzhöhle, Steinwälle und ein paar Zaunpfähle zeugen von der früheren Weideviehhaltung auf dem Bergrundling. Noch ein paar Meter müssen hochgekraxelt werden, um die überwältigende Rundumschau zu genießen.

Zurück auf dem Sockel steigen wir über einen niedrigen Steinwall und halten uns an die gut sichtbaren Markierungen, um über den Grat, dessen letzte Nase der Pico Redondo darstellt, weiter hinaufzusteigen. Nach einem unerwarteten Zwischenabstieg an einer Felsstufe werden die Waden noch mal kräftig massiert, bevor sie sich entlang der **Levada das Rabaças** ❺, 1000 m, entspannen dürfen. Wir bleiben rechts am breiten Kanal, bis wir nach einem halben Kilometer den eindeutigen Abstiegsweg erkennen. Der steile, aber gut ausgebaute Weg bringt uns durch den Wald hinunter, bis wir gegenüber dem Hotel **»Estalagem da Encumeada«** ❻, 830 m, auf die Straße ER 228 treten. Nach Überqueren des Parkplatzes bleiben wir auf der betonierten Piste, die nach drei Schleifen in einen schönen Waldweg übergeht. Die nächsten Häuser gehören zur Siedlung **Achada**, deren Blumenpracht am Wegesrand die Armseligkeit der Wohnungen übertüncht. Dann stehen wir vor dem Wasserkraftwerk **»Central Hidroeléctrica da Serra da Água«** ❼, 570 m, das derzeit nach 70 Jahren Betriebszeit eine gründliche Generalüberholung erfährt. An Wochenenden ist eine Außenbesichtigung möglich.

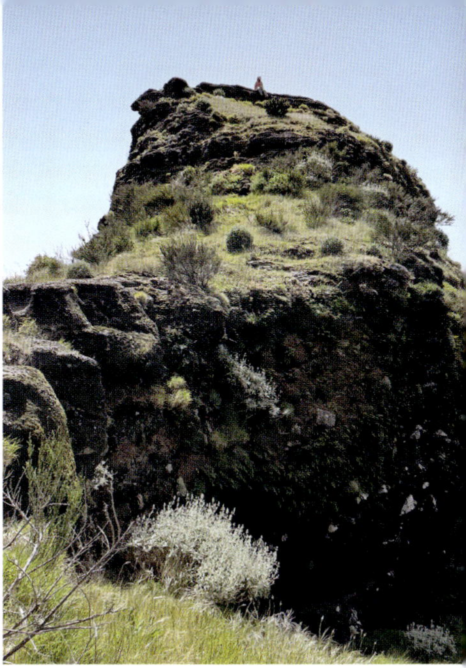

Vom Sockel des Pico Redondo sind es nur noch wenige Meter bis zum Gipfel.

Über einen Stufenweg geht es entlang des Ribeiro da Preta und der gleichnamigen Levada hinunter nach **Moleiro**. An der ersten Kreuzung mit einer Vereda verlassen wir die Treppe und wenden uns nach rechts. Unter uns sehen wir die Schnellstraße VE 4 und die Siedlung. Nach 200 m, direkt an einem Lichtmasten, zweigt ein Pfad mit Felsstufen nach rechts ab. Er führt uns zwischen Feldsteinmauern hinauf in ein Wäldchen und schlussendlich zur **Estrada do Central**, der wir nach links folgen. Nach 700 m auf dem schmalen Sträßchen haben wir die ER 228 und damit unseren Ausgangspunkt an der **Pousada da Fajã dos Vinháticos** ❶ wieder erreicht.

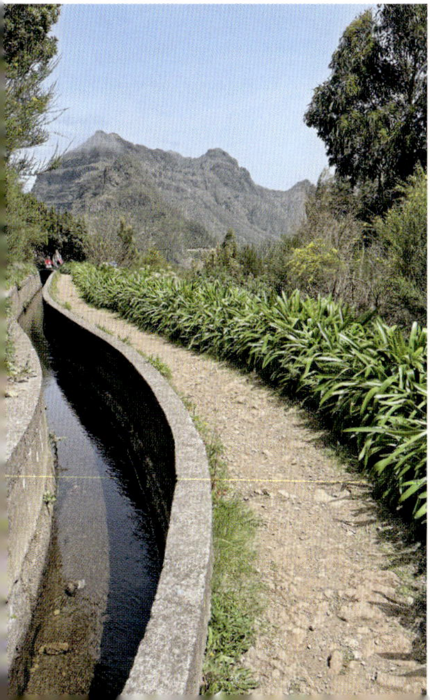

Die Levada das Rabaças wird von Schmucklilien gesäumt.

17 Vereda do Rosto Branco

Von Boca da Encumeada zur Levada do Norte

3.00 Std. | 4,9 km | ↗ 240 m | ↘ 240 m

Anspruchsvolle Wanderung im Laurissiilva

Der Lorbeerwald unterhalb der Levada do Norte, die als Tunnelwanderung in Tour 18 beschrieben wird, ist reich an wilden Wegen, die ehemals beim Bau dieser Levada und zur Wartung längst aufgegebener Wasserkanäle als Abkürzungen genutzt wurden. Auf diesen Spuren kommen Wanderer mit Pfadfindergeist voll auf ihre Kosten. Die Hänge sind durchzogen von Wasserläufen und Felsen, die Wege sehr schmal und oft steil, die Vegetation üppig und eindrucksvoll.

Ausgangspunkt: Boca da Encumeada, 1007 m. Anfahrt von Funchal auf der VR 1 Richtung Ribeira Brava und weiter auf der VE 4 bis Serra de Água. Von dort auf der ER 228 bis zum Encumeada-Pass.
Bus: Rodoeste Nr. 6 (Funchal – Arco São Jorge).
Anforderungen: Die Rundwanderung erfordert absolute Trittsicherheit und sehr gutes Orientierungsvermögen und ist damit nur für versierte Berggänger geeignet. Es gibt etliche ausgesetzte Passagen sowie Kraxelstellen mit Handeinsatz.

Hinweis: Stirn/Taschenlampe für die Tunnelpassage mitnehmen.
Einkehr: Unterwegs keine. Bar/Restaurant Boca da Encumeada.
Variante: Wer die kurze Wanderung noch erweitern möchte, kann nach dem Tunneldurchgang nach rechts abbiegen und die zufließende Levada das Rabaças (gegen die Fließrichtung) bis zum gesperrten Tunnel verfolgen. Dabei ergeben sich fantastische Ausblicke auf das Panorama des Zentralmassivs und hinunter ins Ribeira-Brava-Tal. Für den Hin- und Rückweg sind etwa 1.30 Std. einzuplanen.

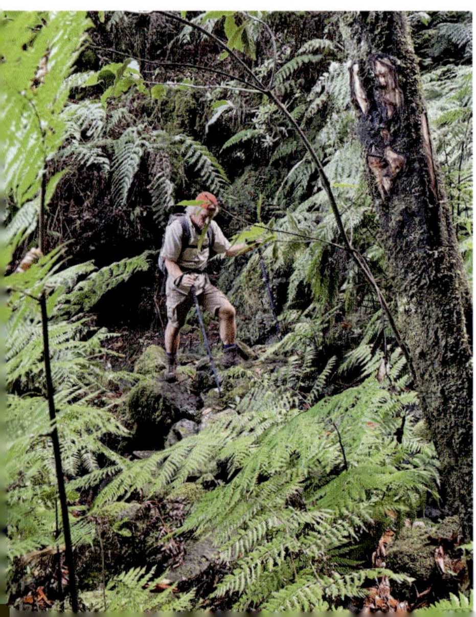

Wir beginnen auf der **Boca da Encumeada ❶**, 1007 m, an der Wandertafel mit dem Abstieg auf dem PR 21. Nach 20 Min. kreuzt die **Vereda do Rosto Branco ❷**, 915 m. Der breite Weg kommt vom Posto Florestal an der ER 228, ist aber sehr überwachsen. Wir gehen links durch hüftho-

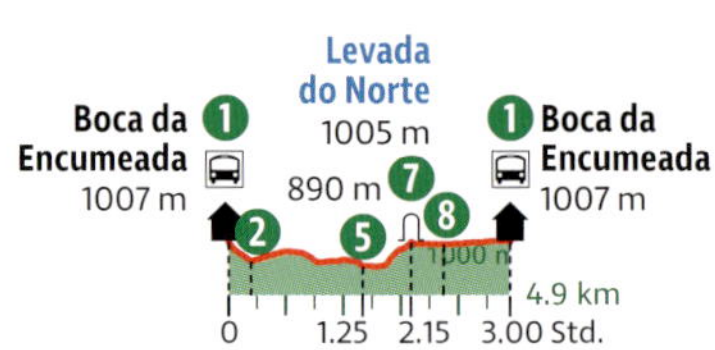

Dicht, grün und sehr verwunschen präsentiert sich der Lorbeerwald.

hes Gras und üppigen Bewuchs mit Montbretien. (Die Mitarbeiter des Forsthauses sorgen dafür, dass immer eine Gehspur freigeschnitten wird.) Nach weiteren 10 Min. mündet der bequeme Waldweg in einen **schmalen Pfad ❸**, 960 m. Tendenziell abwärts führt die eindeutige Spur im Auf und Ab durch fünf Bachläufe. Bis hierher ist der Weg als moderat zu bezeichnen. Dann folgen etliche ausgesetzte Passagen und eine sechste Bachquerung mit einem nassen, fast senkrechten Abstieg. Nach dem Heraussteigen aus der **»grünen Hölle« ❹**, 910 m, teilt sich der Weg. Eine auffällige **Baumruine ❺**, 890 m, an der linken Wegseite ist Markierungspunkt für einen kurzen Steilanstieg. Nun gilt es, sehr aufmerksam nach Baummarkierungen zu schauen, denn der wenig begangene Pfad biegt nach wenigen Metern nach rechts ab und ist unter dem Lorbeerlaub nicht immer ganz eindeutig erkennbar. Mit wenig Höhenunterschied zieht sich der Weg in Richtung Südwest. Nach einer halben Stunde erreichen wir eine **nasse Felswand ❻**, 895 m, die kritischer aussieht, als sie ist, denn es gibt einen griffigen Sims zur Überquerung. Kurz darauf knickt der Weg nach links ab, geht steil bergan bis zu einem mächtigen, frei stehenden Lorbeerbaum. Nochmals links haltend müssen wir etliche Meter über Felsstufen hochkraxeln. Der weitere Verlauf ist nun deutlich erkennbar. Bevor wir am **Tunneleingang ❼**, 1005 m, der **Levada do Norte** ankommen, ist noch ein trockenes Bachbett zu durchqueren. Der folgende 550 m lange Tunnel ist trocken und ausreichend hoch. Der **Tunnelausgang ❽** befindet sich auf der Südseite. Dort erwartet uns meist ein stolzer Hahn, das Maskottchen dieser Levada.

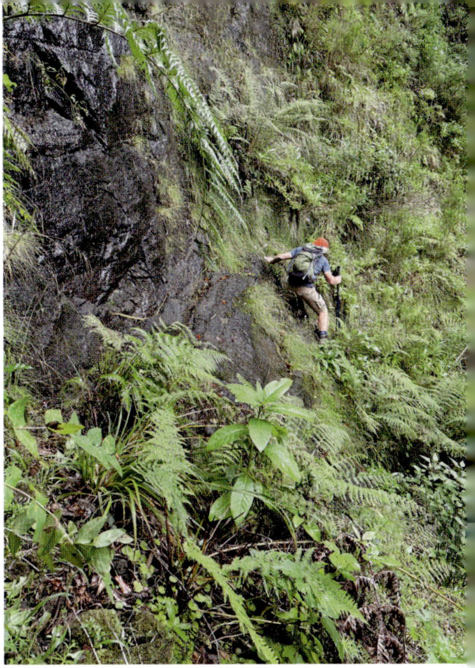

An der nassen Felswand.

Wir wenden uns nach links und gehen entlang des breiten Kanals in Fließrichtung unter markanten Zedern und floralen Rabatten zur **Boca da Encumeada ❶** zurück.

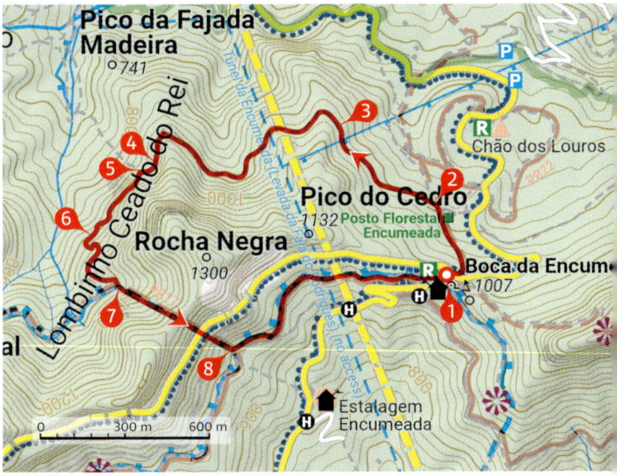

18 Levada do Norte

Von Boca da Encumeada nach Estanquinhos

TOP | 7.00 Std. | 20,5 km | ↗ 550 m | ↘ 0 m

Tunnelwanderung entlang der Levada bis zur Madre

Die Tour entlang der großen Levada do Norte ist ein grandioses Erlebnis für alle, die ein Faible für Tunnel und Höhlen haben. Sie führt uns auf einer Länge von 18 Kilometern durch 17 kurze und lange Tunnel und durch zahlreiche wilde Schluchten mit imposanten Wasserfällen. Ein Pionierprojekt zur Stromerzeugung ließ in den 40er-Jahren des letzten Jahrhunderts diese Levada als Meisterleistung von Ingenieuren und Bergarbeitern entstehen. Das Wasser aus den zahlreichen Bergbächen des Nordens wird entlang der Steilhänge zum Encumeada-Pass und von dort über ein Druckrohr hinunter zum Kraftwerk geleitet. Wir folgen dieser Levada vom Encumeada-Pass bis zu ihrer Madre und steigen aus der grünen Wildnis heraus bis auf die Hochebene Paúl da Serra, wo wir über einen breiten Weg bis zum Forsthaus Estanquinhos gelangen.

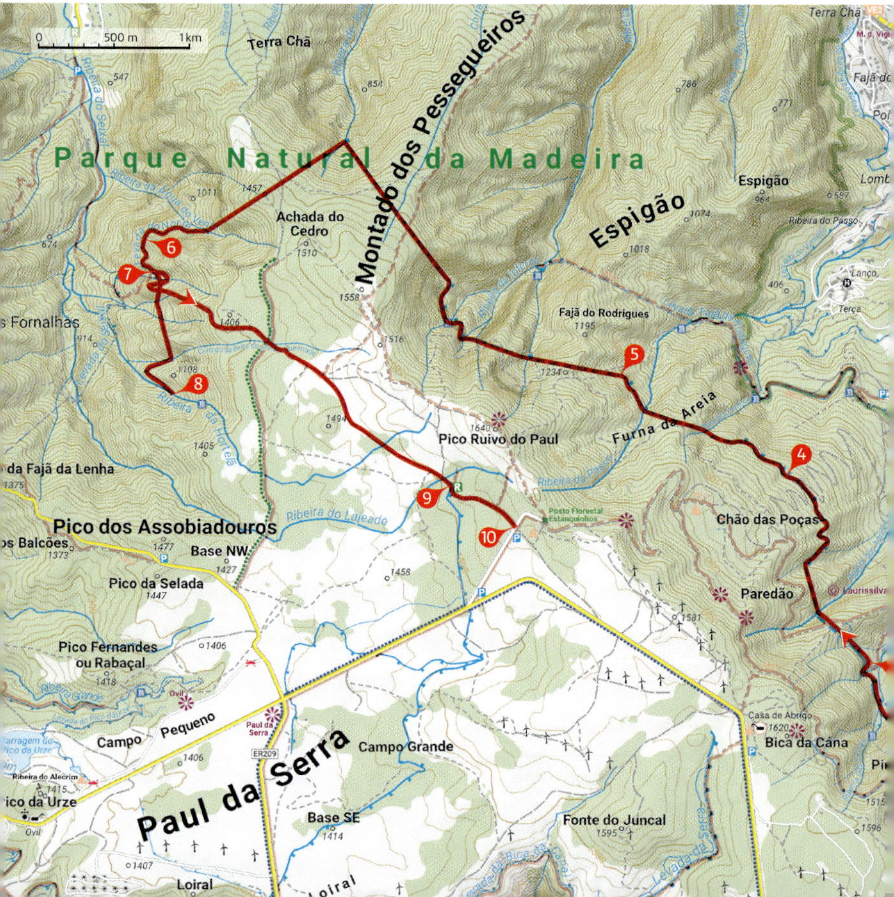

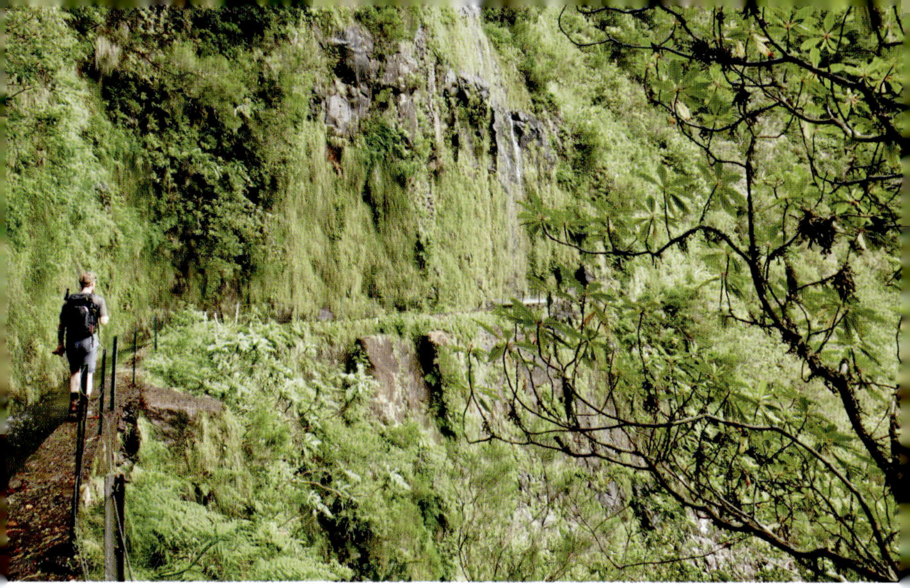

Eine sehr nasse Passage, die mit viel Vorsicht begangen werden muss.

Ausgangspunkt: Boca da Encumeada, 1007 m. Anfahrt von Funchal auf der VR 1 Richtung Ribeira Brava und weiter auf der VE 4 bis Serra de Água. Von dort auf der ER 228 zum Encumeada-Pass. Busanbindung nur zum Ausgangspunkt am Encumeada-Pass mit der Linie Rodeste Nr. 6.
Endpunkt: Parkplatz Estanquinhos, 1555 m. Für die Rückfahrt muss ein Taxi vorbestellt werden.
Anforderungen: Absolute Schwindelfreiheit ist für den langen Weg entlang der Levada ein Muss, denn es gibt nicht durchgängig Sicherungen. Die Tunnel sind manchmal nass, und nach längerer Regenzeit bekommt man unter den Wasserfällen eine Dusche. Der Aufstieg zur Hochebene ist gut unterhalten und stellt allenfalls Anforderungen an die Kondition.
Einkehr: Unterwegs keine, Bar/Restaurant Encumeada am Einstieg.
Hinweise: Achtung, es gibt keinen Handy-Empfang! Deshalb sollte diese Wanderung mindestens zu zweit oder besser in einer kleinen Gruppe unternommen werden.
Stirnleuchten statt Taschenlampen und unbedingt Ersatzbatterien mitnehmen. Wer größer als 175 cm ist, tut gut daran, einen leichten Helm zu tragen, denn einige Tunnel sind niedrig und nur sehr grob behauen. Im Winter ist es hilfreich, einen leichten Regenschutz für die Wasserfälle dabei zu haben.

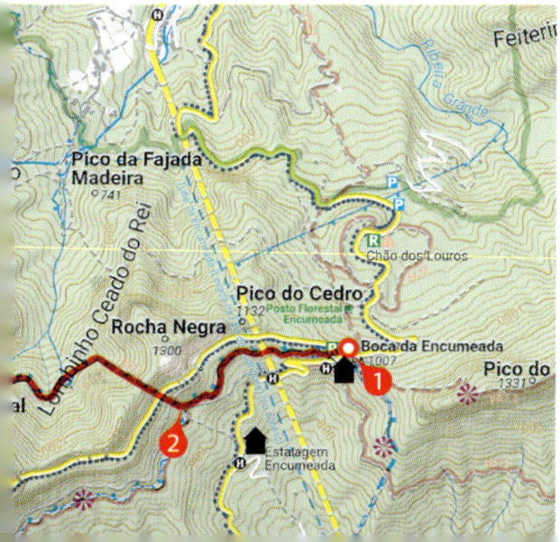

Gegenüber der Snackbar am **Encumeada-Pass ❶** weist eine Wandertafel auf den PR 17 hin. Wir steigen die Treppe hinauf und gehen am **Canal do Norte** entgegen der Fließrichtung auf breitem Weg bis zum ersten **Tunnel von Süd nach Nord ❷**, 1000 m, vor dem sich die Levada gabelt. Nachdem wir den 550 m langen Tunnel durchquert haben, erwartet uns die üppige Ve-

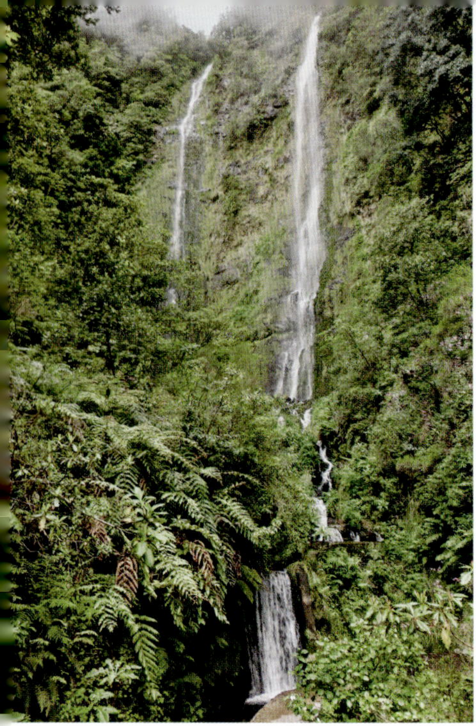

Die Zwillingswasserfälle der Ribeira do Inferno.

getation des Folhadal mit seinen im Spätsommer weiß blühenden Maiblumenbäumen. Bis zum nächsten Tunnel haben wir immer mal wieder einen schönen Blick über das breite São-Vicente-Tal. Nach einem Felsdurchbruch erreichen wir den ersten Wasserfall, danach geht es durch einen 800 m langen Tunnel, an dessen Ende ein Bach mit lautem Getöse in die Levada donnert. Bald passieren wir den **Abzweig des PR 17 ❸**, 1025 m, und haben weiter entlang der Levada die beiden nächsten Tunnel mit je 400 m vor uns. Der Begleitweg wird zunehmend schmaler und manchmal etwas ausgesetzt. Nach einem gebogenen kürzeren Tunnelstück erreichen wir ein Levadeiro-Haus und überqueren die **Schotterpiste ❹**, 1030 m, die von Ginjas nach Estanquinhos hinaufführt (auf dieser könnte man die Tour vorzeitig abbrechen).

Dann folgt ein Abschnitt mit viel Aussicht zwischen den nächsten Tunneln. Auf zwei kürzere Tunnel bis zur Passage der Ribeira dos Pombos folgen ein Tunnel mit ca. 300 m Länge und ein längerer mit 500 m. Wieder im Tageslicht können wir die Haken sehen, die Canyoning-Gruppen zum Abseilen nutzen. Es folgt erneut ein kurzer Tunnel. Vor dem Eingang des nächsten 600 m langen Tunnels kreuzt der Pfad **Vereda do Pau Branco ❺**, 1040 m, der von der Levada dos Rodrigues heraufkommt und zur Levada do Ribeira do Inferno führt (siehe Tour 15). Nach einem oberirdischen Wegstück geht es wieder in einen 450 m langen Tunnel, in dem wir den östlichen Hauptast der Ribeira do Inferno passieren. Bevor wir in den nächsten sehr langen Tunnel (1,3 km) eintauchen, können wir uns an den fantastischen Wasserfällen der Ribeira do Inferno erfreuen. Danach sehen wir drei kleine zuführende Levadas. Und noch mal geht es für 1,3 km unter die Erde. Anschließend folgt eine sehr wilde und feuch-

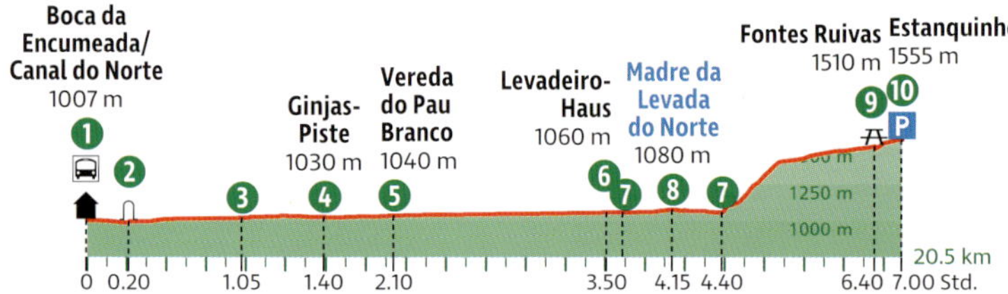

te Passage. Die Levada ist mit Platten überdeckt – Vorsicht rutschig!

Wir erreichen das westliche **Levadeiro-Haus ❻**, 1060 m, gehen weiter auf breitem Weg und passieren den Abstiegsweg zur Levada do Seixal, bzw. nach Chão da Ribeira. Kurz darauf sehen wir unseren Aufstiegsweg, die **Vereda do Lombo Barbinhas ❼**, 1060 m.

Wer noch Ausdauer hat, kann zuvor noch zur sehr beeindruckenden Madre der Levada do Norte weiterwandern. (Wer müde ist, sollte sich die zusätzliche Stunde Gehzeit sparen und gleich mit dem Aufstieg zur Hochebene beginnen.) Zur Madre sind noch drei sehr spezielle Tunnel – hin und zurück also sechs! – zu bewältigen. Vor uns liegt zunächst eine Schluchtpassage durch die Ribeira do Vimiero, dann folgen zwei kurze Tunnel. Einer davon ist sehr eng, hat aber querliegende Platten, die den Levadakanal überdecken und damit den Durchgang erleichtern. Vor dem letzten Tunnel (300 m) liegt noch die Passage der Ribeira do Folhado. Direkt am Tunnelausgang wird der Córrego da Beira do Lombo Queimado gequert, danach geht es auf recht schmalen Simsen bis zur **Madre ❽**, 1080 m, in der Ribeira do Hortelã. Der Zugang über die nassen Stufen ist seilgesichert. Auf den großen Felsplatten ist Platz für eine meditative Pause.

Schließlich gehen wir etwa 30 Min. zurück und beginnen an dem nicht markierten, aber deutlich erkennbaren Abzweig auf der **Vereda do Lombo Barbinhas ❼** unseren Aufstieg. In engen Serpentinen geht es auf einem guten Bergweg etwa 1 Std. bergauf, bis wir auf 1400 m Höhe die

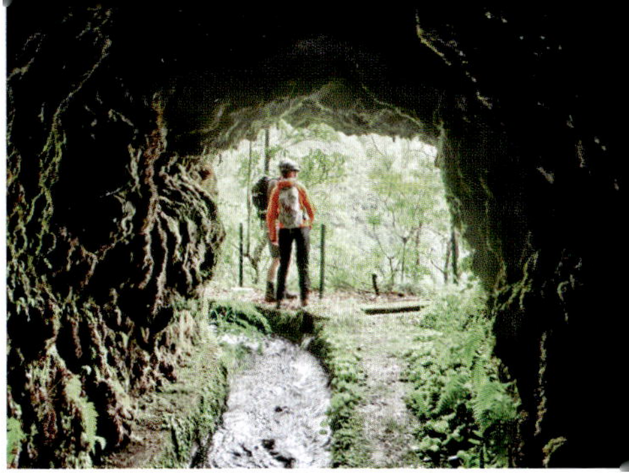

Nach jedem Tunnelausgang gibt es neue spektakuläre Ausblicke.

Hochebene erreichen und auf einer nur noch leicht ansteigenden Graspiste weiterwandern. Nach weiteren 300 m halten wir uns an einem Abzweig rechts, kreuzen kurz danach eine Schotterpiste und folgen die nächsten zwei Kilometer dem beschilderten Weg Richtung Estanquinhos. Nach einer halben Stunde erreichen wir die **Fontes Ruivas ❾**, 1510 m, am Rande eines kleinen Wäldchens. Wir bleiben auf diesem Weg noch für gut 500 m. Dann haben wir den **Parkplatz ❿**, 1555 m, an der Zufahrtsstraße zum **Forsthaus Estanquinhos** erreicht.

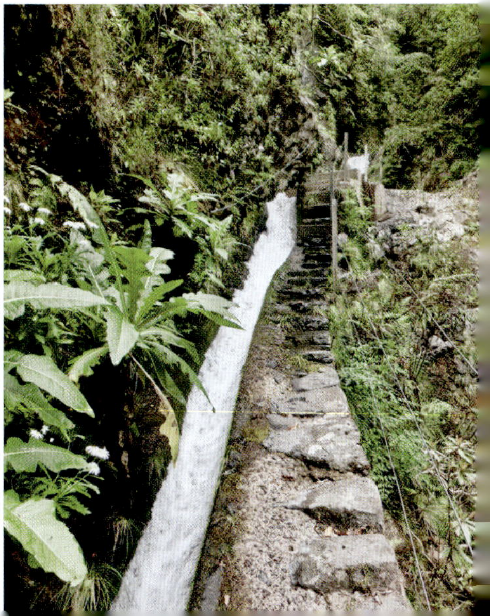

Der Zugang zur Madre der Levada do Norte.

19 Höhenweg Pé da Rocha

Von Ribeira Grande

4.00 Std. | 10,5 km | ↗ 420 m | ↘ 420 m

Durch die Weinberge im östlichen São-Vicente-Tal

Im São-Vicente-Tal ist im letzten Jahrzehnt eine neue Winzergeneration herangewachsen. An den, für madeirensische Verhältnisse, eher flachen Hängen werden Reben kultiviert, die ausgezeichnete Tafelweine hervorbringen. Eine Wanderung aus dem Talschluss heraus, in Richtung Meer, schließt sowohl eine Levadabegehung als auch die Wanderung durch die sorgsam aufgebauten Weinterrassen mit herrlichen Ausblicken auf die umgebenden Bergketten ein.

Ausgangspunkt: Ribeira Grande, 310 m, nahe der Brücke vor der Siedlung. Anfahrt von Funchal auf der VR 1 Richtung Ribeira Brava und weiter auf der VE 4 Richtung São Vicente. Nach dem langen Encumeada-Tunnel ist rechts auf den Hinweis zur Boca da Encumeada zu achten. Nach dem Abbiegen führt die ER 228 durch das Dorf Rosario bergauf und macht nach 800 m eine 180-Grad-Rechtskurve. Aus der Kurve heraus biegt man links ab Richtung Ribeira Grande. Nach 1 km fahren wir links über die Brücke und stellen das Fahrzeug am Straßenrand ab. Keine praktikable Busanbindung.

Anforderungen: Einfache Wanderung in dünn besiedeltem Gebiet, die aufgrund fehlender Wegmarkierungen trotzdem eine gute Orientierungsfähigkeit verlangt. Die stillgelegte Levada auf dem Rückweg hat einige ausgesetzte Stellen, die im trockenen Levadabett gefahrlos passiert werden können.

Einkehr: Taberna Neves Nr 1 in Barros.

Im Westen wird das São-Vicente-Tal von der Hochebene Paúl da Serra überragt.

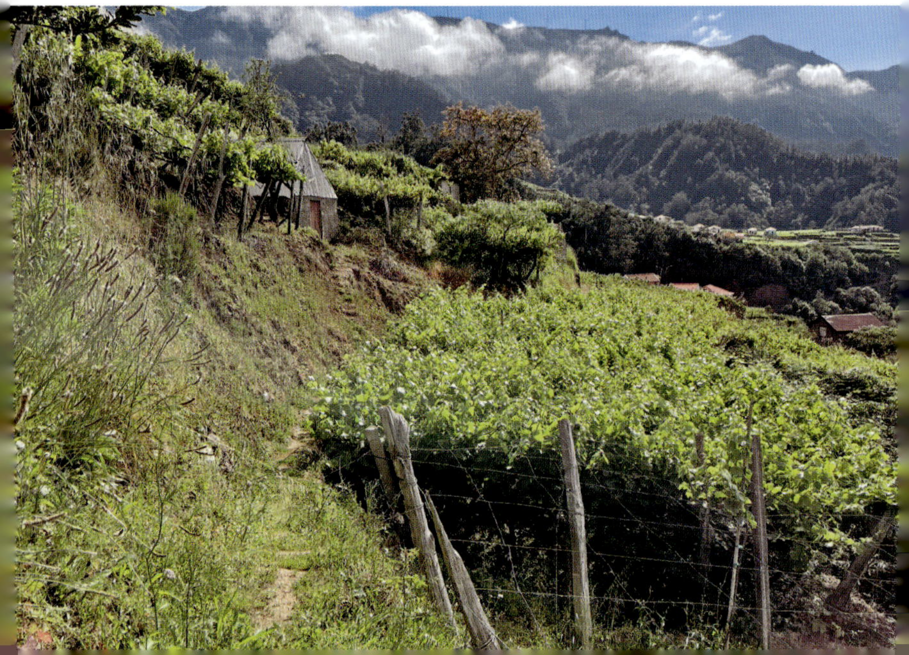

Wir gehen in **Ribeira Grande** von der **Brücke ❶**, 310 m, am linken Flussufer entlang der Straße, die wir mit dem Fahrzeug gekommen sind, bis zu einer Fußgängerbrücke, überqueren den Fluss und setzen den Weg am rechten Flussufer auf einem Erdpfad fort. Nach 10 Min. treffen wir auf eine Holzbrücke. Gleich danach zweigt ein gestufter Weg nach rechts oben ab. Nach 5 Min. sind wir bei betonierten Stufen angelangt und nehmen dort den Abzweig nach links leicht bergab. Wir überqueren eine dritte Fußgängerbrücke und müssen nun rechts haltend für 500 m mit einer Fahrstraße durch die Weinhänge vorlieb nehmen (der Weinsteig ist aktuell verschüttet). Sie steigt leicht bergan bis zu drei Häusern – eine von rechts kommende Straße wird ignoriert – und führt nach einer Rechtskurve wieder bergab. Hier gilt es aufzupassen: An einem markanten Kanaldeckel zweigt eine unscheinbare **Graspiste ❷**, 310 m, nach links ab. Sie führt recht steil nach unten, macht nach 250 m eine lang gezogene Rechtskurve leicht bergauf (nicht geradeaus weitergehen! Privatgelände) und bald wieder eine Linkskurve bergab. Neben uns rauscht die Ribeira do Salto, die wir kurz darauf über eine kleine Brücke überqueren können. Im Sommer, bei niedrigem Wasserstand, können wir hier auch wenige Meter am linken Ufer geradeaus weitergehen, um den Bach an der Madre der **Levada dos Cardais ❸**, 220 m, über eine Betonkante zu überqueren. Dann können wir den Weg entlang der Levada in Fließrichtung fortsetzen. Wer aber einkehren möchte, nimmt den Weg über die kleine Brücke vor der Madre. Der Treppenweg führt hinauf zu einem befestigten Fußweg, in den wir links einbiegen. Kurz darauf

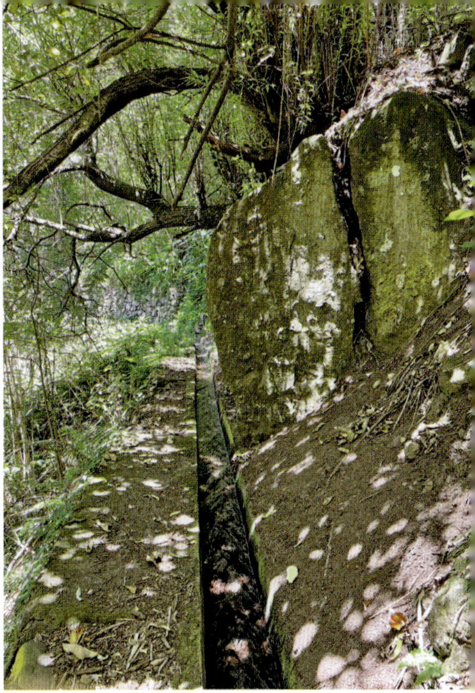

Die Levada dos Cardais nahe der Madre.

findet sich rechts in der Siedlung die **Taberna Neves Nr 1 ❹**, 250 m. Wieder zurück auf dem Fußweg kommen wir nach 150 m an die Levada dos Cardais. Wir wandern dem Wasser folgend weiter, passieren nach der ersten Bachquerung ein **Wasserhaus ❺**, 215 m, und überqueren nach weiteren 10 Min. eine Straße. Kurz darauf kreuzt ein **Treppenweg ❻**, 205 m, dem wir rechts hinauf zur Straße folgen. Wir gehen rechts 180 m bis zur Kreuzung. Nun beginnt ein kleines »Hausecken«-Wandern bergauf über den Lombo

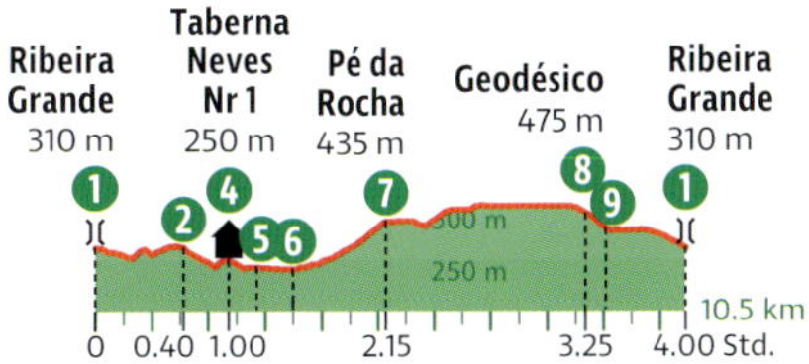

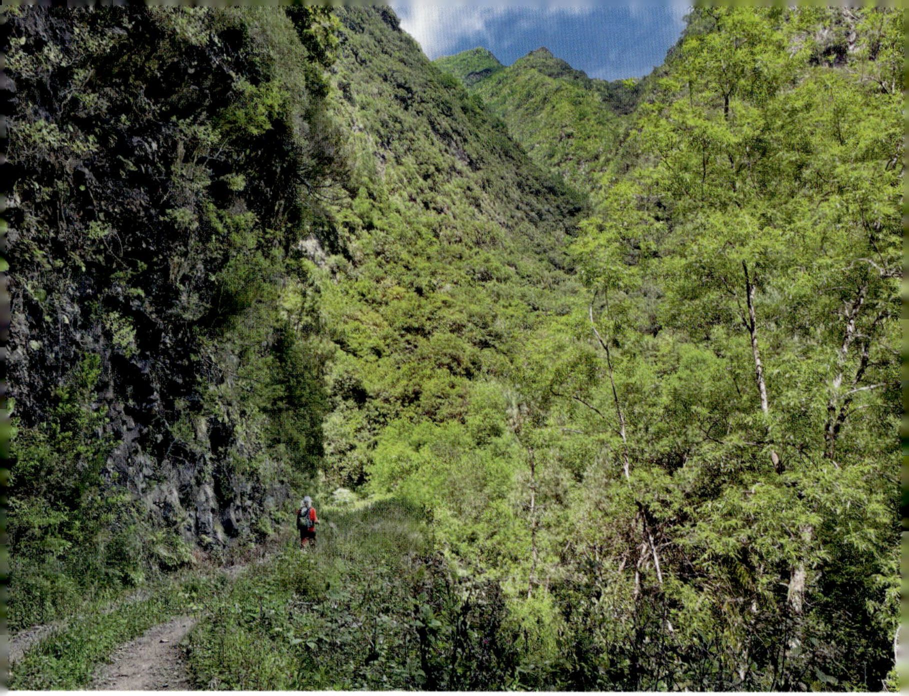

Der Höhenweg Pé da Rocha – am Fuße des Lombo das Queimadas.

da Eira. Wir folgen zunächst links dem Caminho do Lombo do Cravo und gleich darauf wieder rechts dem Caminho da Eira. Wo dieser wieder auf die Straße trifft, beginnt scharf links der steile Caminho do Lombo da Eira, der uns bis zu einer Levada führt. Hier gehen wir rechts bis zur nächsten Treppe, dann links hoch und wieder rechts. Wir überqueren erneut eine Straße und bleiben immer geradeaus ansteigend auf dem Caminho da Terra do Antão. Nach dem letzten Haus wird der betonierte Treppenweg zum Erdpfad, auf dem wir bleiben, bis wir wieder auf eine Fahrstraße treffen (40 Min. Gehzeit, nachdem wir die Levada dos Cardais verlassen haben). Wir gehen rechts – den nach 50 m links abzweigenden Weg ignorieren wir – und erreichen nach weiteren 5 Min. den **Höhenweg Pé da Rocha 7**, 435 m. Hier endet die Fahrstraße und ein breiter Wanderweg ermöglicht uns während der nächsten Stunde herrliche Aussichten über die Weinberge hinweg auf die uns umgebenden Gipfel. Auf den knapp 3,5 km können zwei Wasserläufe problemlos gequert werden, dann mündet der Wanderweg in eine betonierte Piste. Nach 250 m sichten wir gegenüber einer Hofeinfahrt einen etwas einge-

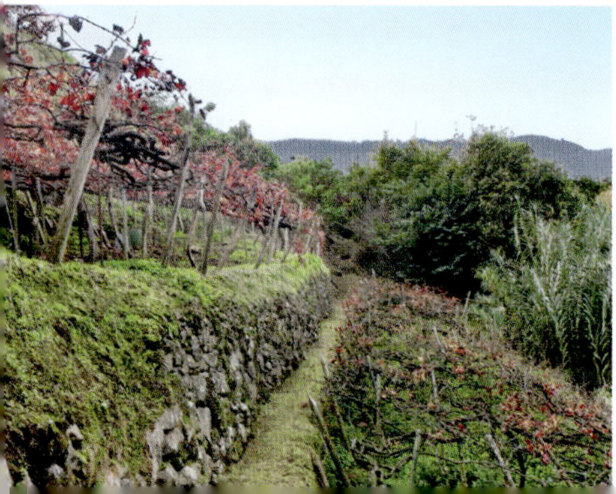

Im späten Herbst färbt sich das Tal von São Vicente rot.

wachsenen **Geodésico 8** (Vermessungsstein), 475 m. Hier biegen wir scharf links in einen zunächst breiten Grasweg ein, der uns, immer schmaler werdend, in das Tal der Ribeira da Faiteira führt. Kurz vor dem Talgrund kommt uns eine Levada entgegen, deren Wasser sich in die Böschung ergießt. Unser Abstieg zum Bach ist jedoch gestuft und trocken. Für die Überquerung der **Ribeira da Faiteira 9**, 400 m, muss nach einer passenden Stelle gesucht werden, zur Not geht man ohne Stiefel auf die andere Seite. Dort sehen wir die Madre einer weiteren (stillgelegten) Levada, der wir 900 m folgen. Der ehemalige Wassergraben ist weitgehend trocken, sodass wir an den wenigen ausgesetzten Stellen sicher im Levadabett laufen können. Mit dem Ende der Levada sind wir wieder mitten in den Weinhängen. Wir treffen auf eine Straße, gehen rechts und zweigen nach 50 m links auf eine befestigte Piste ab. Dieser können wir bis zu unserem Ausgangspunkt bergab folgen. Kurioserweise scheint sie nach 250 m zu enden, beim Näherkommen entdecken wir aber einen Saumpfad, der die abgerutschte Piste ersetzt. Er führt durch ein kleines Tal und mündet kurz darauf wieder in einen Fahrweg, der an der Brücke von **Ribeira Grande 1** endet.

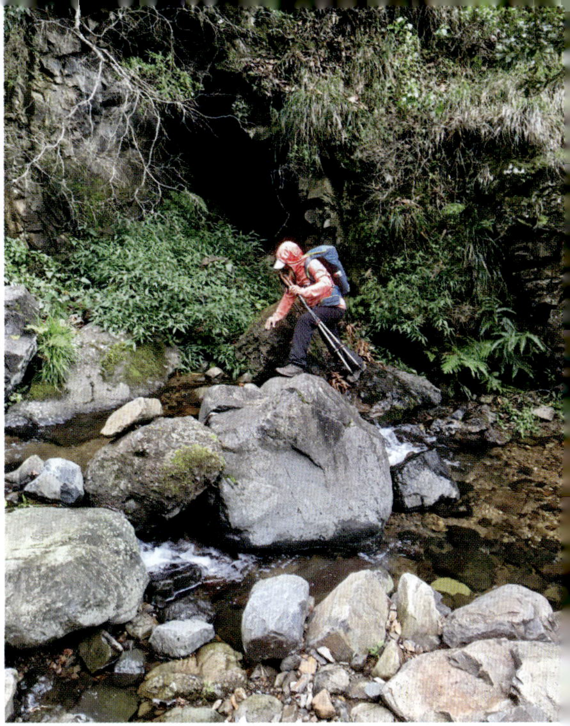

Bäche wie hier die Ribeira da Faiteira müssen auch bei einfachen Wanderungen überquert werden.

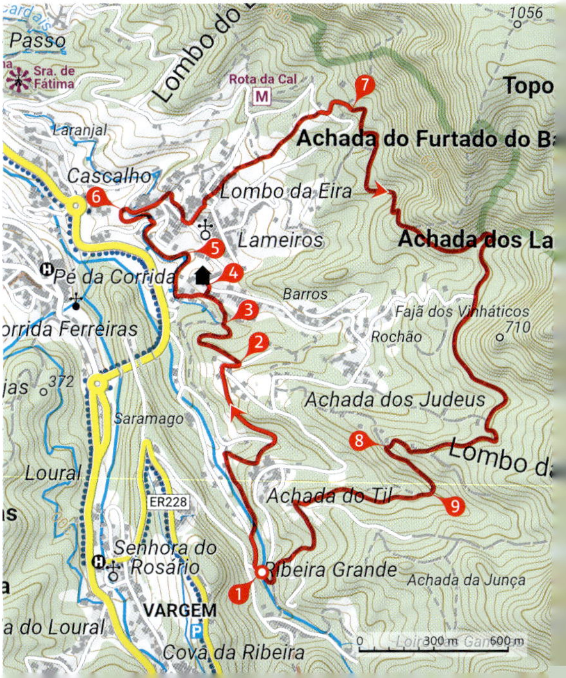

20 Zum Wasserfall Poço das Pulgas

Durch die Ribeira da Camisa

4.00 Std. | 6,0 km | ↗510 m | ↘510 m

Rundwanderung zu einem der schönsten Wasserfälle der Insel

Der Poço das Pulgas gilt zu Recht als einer der zauberhaftesten Orte auf Madeira. Es ist nicht ganz einfach, dorthin zu kommen und selbst, wenn man den Weg gemeistert hat, muss man den richtigen Bach entlanggehen, um das Wunder zu entdecken. Seit einigen Jahren gibt es inoffizielle Wegweiser. Trotzdem wird diese Wanderung nur einer Handvoll Enthusiasten vorbehalten bleiben, denn sie ist sehr anspruchsvoll.

Ausgangspunkt: Primeira Lombada, Parkplatz am Picknickgelände »Parque das Merendas«, 315 m. Anfahrt von Funchal auf der VR 1 Richtung Ribeira Brava und weiter auf der VE 4 Richtung São Vicente. Von dort auf der VE 1 bis Ponta Delgada. Am Kreisverkehr nimmt man die zweite Ausfahrt, biegt an der nächsten Querstraße links ab und kurz darauf wieder links auf die Estrada das Lombadas. An der nächsten Kreuzung folgt man rechts dem Hinweis »Lombadas«, fährt geradeaus durch die Siedlung und trifft am Ortsausgang auf ein großes Picknickgelände.
Bus: Rodoeste Nr 6 (Linie Funchal – Arco São Jorge).

Anforderungen: Der Weg – mit allen Abstechern zu den Wasserfällen – ist bis zum Poço das Pulgas als rote Tour einzustufen. Der weitere Weg als Rundwanderung erfordert absolute Trittsicherheit und sehr gutes Orientierungsvermögen und ist damit nur für versierte Berggänger geeignet.

Einkehr: Unterwegs keine. In Primeira Lombada gibt es eine Bar nahe der Kirche.

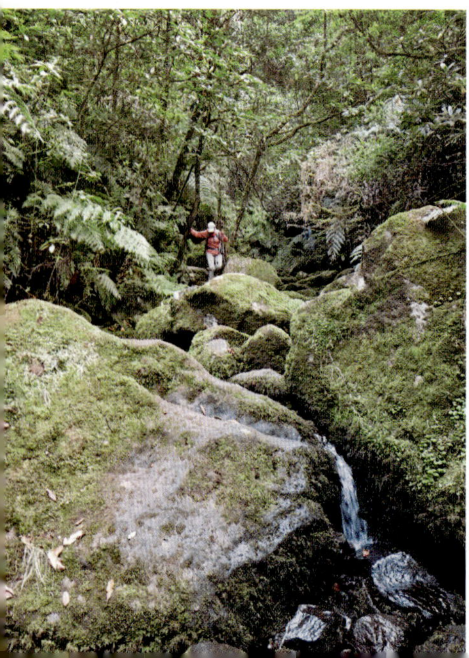

Wir gehen vom Parkplatz am **Parque das Merendas** ❶ etwa 150 m auf der Straße zurück bis zum Abzweig einer kleinen Forststraße auf der rechten Seite. Nach 70 m können wir auf der linken Straßenseite etwas verwachsene Treppenstufen entdecken. Auf diesem Pfad entlang einer Natursteinmauer steigen wir immer geradeaus hinauf, bis wir auf einen Maschendrahtzaun treffen. Es geht links weiter, an diesem entlang, bis wir wieder Treppenstufen zwischen dem Zaun und einer Mauer sehen. Hier steigen wir rechts weiter aufwärts, bis der Weg nach knapp 10 Min. vor

Auf der Wanderung zum Poço das Pulgas taucht man in einen grünen Dschungel ein.

einer Böschung endet. Wir gehen weglos nach links weiter und sehen bald ein paar Erdstufen, über die wir die **Levada das Fontes** ❷, 370 m, erreichen. Nun wandern wir rechts gegen die Fließrichtung an dem eher an einen Bach erinnernden Wasserkanal entlang, bis wir 20 Min. später an einem großen Wassertank wieder auf die Forststraße stoßen. (Falls der Zugang zur Levada zu stark verwachsen ist, kann man auf der Straße bis zum Wassertank gehen.) Von hier aus folgen wir der Straße für 10 Min. Dort, wo sie endet, beginnt ein Wiesenpfad, und bald weist uns ein blaues **Schild »Poço das Pulgas«** ❸, 500 m, nach links. Im Sommer und frühen Herbst, bei niedrigem Wasserstand in der Ribeira da Camisa, können wir noch ein Stück weiter geradeaus gehen und dann flussaufwärts über große Steine bis zum eindrücklichen Eselsschwanz-Wasserfall kraxeln. Andernfalls folgen wir dem Wegweiser und steigen durch einen grünen »Tunnel« über runde, bemooste Steine bergauf. Auf 550 m Höhe entdecken wir zwei Wegweiser: Geradeaus geht es zum Poço das Pulgas, nach rechts kann man einen Abstecher zu zwei Wasserfällen machen. (Von hier kommen wir, falls wir durch die Ribeira da Camisa zum Eselsschwanz-Wasserfall gegangen sind.) Die **Cascata do Rabo do Burro** ❹, 540 m, der Eselsschwanz-Wasserfall, ist ganzjährig sehenswert, die nasse Wand des **Cabuoco da Faieira** ❺ nur im Winter.

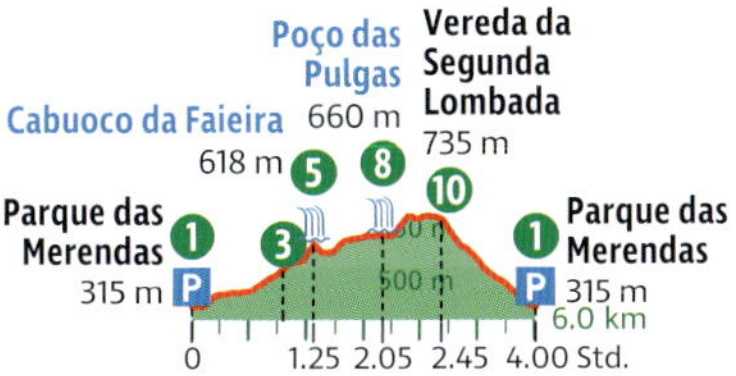

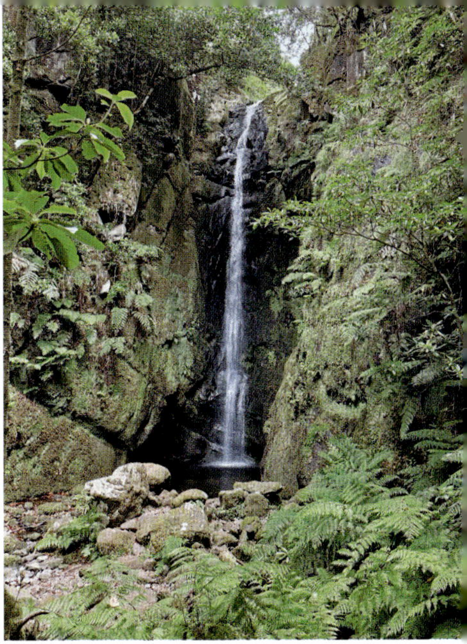

Cascata do Rabo do Burrro – der Eselsschwanz-Wasserfall.

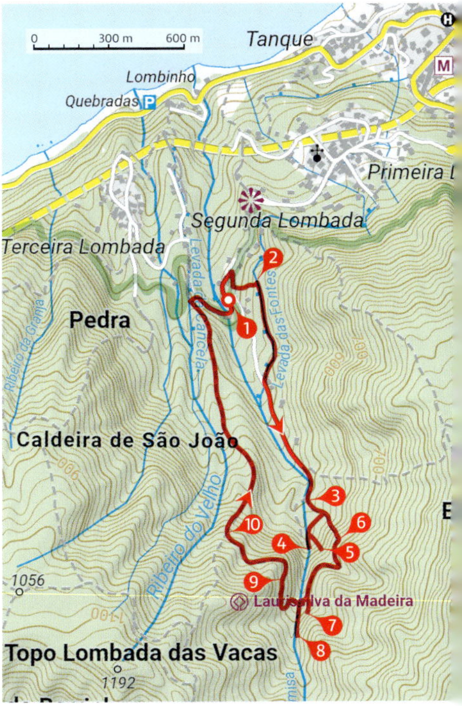

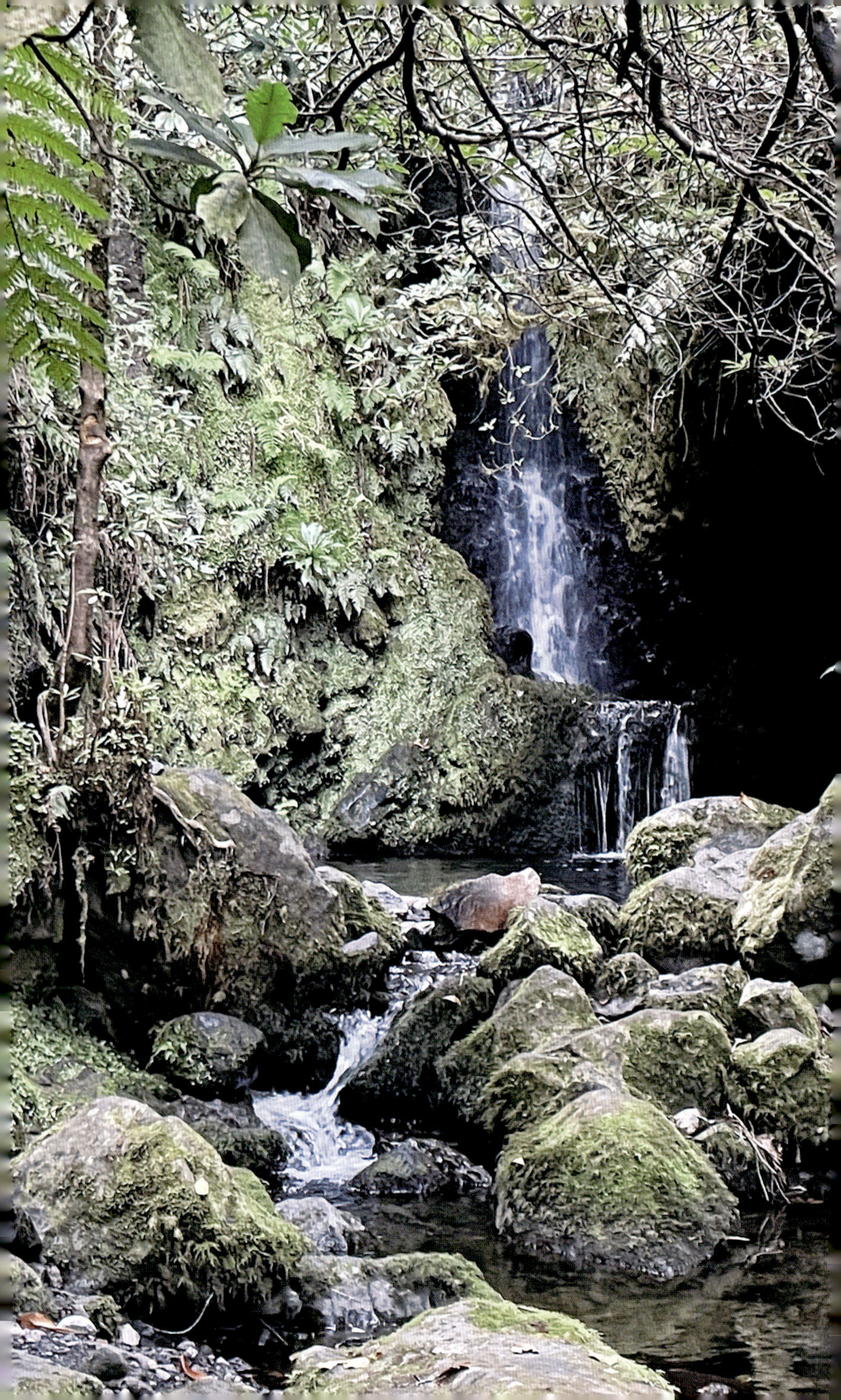

Für beide Abstecher brauchen wir hin und zurück etwa 30 Min.
Wieder zurück auf dem Hauptweg kommen wir nach einer Viertelstunde an die erste knifflige Passage. Es gilt, eine – immer – nasse, 10 m hohe Wand am **Bordão de Conto ⑥**, 610 m, auf glitschigen Stufen aus einem Bachbett heraus zu überwinden. Der Aufstieg ist mit einem schwarzen Kabel gesichert.
Nach weiteren 10 Min. weist ein Schild auf einen Abstecher zum Wasserfall **Águagem da Tina ⑦**, 660 m (auch dieser ist im Sommer trocken, der hohe Felsschlund aber auch ohne Wasser sehenswert).
Kurz darauf steigen wir hinunter zur **Ribeira da Camisa**. Wir überqueren den Bach oberhalb eines Wasserfalls und kraxeln dann über die Steine bachaufwärts zum eigentlichen Ziel dieser Wanderung, dem **Poço das Pulgas ⑧**, 660 m (Achtung: Es führt auch parallel zum Bach ein Weg bergauf, der irrtümlich mit einem Wegweiser versehen ist. Dort gibt es nichts zu entdecken.) Um den Zauber des Orts zu genießen, an dem die Kaskaden von einem Gumpen durch die Felsen in den nächsten springen, sollte man sich etwas Zeit zum Verweilen nehmen. Meist kann man dort alleine sitzen, wenn sich nicht gerade eine Canyoning-Gruppe abseilt.
Wer sich sicher genug fühlt, den Rundweg zu meistern, folgt ab der Wasserfallquerung dem Pfad, der per Wegweiser nach »Segunda Lombada« führt. In engen Serpentinen geht es extrem steil bergauf – Handeinsatz ist öfter nötig. Die Schluchttraversen sind oft nur zwei Fuß breit und verlangen höchste Konzentration. Der Weg ist meist

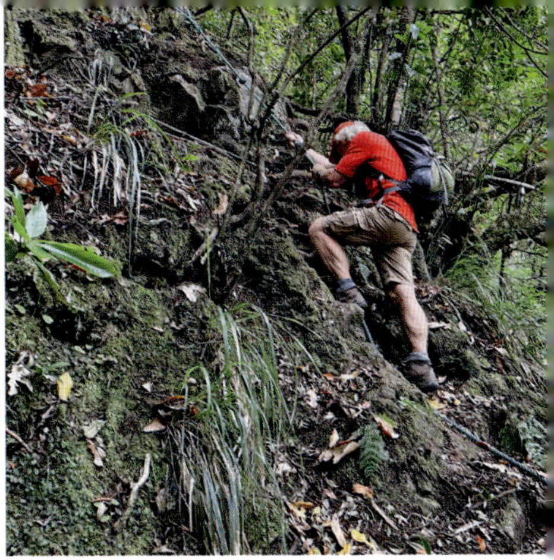

Ein Knotenseil hilft beim Aufstieg.

eindeutig, eventuelle Abzweigungen sind mit quergelegten Ästen als gesperrt gekennzeichnet. Zusätzlich gibt es immer mal wieder Baummarkierungen. Nach 20 Min. erreichen wir eine sehr markante **Felswand ⑨**, 750 m. Hier dürfen wir nicht am Fels entlang weitergehen, sondern steigen bei der Baummarkierung steil in den Wald hinunter. Danach geht es wieder für kurze Zeit bergauf. An der nächsten Felswand hilft ein Knotenseil bei der Überwindung. Der weitere Weg, nun wieder bergab, ist deutlich und weniger anspruchsvoll. Bald treffen wir auf einen von oben kommenden Hohlweg, die **Vereda da Segunda Lombada ⑩**, 735 m, der wir bergab folgen. Ab den ersten Feldern müssen wir uns wieder mit einer betonierten Piste abfinden. Wir passieren einen Wassertank auf der linken Seite. 200 m weiter sehen wir rechts einen Pfad abknicken. Er führt uns an einem Palheiro vorbei und kurz darauf zu einer Treppe, die uns hinunter zur Estrada das Lombadas bringt. Wir gehen rechts weiter und erreichen nach der Brücke den **Parque das Merendas ①**.

Meist ist man einsam am Poço das Pulgas.

21 Rund um Boaventura

Ribeira do Moinho und Ribeira do Porco

5.00 Std. | 11,8 km | ↗ 520 m | ↘ 520 m

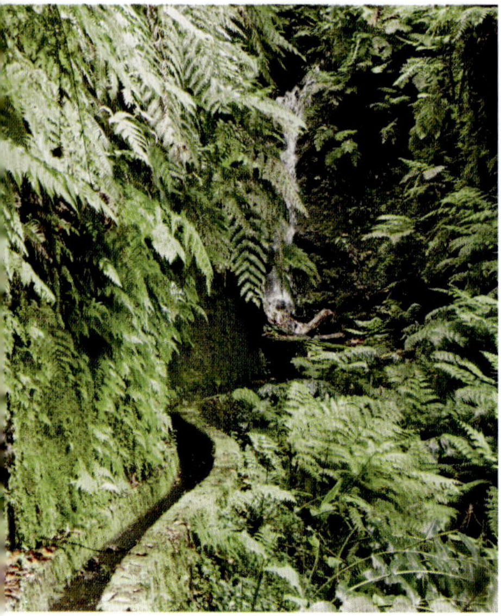

Dschungel an der Levada da Cima.

Abwechslungsreiche Talwanderung von Lombadinha

Die kleine Gemeinde Boaventura bietet ein faszinierendes Wegenetz, das für Trailrun-Veranstaltungen gut freigehalten wird, aber vom Wandertourismus noch gänzlich unentdeckt ist. Auf den Levadas, die aus den Tälern der Ribeira do Moinho und der Ribeira do Porco herausführen, lässt sich eine spannende Rundtour mit fantastischen Ausblicken realisieren. Die Szenerie wechselt mehrfach von terrassierter Kulturlandschaft zu tiefgrünem Urwald. Besonders reizvoll ist der kurze Abstecher zum geodätischen Grenzstein auf dem Rücken des Pico do Meio Dia. Hier kann man den Blick über beide Täler, die Küste im Norden und das Gebirgsmassiv im Süden schweifen lassen.

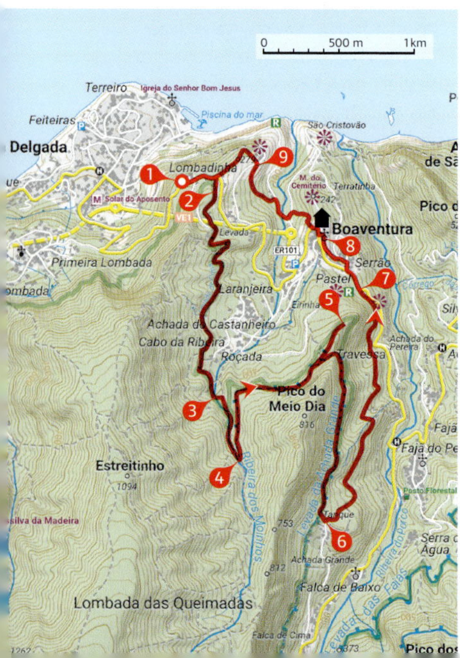

Ausgangspunkt: Lombadinha/Boaventura, Parkplatz am Funkmast, 320 m. Anfahrt von Funchal auf der VR 1 Richtung Ribeira Brava und weiter auf der VE 4 Richtung São Vicente. Von dort auf der VE 1 bis Ponta Delgada. Am Kreisverkehr nimmt man die zweite Ausfahrt Richtung Ponta Delgada und fährt danach gleich links, Richtung Lombadas, und weiter auf der ER 211 Richtung Boaventura/Santana.
Bus: Rodoeste Nr. 6 Linie Funchal – Arco São Jorge.

Anforderungen: Der Weg entlang der Levadas verlangt Schwindelfreiheit und Trittsicherheit. Für den alten Wirtschaftsweg nach Boaventura ist Orientierungssinn gefragt.

Einkehr: In Boaventura unterhalb der Kirche.

Hinweis: Für den Tunnel ist eine Taschenlampe hilfreich.

Vor dem Start am **Funkmast 1**, 320 m, genießen wir den Ausblick über Ponta Delgada und die Nordküste, dann gehen wir 250 m bergauf an der Straße entlang. Beim Schild »Caminho Vista da Levada« auf der rechten Straßenseite steigen wir die Betontreppe hinauf. Ein ausgetretener Pfad führt uns anschließend direkt zur **Levada da Cima 2**, 350 m. Jetzt können wir über Boaventura zum Pico do Arco und dem langen Bergrücken schauen, der das Tal der Ribeira do Porco nach Osten hin begrenzt. Nach wenigen Minuten kreuzt die Levada eine Anliegerstraße, verläuft für ein paar Windungen entlang von Feldern, um danach tief in das Grün der **Ribeira do Moinho** einzutauchen. An der **Madre 3**, 420 m, müssen wir über den Bach – je nach Wasserstand ist es eventuell nötig, die Stiefel auszuziehen. Quer über die Wiese kommen wir auf einen breiten Weg und gehen rechts bergauf weiter. Der Weg verläuft durch ein felsiges Bachtal, und nach einer Viertelstunde stehen wir an der **Levada da Achada Grande**. Ein kurzer Abstecher zur bezaubernden **Madre 4**, 520 m, lohnt sich auf jeden Fall.
Wir begleiten nun den Wasserkanal hinaus aus dem Tal der Ribeira do Moinho, kommen durch ein Felsentor und stehen bald darauf vor einem Tunnel. Links davon zweigt ein Pfad ab, dem wir bis zum **Geodésico 5**, 445 m, auf dem Rücken des

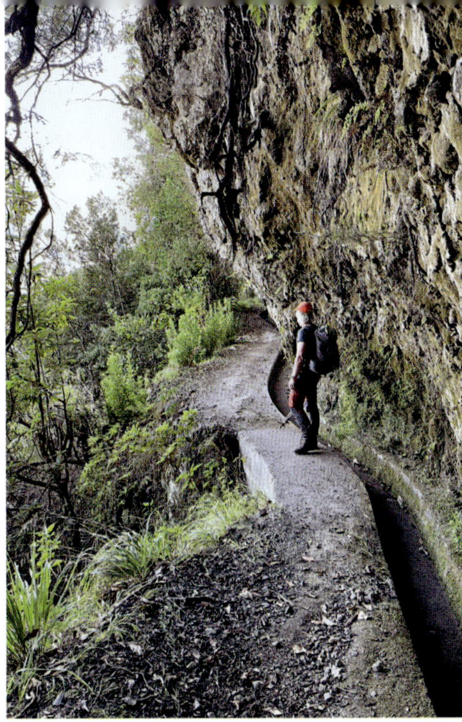

Entlang der Levada da Achada Grande geht es auf der Betonkante.

Pico do Meio Dia folgen können. Der Blick über des Tal der Ribeira do Porco und hinunter auf Boaventura ist hier besonders schön.
Wieder zurück an der Levada gehen wir durch den Tunnel. Anschließend laufen wir die nächste halbe Stunde fast ausschließlich auf der zwar breiten, aber ungesicherten Betonkante des Wasserkanals. Bei der ersten sich bietenden Möglichkeit steigen wir durch die Felder ab und treffen auf die Siedlung **Tanque 6**, 470 m.

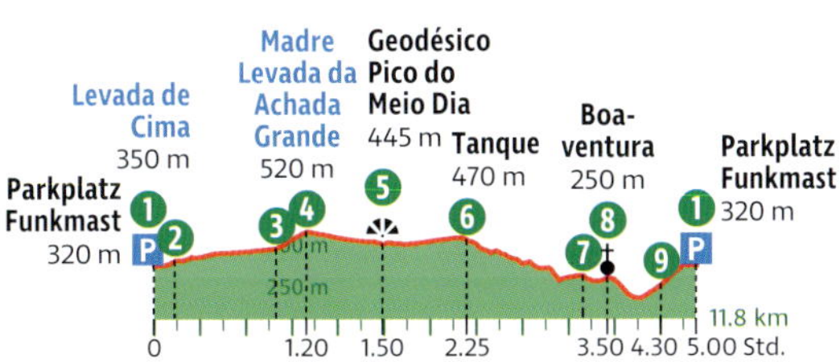

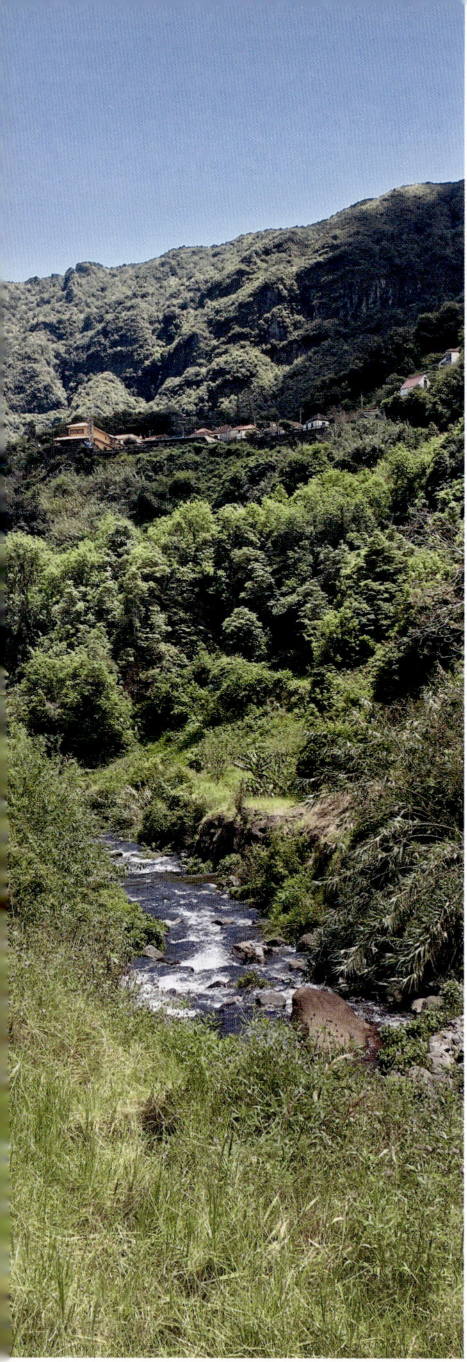

Durch das Tal der Ribeira do Porco verläuft ein einsamer Weg.

Dort wenden wir uns nach links und wandern weiter auf einem landwirtschaftlichen Weg 100 m bergab, bis ein schmaler Pfad links abzweigt. Ein hoher Zaun grenzt hier weitläufige Gemüsekulturen ein. Nach 200 m verläuft die Spur entlang alter Steinmauern durch wilde Vegetation. Es werden immer wieder kleine Bachläufe gekreuzt. An der ersten Wegekreuzung (nach 1 km) halten wir uns links und gehen durch ein kleines Tal. 20 Min. später passieren wir drei unbewohnte Häuser mit blühenden Orchideengärtchen. Ab hier ist der Weg betoniert. Beim Treppenweg bleiben wir links bergab, überqueren eine kleine Betonbrücke und erreichen kurz darauf die Straße **ER211 ❼**. Wir folgen ihr nach links bis zur Kreuzung am Trafo-Turm. Hier zweigt rechts eine Dorfstraße ab und führt an der nächsten Verzweigung links zur Casa do Povo. Von hier kommen wir links über eine Vereda hinauf zur Kirche von **Boaventura ❽**, 250 m. Rechts vom Kirchhof sehen wir eine Apotheke und zwei Bars. Dort beginnt der alte Abstiegsweg, dem wir bis zur nächsten Straße folgen. Diese ist ein Teil des Caminho Real 23 und nennt sich hier Caminho da Barreira. Wir folgen ihr nach links bis zur Kreuzung mit der für den Verkehr gesperrten Regionalstraße. Es geht rechts über die Brücke, und 200 m weiter sehen wir bereits den Aufstieg durch die Weinterrassen nach **Lombadinha ❾**, 210 m. In der kleinen Ansiedlung angekommen überqueren wir eine Straße und folgen dem Weg immer weiter bergauf (alle Abzweigungen nach rechts bleiben unberücksichtigt). Bei einem Miradouro treffen wir wieder auf die ER 211 und gehen rechts nur noch ein paar Meter zum **Parkplatz am Funkmast ❶** zurück.

Zum Wasserfall Poço do André

Durch das Flussbett der Ribeira do Porco

22

2.30 Std. | 3,4 km | ↗ 240 m | ↘ 240 m

Flusswanderung zu einem sehr beeindruckenden Wasserfall
Die Ribeira do Porco, die auf 1430 Metern an der Boca das Torrinhas entspringt, ist einer der am schnellsten fließenden Flüsse auf Madeira. Warum aber heißt er Schweinefluss? Dazu gibt es nur Vermutungen: Im Talboden von Lombo do Urzal bis zur Mündung wurden in den zu Boaventura gehörenden Gemeinden mehr Schweine gehalten als anderswo auf der Insel. Der Fluss ist heute jedoch glasklar und sauber. An heißen Sommertagen lädt dies geradezu dazu ein, weglos durch das Flussbett zu wandern und unterhalb des Wasserfalls im Poço do André ein erfrischendes Bad zu nehmen.

Im Flussbett der Ribeira do Porco.

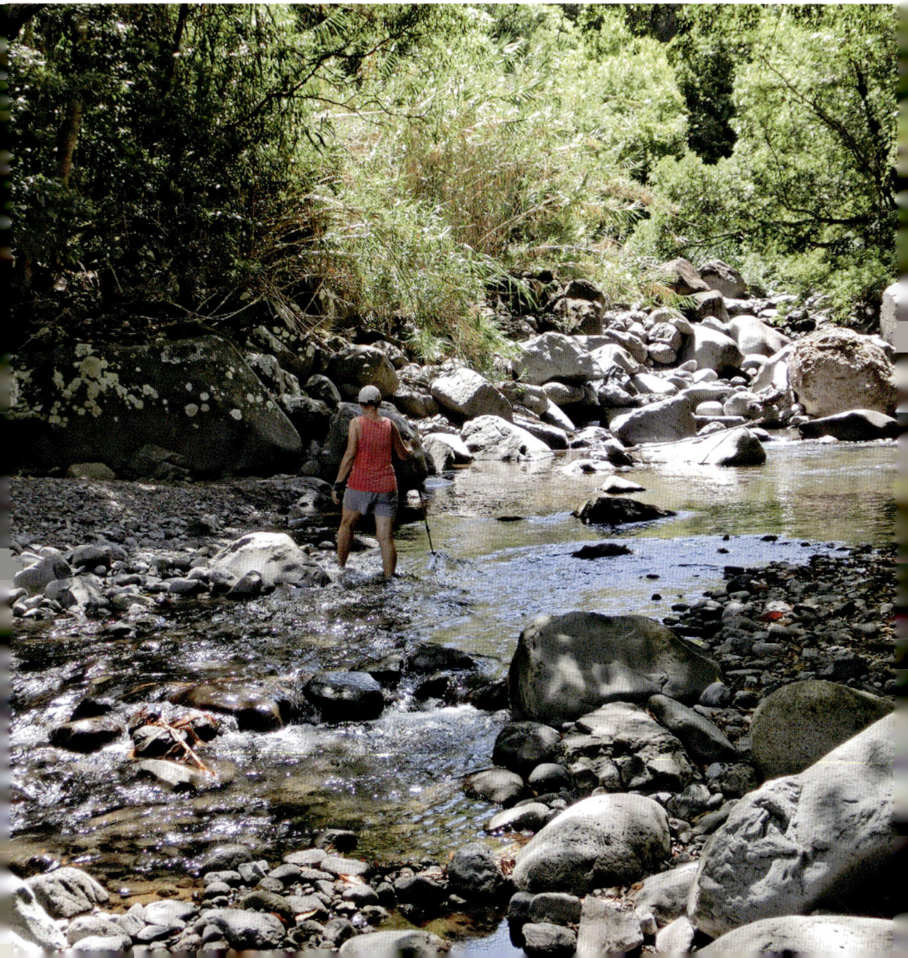

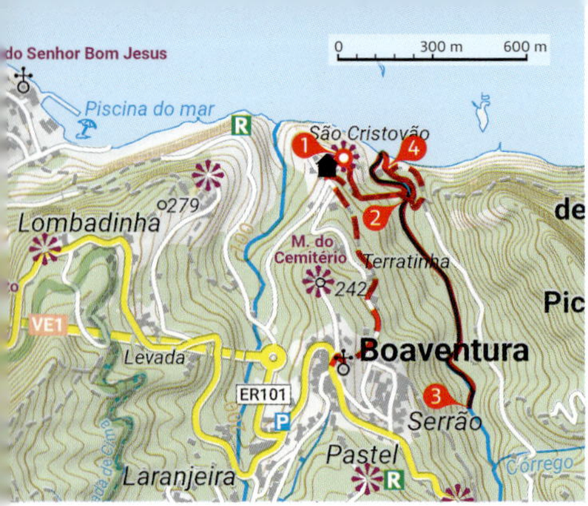

Ausgangspunkt: Boaventura, Miradouro São Cristovão, 60 m. Anfahrt von Funchal auf der VR 1 Richtung Ribeira Brava und weiter auf der VE 4 Richtung São Vicente. Von dort auf der VE 1 bis Boaventura. Am Kreisverkehr nimmt man die zweite Ausfahrt und biegt nach 100 m rechts ab, dem Hinweis Miradouro folgend.

Bus: Rodoeste Nr. 6, Horários do Funchal Nr. 103, an der Kirche in Boaventura aussteigen. Vom Kirchhof den östlichen Treppenabstieg hinunter und der Straße bergab folgen. Nach dem letzten Haus auf der rechten Seite beginnt der alte Pflasterweg des Caminho Real 27 und trifft am Brunnen mit dem schönen Fliesenbild des heiligen Christopher auf den Caminho Real 23.
Anforderungen: Der Schwierigkeitsgrad der Wanderung hängt von der Strömung des Flusses ab und ist nur im Sommer leicht! Es gibt keine Wegspur, man muss improvisieren und den Fluss mehrfach kreuzen. Einen Stock zu verwenden, ist hilfreich.
Einkehr: Bar/Restaurant São Cristovão am Ausgangspunkt.
Tipp: Feste Schuhe, mit denen man auch durchs Wasser gehen kann.
Hinweis: Tour nur bei eindeutig guten Wetterverhältnissen begehen!

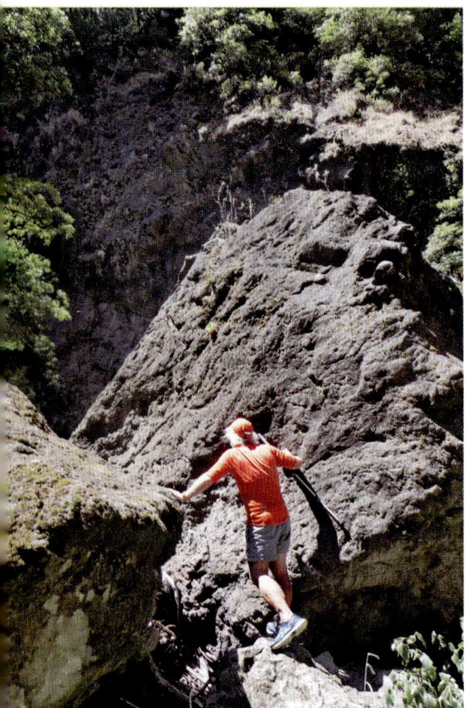

Diese sehr spezielle Wanderung beginnt am Parkplatz des **Miradouro São Cristovão ❶** auf einem Wiesenpfad, der uns zum gepflasterten, historischen Fußweg des **Caminho Real 23** bringt. Dieser führt bergab zur **Ribeira do Porco**. Direkt vor der **Brücke ❷**, 40 m, steigen wir links auf einem nassen Pfad entlang des Brückengemäuers hinunter ins Flussbett. Nun liegt es an uns selbst, den besten Weg flussaufwärts zu finden, ohne in allzu tiefe Gumpen zu geraten. Wir wechseln immer wieder die Uferseite, und mit jeder Flusswindung kommen wir tiefer in die Schlucht hinein. Die Felswände neben uns werden immer höher, der Fluss bleibt jedoch zahm und plätschert im Sommer gemütlich über die Steine dahin. Nach etwa einer Stunde hören wir das gewaltige Rauschen des imposanten Wasser-

Um tieferen Gumpen auszuweichen, geht es manchmal auch über Steinriesen.

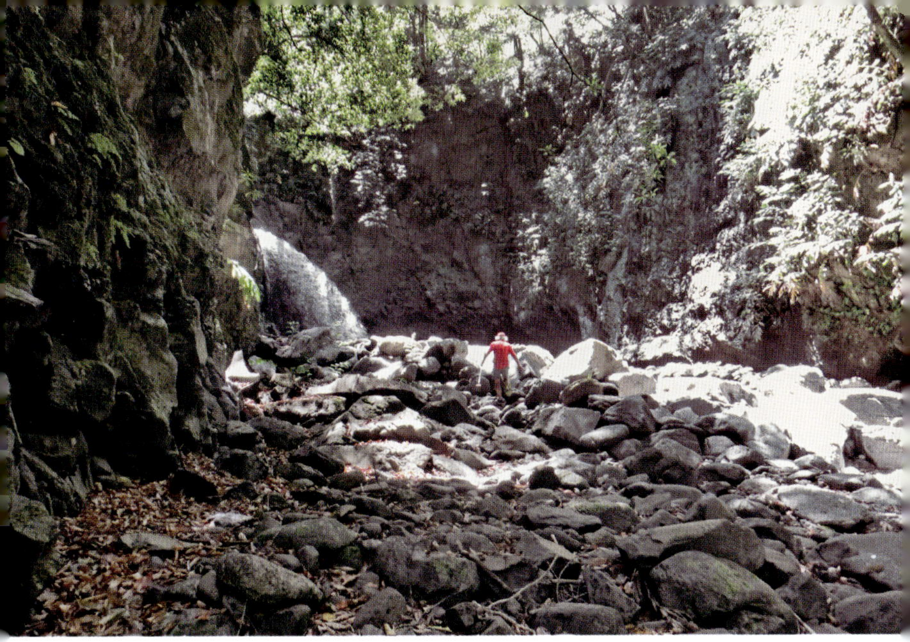

Mit gewaltigem Druck schießt das Wasser in den Poço do André.

falls, der sich durch einen Felsspalt zwängt und sich in hohem Bogen in den **Poço do André ❸**, 100 m, ergießt. Im Hochsommer lädt dieser Kessel unbedingt zum Schwimmen ein.

Wir gehen auf dieselbe Weise bis zur **Brücke ❷** zurück, bleiben aber im Flussbett und gehen unter ihr hindurch. Durch die nächste Flusswindung erreichen wir die felsgerahmte Mündung. Am rechten Ufer sehen wir über uns den Eingang zu einer Höhle. Den Zugang erreichen wir, indem wir am Felsen etwa 6 m hinaufkraxeln. Ein in den Fels gehauener Pfad führt uns vorbei an den **Ruinen ❹**, 20 m, einer ehemaligen Mühle auf ein kleines Plateau. Dem sehr schmalen, etwas ausgesetzten Pfad weiter folgend erreichen wir nach wenigen Minuten erneut die **Brücke ❷**, gehen rechts über den Fluss und auf dem Caminho Real 23 zurück zum Ausgangspunkt am **Miradouro São Cristovão ❶**.

Wer mit Kindern unterwegs ist, wählt ab den Ruinen den höher liegenden, sicheren Rückweg zur Brücke.

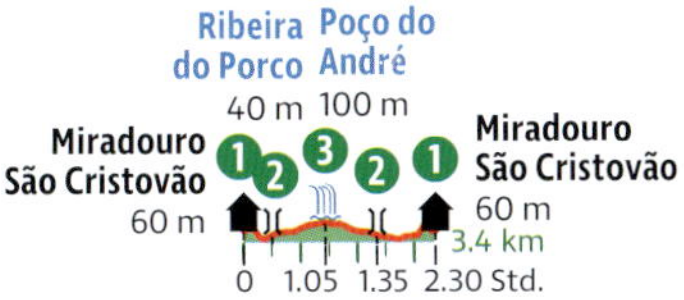

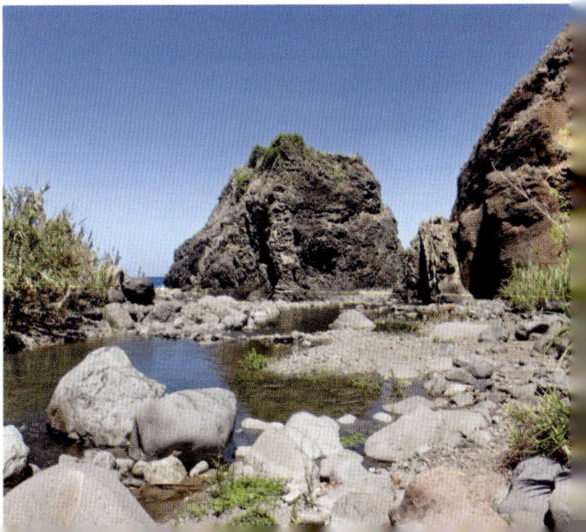

Im Mündungsbereich der Ribeira do Porco.

23 Zum Miradouro Boca das Voltas, 820 m

Von Lamaceiros über die Boca da Relvinha

TOP | 5.30 Std. | 11,3 km | ↗780 m | ↘780 m

Anspruchsvolle Berg- und Levadawanderung über Boaventura

Die Wanderung an der Ostflanke des Ribeira-do-Porco-Tals ist reich an Abwechslung. Anfang und Ende der Runde werden bestimmt durch die dschungelartige Vegetation entlang der weitgehend unbekannten Levada das Faias. Nach einem kurzen, aber knackigen Aufstieg gehen wir mit schönen Aussichten weiter an der Levada dos Tornos. Vor dem ganz großen Panorama wartet jedoch noch ein sehr anstrengender Aufstieg zum Grenzkamm zwischen Boaventura und Arco de São Jorge. Im Herbst sind hier die Pilzesammler unterwegs. Vor dem Abstieg dürfen wir auf einem der schönsten Miradouros der Insel eine Rast mit fantastischen Ausblicken genießen.

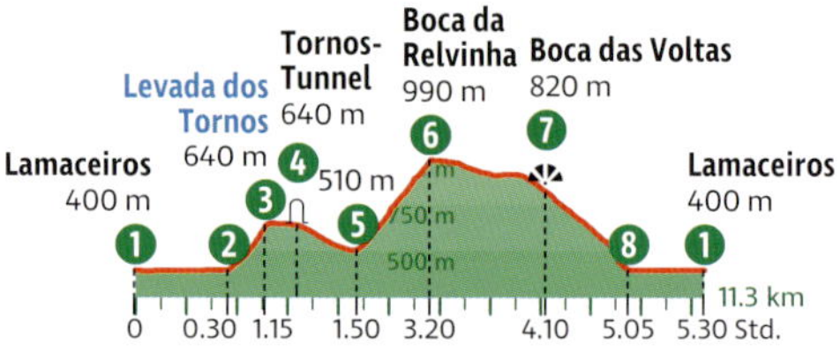

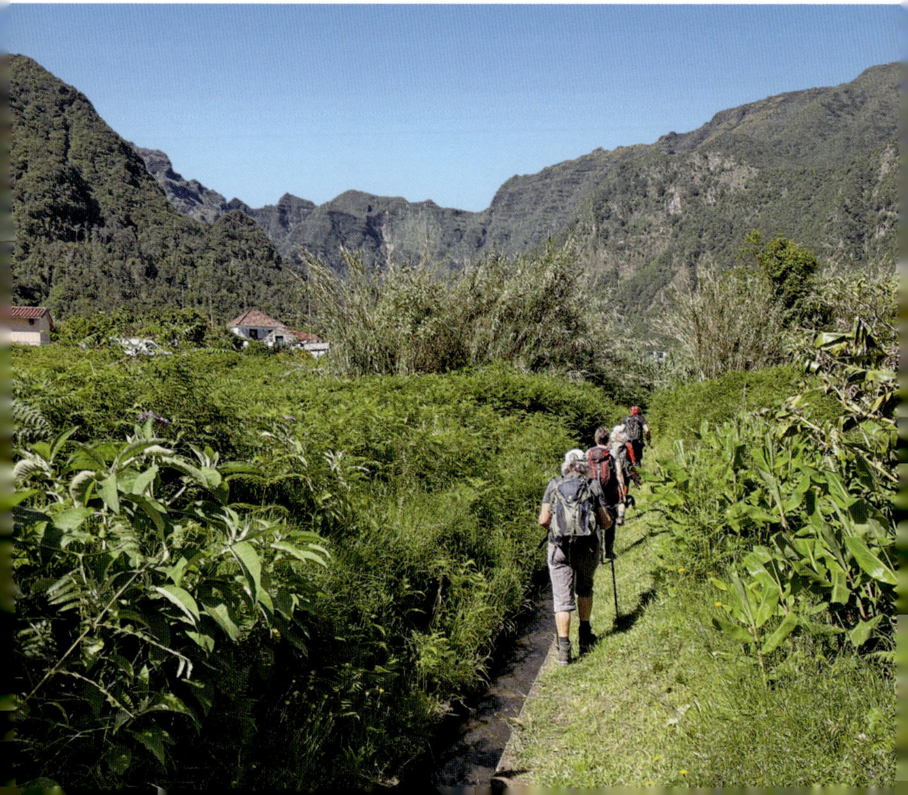

Start an der Levada das Faias.

Hier beginnt der Aufstieg von der Levada das Faias zur Levada dos Tornos.

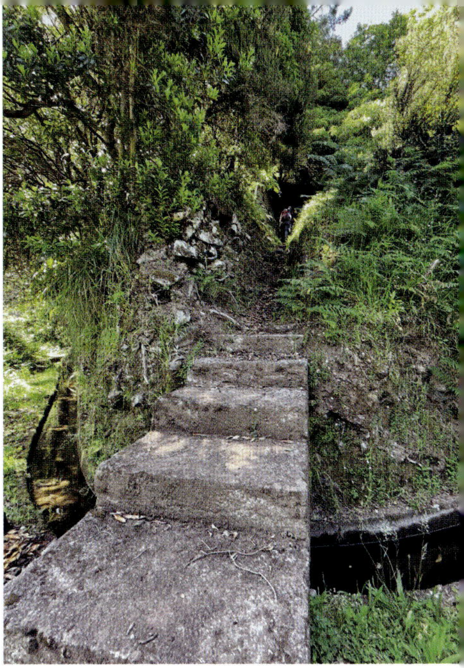

Ausgangspunkt: Lamaceiros/Boaventura, 400 m. Anfahrt von Funchal auf der VR 1 Richtung Ribeira Brava und weiter auf der VE 4 Richtung São Vicente. Von dort auf der VE 1 bis Boaventura und auf der Regionalstraße ER 211 Richtung Santana bis zum Abzweig nach Fajã do Penedo. Es geht bergauf durch die Ortschaft, an der zweiten Kreuzung biegt man links ab. Nach 700 m trifft man auf eine T-Kreuzung. Hier kann gewendet und das Auto am Straßenrand abgestellt werden.
Keine praktikable Busanbindung.
Anforderungen: Der Weg entlang der Levadas verlangt Schwindelfreiheit und Trittsicherheit. Die beiden Aufstiege erfordern ein gutes Maß an Kondition, Gelenkigkeit und Handeinsatz.
Einkehr: Keine.

Wir beginnen unsere Wanderung in **Lamaceiros ➊**, 400 m, direkt an der kleinen **Levada das Faias**, die hier in einem Tunnel unter der Straße hindurchgeführt wird. Wiesen, Felder und ein paar Häuser begleiten uns etwa eine Viertelstunde, bis wir in das erste Tal einbiegen. Der Weg entlang der Levada ist schmal und mitunter leicht ausgesetzt. Mehrere Bäche werden gequert und nach etwa 40 Min. erreichen wir eine massive **Betontreppe ➋**, 400 m, über die Levada, die unseren Aufstieg markiert. Der Weg schlängelt sich zunächst moderat ansteigend entlang von Natursteinmauern, dann über Farnwiesen. Sobald wir in den Wald eintauchen, wird der Pfad steiler und hin und wieder ist Handeinsatz erforderlich. Nach einer Aufstiegszeit von etwa 30 Min. sind wir an der **Levada dos Tornos ➌** auf 640 m Höhe angekommen. Wir folgen ihr in Fließrichtung bis zum Levadeiro-Haus bei Eira Corego,

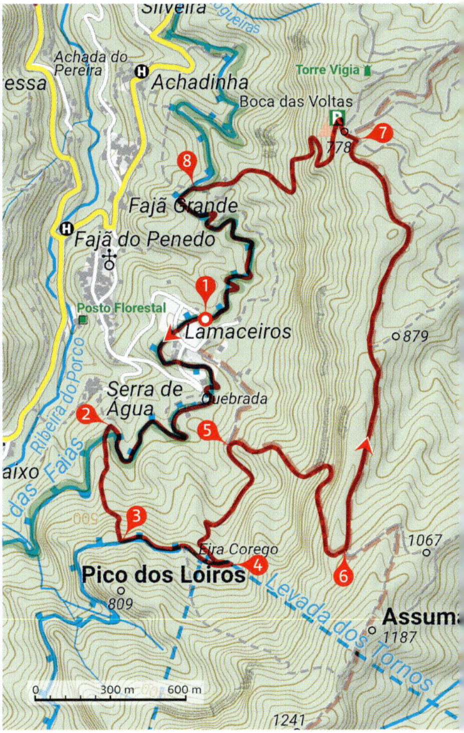

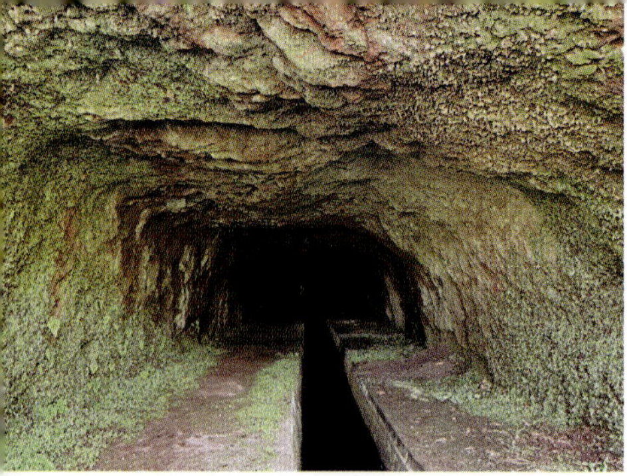

Der breite und lange Tornos-Tunnel.

gehen hinter dem Gebäude noch ein Stück an dem breiten Wasserkanal entlang und werfen einen Blick in den **Tunnel ❹**, 640 m. Auf der breiten Forstpiste wandern wir von hier aus wieder bergab, passieren nach drei Serpentinen zwei Holzhäuschen, und kurz darauf sehen wir einen kleinen Wasserfall, der aus einem Felsspalt sprudelt. 250 m weiter müssen wir in einer Rechtskurve auf den Abzweig zur **Vereda da Relvinha ❺**, 510 m, achten. Die Stufen an der 4 m hohen Böschung werden immer wieder ausgewaschen, sodass die ersten Tritte etwas mühsam sind. Danach müssen einige umgestürzten Bäume überklettert werden, die quer über dem Weg liegen und noch nicht herausgesägt worden sind. Nachdem wir diese Hindernisse überwunden haben, geht es steiler werdend zunächst durch einen Hohlweg, dann auf einem Grat auf deutlichem Weg weiter. Handeinsatz wird zunehmend erforderlich, bis der Weg nach etwa 1 Std. Aufstiegszeit deutlich erkennbar nach rechts abknickt. Eventuelle Spuren geradeaus sind mit querliegenden Ästen gesperrt. Der Weg bleibt anspruchsvoll, die Steigung ist nun aber deutlich geringer. Bei 990 m haben wir nach knapp zweistündigem Aufstieg die **Boca da Relvinha ❻** erreicht. Eine kleine Lichtung auf dem schattigen Forstweg lädt zu einer Verschnaufpause ein.

Auf der Vereda da Relvinha: ein Aufstieg als Hindernisparcours.

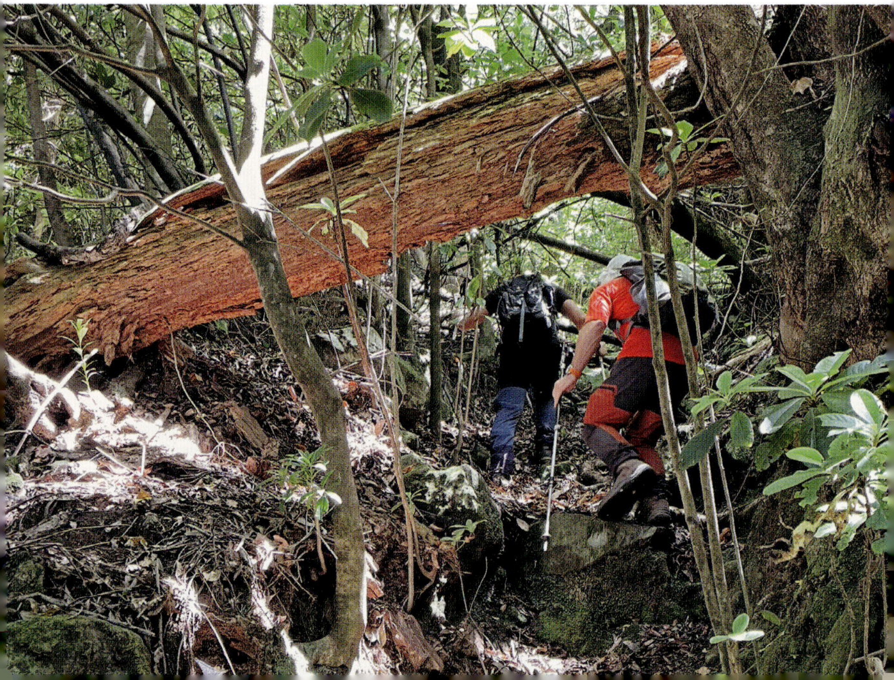

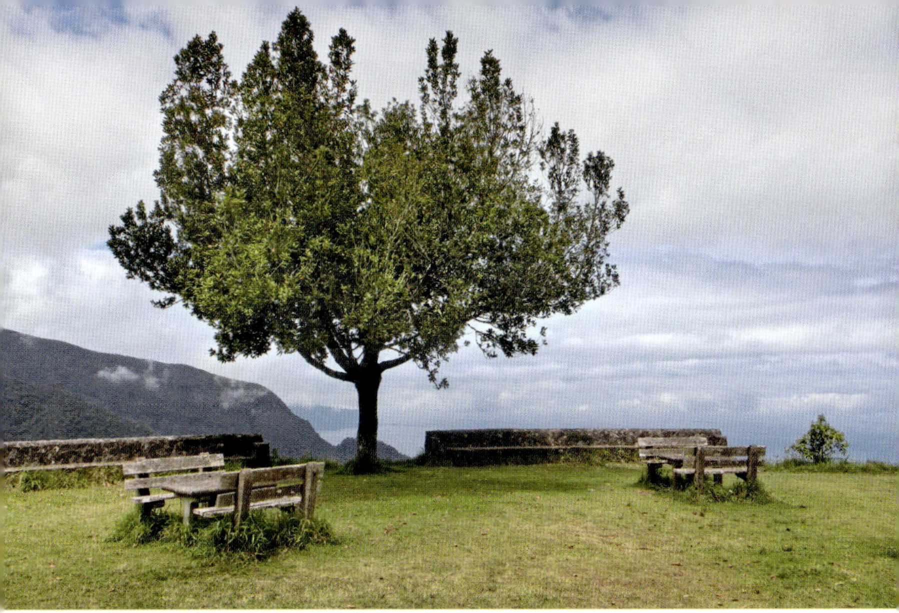

Der großartige Miradouro Boca das Voltas.

Wir setzen unseren Weg nun sehr gemütlich bergab unter hohen Bäumen fort, bis wir nach 2,3 km an der **Boca das Voltas** ❼, 820 m, ankommen. Dieses große, grasbewachsene Aussichtsrund ist einer der schönsten natürlichen Miradouros der Insel. Leider ist man an den Wochenenden hier nicht alleine, denn von Osten führt eine Piste herauf, die bei Geländewagenfahrern sehr beliebt ist. Die Aussicht ins Tal der Ribeira do Porco und über die Nordküste bleibt dennoch fantastisch.

Unseren weiteren Abstiegsweg finden wir direkt neben dem Grillplatz und der Wasserstelle. Der gut gepflegte Bergweg führt in weiten Serpentinen bergab. Nach 40 Minuten Abstiegszeit teilt sich der Weg. Wir bleiben rechts und steigen weiter ab, bis die **Levada das Faias** ❽, 400 m, unseren Weg kreuzt. Wir gehen links gegen die Fließrichtung und beenden unsere Runde auf dem letzten Kilometer der Wanderung entlang dieses idyllischen Wasserkanals. An der ersten Straßenunterführung haben wir den Ausgangspunkt in **Lamaceiros** ❶ wieder erreicht.

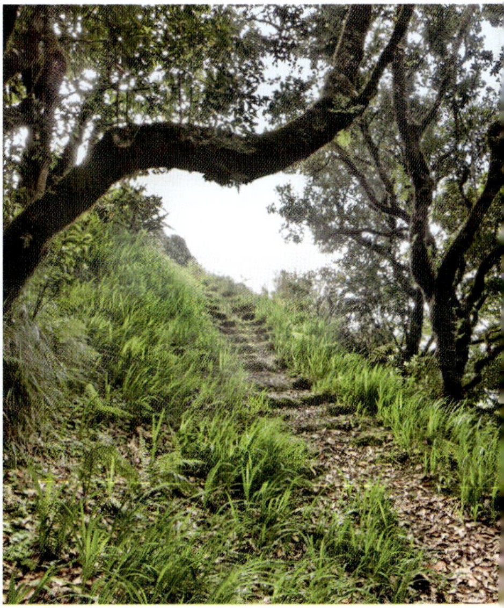

Der Abstiegsweg vom Miradouro ist nicht immer so herausgeputzt.

24 Im Tal der Ribeira do Porco

Levada das Faias, dos Tornos und dos Louros

TOP | 4.30 Std. | 12,4 km | ↗500 m | ↘500 m

Rundwanderung auf nahezu unbekannten Levadas

Das Tal der Ribeira do Porco, das sich von Boaventura bis Lombo do Urzal erstreckt, bietet unzählige herrliche Wandermöglichkeiten. Bei dieser Tour tauchen wir tief in das Tal ein und verbinden drei Levadawanderungen, die unterschiedlicher nicht sein können. Entlang der Levada das Faias erwarten uns eine dschungelartige Vegetation und teilweise herausfordernde Balanceakte in den Schluchttraversen, auf der Levada dos Tornos begleiten wir das ruhig dahinfließende Wasser durch den dunkelgrünen Lorbeerwald und entlang der stillgelegten Levada dos Louros zeugen aufgegebene Feldterrassen mit Obstbäumen von der ehemaligen Landwirtschaft am »Ende der Welt«. Die kleine Siedlung Lombo do Urzal, die wir zweimal durchqueren, bestätigt diesen Eindruck. Auch der historische Caminho Real 27, der uns zum Ausgangspunkt zurückführt, gehört zu den vergessenen Wegen.

Ausgangspunkt: Boaventura/Falca de Baixo/ER 220, 280 m. Anfahrt von Funchal auf der VR 1 Richtung Ribeira Brava und weiter auf der VE 4 Richtung São Vicente. Von dort auf der VE 1 bis Boaventura und auf der Regionalstraße ER 211 Richtung Santana. Am Abzweig nach Lombo do Urzal fährt man auf der ER 220 bis zur Ortschaft Falco de Baixo und parkt direkt an der Kirche. Keine praktikable Busverbindung.

Anforderungen: Für die Levada das Faias sind Schwindelfreiheit und absolute Trittsicherheit nötig. Die Levada dos Tornos und die Levada dos Louros stellen keine besonderen Anforderungen, die Auf- und Abstiege zwischen den Levadas sind gute Bergwege, jedoch teilweise sehr steil.

Einkehr: Unterwegs keine. In Falca de Baixo Bar hinter der Kirche und an der ER 220.

Tipp: Ein kleines Handtuch zum Füße abtrocknen mitnehmen für die kritische Levadapassage, die barfuß durch den Levadakanal gemacht werden muss.

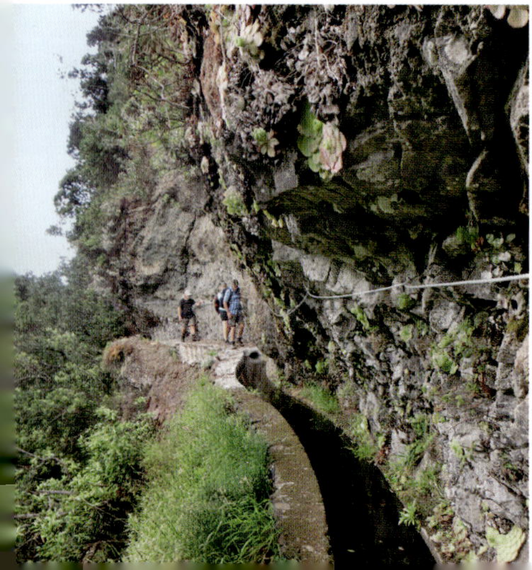

Wir gehen von **Falca de Baixo** ❶ an der Straße etwa 200 m zurück und nehmen den ersten Pfad rechts zum Fluss hinunter. Über eine Brücke kommen wir auf einen gut präparierten Bergweg. An einer einfachen, namenlosen Levada wandern wir links weiter bergauf (nach rechts endet der Weg nach 300 m an einem verschlossenen Tor!) und erreichen bald die wenigen Häuser der Sied-

Die erste Schlüsselstelle der Tour an der Levada das Faias ist mit einem Seil gesichert.

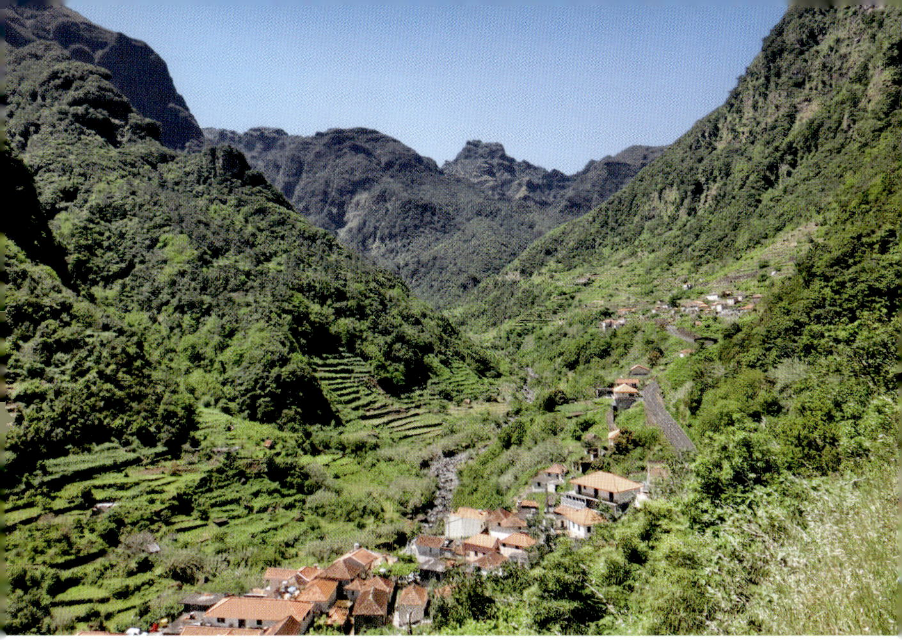

Das Tal der Ribeira do Porco mit den Siedlungen Falca de Baixo und Falca de Cima vor der zentralen Bergkette.

lung **Serra de Água** ❷, 325 m. Nach Überqueren der Estrada Velha geht es, zunächst auf Betonstufen, auf dem Caminho Pedra dos Bonitos an drei weiteren Häuschen vorbei, danach wird der befestigte Weg wieder zum Bergpfad. Nach knapp 10 Min. halten wir uns an einer Weggabelung rechts bergauf und kommen nach kurzem, kräftigem Anstieg zur **Levada das Faias** ❸, 420 m. Gegen die Fließrichtung folgen wir dem sich windenden Wasserkanal in das immer wilder werdende Tal hinein. Die kritischen Passagen kommen schon nach wenigen Minuten: Ein Sicherungsseil lässt uns die ersten 30 m am Felsüberhang gefahrlos überwinden. Kurz darauf hören wir bereits den Wasserfall der **Ribeira do Fôjo**, der sich direkt auf die Levadakante ergießt. Nun heißt es, für die Schluchttraverse die Stiefel auszuziehen und barfuß durch das Levadabett zu waten. Der weit über-

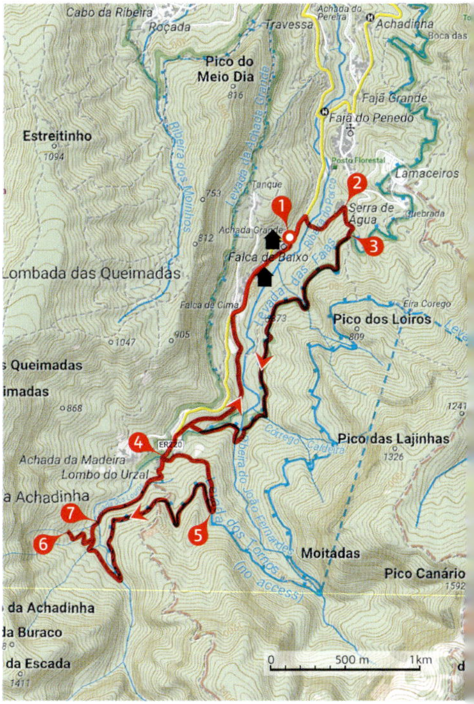

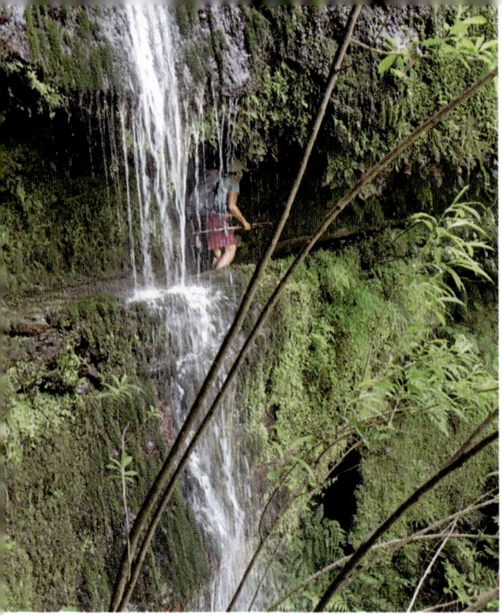

In der Levada unter der Cascata do Fôjo.

hängende Fels hält uns von oben trocken.

Etwa eine halbe Stunde später überqueren wir das Flussbett der **Ribeira de João Fernandes** (außer nach starken Regenfällen geht das mit Stiefeln) und nähern uns allmählich der **Madre** der Levada in der **Ribeira do Porco**. Kurz zuvor muss noch ein Vertikalstück auf der Levadamauer erklommen werden, das besonders bei Nässe rutschig sein kann. Die Überquerung des Flusses ist hier fast immer trockenen Fußes möglich.

Ein deutlicher Trampelpfad führt aus dem Flussbett heraus und über eine Wiese hinauf zur Siedlung **Lombo do Urzal ❹**, 475 m, die leider durch den Bau zweier gewaltiger Wassertanks ihren ursprünglichen Reiz verloren hat. Wir passieren die ersten Häuser mit blühenden Gärten und überqueren an der Straßengabelung erneut die Ribeira do Porco, diesmal auf einer Brücke. Ein paar Meter weiter zweigt die Vereda do Lombo do Urzal nach rechts ab. Wir gehen ihr nach bis zum Dorfbrunnen und beginnen dort den Aufstieg. Nach wenigen Minuten kreuzt die kleine Levada dos Agriões unseren Weg. (Wer dem bezaubernden Wasserlauf folgen möchte, geht nach links etwa 15 Min. bis zur Madre und auf demselben Weg wieder zurück.)

Bei den beiden nächsten Weggabelungen nehmen wir jeweils den steileren Pfad rechts bergauf. Bei der dritten bleiben wir auf dem sanfter ansteigenden Weg links, der uns zur **Levada dos Tornos ❺**, 660 m,

Die Flussquerung oberhalb der Madre der Levada das Faias.

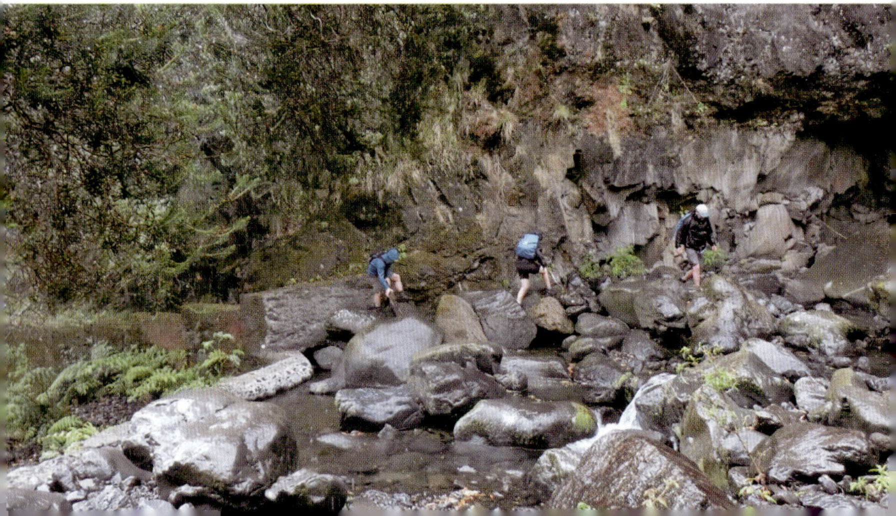

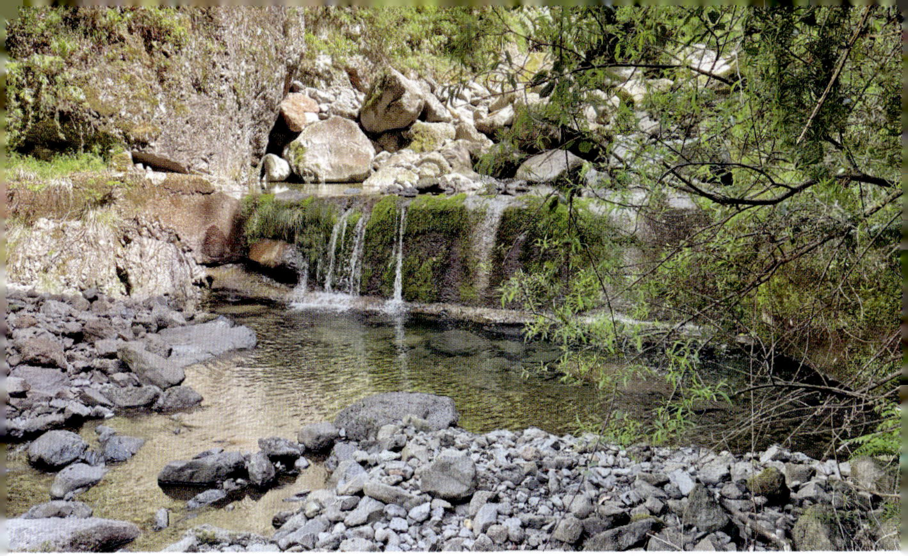

An der Ribeira do Urzal finden wir die Madre der stillgelegten Levada dos Louros.

bringt. Wir wenden uns nach rechts, gegen die Fließrichtung, und wandern entlang des sanft dahin strömenden Wassers immer tiefer in den Lorbeerwald hinein. Nach 20 Min. überqueren wir den breiten Wanderweg PR 2. Ein Hinweis zeigt die Richtung zum Ursprung der Levada dos Tornos, wo wir nach einer weiteren halben Stunde durch mehrere Talschleifen einen sehr schönen Wasserfall finden. Vom **Origem da Levada** ❻, 670 m, gehen wir durch zwei Talschleifen zurück bis zur Wegkreuzung, die durch eine breite, bemooste Steinplatte auffällt, die über der Levada liegt. Ein ziemlich steiler Hohlweg zeigt uns den Weg hinunter zur **Ribeira do Urzal**, die ehemals die **Levada dos Louros** ❼ speiste. Wir überqueren den Fluss auf großen Steinen und wandern an der trockenen Levada aus dem Tal heraus, vorbei an aufgegebenen Feldern, die langsam wieder von Wald eingenommen werden. Der Wasserkanal verliert sich und übrig bleibt nur noch ein Saumpfad, der bald in den Wanderweg hinunter nach **Lombo do Urzal** ❹ mündet. Wir schlagen den bekannten Weg zu den Wassertanks ein, bleiben diesmal jedoch auf dem deutlichen Weg links hoch über dem Fluss. Die Wanderung nimmt auf dem schönen **Caminho Real 27** einen gemütlichen Ausklang über Falca de Cima, wo wir für 500 m den Wanderweg für die Straße eintauschen müssen. An einer Bar geht es auf dem alten Pflasterweg durch die Siedlung von **Falca de Baixo** zurück zum Ausgangspunkt ❶.

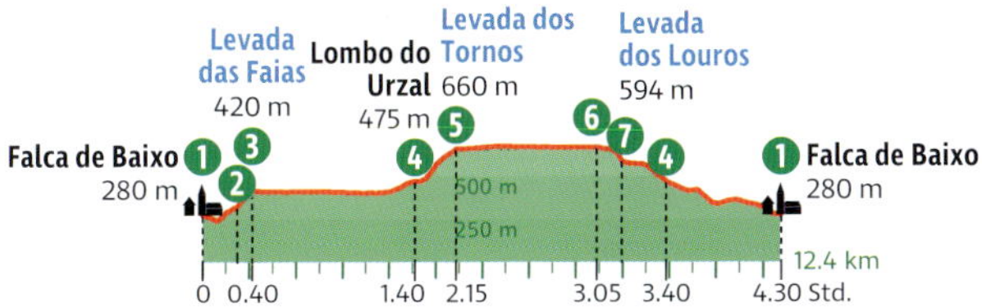

25 Topo das Queimadas, 1495 m

Von Achada da Madeira zum Adlerschwingen-Baum

6.30 Std. | 11,1 km | ↗1150 m | ↘1150 m

Reizvolle und einsame Bergwanderung

Der große Bergrücken Lombada das Queimadas, der das São-Vicente-Tal vom Tal der Ribeira do Porco trennt, ist für Wanderer kein einfaches Gelände. Von den zahlreichen Aufstiegen gibt es nur wenige, die ohne einheimischen Wanderführer begangen werden sollten. Unsere Wanderung ist jedoch für den erfahrenen Bergwanderer ein Sahnestückchen, um diesen vergessenen Teil Madeiras kennenzulernen. Lichte Waldpartien wechseln mit offenem Felsgelände, Wasserfälle rauschen, Bäche sprudeln und uralte Bäume begleiten uns auf dieser tagesfüllenden Tour. Die Ausblicke vom Topo das Queimadas über die Insel sind einmalig.

Ausgangspunkt: Brunnen am Ende der Straße in Achada da Madeira, 575 m. Anfahrt von Funchal auf der VR 1 Richtung Ribeira Brava und weiter auf der VE 4 Richtung São Vicente. Von dort auf der VE 1 bis Boaventura und auf der Regionalstraße ER 211 Richtung Santana bis zum Abzweig nach Lombo do Urzal. Direkt vor der Tankstelle biegen wir rechts ab auf die ER 220. Nach knapp 5 km zweigt eine schmale Straße rechts nach Achada da Madeira ab. Das Auto kann am Ende der Straße nahe dem Dorfbrunnen abgestellt werden.

Keine Busanbindung.

Anforderungen: Bergwandererfahrung, gute Kondition und Orientierungsfähigkeit sind Grundvoraussetzungen für die gesamte Wegstrecke. An einigen Stellen ist Handeinsatz nötig.

Einkehr: Keine.

Hinweis: Tour nur bei stabiler, trockener Wetterlage begehen. Für die spektakulären Ausblicke sollte ein wolkenfreier Tag gewählt werden.

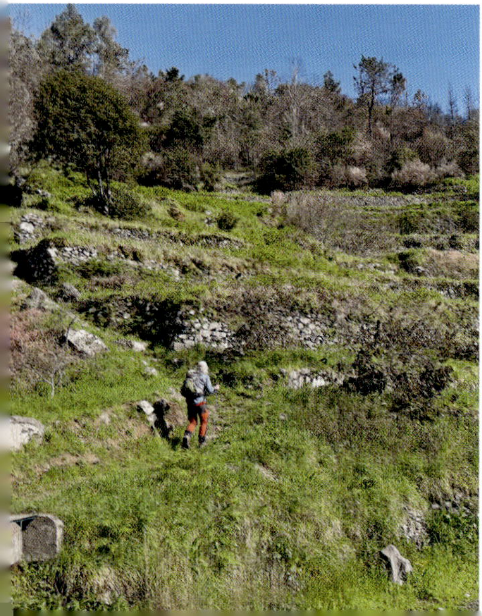

Wir starten links vom **Brunnen ①**, 575 m, auf der Vereda da Achada da Madeira bergauf. Nach dem letzten Haus überqueren wir eine Levada, die in einen Froschtümpel mündet. Kurz darauf teilt sich der Weg, wir bleiben rechts. Entlang nicht mehr kultivierter Terrassenfelder erreichen wir einen kleinen Bach, der mit zwei Schritten einfach überquert werden kann. Gleich darauf tauchen wir in den Schatten hoher Esskastanienbäume ein. Danach folgt wieder offenes und sehr rutschgefährdetes

Von Achada da Madeira verläuft der Weg durch aufgelassene Terrassenfelder.

Gelände. Der Weg ist in Serpentinen in den Hang geschnitten, aber nach jedem Winter muss ein Teil erneuert werden. Achtung, ein frischer, noch nicht offiziell befestigter Rutsch sollte nicht gequert werden! Zum einen kann immer noch etwas von oben nachrutschen, zum anderen lässt sich die Stabilität des Untergrunds nicht sicher erfassen.

Die Steigung ist moderat und wir erreichen zügig den Sattel **Poio das Rabaças ❷**, 930 m. Nachdem wir den Blick über das Tal der Ribeira do Porco und die gegenüberliegende Bergkette haben schweifen lassen, folgen wir einem breiten Weg bergab, bis wir an eine deutlich erkennbare Wegkreuzung mit der **Vereda da Ribeira do Moinho ❸**, 840 m, kommen. Hier beginnt links der lange, steile Aufstieg zum Bergrücken Lombada das Queimadas. Zunächst gehen wir im lichten Schatten hoher Baumheiden durch einen Hohlweg, der sich bei Regen schnell in einen Bach verwandeln kann. Bei einer Verzweigung nehmen wir den besseren Weg (die Wege führen bald wieder zusammen). Auf 1020 m Höhe kommen wir wieder in offenes, felsiges Gelände und müssen uns gegen Brombeerranken »verteidigen«. Der Weg führt eng am senkrecht abfallenden Fels entlang, bis wir auf 1120 m Höhe wieder in den Wald eintauchen. Hier ist für einige Felsstufen Handeinsatz notwendig, einmal wird der Aufstieg durch ein schlichtes schwarzes Kabel unterstützt. Auf 1395 m Höhe erreichen wir die **Vereda do Topo das Queimadas ❹**. Wir gehen links weiter – immer noch unter Baumheiden – sanft bergauf. Nach etwa 500 m öffnet sich auf der rechten Seite eine Lücke im Bewuchs und wir können zum **Geodésico ❺**, 1475 m, hinaustreten. Wir lassen den

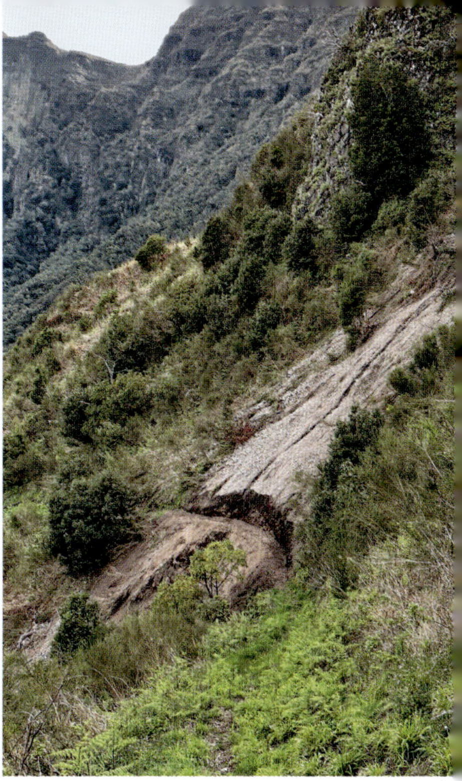

Dieser abgerutschte Hang ist bereits befestigt.

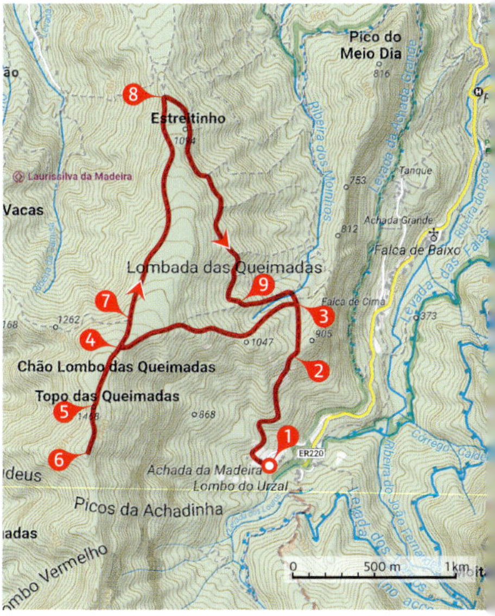

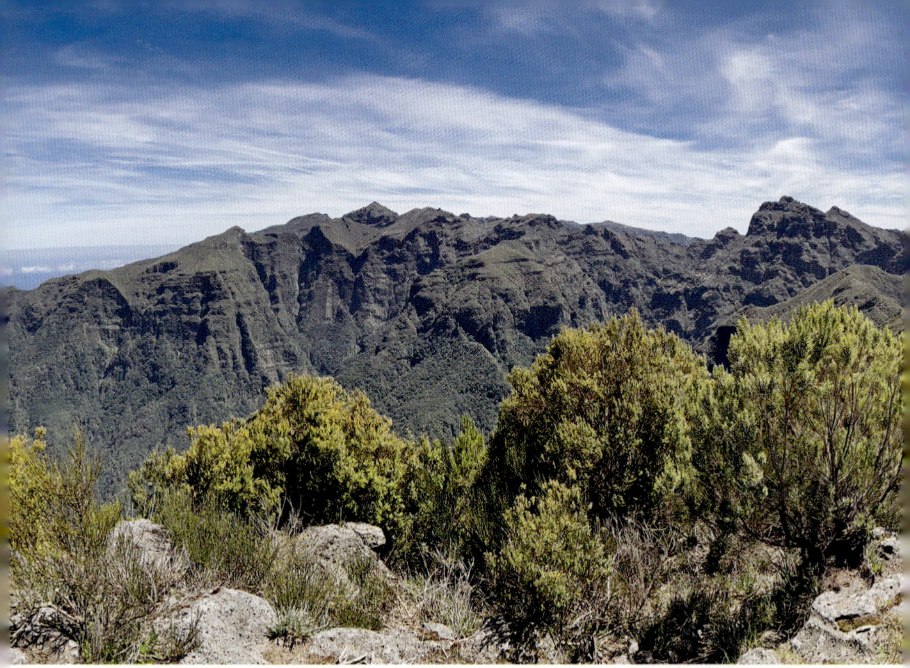

Blick über das breite São-Vicente-Tal und die dahinterliegende Hochebene Paúl da Serra schweifen. Dann setzen wir unseren Weg zum **Topo das Queimadas** ❻, 1495 m, fort. Hier stehen wir fast mittig auf der Insel und können ein spektakuläres 360-Grad-Panorama auf uns wirken lassen.

Den Abstieg beginnen wir zunächst auf demselben Weg zurück bis zur **Wegkreuzung** ❹. Hier gehen wir nun geradeaus auf der Vereda do Topo das Queimadas weiter. Der gute Bergpfad wandelt sich immer mal wieder zu einem Hohlweg mit bemoosten Steinen. Diese Passagen gleichen mehr einem Erlebnispfad zum Training für Muskeln, Sehnen und Gelenke als einem Wanderweg, sind aber bei Trockenheit gut zu gehen, weil kaum rutschig.

Eine weitere Wegkreuzung passieren wir bei einem beeindruckenden **Baumheide-Exemplar** ❼, 1345 m, das auf einigen Karten als Adlerschwingenbaum – Urze Escanchada – bezeichnet wird. Wir steigen geradeaus weiter ab, bis auf der linken Seite der Blick auf das São-Vicente-Tal wieder freigegeben wird. Der Steilhang fällt hier senkrecht ab, deshalb gibt es kaum noch Bewuchs. Hier gilt es, die Augen offen zu halten nach einem Abzweig nach rechts. Auf der **Vereda do Estreitinho** ❽, 1070 m, geht es nun 2 km hangparallel in stetem Auf und Ab auf oft

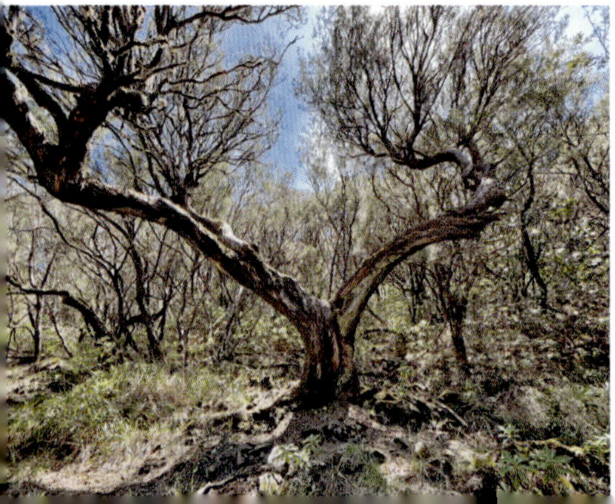

Der »Adlerschwingenbaum« auf der Vereda do Topo das Queimadas.

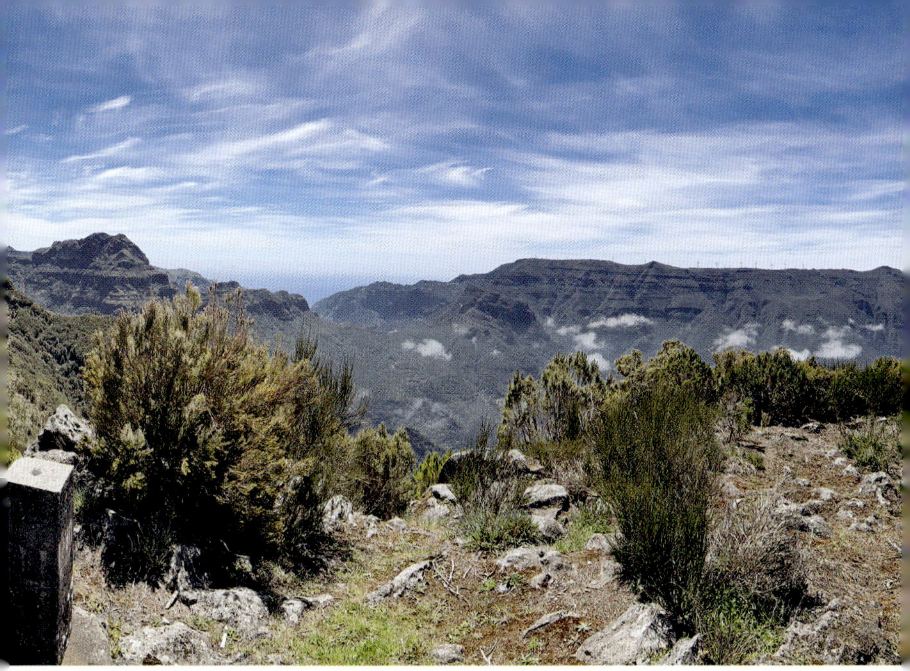

Die Bergwelt von Madeira lässt sich auf dem Topo das Queimadas rundherum erfassen.

kaum zwei Fuß breitem Pfad zurück. Solange uns die Felswand auf der rechten Seite begleitet, ist der Pfad eindeutig. Danach braucht es neben der Achtsamkeit auf die Füße auch noch Aufmerksamkeit für die Wegführung, die über Baummarkierungen und Wegsperren durch quergelegte Äste angezeigt wird. Alle links abzweigenden Abstiege werden ignoriert, bis wir auf eine echte **Wegkreuzung ⑨**, 1040 m, treffen. Wir folgen nun links steil absteigend einem Hohlweg bis zum nächsten Abzweig nach rechts. Auf einem breiten Weg erreichen wir bald die vom Hinweg bekannte **Kreuzung ③**, an der sich unsere Runde schließt. Zunächst geht es nun wieder hinauf bis zum Sattel **Poio das Rabaças ②**, 930 m. Hier lohnt nochmals ein Blick auf die sonnigen Berghänge, während unser Ziel bereits im Talschatten liegt. Nach knapp 6 Std. Gehzeit brauchen wir dann noch etwas Energie, um die 400 Abstiegsmeter nach **Achada da Madeira ①** gut hinter uns zu bringen.

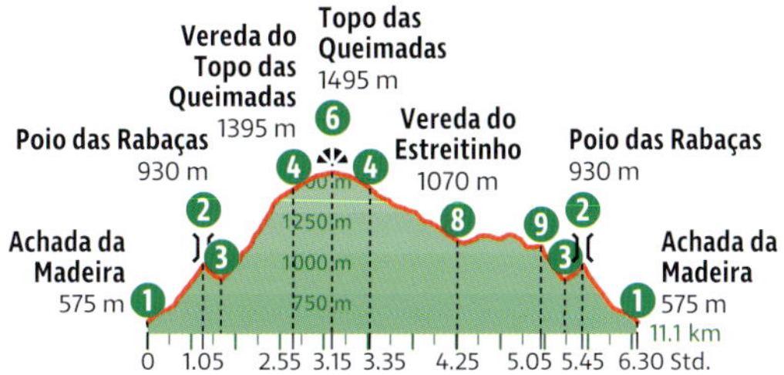

26 Pico Ruivo, 1862 m

Über Pico Canário, do Milhafre und do Coelho

8.30 Std. | 17,2 km | ↗1600 m | ↘540 m

Anspruchsvolle Vier-Gipfel-Tour zum höchsten Berg Madeiras

Diese Bergwanderung gehört zu den anspruchsvollsten Touren, die Sie auf Madeira unternehmen können, insbesondere in der Kombination mit einem Abstieg am zweiten Tag. Wer sich für eine 2-Tage-Tour mit Hüttenübernachtung unterhalb des Pico Ruivo entscheidet, wird nicht nur atemberaubende Eindrücke von wilder, unberührter Natur erleben, sondern auch noch mit der Faszination von Sonnenuntergang und -aufgang am höchsten Gipfel der Insel belohnt.

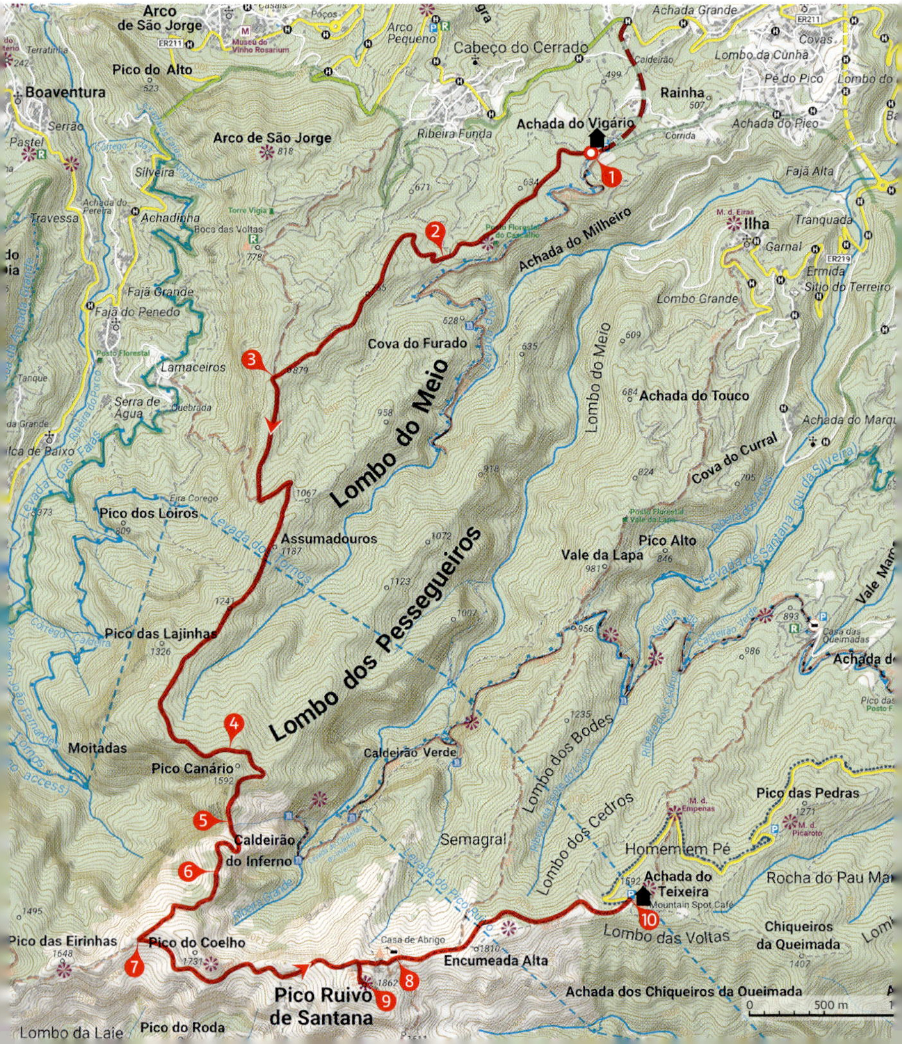

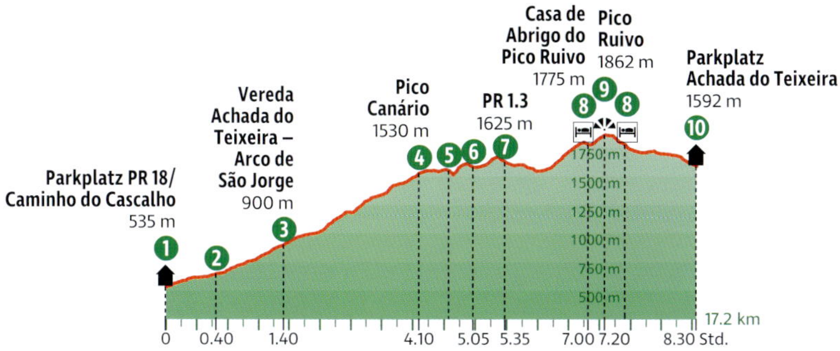

Ausgangspunkt: Achada do Vigário/ São Jorge, Parkplatz am Ende der Straße, 535 m. Anfahrt von Funchal auf der VR 1 Richtung Machico und weiter auf der VE 1 bis São Jorge. Am Kreisverkehr folgt man der Beschilderung Richtung Boaventura via ER 211 bis zum beschilderten Abzweig »Levada/Watermill« links. Man fährt auf dieser Straße durch Achada da Felpa, bleibt an einer Gabelung rechts und erreicht bald den Parkplatz mit Wandertafel zum PR 18 auf der Levada do Rei.
Bus: ab Funchal mit der Linie Horários do Funchal Nr. 103 Richtung Arco de São Jorge bis zur Haltestelle Chão da Felpa/São Jorge. Von hier ca. 15 Min. zu Fuß bis zum Parkplatz.
Endpunkt: Parkplatz Achada do Teixeira, 1592 m. Rückfahrt mit Taxi entweder bis Santana und weiter mit dem Bus (s.o.) oder direkt nach Achada do Vigário/São Jorge. Das Taxi kann man vom Restaurant »Achada da Madeira – Mountain Spot Café« bestellen. Besser ist es aber, die Abholung vom Parkplatz bereits vor Aufbruch zur Wanderung zu organisieren.
Anforderungen: Die Bergwanderung hat alpinen Charakter und enthält kurze Klettersteigpassagen. Sie sollte nur bei trockenem, ruhigem und bestenfalls sonnigem Wetter begangen werden. Es gibt zwei Passagen über ehemalige Lavafelder, die nur mit Steinmännchen markiert sind. Bei Nebel ist die Orientierung schwierig.

Der Pico-Ruivo-Höhenweg zur Zeit der Ginsterblüte.

Einkehr: Unterwegs keine. Beim Ausgangspunkt Restaurant »Quinta da Levada do Rei«, am Endpunkt »Achada da Madeira – Mountain Spot Café«.
Übernachtung: Casa de Abrigo do Pico Ruivo – Selbstversorger! Reservierungen zur Übernachtung für die ganzjährig geöffnete Hütte können über folgende Adresse gemacht werden – von Juli bis September empfehlenswert: Associação de Compartes Ilha Autêntica, 9230-235 Ilha – Santana, Tel. +351 291 572 124 oder +351 960 296 224 / 962 560 029, E-Mail: info@picoruivo.com.
Kombi-Tipp: Bei Übernachtung in der Casa de Abrigo do Pico Ruivo kann man am folgenden Tag vom Pico Ruivo hinunter nach Queimadas wandern (Tour 27 in umgekehrter Richtung).

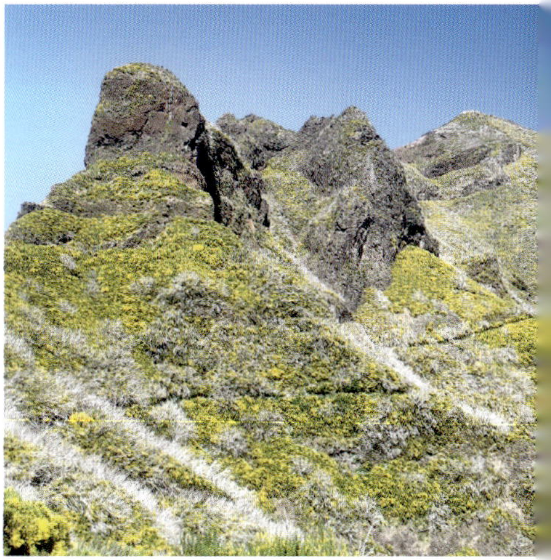

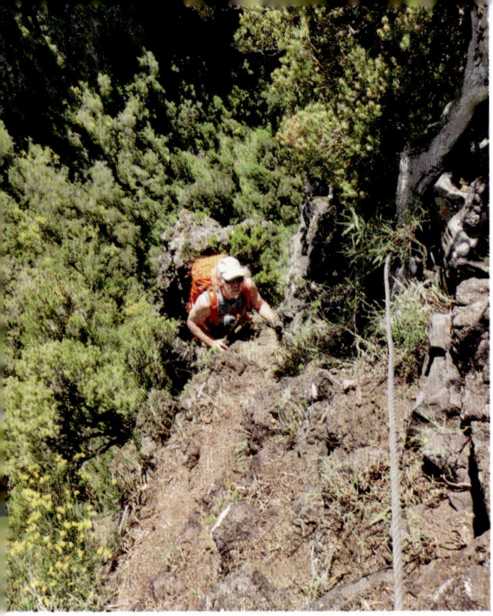

Herausfordernd ist der Steig zwischen dem Pico Canário und dem Pico do Milhafre.

Wir beginnen unsere Wanderung am **Parkplatz PR 18 ❶**, 535 m, auf dem Caminho do Cascalho. Nach 30 Min. auf dem breiten Waldweg biegen wir am dritten Abzweig nach rechts in einen **Hohlweg ❷**, 650 m, ab. Nun geht es steiler bergauf und wir erreichen nach weiteren 45 Min. den Höhenweg **Vereda Achada do Teixeira – Arco de São Jorge ❸**, 900 m. Er wird uns ohne weitere Abzweige über drei Gipfel zur zentralen Bergkette leiten. Auf einer Höhe von 1000 m öffnet sich der Wald zum ersten Mal für eine Aussicht. Die hohen Bäume machen dichtem Bewuchs aus Baumheide Platz. Noch ist der Weg breit und sanft ansteigend. In einer scharfen Rechtskurve zweigt ein ebenso breiter Weg nach links ab, den wir ignorieren. Nun gestaltet sich der Aufstieg zunehmend felsiger. Nach insgesamt gut 4.00 Std. Gehzeit erreichen wir den Fuß des **Pico Canário ❹**, 1530 m (der Gipfel wird umrundet). Hier erwartet uns die erste schwierige Passage. Auf der Südseite muss eine stark ausgesetzte, aber mit Fixseil gesicherte Traverse überwunden werden. Nun können wir unser Ziel, den Pico Ruivo, zum ersten Mal erblicken. Über ein weites Lavafeld nähern wir uns dem Über-

Auf der Felsnase des Pico do Milhafre.

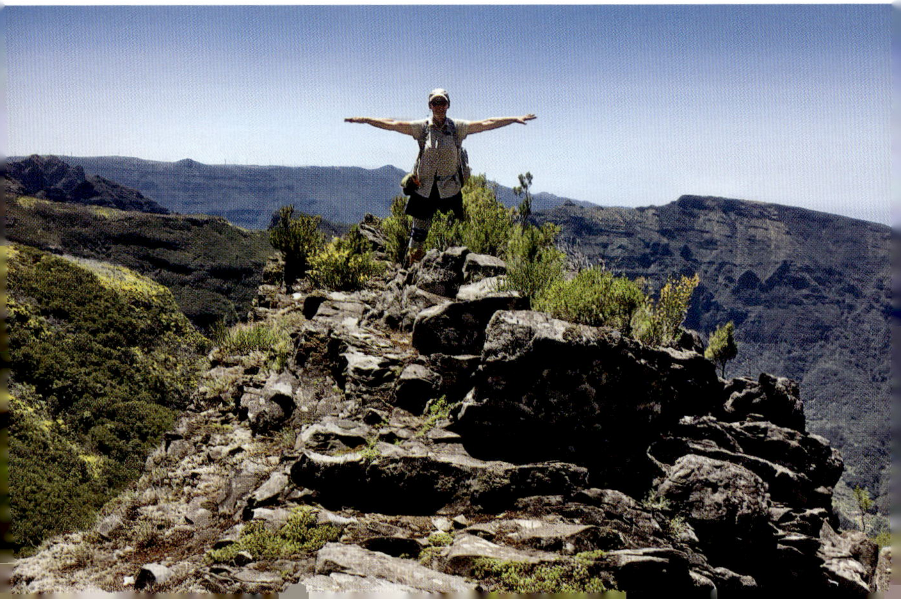

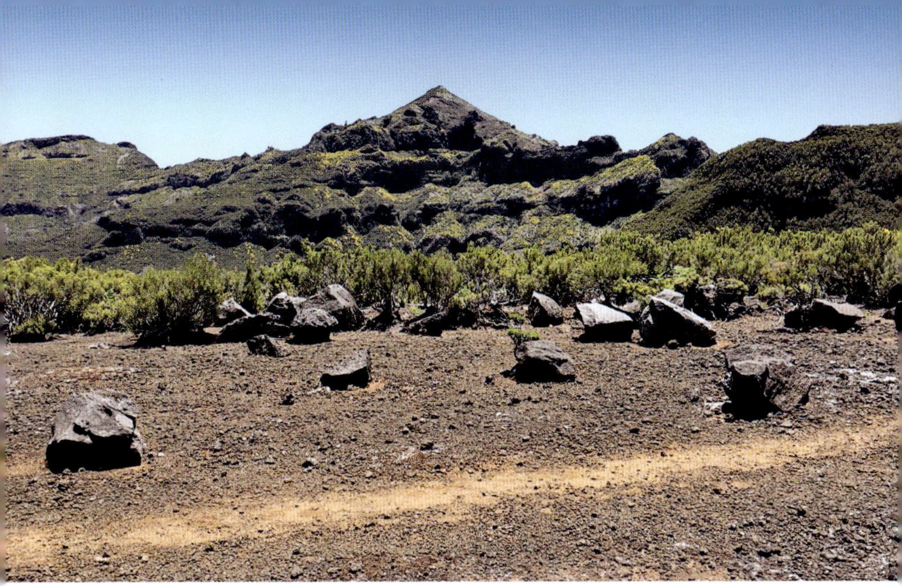

Lavafeld mit Blick auf den Pico Ruivo.

gang, der uns vom nächsten Gipfel trennt. Über einen **gesicherten Steig** ❺, 1550 m, klettern wir etwa 50 m senkrecht zum schmalen Grat hinunter, um von dort wieder sehr steil zum **Pico do Milhafre** aufzusteigen. Vor uns erhebt sich eine gewaltige **Basaltwand** ❻, auf deren »Nase« man bis zur Spitze, 1580 m, hinausgehen kann. Die grünen Abgründe sind atemberaubend.

Wieder folgt ein Part mit dichtem Baumheidebewuchs und erneut ein weites Lavafeld, dann haben wir den Fuß des **Pico do Coelho** erreicht. Ein etwas ruppiger, steiler Abstieg bringt uns auf den **Pico-Ruivo-Höhenweg** ❼, 1625 m. Unter uns im Süden liegt das Nonnental, Curral das Freiras, östlich vor uns der höchste Gipfel Madeiras. Nach dem abenteuerlichen Aufstieg ist der Höhenweg beinahe ein Spaziergang, wenngleich ein anstrengender. Entschädigt werden wir durch das herrliche Bergpanorama, das sich vor uns ausbreitet. Der Wanderweg ist nun durchgängig rot-gelb markiert mit Hinweisschildern PR 1.3. Hier werden uns die ersten Wanderer auf dieser Tour begegnen. Bevor wir die letzten Höhenmeter zum Gipfel des **Pico Ruivo** ❾, 1862 m, erklimmen, können wir uns in/vor der Hütte **Casa de Abrigo do Pico Ruivo** ❽, 1775 m, noch eine längere Pause gönnen, um dann die letzten Meter ohne Rucksack hoch zu »fliegen« und eventuell auf den Sonnenuntergang zu warten.

Wer nicht auf der Hütte übernachten möchte, geht auf einem gut ausgebauten gepflasterten Weg etwa 30 Min. weiter zum Parkplatz auf **Achada do Teixeira** ❿, 1592 m.

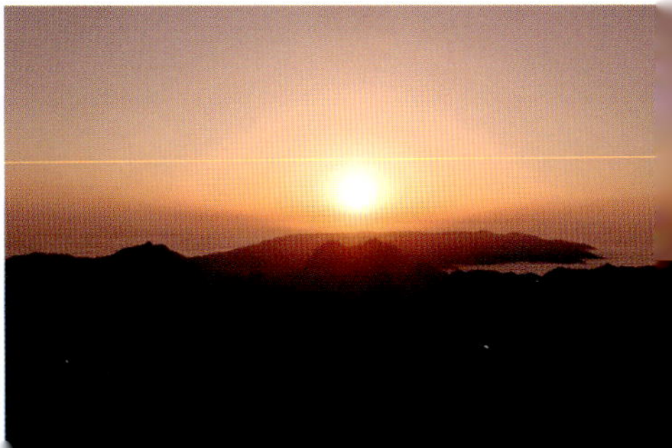

Sonnenuntergang am Pico Ruivo.

27 Pico Ruivo, 1862 m

Von Queimadas über den Homem em Pé

6.30 Std. | 12,2 km | ↗1030 m | ↘1030 m

Auf- und Abstieg auf ehemaligen Hirtenwegen

Der Pico Ruivo ist ein beliebtes Ausflugsziel bei Einheimischen wie auch Urlaubern. Vom Parkplatz Achada do Teixeira, 1590 Meter, strömen Jung und Alt auf einem einfachen Weg zum Gipfel. Dies sollte aber den ambitionierten Wanderer nicht davon abhalten, Madeiras höchsten Berg zu besuchen. Von Santana führen alte Hirtenpfade hinauf zu den Viehweiden auf der Achada do Teixeira. Wir beginnen unsere herausfordernde Wanderung in Queimadas mit einem Aufstieg über den Lombo do Cedro und weiter zum Pico Ruivo und besuchen beim Abstieg das Felsenmonument des Homem em Pé.

Ausgangspunkt: Parkplatz an der Casa das Queimadas, 883 m. Anfahrt von Funchal auf der VR 1 Richtung Machico und weiter auf der VE 1 bis Santana. Am Kreisverkehr nimmt man die dritte Ausfahrt und folgt nach 150 m rechts der Beschilderung Queimadas.
Keine Busanbindung.

Anforderungen: Orientierungsfähigkeit und gute Trittsicherheit sind für den steilen Aufstieg auf dem Lombo do Cedro notwendig. Der Abstieg über den Homem em Pé ist moderat.

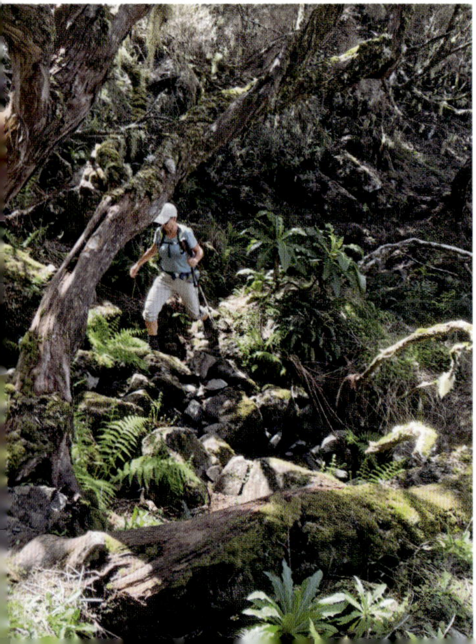

Einkehr: Casa de Abrigo do Pico Ruivo (nur Getränke), Mountain Spot Café am Parkplatz Achada do Teixeira; am Ausgangspunkt Casa das Queimadas.

Übernachtung: Casa de Abrigo do Pico Ruivo – Selbstversorger! Reservierungen zur Übernachtung für die ganzjährig geöffnete Hütte können über folgende Adresse gemacht werden – von Juli bis September empfehlenswert: Associação de Compartes Ilha Autêntica, 9230-235 Ilha – Santana, Tel. +351 291 572 124 oder +351 960 296 224 / 962 560 029, E-Mail: info@picoruivo.com.

Tipp: Wer sich für eine Übernachtung entscheidet, um Sonnenuntergang und -aufgang am Pico Ruivo zu erleben, sollte das Auto auf dem großen Parkplatz Pico das Pedras (kostenfrei) abstellen. Zur Anfahrt von Santana folgt man den Hinweisen zum Pico Ruivo auf der Estrada do Pico das Pedras. Beginn und Ende der Wanderung verlaufen dann auf dem Caminho para Todos entlang der Levada do Caldeirão Verde (2 km, 25 Min.).

Kombi-Tipp: Die Wanderung kann auch mit Tour 26 als Abstieg kombiniert werden, wenn auf der Hütte übernachtet wird.

Märchenwald im meist trockenen Bachbett der Ribeira do Lombo dos Cedros.

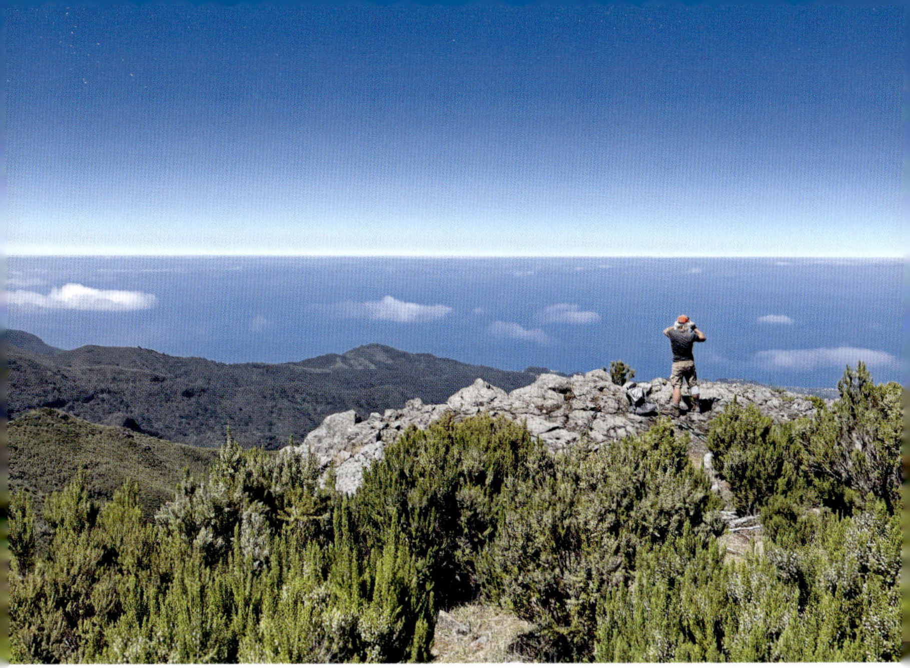

Auf der obersten Felsstufe schaut man zum letzten Mal hinunter nach Santana.

Wir starten bei der **Casa das Queimadas ➊** und folgen dem Hinweis »Caminho para Todos« bis zum Wegweiser Richtung Achada do Teixeira. Eine anfangs gepflasterte Straße geht an der alten Casa Florestal (Forsthaus) vorbei und nach kurzer Zeit in einen breiten Bergweg über, der stetig ansteigt, aber nicht allzu steil und daher angenehm zu gehen ist. Auf 1320 m Höhe gelangen wir an einen **Abzweig ➋** und verlassen hier die Vereda das Queimadas. Nun wandern wir durch einen dichten Baumheidewald mehr oder weniger Höhe haltend bis zur Querung der **Ribeira do Lombo dos Cedros ➌**, 1380 m. Ab nun geht es sehr steil in engen Serpentinen bergauf, hierbei muss immer wieder auf Baummarkierungen zur Orientierung geachtet werden. Dann tut sich vor uns ein Feld aus mittelgroßem Blockgestein auf, das in gerader Linie mit Vorsicht durchstiegen werden muss.

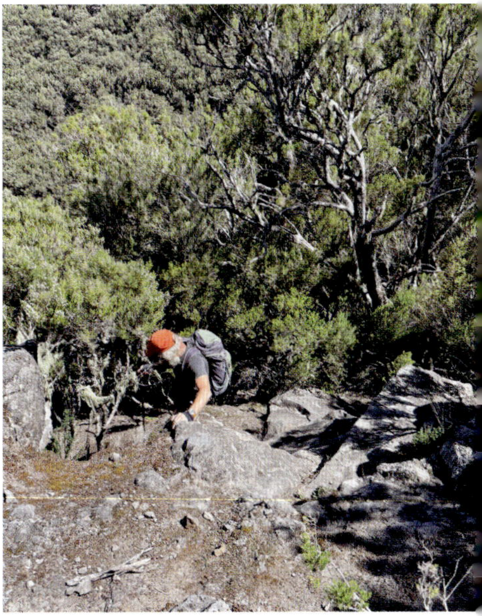

Vorsicht ist geboten beim Aufstieg durch das Blockgestein.

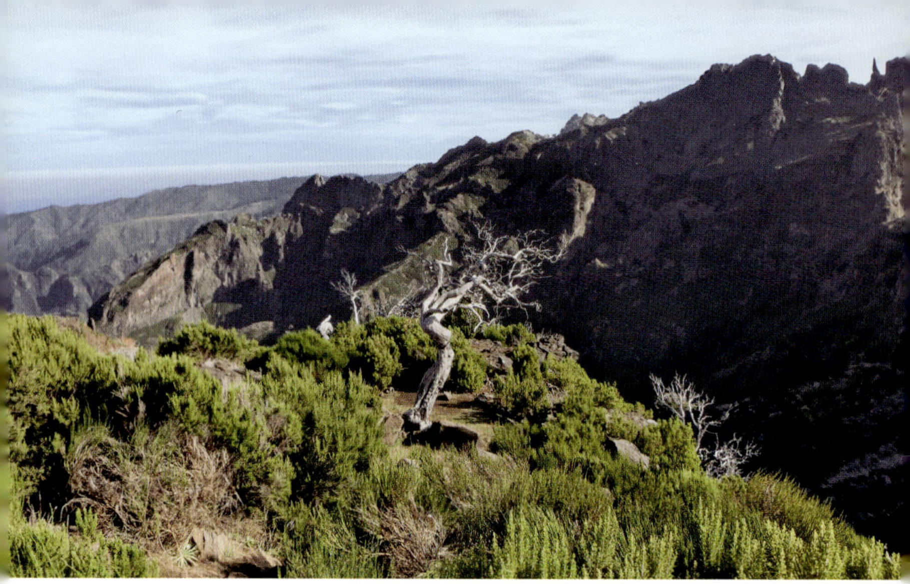

Die Vegetation auf dem Lombo dos Cedros besteht aus maximal schulterhoher Baumheide.

Anschließend tauchen wir wieder in den Baumheidewald ein, bis wir auf ein kleines Lavafeld treffen. Von hier sind die Achada do Teixeira und der Pico Ruivo bereits zum Greifen nahe, der weitere Weg versteckt sich jedoch immer wieder hinter Felsen und Gebüsch. Bändchen im Geäst und Steinmännchen helfen uns auch hier, die richtige Spur zu finden.

Nach insgesamt etwa 2.30 Std. erreichen wir die **Vereda da Achada do Teixeira/PR 1.2** ❹, 1592 m, und spazieren nun rechts haltend auf dem breiten, gepflasterten Weg zur Hütte **Casa de Abrigo do Pico Ruivo** ❺, 1775 m. Nach den letzten Aufstiegsmetern zum Gipfel des **Pico Ruivo** ❻, 1862 m, werden wir bei gutem Wetter mit einem fantastischen Panorama belohnt.

Zurück geht es auf demselben Weg, nur dass wir nun auf dem gepflasterten Spazierweg bis zum Parkplatz **Achada do Teixeira** ❼, 1592 m, weitergehen. Vor dem Abstieg können wir im Mountain Spot Café noch eine Einkehr machen.

Der Weg am Café vorbei knickt nach etwa 70 m nach links ab und wir können von oben schon etliche Gatter und Weidezäune entdecken. Der

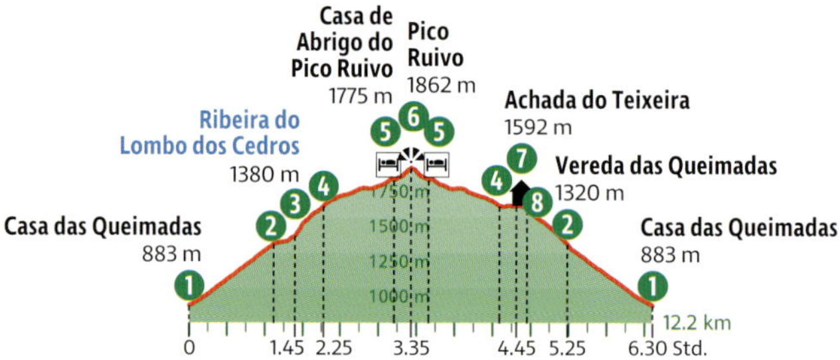

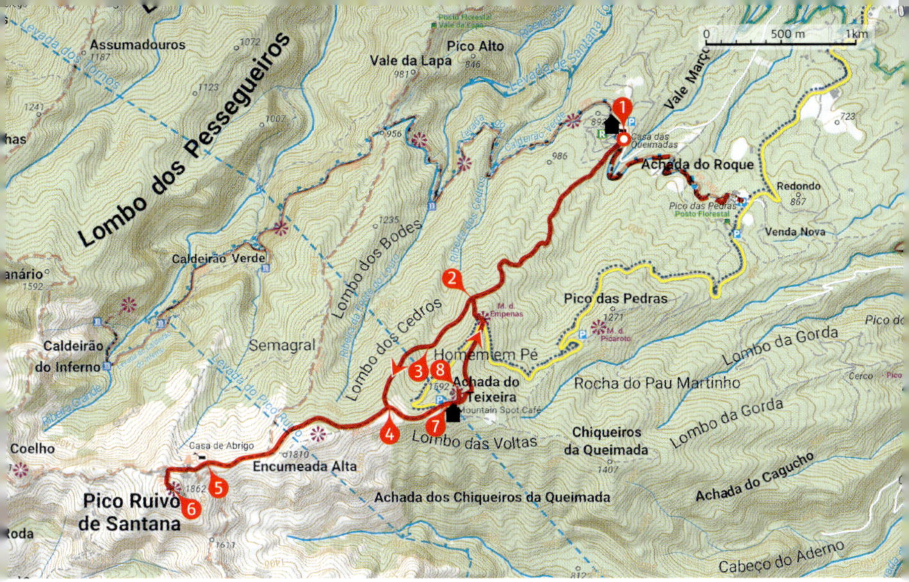

Pfad führt direkt auf das beeindruckende Felsmonument des »stehenden Mannes« – **Homem em Pé 8**, 1565 m, zu. Auf einem deutlichen Pfad gehen wir nun bergab, müssen einmal die Straße überqueren und erreichen dann den **Abzweig 2** zur Vereda das Queimadas. Jetzt geht es auf dem bekannten Weg zurück nach **Queimadas 1**.

Das Felsenmonument Homem em Pé.

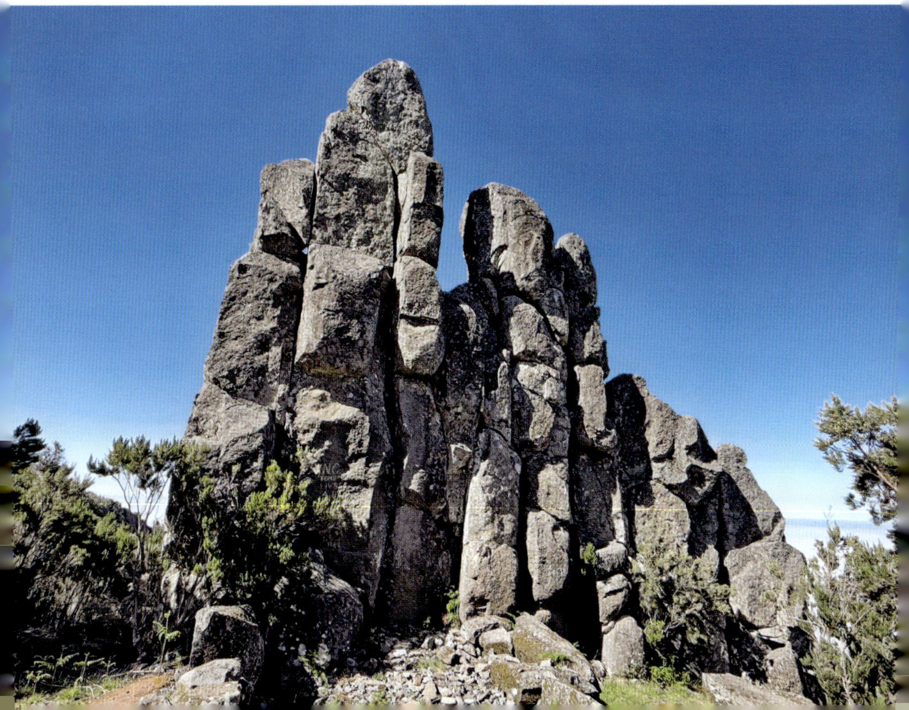

28 Von Santana nach São Jorge

Auf dem Caminho Real 23

4.00 Std. | 9,0 km | ↗ 640 m | ↘ 640 m

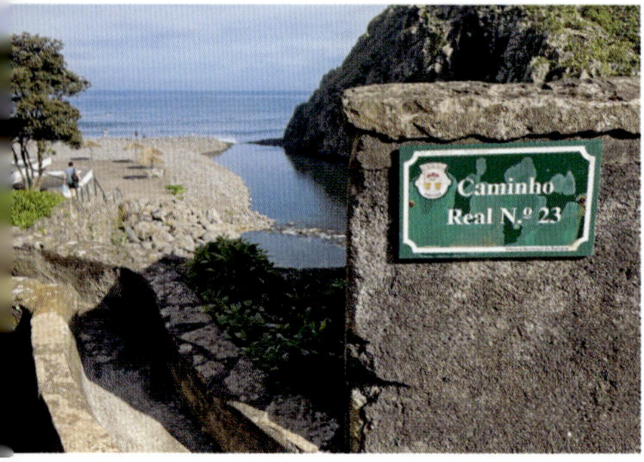

Im Calhau de São Jorge sehen wir eines der ganz wenigen offiziellen Schilder zum Caminho Real 23.

Rundwanderung hoch über der Ribeira de São Jorge

Einer der authentischsten Streckenabschnitte des historischen Caminho Real 23 verbindet Santana mit São Jorge. Steil ist der Abstieg von Achada do Gramacho zur Mündung der Ribeira de São Jorge mit vielen Kehren und Gegenkehren, und steil geht es vom Calhau wieder hinauf nach São Jorge. Durch Weinberge und Obstgärten können wir hoch über dem Flusstal diesen Weg zu einer Rundwanderung verlängern und herrliche Aussichten genießen.

Ausgangspunkt: Parkplatz an der Quinta do Furão in Santana, 270 m. Anfahrt von Funchal auf der VR 1 Richtung Machico und weiter auf der VE 1 in Richtung Santana/São Jorge. Den Hinweisen zur Quinta do Furão folgen. Bus: ab Funchal mit den Linien Horários do Funchal 103 und 138 zur Haltestelle Quinta do Furão.
Anforderungen: Die Wege sind überwiegend breit und stellen keine besonderen Anforderungen. Trittsicherheit und Schwindelfreiheit sind allerdings zwingend erforderlich für den Klippenweg, der nur bei trockenem und windstillem Wetter begangen werden sollte.
Einkehr: Am Start/Endpunkt das Restaurant Quinta do Furão, im Calhau de São Jorge eine Bar und das Schwimmbad-Restaurant.
Tipp: Bademöglichkeit im Calhau de São Jorge.

Vom Parkplatz der **Quinta do Furão ❶**, 270 m, gehen wir zur hortensiengesäumten Estrada da Achada do Gramacho und folgen ihr nach rechts, bis wir nach etwa 15 Min. das Schild »Caminho Real« sehen und links unseren Abstieg beginnen. Der in Serpentinen angelegte, gepflasterte Weg wird begleitet von üppiger Nordküstenvegetation. Nach einer halben Stunde erreichen wir die Brücke über die **Ribeira de São Jorge** mit ihrem gut erhaltenen Viadukt, das im **Calhau ❷**, 15 m, einst eine Wassermühle versorgte. Hier bieten sich eine Einkehr und/oder Bademöglichkeit an. Am Strand entlang entdecken wir bald ein Steinportal, der letzte Überrest einer Ansiedlung,

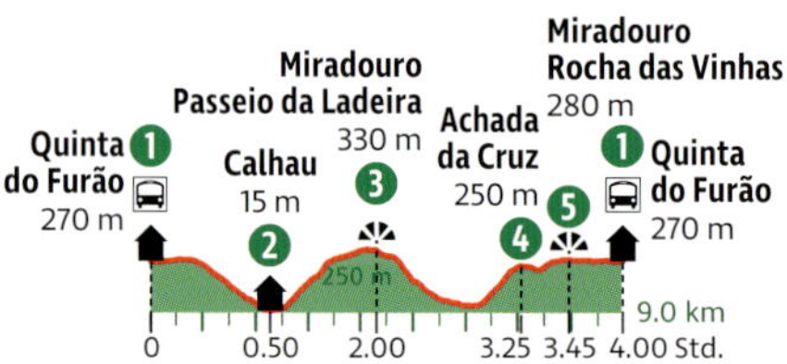

Auf dem Caminho Real 23 durch das Tal der Ribeira de São Jorge.

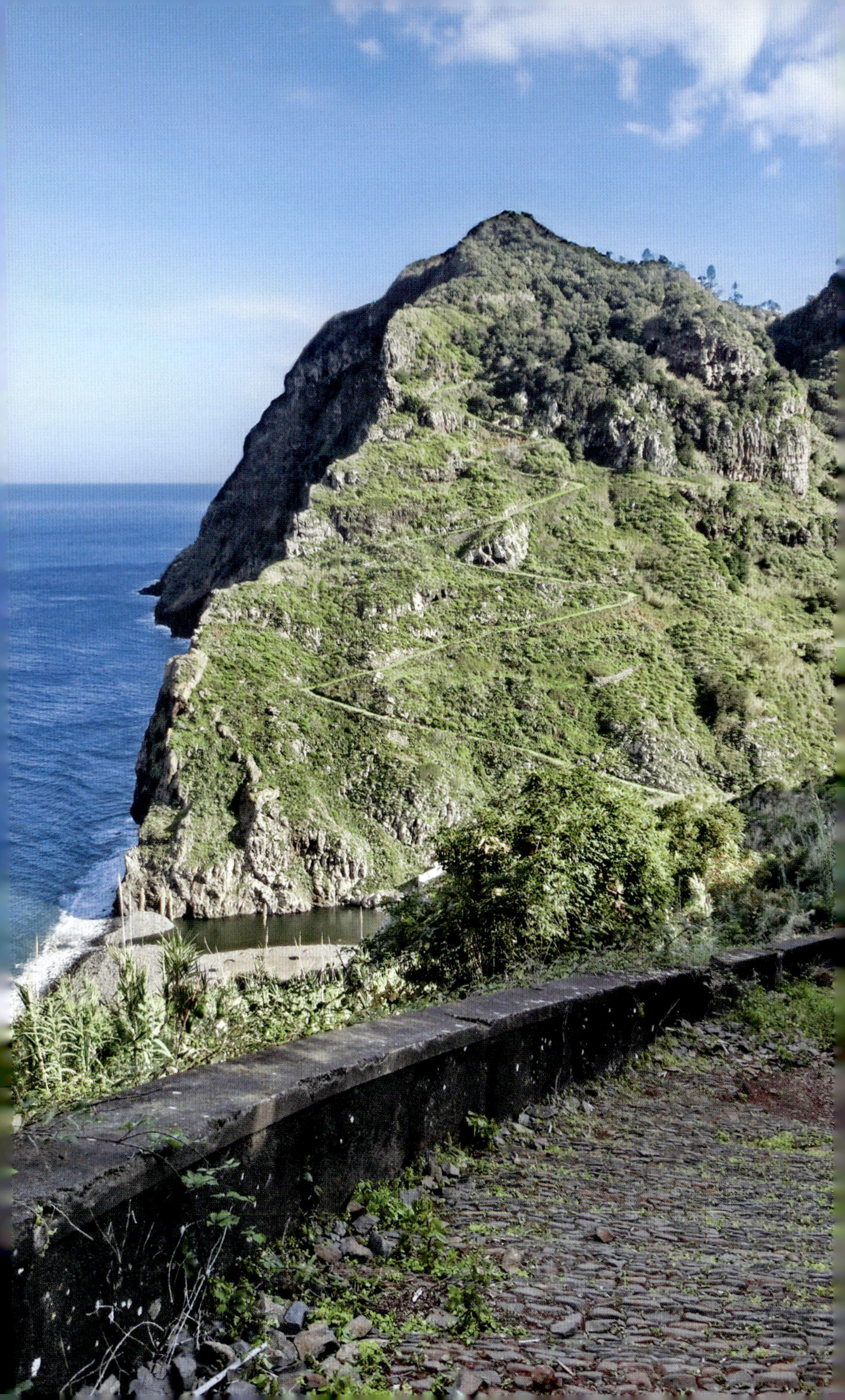

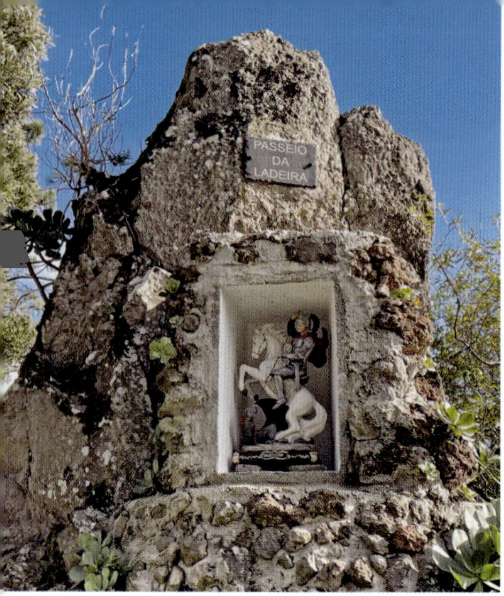

Heiligenschrein am Miradouro Passeio da Ladeira.

die bereits um 1660 aufgegeben wurde. Wir gehen rechts weiter bis zum Brunnen, wo sich der Weg teilt. Links beginnt der Aufstieg über den CR 23 nach São Jorge. Er führt vorbei an einer sehr speziellen Felsformation aus Schlacke und Vulkanasche, die Lapa da Areia – Sandmuschel – genannt wird. Nach 20 Min. verlassen wir den breiten, gepflasterten Caminho. In einer Rechtskehre gehen wir einfach geradeaus weiter auf einem Erdpfad. Durch dschungelartige Vegetation führt er zum Bach **Córrego da Igreja** und, nach einem kleinen Wasserfall, steil und nicht immer ganz deutlich sichtbar in Serpentinen nach oben. Wir treten aus dem Wald heraus, vor uns liegt ein Weinberg, rechts können wir die Kirche von São Jorge sehen. Der Weg teilt sich und wir nehmen den linken bergauf durch den Weinberg, überqueren eine Straße und steigen direkt gegenüber weiter bergauf. Der Weg wird breit und windet sich durch die Reben. Dort, wo er vermeintlich endet, verläuft ein kleiner Pfad weiter entlang eines Zauns. Immer geradeaus wechselt er bei den ersten Häusern in einen Betonweg, von dem nach etwa 15 Min. ein breiter Feldweg mit Fahrspuren links abzweigt. Ohne großen Höhenunterschied gehen wir entlang von Feldern bis zu einem schlichten **Miradouro ❸**, 330 m, mit Heiligenschrein. Dort beginnt der **Passeio da Ladeira**, der uns, anfänglich noch breit, dann immer schmaler werdend den Steilhang hinunterführt. Wir haben fantastische Aussichten auf das Tal der Ribeira de São Jorge und das sich dahinter erhebende Zentralmassiv.

Wieder in der Zivilisation halten wir uns am ersten Brunnen links, treffen auf eine Straße und die beeindruckende »Casa da Fajã Alta«. Auf der linken Seite der Grundstücksmauer geht es weiter bergab. Wir kreuzen die ER 221 und treffen kurz darauf

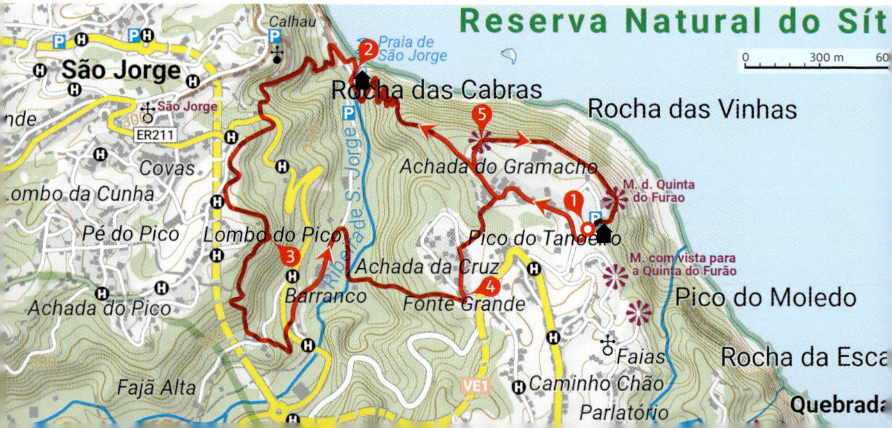

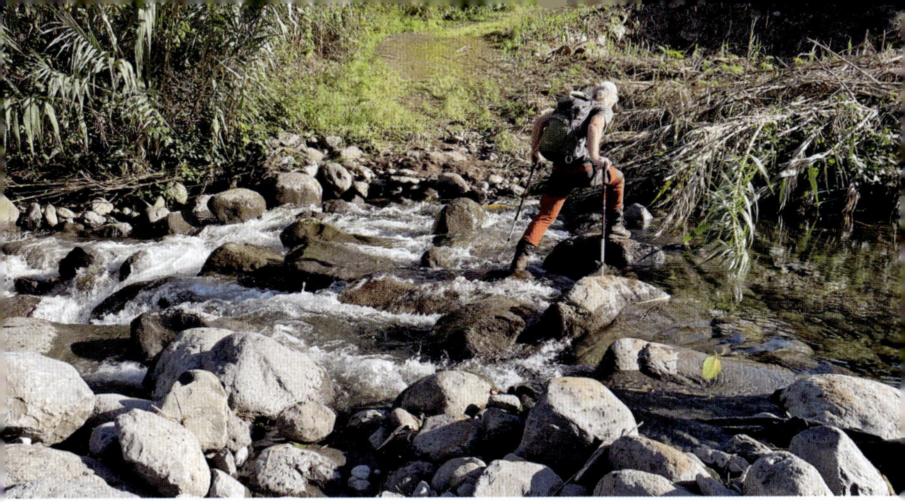

Der Versuch, mit Bergstiefeln über den Fluss zu kommen, klappt nicht immer.

auf die schmale Estrada do Calhau de São Jorge, die zum Strand hinunterführt. Wir folgen ihr nach links für etwa 400 m, bis rechts ein Feldweg abzweigt und in einer Spitzkurve zum Fluss führt. Üblicherweise gibt es eine befahrbare Furt, die im Winter vom Fluss aber oft eingerissen wird. Dann hilft nur: »Stiefel aus und durchs Wasser waten«. Am anderen Ufer dürfen wir nicht dem einladenden breiten Weg bergauf folgen, sondern müssen sofort einen kleinen Wiesenweg nach links einschlagen. Für den Seitenarm des Flusses existiert eine einfache Holzbrücke. Dann brauchen wir nur noch dem überwiegend guten, teils gepflasterten Weg durch ehemalige Obstgärten und später durch dunkle Hohlwege im Wald bergauf zu folgen. Die ersten Häuser von **Achada da Cruz** ❹ sind auf 250 m erreicht. Hier geht es links auf der Estrada da Achada da Cruz bis zum Abzweig der Vereda da Fonte do Velho. Der Weg bringt uns durch den Weinberg in ein kleines Tal und wieder hinauf nach **Achada do Gramacho**. Für den Rückweg zum Parkplatz können wir bei windstillem und trockenem Wetter (nur dann!!!) anstatt der Straße den Klippenweg entlang der senkrecht abfallenden Steilküste nehmen. Dazu gehen wir nicht nach rechts, sondern erst nach links und danach gleich wieder rechts, vorbei an dem Schild Caminho Real, das uns vorhin den Abstiegsweg wies. Die Sackgasse endet nach 300 m am **Miradouro Rocha das Vinhas** ❺, 280 m. Hier beginnt der Klippenweg, der uns den Blick auf die gleichnamige Fajã und eine davor liegende kleine Felseninsel ermöglicht. Der Weg endet am Hotelgelände der **Quinta do Furão**. Wir durchqueren dieses (öffentlicher Weg) und erreichen somit den **Parkplatz** ❶ von hinten.

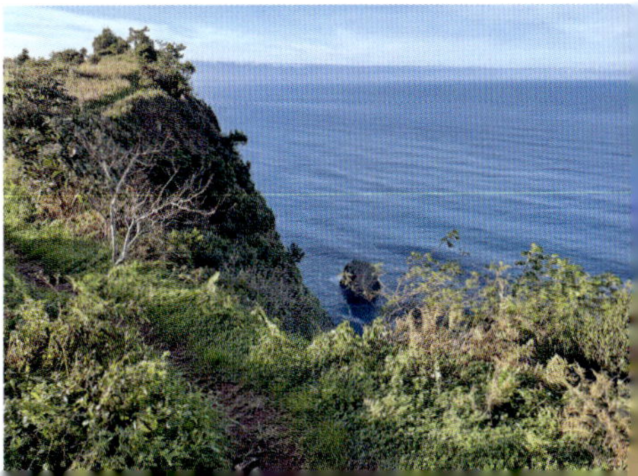

Der Klippenweg »Rocha das Vinhas« sollte nur bei trockenem, windstillem Wetter begangen werden.

29 Ribeira Seca und Levada d'Água de Alto

Von der Ponte Velha bei Faial

4.30 Std. | 9,6 km | ↗460 m | ↘460 m

Eine Fluss- und Obstgartenwanderung im Nordosten

Faial ist immer noch ein blinder Fleck auf den Wanderkarten der Insel. Entsprechend einsam ist man hier auf Tour, obwohl man immerzu in besiedeltem Gebiet unterwegs ist. Wenn die Wolken in den Bergen tief hängen, können auf den wilden Wegen durch das Tal der Ribeira Seca oder durch die Obstgärten in den Steilhängen spannende Wanderungen mit fantastischen Aussichten unternommen werden. Der Wasserfall in die Levada d'Água de Alto ist zu jeder Jahreszeit ein tolles Erlebnis.

Ausgangspunkt: Ponte Velha an der Estrada da Praia do Faial, 25 m. Anfahrt von Funchal auf der VR 1 Richtung Machico und weiter auf der VE 1 bis Faial. Direkt nach der Brücke über die Ribeira Seca links dem Abzweig »Kartodromo« folgen und auf dem Parkplatz vor der Ponte Velha das Auto abstellen.
Bus: von Funchal mit der Linie SAM Nr. 53 bis zur Haltestelle Ponte do Faial.

Anforderungen: Für den Weg durch den Fluss braucht es etwas Abenteuerlust und Orientierungsfähigkeit. Trittsicherheit und Schwindelfreiheit sind zwingend erforderlich für den Abschnitt entlang der Levada.

Einkehr: Unterwegs keine. Am Ausgangspunkt das Restaurant »Ponte Velha« und die Bar »46«.

Variante: Wenn die Ribeira Seca, entgegen ihrer Bezeichnung, mal nicht so trocken ist, sondern reichlich Wasser führt, wandern wir auf wechselnden Pfaden in den Steilhängen bis Sítio da Ressoca. Dazu folgen wir an der Verzweigung ❷, 80 m, rechts dem Hinweis zur Estrada da Fazenda, bis wir die wundersame Capela da Nossa Senhora da Penha da França, 115 m, in einem Monolith entdecken. Direkt gegenüber kommen wir über einen Treppenweg hinauf zur Estrada da Fazenda. Wir gehen links weiter bis zum Ende der Straße (250 m) und folgen dem unbefestigten Weg hinauf zum Caminho Corujeira de Baixo. Dieser ist mittlerweile ein schmales Teersträßchen. Hier gilt es nun aufzupassen, denn der Abstieg zu den Obstgärten ist leicht zu übersehen. Dort, wo die Straße nach einer Rechtskurve steiler ansteigt, gibt es einen Durchlass in der Begrenzungsmauer. Es geht zunächst deutlich bergab. Im Steilhang wachsen Guavenbäume, Bananenstauden, Mango- und Anonabäume. Bei Erreichen einer kleinen Hütte dürfen wir nicht den gut sichtbaren Pfad geradeaus gehen, sondern müssen weiter absteigen. Die Trittstufen sind teilweise überwachsen. Wir kommen an einer weiteren Hütte vorbei und treffen kurz darauf auf einen eindeutigen Weg, dem wir nach rechts folgen. Dies ist der in der Haupttour beschriebene Obstgartenweg nach Sítio da Ressoca ❹, 205 m.

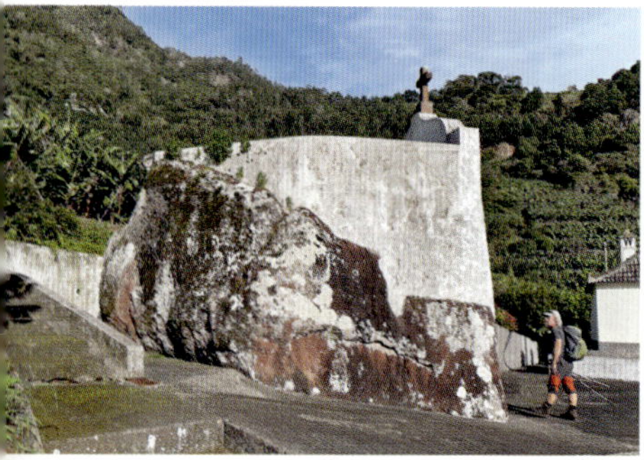

Die Kapelle im Monolith entdecken wir auf der Variante.

Wir beginnen unsere Wanderung unterhalb der Brückenreste der **Ponte Velha ❶**, 25 m, oder, wie das ehemals 130 m lange Brückenbauwerk auch genannt wurde, der Ponte das Sete Bocas, die 1984 den reißenden Fluten der Ribeira Seca zum Opfer fiel. Leider sieht man dieses historische Brückenrelikt nur noch von oben, weil es von der neuen Brücke überbaut wurde und hinter der Tribüne einer Gokart-Bahn (Kartodromo) versteckt liegt. Gleich gegenüber beginnt der **Caminho da Fajã-Fazenda**, ein Weg, der sich entlang der Ribeira Seca durch die Obstgärten ursprünglich bis Lombo do Galego erstreckte. Die ersten 750 m wandern wir auf breiter Piste durch die kleinen Plantagen, bis zu einer **Wegverzweigung ❷**, 80 m. Nach rechts geht die Piste weiter hinauf zur Estrada da Fazenda (siehe Variante), wir bleiben links auf dem Grasweg und werden kurz darauf feststellen, dass der Weg vom Fluss weggespült wurde. Das Flussbett verändert sich hier beständig, aber bei niedrigem Wasserstand können wir trockenen Fußes von Stein zu Stein im Fluss weitergehen. Nach etlichen Biegungen, dort, wo die Ribeira beginnt, sich an beiden Seiten tief in die Felsen einzugraben, muss man das Ufer auf der rechten Seite absuchen, um die Spur zu entdecken, die aus dem Flussbett der **Ribeira Seca ❸**, 110 m, herausführt. Hat man sie gefunden, sind es nur wenige Meter, bis man sich wieder

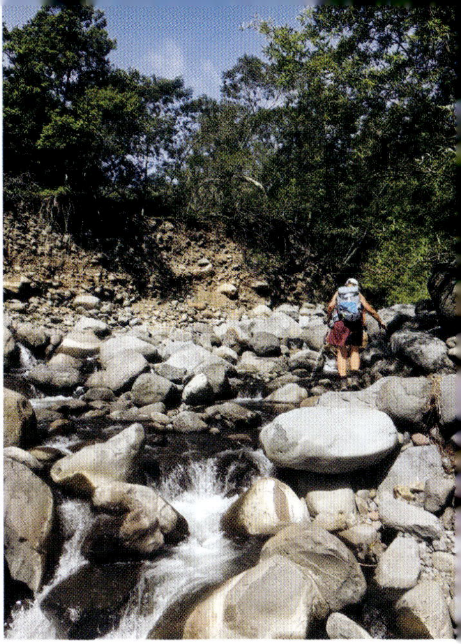

Der »Weg« durch die Ribeira Seca ist im Sommer mit ein wenig Abenteuerlust gut machbar.

auf einem deutlichen Pfad befindet, der sich sehr idyllisch durch Obstgärten windet. Entlang kleiner Levadas erreichen wir schließlich **Sítio da Ressoca ❹**, 205 m, wo wir diesen versteckten Weg verlassen.

Rechts hinauf, über die Travessa da Ressoca, kommen wir zur Estrada

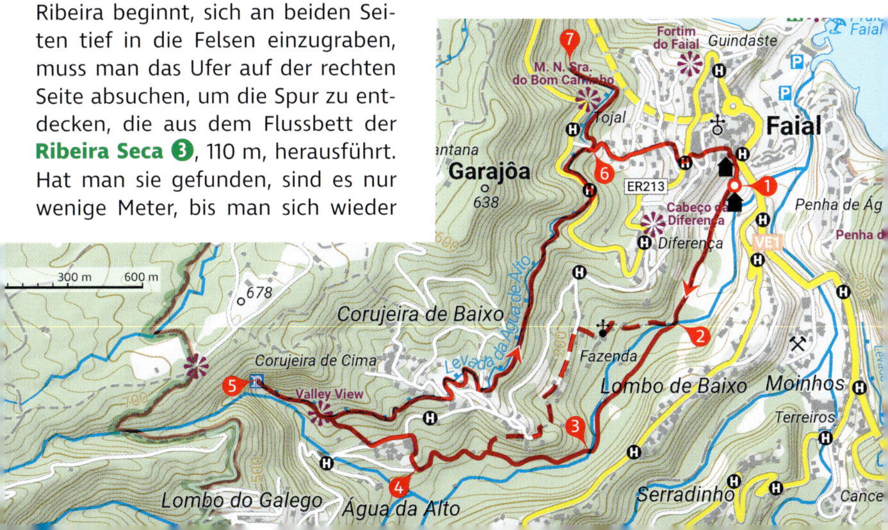

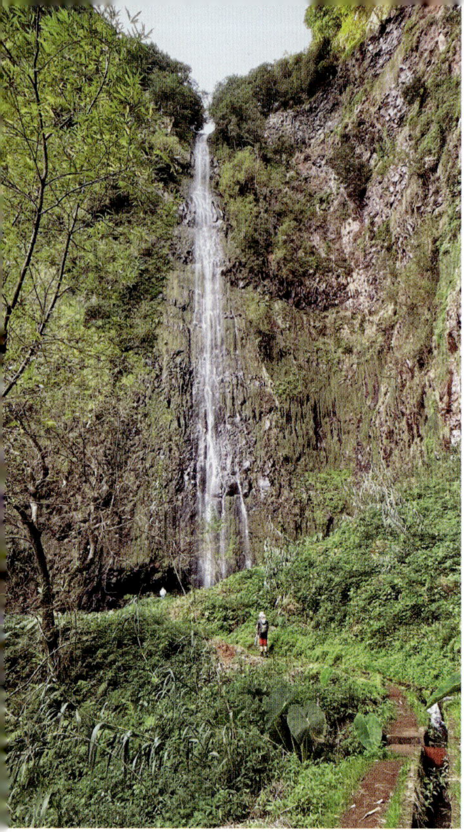

Cascata da Levada d'Água de Alto.

da Corujeira de Baixo, halten uns links und nach der Bushaltestelle gleich wieder rechts, dem Caminho da Àgua de Alto folgend. Er führt zunächst noch als Betonfahrspur steil nach oben, vor dem letzten Haus zweigt rechts der Bergweg zur **Levada d'Água de Alto** ab. Nach wenigen Minuten haben wir die Levada erreicht und gehen gegen die Fließrichtung bis zum Wasserfall **Cascata da Levada d'Água de Alto** 5, 420 m. Es ist eine fantastische Szenerie, wie das Wasser in diesem Kesselrund fein zerstäubt nach unten fällt. Nach den ersten kräftigen Regenfällen im Herbst können Unerschrockene im glasklaren Poço untertauchen.

Wir verlassen den Wasserfall und bleiben für die nächsten 3,5 km an der Levada. Dabei haben wir immer wieder schöne, wechselnde Aussichten auf den Adlerfelsen und den gegenüberliegenden Höhenrücken von São Roque de Faial. Wegen der zahlreichen ausgesetzten Passagen ist auf diesem Weg Vorsicht geboten, und entsprechend verlangsamt sich unsere Gehgeschwindigkeit.

Nach etwas mehr als 1 Std. überqueren wir die Estrada Antiga nach Santana, ER 213, steigen auf der anderen Straßenseite die Böschung hinunter und folgen weiterhin der Levada. Am **Caminho do Tojal** 6, 320 m, können wir noch 500 m an dem immer schmaler werdenden Wasserkanal weitergehen, um eine schöne Sicht Richtung Westen auf den abgelegenen Strand von Fajã do Mar zu genießen. Dort, wo die Levada ohne Begleitweg mit stärkerem Gefälle weitergeht, kehren wir um 7. Jetzt haben wir die einzigartige Sicht auf den Felsen von Guindaste.

Der Abstieg nach Faial über kleine Veredas und Treppenwege, vorbei an schönen Gärten, geht auf den Spuren des **Caminho Real 23**, zwar ohne Beschilderung, aber ganz eindeutig immer nur bergab, wobei mehrmals Straßen gekreuzt werden. An der Bar »46« schwenken wir nach rechts auf den noch mit Originalpflasterung erhaltenen Caminho do Paço und kommen direkt an der **Ponte Velha** 1 wieder an.

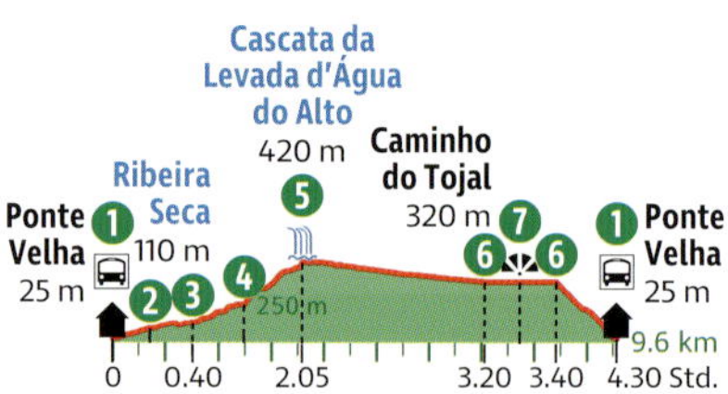

Penha d'Águia, 590 m

Von Cruz auf den Adlerfelsen

30

3.30 Std. | 6,0 km | ↗ 590 m | ↘ 590 m

Rundwanderung über den markanten Felsklotz im Norden

Der Adlerfelsen ist nicht gerade ein hoher Berg, aber er steht ebenso isoliert wie gewaltig und imposant an der Nordostküste Madeiras. Zwischen Porto da Cruz und Faial erhebt sich der schwarze Felsklotz mit steil abfallenden Felswänden, früher Nistplatz von Seeadlern, und scheint von Osten her unbezwingbar. Es gibt jedoch Auf- und Abstiegsvarianten sowohl von der Südwestseite wie von der Westseite. Mit ein bisschen Kraxelei lässt sich das bewaldete Plateau erreichen und bietet spektakuläre Aussichten entlang der Nordküste und ins Inselinnere. Über den historischen Caminho Real 23 lassen sich Auf- und Abstieg zu einer interessanten Runde verbinden.

Blick vom »Logenplatz« auf dem Penha d'Águia zur Ponta de São Lourenço.

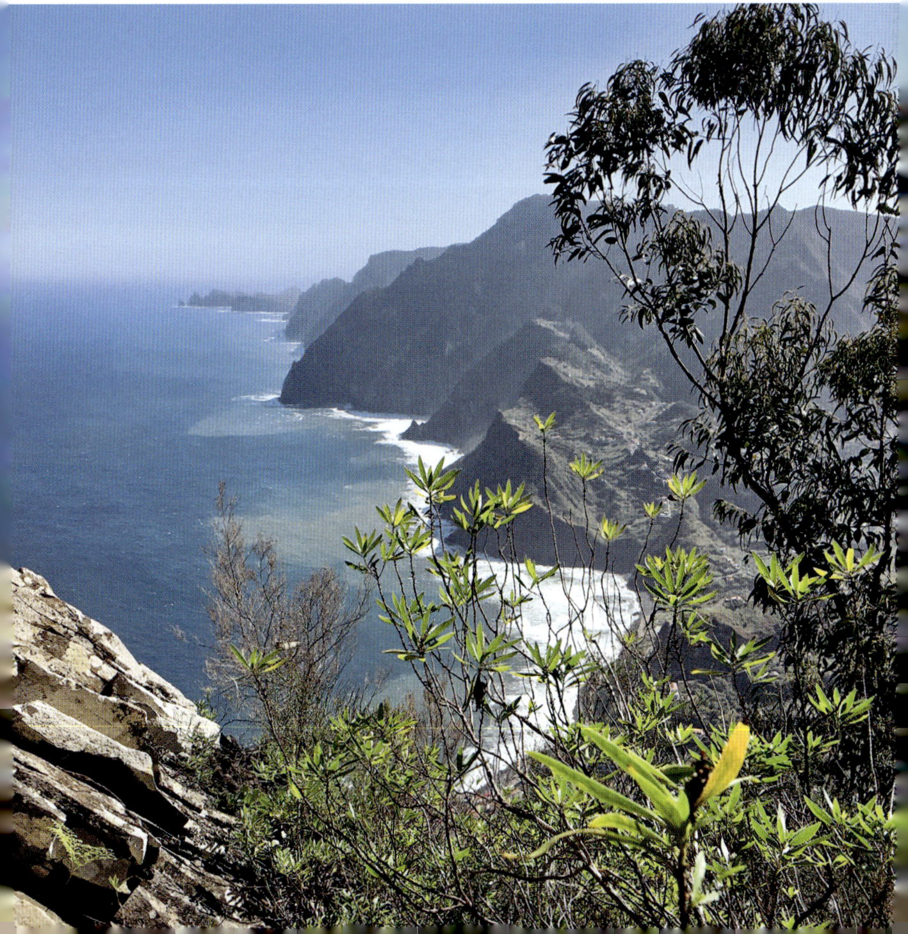

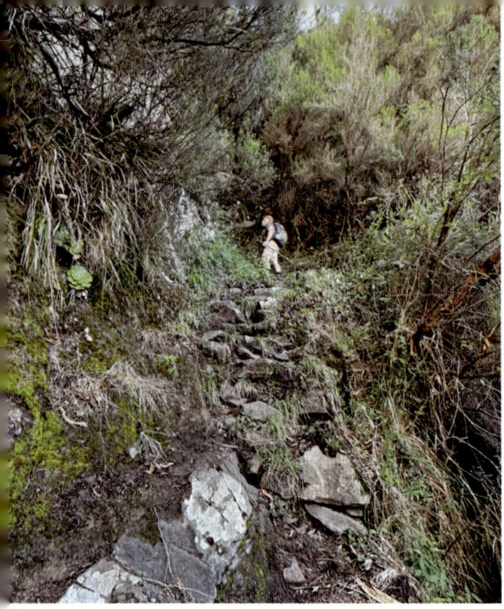

Im Baumheidegürtel wird der Aufstiegsweg zunehmend felsiger.

Ausgangspunkt: Porto da Cruz, Ortsteil Cruz, 235 m. Anfahrt von Funchal auf der VR 1 Richtung Machico und weiter auf der VE 1 bis Porto da Cruz Oeste. In Richtung Faial zur ER 108 bis zum Ortsteil Cruz. Nahe der Bushaltestelle parken.
Bus: von Funchal mit der Linie SAM Nr. 53 Richtung Faial bis Haltestelle Cruz.
Anforderungen: Für den steilen Aufstieg ist teilweise Handeinsatz notwendig. Der Abstiegsweg zeigt sich weniger steil, dafür aber rutschig. Wanderstöcke sind hilfreich.
Einkehr: Am Ausgangspunkt Katrepa's Bar und Adega da Cruz.

Wir beginnen in **Cruz ①** gegenüber von Katrepa's Bar und folgen dem Wegweiser Vereda da Penha d'Águia. Nach wenigen Metern verlassen wir den breiten Weg nach rechts und gehen entlang der **Levada da Penha d'Águia** bis zu einem kleinen Bananenfeld. Hier zweigt der Aufstiegsweg nach links ab; das Hinweisschild ist schon lange umgefallen und liegt im Gebüsch. Für eine Viertelstunde geht es recht moderat durch einen Wald von Schwarzholzakazien bergauf, dann beginnt der felsige und steile Anstieg durch einen Vegetationsgürtel mit Baumheiden und im Sommer blau blühenden Kugelblumensträuchern. Es tun sich bereits schöne Ausblicke auf Porto da Cruz und die imposante Küstenlinie auf, der Weg bleibt aber immer leicht beschattet. Nach etwa 45 Min. Aufstiegszeit erreichen wir den Weg auf dem **Plateau ②**, 545 m. Wir gehen für einen Abstecher zu einem herrlichen Aussichtsplatz nach rechts und folgen dem abschüssigen, leicht ausgesetzten Pfad durch den Eukalyptuswald, bis rechts neben uns eine drei Meter hohe Felsscharte aufragt (nicht geradeaus weitergehen, dieser Weg ist gefährlich!). Mit etwas Kraxelei erklimmen wir den Kamm und können auf diesem **»Logenplatz« ③**, 555 m, die schönste Aussicht zur Ponta de São Lourenço genießen.
Auf demselben Weg geht es zurück. Wieder auf dem **Plateau ②** folgen wir nun geradeaus ansteigend dem Weg bis zum **Geodésico des Penha d'Águia ④**, 590 m.
Hier beginnt der Abstieg, und wir können überrascht feststellen, dass der mächtige Felsklotz nach Norden hin eine tiefe Senke aufweist, also eigentlich wie ein übergroßes, bewaldetes Hufeisen aus dem Meer herausragt. Der Weg bergab ist nicht besonders steil, aber tückisch, weil er

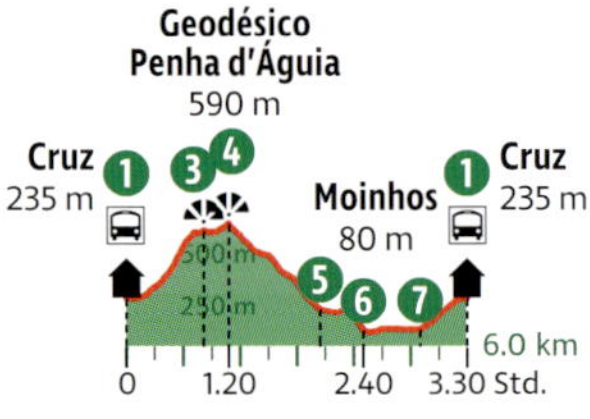

immer im Schatten liegt und deshalb feucht und rutschig ist. Für die beeindruckenden Aussichten lohnt es sich, hin und wieder stehen zu bleiben, insbesondere wenn Faial und die markante Bucht vor Guindaste ins Blickfeld kommen. Nach 1.20 Std. Abstieg erreichen wir die ersten Felder und halten uns oberhalb der Estrada da Agrícola links ❺, 183 m, entlang einer Levada. Über ein paar Stufen steigen wir kurz darauf zum betonierten Weg hinunter, gehen links weiter und kommen nach 270 m zur **Vereda do Passe**. Dieser schöne alte Pflasterweg zieht sich unterhalb der imposanten Steilwand hinunter zur Ribeira do Faial. Wir treffen im Ortsteil **Moinhos ❻**, 80 m, auf die VE 1, überqueren diese und gehen nach links auf dem Caminho dos Moinhos weiter. Nun befinden wir uns auf dem historischen **Caminho Real 23**, der durch die Siedlung oberhalb des Flusses führt. Die Einfachheit der Häuser steht in krassem Gegensatz zu dem überbordenden Grün und Blütenreichtum der Vegetation entlang unseres Weges – und lenkt gleichzeitig vom Betonwerk ab, das sich im Flussdelta immer weiter ausbreitet. Nach dem letzten Haus treten wir wieder auf eine Straße, überqueren sie und können, uns rechts haltend, entlang einer Levada parallel zur Straße weitergehen. Nach 350 m verlassen wir die Levada nach links und beginnen auf dem **Caminho da Longueira ❼**, 83 m, unseren knapp halbstündigen Aufstieg zurück nach **Cruz ❶**. Dazu muss noch einmal die ER 108 überquert werden.

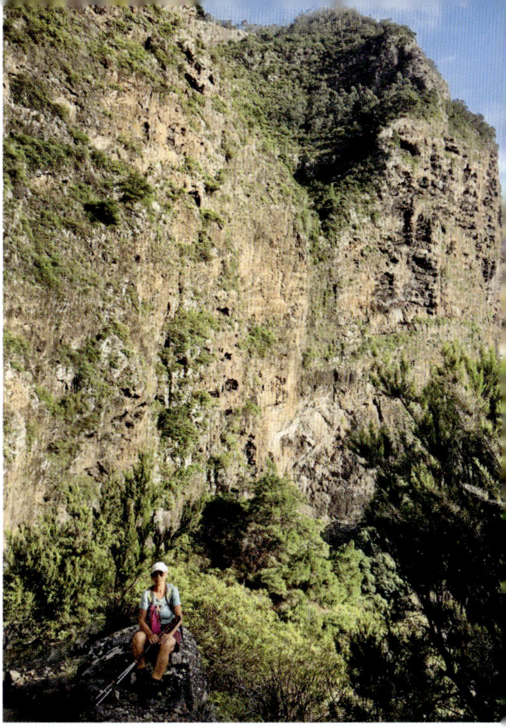

Auf der Vereda do Passe vor der Südwand des Penha d'Águia.

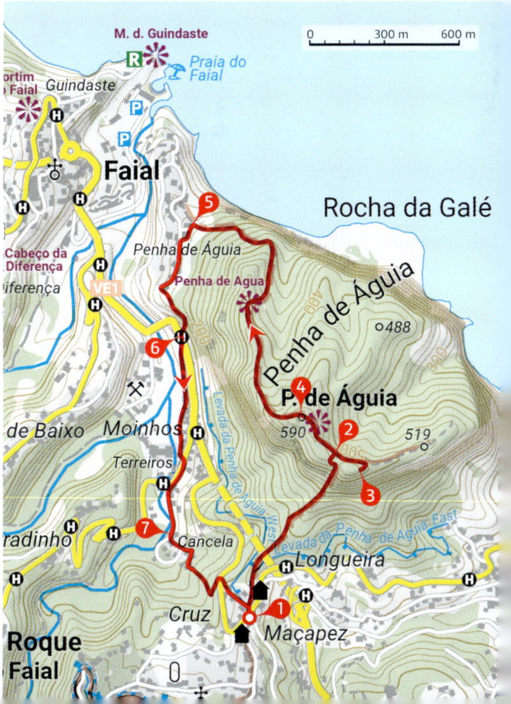

31 Durch die Serra das Funduras

Vom Portela-Pass über den Lombinho

3.30 Std. | 9,2 km | ↗540 m | ↘540 m

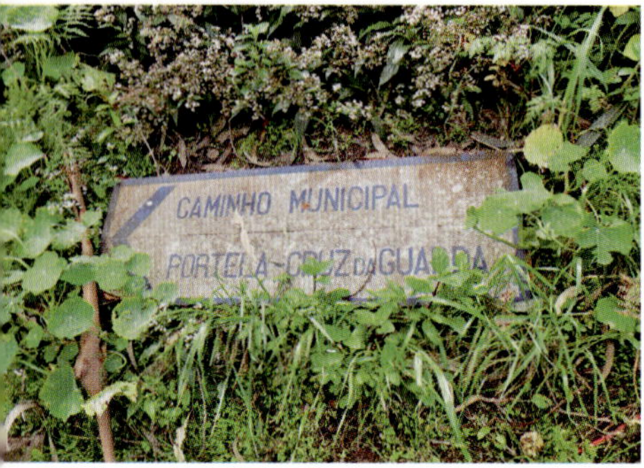

Der alte Fußweg vom Portela-Pass nach Porto da Cruz beginnt mit dem Caminho Municipal.

Unterwegs auf Trainingsstrecken der Trailrunner

Der Nordosten Madeiras ist den beständigen Passatwinden und damit häufigen Niederschlägen ausgesetzt. Das erklärt die fast dschungelartige Bewaldung der Bergkette der Serra das Funduras. Neben einfachen, leichten Wanderwegen existieren hier auch etliche einsame, wilde Wege, auf denen wir allenfalls einem Trailrunner beim Training begegnen. Diese Rundwanderung beschert uns immer wieder andere Blickwinkel auf den imposanten Adlerfelsen.

Ausgangspunkt: Parkplatz am Miradouro da Portela, 600 m, an der Kreuzung der ER 110 und ER 212. Anfahrt von Funchal kommend auf der VR 1 bis Machico und weiter auf der VE 1 Richtung Santana. Bei Maroços den Abzweig rechts nach Portela nehmen und der Straße bis zum Pass folgen.
Bus: von Funchal mit der Linie SAM Nr. 53 bis Haltestelle Restaurant Miradouro da Portela.

Anforderungen: Trittsicherheit und Schwindelfreiheit sind zwingend erforderlich für den Abschnitt entlang der Levada. Für den steilen Aufstieg über den Lombinho braucht es ein gutes Maß an Kondition.

Einkehr: Unterwegs keine. Am Ausgangspunkt Restaurant Miradouro da Portela.

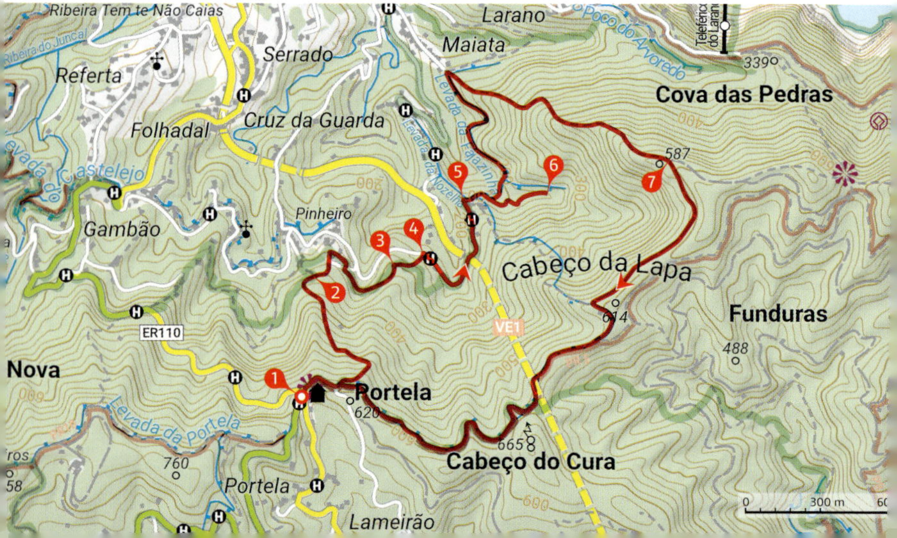

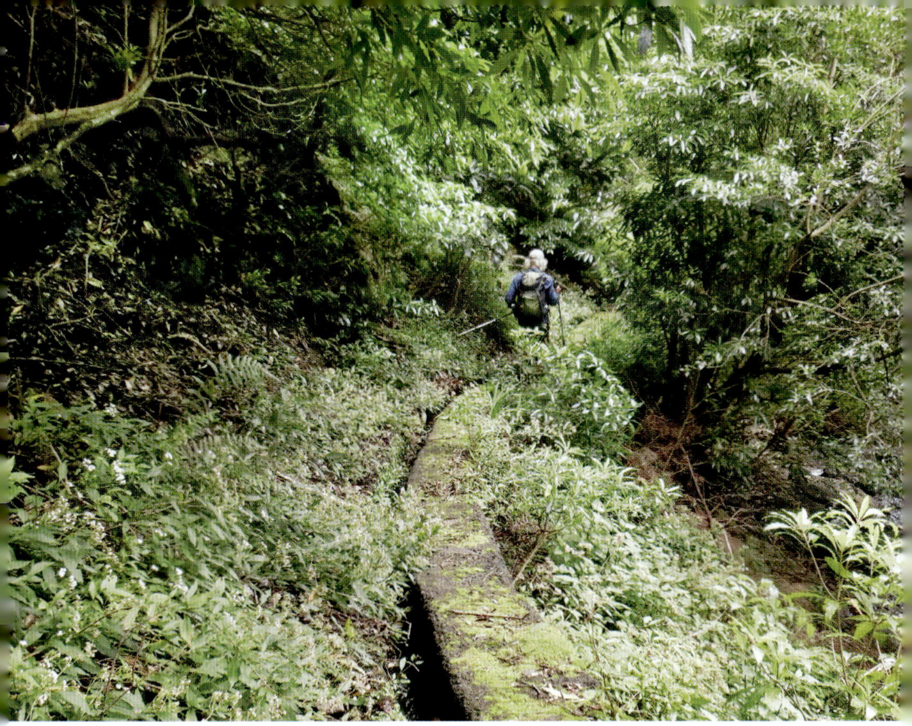

Levadabrücke der Levada da Nozelha.

Wir starten vom Parkplatz am **Miradouro da Portela** ❶, 600 m, auf dem Caminho do Lameirão. Eine Tafel weist dort die Trailrunning-Strecken aus, die rund um Porto da Cruz als Trainingsetappen für die Sportler freigehalten werden. Kurz nachdem die Fahrstraße nach rechts Richtung Maroços abzweigt und der weitere Weg in eine Piste übergeht, die Estrada Florestal da Serra das Funduras, ist auf der linken Seite ein gepflasterter Weg zu sehen. Er ist ein Teil des Caminho Real 23, der hier als **Caminho Municipal** beschildert ist. Während des Abstiegs auf dem überwiegend breiten, manchmal auch steilen Weg, eröffnen sich bei gutem Wetter schöne Ausblicke auf den Adlerfelsen und auf Porto da Cruz. An einem großen **Wassertank** ❷, 375 m, verlassen wir den Caminho nach rechts auf einem schmalen Betonweg. Er führt zu einem verlassenen Haus und von dort weiter über Steinstufen links bergab, bis wir auf der rechten Seite einen betonierten Pfad entdecken. Wir folgen diesem, kreuzen nach 200 m eine Anliegerstraße und gehen auf der anderen Seite auf einem Erdpfad leicht bergauf. Er begleitet eine kleine Levada, die mehr Graben als Wasserkanal ist. Nach 200 m teilt sich der Pfad, wir bleiben auf dem oberen (rechts) bis zu einer Kreuzung. Wir nehmen den Weg links bergab (nach rechts

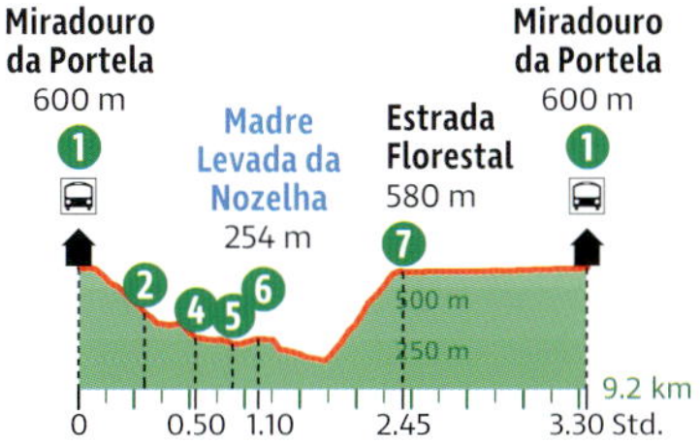

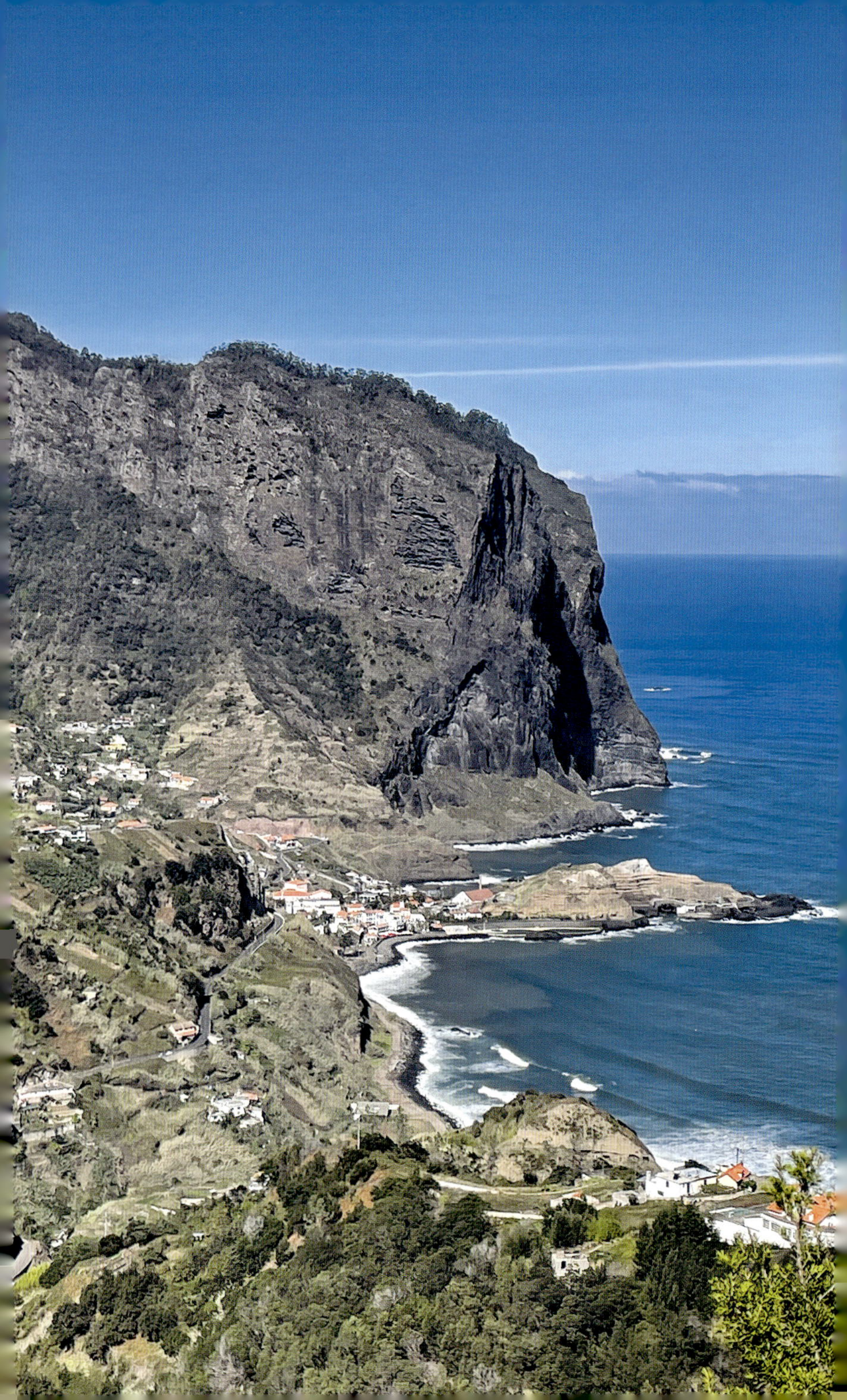

endet der Weg wenige Meter später an einem Hühnerstall), folgen einem schwarz-blauen Wasserrohr und erreichen 5 Min. später einen **Palheiro** ❸, 310 m. Dort fällt die Levada durch einen dichten Bambusdschungel steil bergab, der begleitende Pfad ist schmal und rutschig. Nach einer Linkskehre (geradeaus ist der Pfad nur noch wenige Meter begehbar) treffen Weg und Levada auf die Straße, den **Caminho da Capela de São Francisco de Borja** ❹, 260 m. Wir gehen rechts weiter, überqueren nach gut 200 m auf einer Brücke den Corgo do Lombo da Cura und haben gleich danach den Tunnelausgang der Schnellstraße VE 1 unter uns. Nach weiteren 200 m erreichen wir die ersten Häuser von **Maiata de Cima**. Nach dem dritten Haus auf der rechten Straßenseite sehen wir ein Schild **»Lombinho – Percurso de Treino«** ❺, 230 m, das eine schwarze Trailstrecke markiert. Der Weg, der hier von der Straße abzweigt, begleitet die kleine **Levada da Nozelha** gut 100 m bis zum beschilderten Abstieg zum Bach. Wer in das verwunschene Tal weiter hineinlaufen möchte, bleibt noch für weitere 300 m an der Levada bis zur **Madre** ❻, 254 m, und kommt auf demselben Weg zurück bis zum beschilderten Abzweig.
Nach der Bachquerung über Trittsteine wandern wir entlang der **Levada da Fajãzinha**. Hier sind Schwindelfreiheit und Trittsicherheit gefragt, denn etliche ausgesetzte Stellen sind nur mit einem rot-weißen Flatterband »gesichert« und mehrfach müssen wir auf der schmalen Levadakante balancieren. Nach 800 m sehen wir den Wegweiser für unseren Aufstieg über den Lombinho.

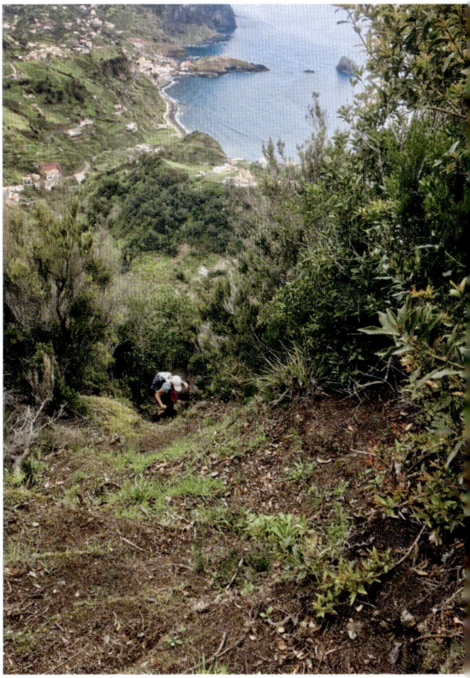

Der steile Aufstieg am Lombinho.

Ein sehr schöner, in seiner Steilheit jedoch anspruchsvoller Weg über die Bergflanke beschert uns in der Rückschau immer wieder wunderschöne Aussichten, bis wir auf 450 m Höhe in den Wald eintauchen. Es geht weiterhin steil bergauf. Auf 580 m Höhe erreichen wir die **Estrada Florestal da Serra das Funduras** ❼, 580 m. Wir halten uns rechts und gehen auf der breiten Erdpiste ohne weitere Höhendifferenzen etwa 3 km zum Ausgangspunkt am **Miradouro da Portela** ❶ zurück. Die an sich etwas langweilige Piste lässt sich durch eingehende Betrachtung der Botanik aufwerten. Hier wachsen Farne in allen Größen, vom zartgliedrigen Frauenhaarfarn bis zum 5 m hohen Baumfarn.

Sicht auf Porto da Cruz und den Adlerfelsen.

32 Boca do Risco, 375 m

Von Küste zu Küste im Osten der Insel

4.00 Std. | 9,7 km | ↗480 m | ↘480 m

Eine Kombination aus Levada-, Berg- und Küstenwandern

Um von der Süd- zur Nordküste auf Madeira zu gelangen, gibt es unzählige Wege. Die kürzeste, aber unerwartet reizvolle Überquerung lässt sich im Osten der Insel erwandern. Diese Rundtour verbindet einen Spaziergang auf der Levada do Caniçal mit einer spektakulären Küsten- und Gratwanderung und eröffnet damit sowohl Einblicke in das bäuerliche Hinterland von Machico als auch fantastische Ausblicke auf die Steilküstenlinie im Norden. Auf dem Weg zum bewaldeten Pico Castanho und bei der anschließenden Gratwanderung zurück zur Südküste können wir den Blick mal über das Machico-Tal, mal über das Hafenstädtchen Caniçal bis zur Ponta de São Lourenço streifen lassen.

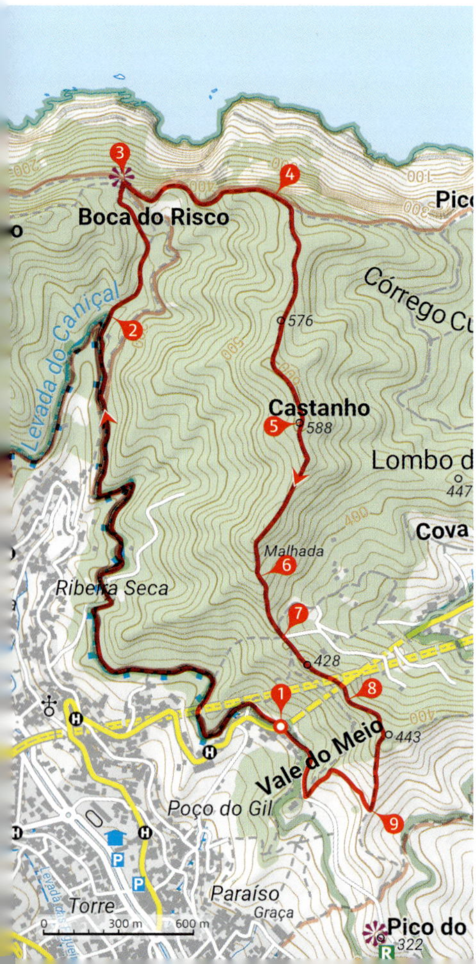

Ausgangspunkt: ER 214 vor dem alten Caniçal-Tunnel am Levadeirohaus der Levada do Caniçal, 220 m. Anfahrt von Funchal auf der VR 1 bis Machico und ab der Ausfahrt 25 weiter Richtung Caniçal via ER 214.
Bus: mit der Linie SAM 113 ab Funchal.
Anforderungen: Der Weg entlang der Levada do Caniçal ist einfach. Trittsicherheit und Schwindelfreiheit sind aber zwingend für den Abschnitt entlang der Küste und auf dem Grat. Die Kraxelei an der »schrägen Wand« kann umgangen werden. Die Wege sind nicht ausgeschildert, die Orientierung ist aber problemlos.
Einkehr: Keine.
Hinweis: Ausreichend Trinkwasser mitnehmen. Tour nicht bei Regen und starkem Wind begehen.

Wir starten am Levadeirohaus an der **Levada do Caniçal** ❶, 220 m, und laufen uns entlang dem Wasserkanal langsam ein. Nach etwa 3 km sehen wir das Hinweisschild zum Aufstieg zur Boca do Risco, gehen aber daran vorbei und bleiben an der Levada bis zur Bachquerung an der **Ribeira Seca** ❷, 245 m. Der schmale Pfad links am Bach entlang ist besonders im Frühling recht idyllisch. Nach einem mühelosen Aufstieg

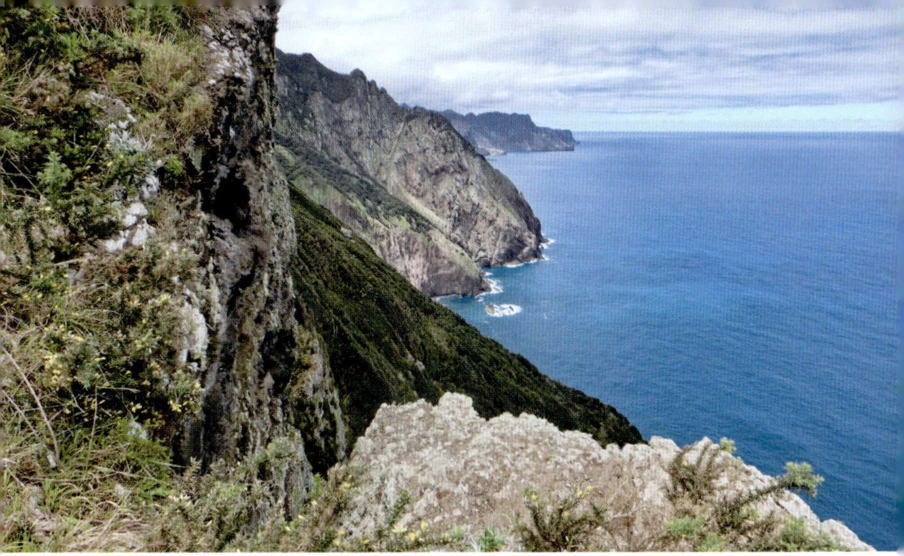

Die schroffe Küstenlinie nahe der Boca do Risco.

erreichen wir die **Boca do Risco ❸**, 375 m, die »gefährliche Öffnung«. Um die spektakulären Ausblicke in Ruhe zu genießen (der Platz ist oft voll von Wandergruppen), gehen wir gleich weiter auf dem sehr deutlich ausgetretenen Pfad Richtung Osten, auf der **Vereda do Caniçal**. Weiße und rote Felsen in skurrilen Formationen fallen hier senkrecht zum Atlantik ab und nur wenige Gewächse können sich in den Felsspalten festhalten. Die rechte Seite des Wegs wird von dichter, knorriger Baumheidenvegetation begleitet. Nach einer guten halben Stunde erreichen wir die **»schräge Wand« ❹**, 525 m. Wem diese Traverse zu gefährlich erscheint, bleibt auf dem rechts abzweigenden Weg und umgeht die Felspartie unterhalb durch die Baumheiden. Kurz darauf ist der Abzweig zum Pico Castanho nicht zu verfehlen. Wir verlassen die Küste und wandern auf dem dicht bewaldeten Bergrücken bergauf. Tä-

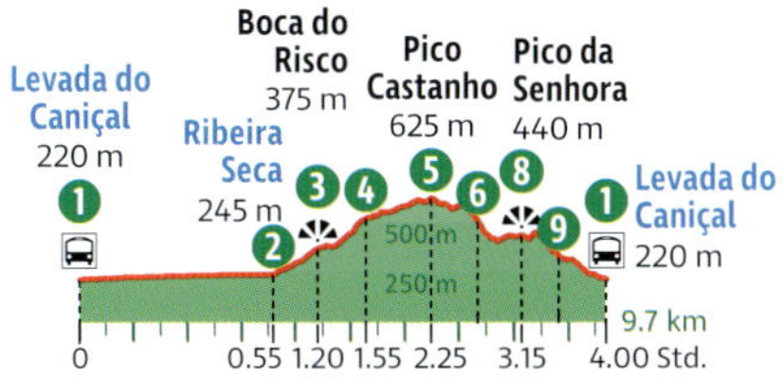

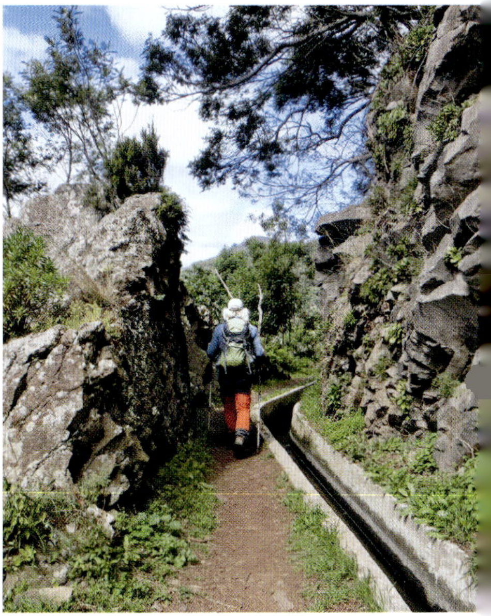

Sehr gemütlich wandern wir entlang der Levada do Caniçal.

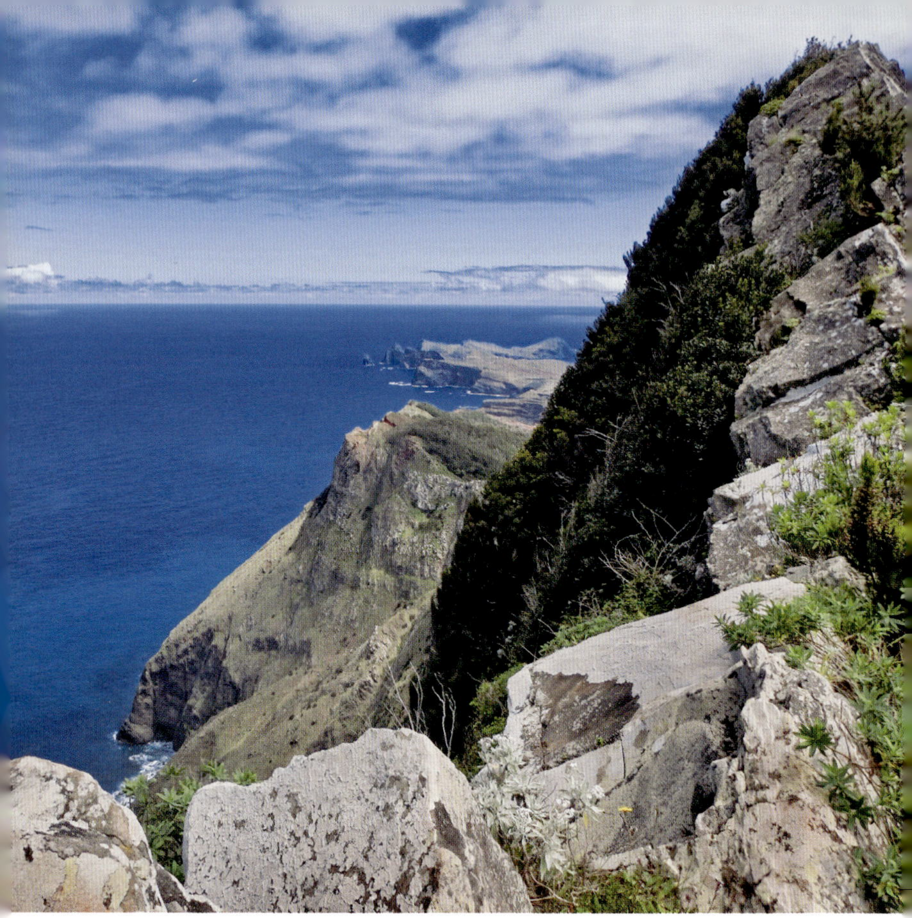

Entlang der »schrägen Wand« schauen wir auf die Halbinsel São Lourenço.

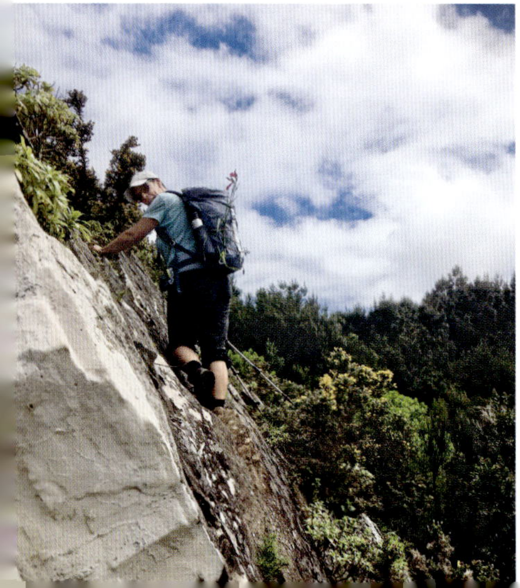

ten sich da nicht immer mal wieder »Fenster« Richtung São Lourenço oder Espigão Amarelo auf, würden wir kaum merken, dass wir in ständigem Auf und Ab auf einem Grat unterwegs sind. Der Abstieg beginnt, nachdem wir den Geodésico des **Pico Castanho 5**, 625 m, passiert haben. Bis zur **Einsiedelei 6**, 510 m, wo die Hühner beste Aussicht genießen, wandern wir auf einem schönen Bergweg. Danach folgt ein Abstieg auf ganz engen Serpentinen durch

Die »schräge Wand« wird landseitig passiert.

eine 4 m breite Schneise im dichten Schwarzholz-Akazien-Wald, die an eine schwarze Buckelpiste beim Skifahren erinnert.

Bei **Malhada ⑦**, 410 m, angekommen, schließt man ob des »Betonwahnsinns« am besten die Augen und steigt dann einfach geradeaus weiter aufwärts. Nun erwartet uns wieder eine wirklich schöne Strecke mit tollen Aussichten auf die Bucht von Machico und den Pico do Facho. Beim Abstieg vom **Pico da Senhora ⑧**, 440 m, liegen die Ilhas Desertas direkt vor uns.

Nun könnte man bis zum Pico do Facho auf diesem Weg bleiben, müsste dann aber ein längeres Straßenstück am Rückweg in Kauf nehmen. Also biegen wir kurz vor Erreichen eines **kleinen Gehöfts ⑨**, 330 m, auf einem schmalen, kaum kenntlichen Pfad nach rechts ab. Entlang der Trockenmauern steuern wir auf das weiße Häuschen hinter einer Obstplantage zu und kommen hinter dem Gebäude links haltend wieder auf einen deutlich sichtbaren Pfad. Dieser mündet bald in eine breite Piste. Wir bleiben links bergab und erreichen nach 5 Min. den **Caminho do Pico do Facho**. Wir gehen rechts noch 400 m an der Straße entlang, dann haben wir den Ausgangspunkt an der **Levada do Caniçal ①** wieder erreicht.

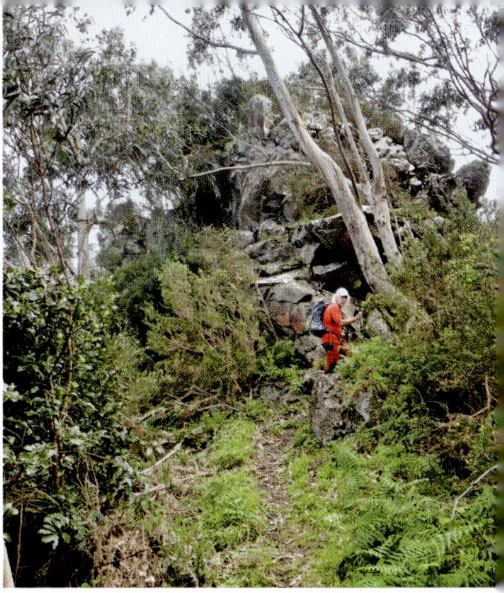

Der Aufstieg zum Pico Castanho verläuft überwiegend durch Wald.

Über Wiesen und entlang von Obstplantagen führt ein kaum sichtbarer Pfad.

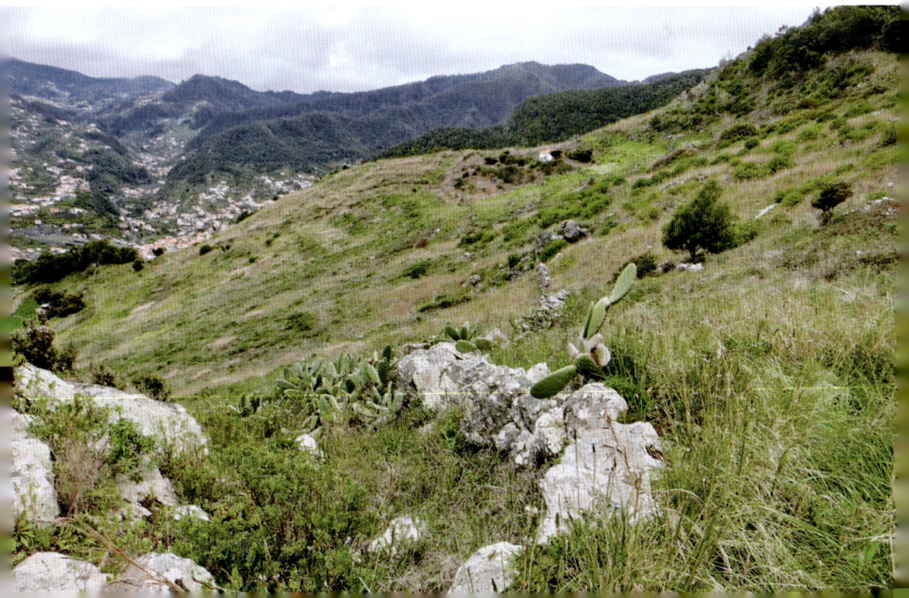

33 Ribeira de Santa Cruz

Levada Nova und Levada do Moinho da Serra

3.00 Std. | 7,1 km | ↗ 330 m | ↘ 330 m

Rundwanderung entlang zweier Levadas und Wassermühlen

Levada Nova und Levada do Moinho sind Bezeichnungen, die wir auf Madeira mehrfach finden. Meist sind es zwei parallel verlaufende Wasserkanäle, wobei die Moinho, die Mühlenlevada, jeweils die ältere Anlage ist. Sie diente in erster Linie dem Antrieb der historischen Wassermühlen. Mit zunehmender Elektrifizierung verloren diese Mühlen an Bedeutung. Das Fassungsvermögen der Levada war nicht immer ausreichend, um zur Bewässerung genutzt zu werden, und der Ausbau mit Verbreiterung und Vertiefung des Wasserkanals zu aufwendig. Zur besseren Versorgung landwirtschaftlicher Flächen wurde demzufolge eine neue Levada, die Levada Nova, oft in leichter zugänglichem Terrain geschaffen und die alte Levada do Moinho nur noch zur Bewässerung der Felder der direkten Anrainer genutzt. Auf dieser sehr abwechslungsreichen Wanderung können wir das System – Ribeira, Madre, Levada, Moinho, Micro-Agricultura (Fluss, Ursprung, Wasserkanal, Mühle, Mikrolandwirtschaft) – genauer kennenlernen.

Ausgangspunkt: Moinhos/Santa Cruz, 390 m. Anfahrt von Funchal auf der VR 1 bis Santa Cruz und auf der ER 207 Richtung Santo António da Serra bis zum Abzweig Estrada dos Moinhos. Nach 2,3 km nahe der Kreuzung mit der Rua dos Moinhos das Auto am Straßenrand abstellen.
Bus: mit der Linie SAM 205 ab Santa Cruz hin und zurück bis/ab Moinhos (oder bei Variante 2 Einstieg in Janeiro oder Terça).

Anforderungen: Die Runde ist überwiegend einfach zu gehen, aber für die Levada do Moinho da Serra sind Trittsicherheit und Schwindelfreiheit erforderlich.

Einkehr: Auf der Hauptroute keine. Eine einfache Bar oberhalb der zweiten Mühle, wenn man die Variante 2 verfolgt.

Hinweis: Die Wanderung kann nach starken Regenfällen nicht entlang der Levada do Moinho da Serra gemacht werden, sondern nur über die Piste, und ist dann weniger spannend.

Tipp: Die Dichte der ehemaligen Wassermühlen ist an dieser Levada do

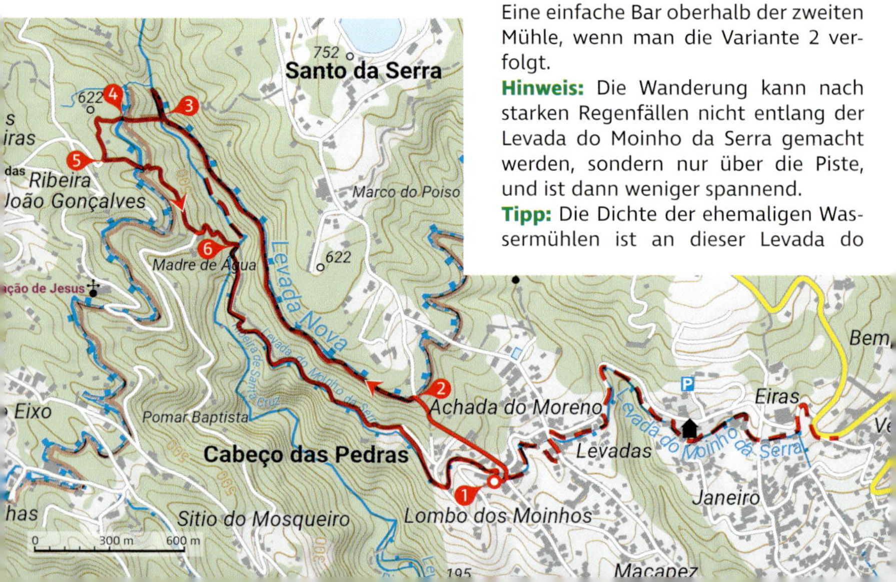

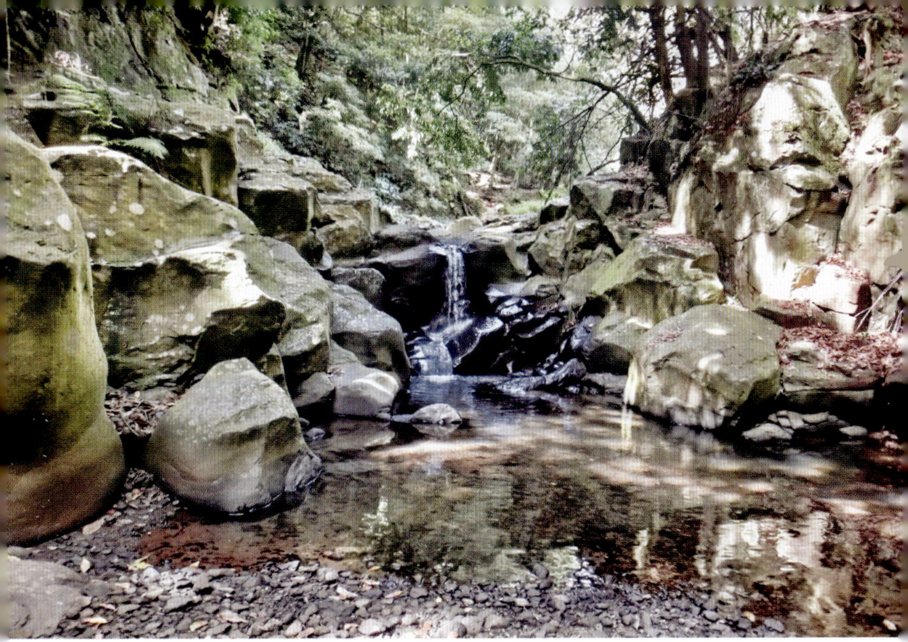

Durch das Flussbett zum Wasserfall Cascata da Ribeira de Santa Cruz (Variante 1).

Moinho mit fünf in Reihe besonders hoch. Es sind zwar mittlerweile nur noch Ruinen zu sehen, aber die Technik kann anhand der sichtbaren Bauwerke noch gut nachvollzogen werden.

Varianten: 1) Bei niedrigem Wasserstand ist es möglich, bei der Ponte de Roma ❻ der Ribeira de Santa Cruz flussaufwärts zu folgen. Es geht überwiegend im Flussbett von Stein zu Stein, über kleine Inseln und bisweilen auch einige Meter mal an der einen, mal an der anderen Uferböschung 500 m in die Schlucht hinein. Für den Abstecher zum Wasserfall, 460 m, im Talkessel ist zusätzlich etwa 1.00 Std. hin und zurück einzuplanen.

2) Wer sich für die Historie der Wassermühlen auf Madeira interessiert, kann zurück am Ausgangspunkt die Wanderung entlang der Levada do Moinho da Serra noch 2,5 km fortsetzen und auf diesem Weg die Ruinen von vier dieser Anlagen erkunden. Der Weg ist größtenteils befestigt und führt durch dünn besiedeltes, sehr ärmliches Gebiet, vorbei an kleinen Feldern und Gärten (siehe auch Kapitel »Levadas und Wassermühlen«, S. 31).

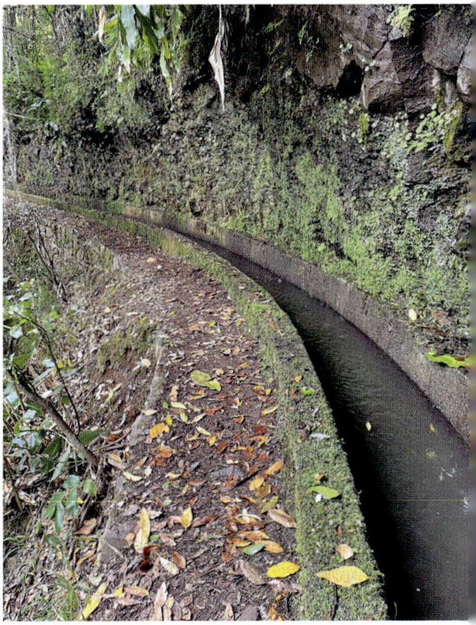

Entlang der Levada Nova führt durchgängig ein breiter Pfad.

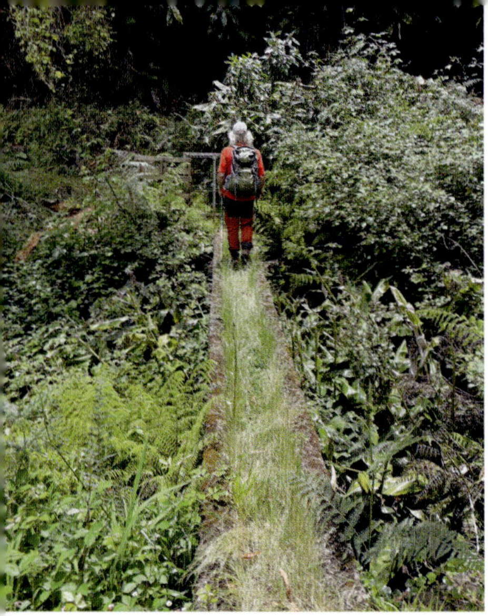

Die Pontinha ist ein wirklich schmales Brückchen, aber fest gemauert.

Von der **Kreuzung Estrada/Rua dos Moinhos ❶**, 390 m, gehen wir knapp 10 Min. geradewegs bergauf auf der asphaltierten Rua dos Moinhos, bis wir an die kreuzende **Levada Nova ❷**, 520 m, kommen. Links, gegen die Fließrichtung, haben wir nun für 2 km eine einsame und beschauliche Levadawanderung vor uns. Nach einer guten halben Stunde sehen wir rechts einen beschilderten Treppenaufstieg, den wir unbeachtet lassen. 50 m weiter weist ein Schild zum gestuften Abstieg hinunter in das Flussbett der **Ribeira de Santa Cruz ❸**, 540 m. Wer möchte, kann vor dem Abstieg der Levada noch 3 Min. bis zur Madre folgen und auf demselben Weg zurückkommen.

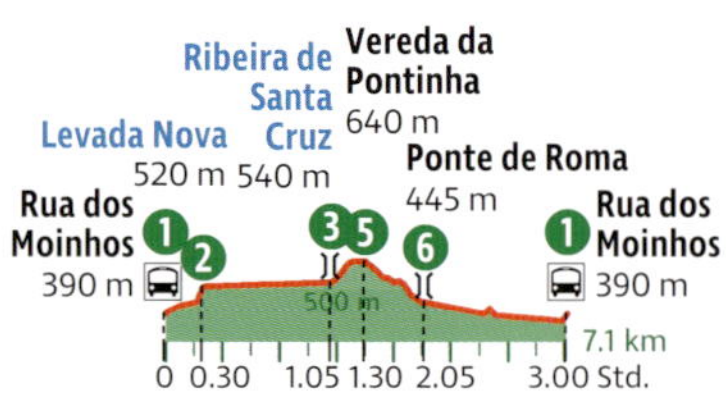

Zur Überquerung des Flusses wurde jüngst eine einfache Hängebrücke installiert. Der Aufstieg am anderen Ufer, die **Vereda do Alvoredo**, ist sehr steil und mit viel Laub auf weichem Waldboden recht rutschig. Nach 15 Min. sind wir an der **Levada dos Tornos ❹**, 610 m, angekommen. Es ist möglich, ihr einfach nach links bis zum Abstiegsweg zur Ponte de Roma (ausgeschildert) zu folgen, interessanter ist es jedoch, über die Vereda do Alvoredo weiter bergauf zu gehen. Nach der Levadaüberquerung erwarten uns sehr schöne Exemplare alter Lorbeerbäume und die Reste einer ehemaligen Einsiedelei. Etwa 20 Min. später kommen wir auf einen befestigten Weg, gehen an drei bewohnten Häusern vorbei und zweigen beim Hinweisschild **»Vereda da Pontinha« ❺**, 640 m, nach links ab. Die ursprüngliche Pflasterung des Abstiegsweges ist kaum noch zu sehen, doch sie hält die Vegetation soweit zurück, dass der schmale Pfad noch zu erkennen ist. Wir passieren ein Viehgatter, das nach dem Durchgang wieder geschlossen werden muss, und erreichen bald eine nur zwei Fuß breite Brücke, die Pontinha, die dem Weg ihren Namen verliehen hat. Ab hier haben wir eine Levada mit natürlichem Bett als Begleitung, bis wir 3 Min. später einen befestigten Weg erreichen. Leider musste das originale Basaltsteinpflaster einer Betondecke weichen, als die verwilderten Hänge neu terrassiert wurden, um Obstbaumkulturen anzulegen. Zum Glück hat man die **Ponte de Roma ❻**, 445 m, eine wunderschöne, gemauerte Bogenbrücke über die Ribeira de Santa Cruz, erhalten. Wir steigen vor der Brücke auf einem Pfad hinunter ins Flussbett und treffen nach der Überquerung auf die Madre der **Levada**

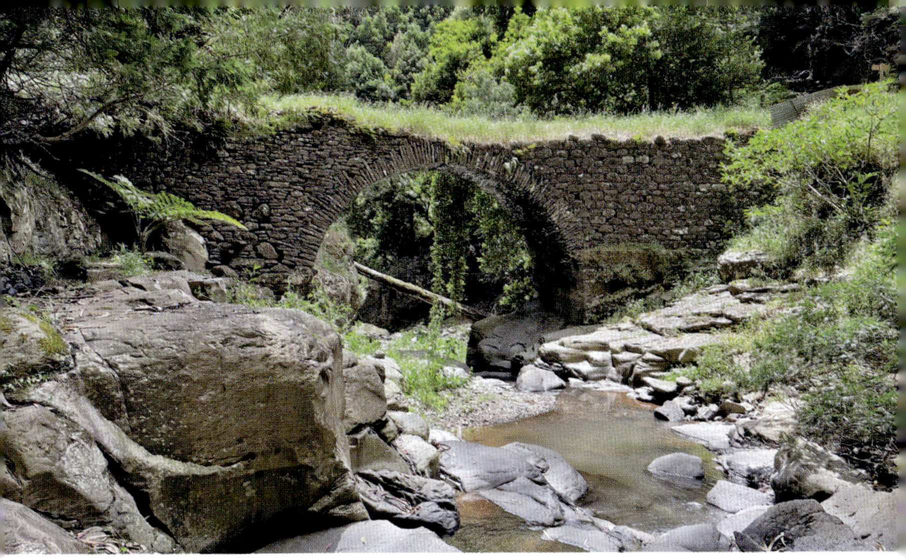

Die eindrucksvolle Ponte de Roma.

do Moinho da Serra. (Flussaufwärts führt Variante 1 zum Wasserfall.) Um der Levada do Moinho ab der Madre in Fließrichtung zu folgen, muss man in dem kleinen Levadatunnel unter der Brücke hindurchkriechen – am besten watet man ohne Stiefel durchs Levadabett. (Kann man den Fluss wegen hohen Wasserstands nur über die Brücke überqueren, dann ist der Weg entlang der Levada do Moinho nicht möglich, denn es gibt keinen sicheren Abstieg am anderen Ufer. Dann bleibt nur der Weg über die Piste – parallel zur Levada – zurück zum Start.) Wir gehen entlang der Levada, während der Fluss über mehrere Wasserfälle tief unter uns in einer wilden Schlucht verschwindet und nur noch das Rauschen des Wassers zu hören ist. Die Vegetation entlang des Wasserkanals ist üppig, der Weg schmal, aber immer sicher begehbar. Nach etwa einer Dreiviertelstunde müssen wir kurzfristig von der Levada auf die Piste links über uns wechseln, können aber 150 m weiter, bei einer Hütte, wieder zurück an den Wasserlauf absteigen. Nachdem wir die Rua do Lombo das Moinhos überquert haben, passieren wir die Mühle, **Moinho das Eiras**, nahe unserem Startpunkt bei der **Kreuzung Estrada/Rua dos Moinhos ❶**.

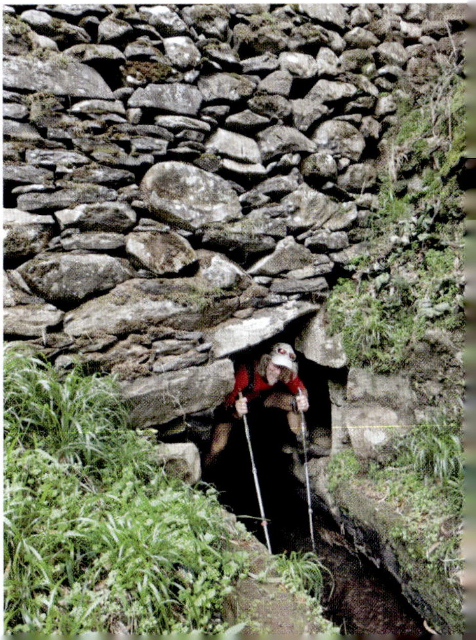

Der niedrige Levadatunnel im Brückenpfeiler der Ponte de Roma.

34 Águas dos Tornos Altos

Zu den historischen Quellen von Funchal

TOP | 5.45 Std. | 11,3 km | ↗ 830 m | ↘ 830 m

Interessante Runde durch den Parque Ecológico do Funchal

Im Ökologischen Park von Funchal befindet sich die Hochebene Chão da Lagoa, die früher eine große Bedeutung für die Wasserversorgung von Funchal hatte. Hier versickert konzentriert das Wasser der Regenfälle im Winter und fließt in die tieferen Lagen der Felsen, die die linke Flanke der Ribeira de Santa Luzia begrenzen. Den dort kräftig sprudelnden Quellen wurde mehr als hundert Jahre lang das Trinkwasser für die Stadt Funchal entnommen. Mit dem Bau der goßen Levada dos Tornos Mitte des 20. Jahrhunderts, die durch kilometerlange Tunnel Wasser aus dem Norden in den Süden leitet, wurden die Quellen von Tornos Altos nach und nach aufgegeben. Als Tribut und Anerkennung an die Leistung der Männer, die oft unter Einsatz ihres Lebens das lebensnotwendige Wasser nach Funchal leiteten, hat man Anfang 2000 Renovierungsarbeiten an diesem baulichen Erbe durchgeführt. Der jahrhundertealte Wanderweg beginnt mit der symbolträchtigen Brücke über die Ribeira do Pisão, die mehrfach zerstört, aber als Kulturdenkmal immer wieder aufgebaut wurde. Auf dem Weg hinauf zu den historischen Quellstollen bietet sich ein atemberaubender Blick auf das tief eingeschnittene Bett der Ribeira de Santa Luzia vor den Toren der Stadt Funchal. Der Besuch der Quellen ist stets eine nasse Angelegenheit. Das Wasser strömt fast armstark aus der Wand, und das an mehreren Stellen. Es wird in einer Rinne gesammelt, läuft in einen Schacht und in Rohren hinunter nach Funchal.

Die wiederhergestellte Ponte do Pisão.

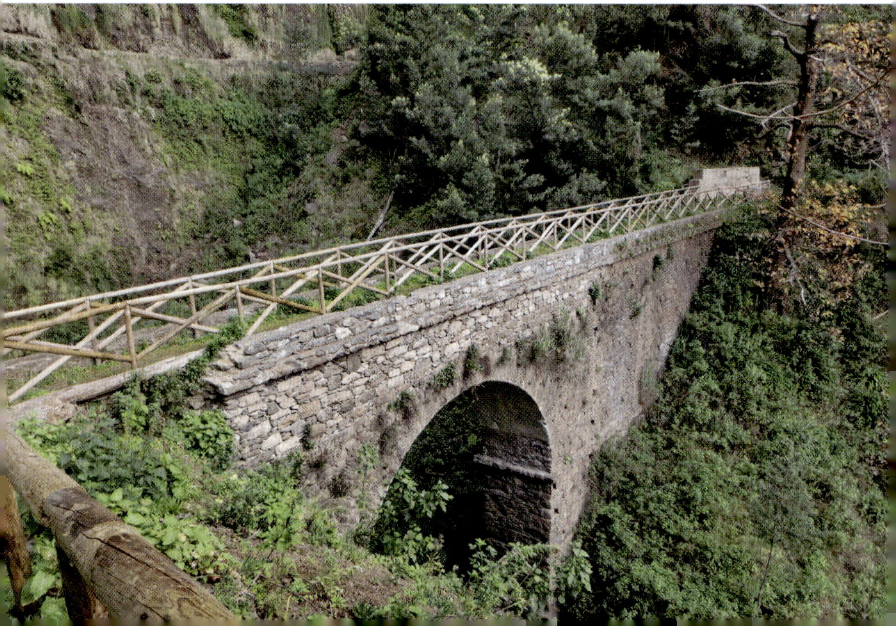

Ausgangspunkt: Parkplatz Monte, 600 m. Anfahrt von Funchal auf der ER 103 nach Monte. Dort dem Hinweis zum zentralen Parkplatz folgen.
Bus: zum Largo Fonte do Monte mit der Linie Horários do Funchal Nr 21.
Anforderungen: Für die Levada und die Aufstiege sind Schwindelfreiheit und Trittsicherheit gefragt. Der Abstieg erfolgt auf breiten Wegen.
Einkehr: Unterwegs keine. Einige Bars und Restaurants in Monte.
Tipp: Mit dem beschriebenen Abstecher entlang der Levada können wir die ehemalige Wasseraufbereitungsanlage von Tornos besuchen, die sich am rechten Ufer der Ribeira de Santa Luzia befindet. Sie wurde stillgelegt, um mit dem Bau einer neuen Infrastruktur, der Station Alegria, dem Bevölkerungswachstum der Gemeinde Funchal gerecht zu werden und die Wassergewinnung und -versorgung zu optimieren – und ist seither ein Informationszentrum zum Thema Wasser: Centro Temático da Água – die aktuellen Öffnungszeiten können telefonisch erfragt werden: Tel. +351 291 784 700.

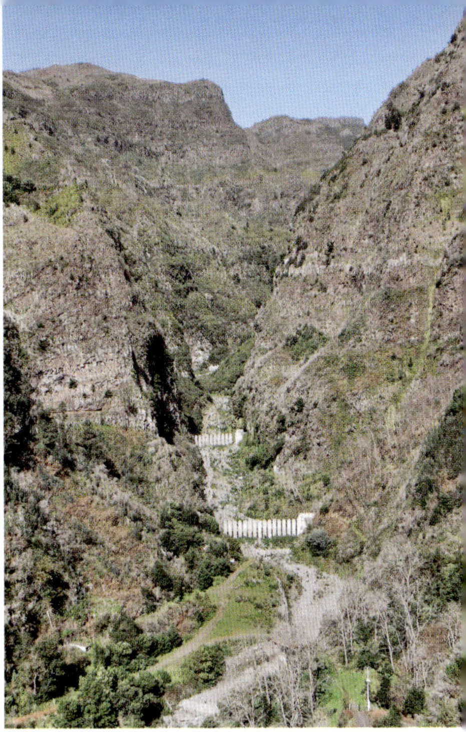

Blick in das Tal der Ribeira da Santa Luzia mit den Geröllsperren.

Vom **Parkplatz Monte ❶**, 600 m, gehen wir hinauf zur Estrada da Corujeira und nehmen nach dem Sportplatz links den **Caminho da Fonte da Pereira**. Nach 400 m treffen wir erneut auf die Straße und folgen ihr bis zum Abzweig des Caminho da Levada dos Tornos rechts. Zunächst noch als Asphalt-, dann als Erdpiste zieht sich der Caminho bis zur **Ponte do Pisão ❷**, 645 m. Wir stehen hier in dem imposanten Kessel der Ribeira do Pisão. Wenige Meter nach der Überquerung der Brücke treffen wir auf die **Levada dos Tornos**. Wir gehen nach links entlang der Levada bis zum Treppenaufstieg. Wer möchte, kann der Levada noch 200 m folgen bis zum Wasserwerk (siehe Tipp). Hier sind die Geröllsperren im Flussbett der

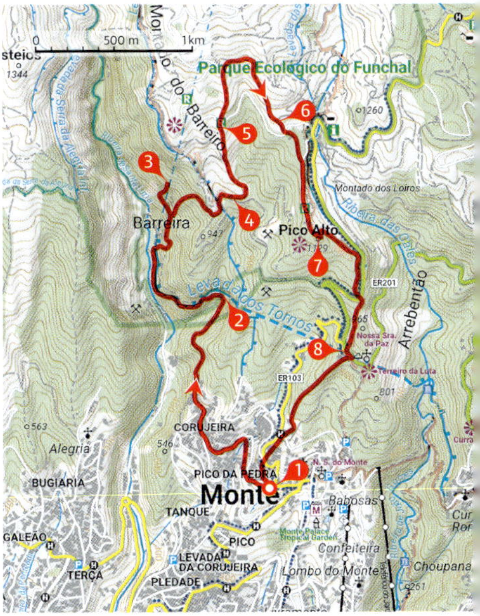

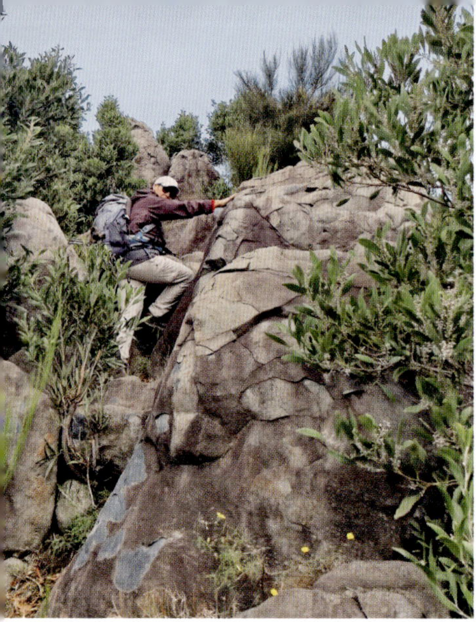

Der Aufstieg durch den Parque Ecológico ist nur schwach markiert und verlangt öfter Handeinsatz.

Ribeira da Santa Luzia zu sehen, die als Überflutungsschutz nach den verheerenden Überschwemmungen im Februar 2010 errichtet wurden.

Nach dem Abstecher gehen wir entlang der Levada zurück und steigen den gut gesicherten, steilen Treppenweg hinauf. Weiter auf dem gepflasterten, breiten Weg bergauf sehen wir immer wieder die markanten Schachtdeckel der historischen Wasserleitung. Nach 25 Min. erreichen wir den oberen **Quellstollen ❸**, 840 m. Nachdem wir uns in dem Stollen umgesehen haben, gehen wir etwa 300 m zurück bis zum **Wegweiser »Barreiro«** und steigen nun steil zum Grat hinauf. Auf dem überwiegend gestuften Weg, der mit Seilgeländern gesichert ist, durchqueren wir ein Eichenwäldchen und kommen nach einer guten halben Stunde auf einer Forstpiste an. Hier halten wir uns rechts und sehen bald das Forsthaus **Casa do Barreiro ❹**, 980 m, vor uns. Ein Fußweg links führt zum Gebäude, wo uns ein gewaltiger Walnussbaum empfängt. Einfach geradeaus weiter, wenn auch nicht ganz offensichtlich, finden wir hinter dem Hauptgebäude den Weiterweg. Nach dem ersten Anstieg

Im Parque Ecológico mit Blick auf Funchal.

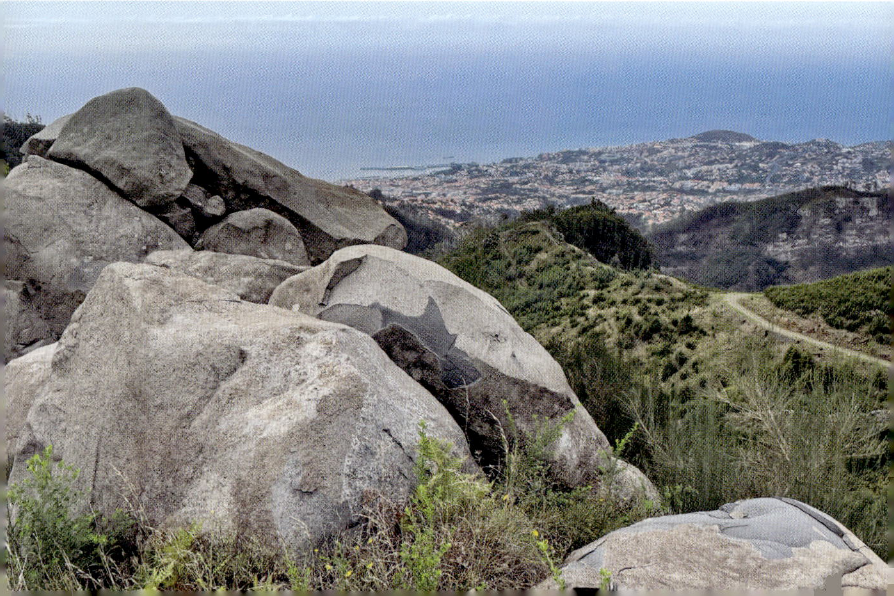

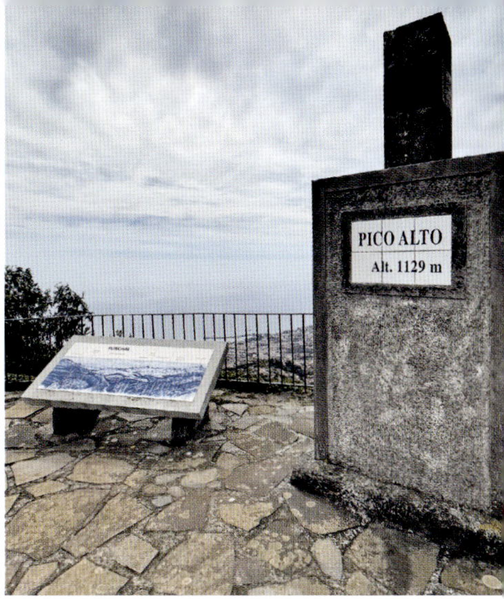

Auf dem Pico Alto ist die Bucht von Funchal besonders eindrücklich zu sehen.

treffen wir auf einen von unten kommenden Pfad und gehen links weiter bergauf. Nach 20 Min. ist die nächste Forstpiste erreicht. Wir halten uns rechts, folgen der 180-Grad-Schleife der Piste und finden wenige Meter weiter, rechts in der Böschung, den nächsten Aufstieg. Hier ist bald Handeinsatz notwendig, um sich über die großen Rundlinge auf dem breiten Grat hochzuziehen. Oben wartet ein **Miradouro ❺**, 1200 m, mit Picknickbank und einem tollen Panorama über die Bergrücken hinunter nach Funchal. Auf der asphaltierten Estrada Florestal do Chão da Lagoa gehen wir wenige Meter nach links und entdecken zwischen zwei Hortensiensträuchern den nächsten Aufstiegspfad auf der rechten Seite. Dieser ist nicht ganz so felsig und bringt uns nach weiteren 20 Min. wieder auf eine Piste, wo der höchste Punkt der Tour erreicht ist. Wir gehen rechts und zweigen nach 200 m auf einen Grasweg auf der rechten Seite ab. Dieser führt uns aus dem Parque Ecológico heraus und hinunter in Richtung Pico Alto. Wir passieren einen **Wassertank ❻**, 1190 m, und sehen gleich darauf einen eingezäunten Forstmaschinenpark. Links davon bringt uns eine breite Piste direkt zum Picknickgelände und weiter zum **Pico Alto ❼**, 1129 m. Von hier aus haben wir einen großartigen Blick über das ganze Stadtgebiet von Funchal – von São Gonçalo im Osten bis zum Cabo Girão im Westen.

Über einen mit Zistrosen gesäumten Serpentinenweg geht es nun hinunter Richtung Caminho do Monte. Nach der Straßenüberquerung ER 103 begleitet den nun gepflasterten Weg die **Levada das Cales**. Wir kommen zur Straßenkreuzung ER 103/ER 201 und treffen hier auf den **Caminho Real do Monte ❽**, 890 m. Wir gehen zunächst auf gepflastertem Weg weiter, um die hohe Mauer des Anwesens »Terreiro da Luta« herum, und folgen dann einem Grasweg, der gleich darauf links in ein Wäldchen mündet. Am Ende des Abstiegs ist die Idylle vorbei und wir treffen auf einen privaten Autoschrottplatz (die laut bellenden Wachhunde sind angekettet). Gleich daneben führt ein Trampelpfad rechts zur Straße Caminho dos Pocinhos, die wir überqueren und einer Sackgasse folgend geradeaus weiter bergab gehen. Dieser Caminho Pico da Pedra führt als Treppenweg direkt hinunter zum **Parkplatz Monte ❶**.

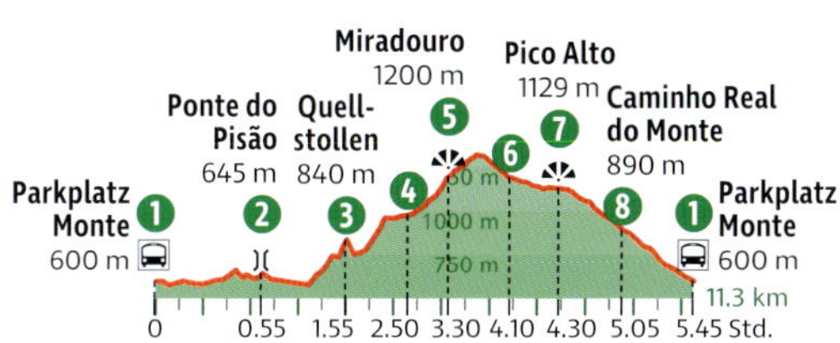

35 Levada da Negra

Hoch über der Ribeira Grande

4.30 Std. | 11,6 km | ↗725 m | ↘725 m

Aussichtsreiche Bergwanderung über die Eisträger-Levada zu den Südhängen des Pico do Areeiro

Die Levada da Negra gehört zu den sehr alten Vertikal-Levadas, die einst für die Wasserversorgung von Funchal angelegt wurden. Die zahlreichen Quellen des wasserreichen Areeiro-Massivs werden über offene Kanäle oder in sogenannten Quellstollen, die uns auf dieser Wanderung mehrfach begegnen, angezapft. Eisträger-Levada wird sie genannt, weil sie als kürzeste Verbindung genutzt wurde, um nachts den zu Eis gestampften Schnee vom Poço da Neve (siehe Tour 36) hinunter in die Stadt zu befördern. Wir unternehmen die Wanderung bergauf möglichst bei klarem Himmel, um das herrliche Panorama in Funchals Hausbergen genießen zu können. Der Weg zurück führt uns zu den steinernen Wällen, die früher bei der Schafschur dienten. Seit einigen Jahren sind die Schafe und Ziegen jedoch aus den Bergen verbannt und mit mehr oder weniger Erfolg wird versucht, die kahlen Berghänge wieder zu bewalden.

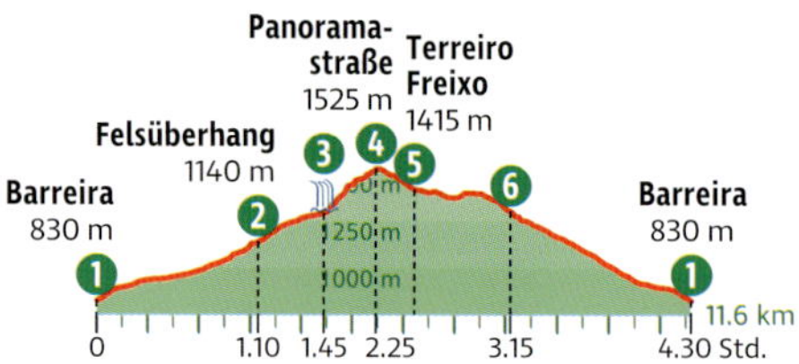

Auch beim Abstieg haben wir ein tolles Panorama.

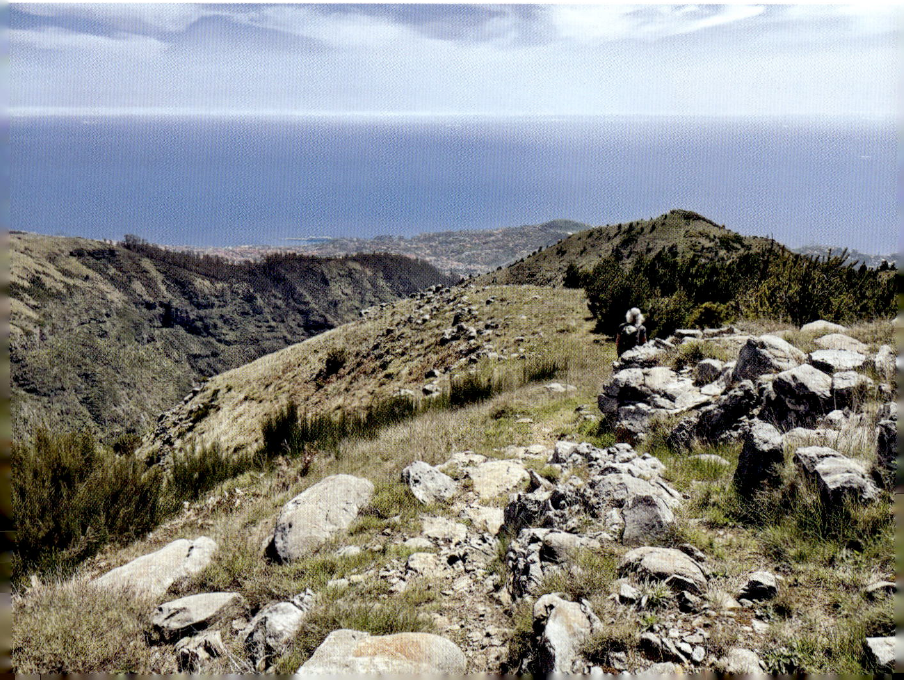

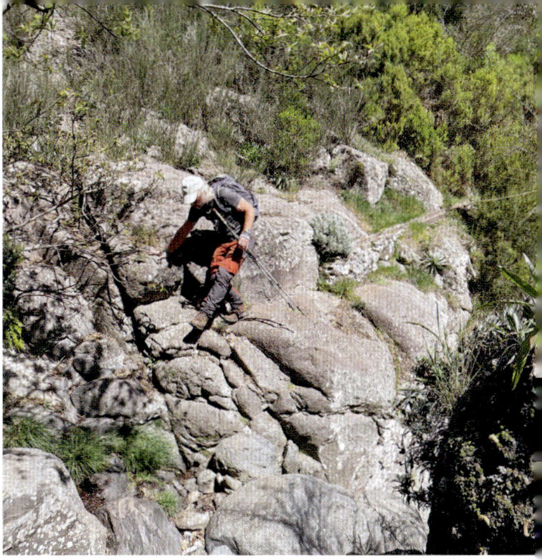

Immer wieder müssen Bachläufe gequert werden.

Ausgangspunkt: Barreira, 830 m. Anfahrt von Funchal auf der ER 107 Richtung Curral das Freiras bis zur Rotunda »Ponte Vasco Gil«. Dort die erste Ausfahrt rechts in den Tunnel. Am Tunnelende sofort rechts und wieder rechts auf dem Caminho da Barreira steil bergauf. Nach dem letzten Haus gibt es eine Möglichkeit, das Auto zu parken.
Bus: mit der Linie Horarios do Funchal Bus Nr. 12 bis Jamboto, dort umsteigen in Bus Nr. 90 CAM Trapiche, Ausstieg Barreira. Von der Haltestelle sind es 500 m (80 Hm) zu Fuß bis zum Start.
Anforderungen: Für den Aufstieg entlang der Levada da Negra sind Trittsicherheit und Schwindelfreiheit wichtig, der Abstiegsweg ist einfach zu gehen.
Einkehr: Nur an der Variante im Gipfelrestaurant auf dem Pico do Areeiro.
Variante: Wer mit dem Bus zum Ausgangspunkt kommt und statt einer Rundwanderung für die Rückfahrt eine Abholung (z. B. Taxi) vom Pico do Areeiro vereinbart, kann den Aufstieg zum Gipfel fast gänzlich über die Levada Negra machen. Dazu überqueren wir die Panoramastraße ❹, 1525 m, und verfolgen auf der anderen Straßenseite weiterhin den Levadakanal bis zu seinem Ursprung. Über einen Betonriegel können wir das Bachbett, aus dem die Levada abgeleitet wird, überqueren und auf der gegenüberliegenden Seite mit dem Aufstieg beginnen. Auf 1600 m Höhe treffen wir auf den beschilderten Wanderweg PR 4, dem wir nach links in Richtung Pico do Areeiro folgen. Der überwiegend gestufte Aufstieg tangiert kurz vor dem Gipfel die ER 202 und erreicht dann das Gipfelrestaurant, 1800 m, wo wir uns vom möglichst vor der Wanderung bestellten Taxi abholen lassen.

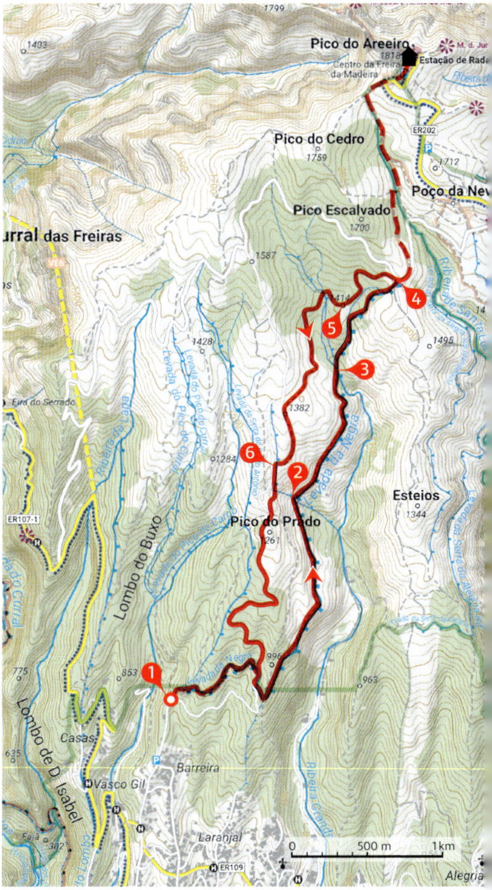

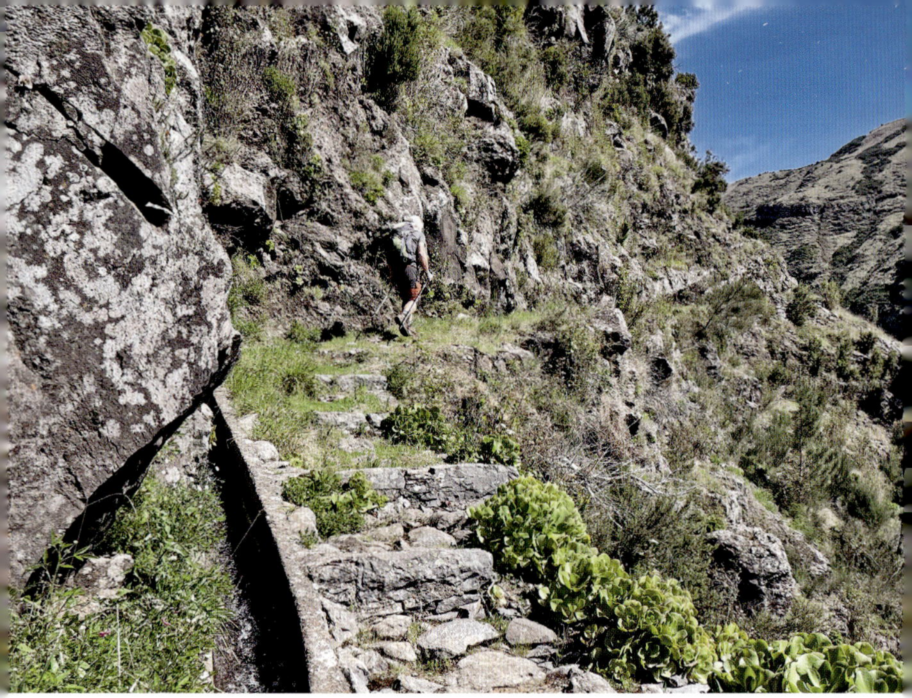

Die Levada da Negra hoch über der Ribeira Grande.

Nach dem letzten Haus in **Barreira** ➊, 830 m, geht die Straße in den geteerten Forstweg, Caminho Florestal da Barreira, über und führt bergab. Wir gehen jedoch geradeaus weiter bergauf auf einem alten Pflasterweg und haben bereits den Kanal der **Levada da Negra** rechts neben uns. Nach 5 Min. kommt eine weitere Levada von oben, wir bleiben rechts und gehen entlang eines Zauns am schmalen Wasserlauf entlang. Ein einfaches Tor gewährt Durchlass, muss aber hinter uns wieder verschlossen werden. Die Levada kreuzt nach 20 Min. den Caminho Florestal, nach weiteren 10 Min. verlassen wir endgültig den Eukalyptuswald und schwenken in das Tal der **Ribeira Grande** ein. Bei klarem Wetter haben wir eine panoramareiche Bergwanderung vor uns, die keine Wanderwünsche offen lässt. Das Wasser sprudelt neben uns fröhlich im schmalen Wasserkanal entlang und sorgt an heißen Tagen immer wieder für Erfrischung. Wir kommen an zahlreichen Quelltunneln und winzigen Zuflüssen vorbei, die uns zeigen, dass hier jeder Tropfen Wasser aufgefangen werden möchte. Nach etwa 90 Min. Gehzeit windet sich die Levada unter einen **Felsüberhang** ➋, 1140 m, und verlangt bei der Passage besondere Aufmerksamkeit. Nach einigen steileren Abschnitten überqueren wir auf 1290 m Höhe einen Bach an einem kleinen **Wasserfall** ➌. Gleich darauf stehen wir an einer Levadakreuzung und bleiben links, 5 Min. später nehmen wir den rechten Ast des Wasserkanals. Bei allen weiteren Zuflüssen verfolgen wir unbeirrt den Hauptast, der deutlich erkennbar weiter bergauf führt. (Die auf der OSM-Karte eingezeichnete Abkürzung durch das ausgewaschene Bachbett ist gefährlich!

Ich rate dringend davon ab!) Sobald wir die **Panoramastraße 4**, 1525 m, erreichen, sehen wir links eine Graspiste, auf der wir bergab nach kurzer Zeit die Schafschur-Steinwälle von **Terreiro Freixo 5**, 1415 m, erreichen. Die weitere Wegfindung über die Berghänge ist eindeutig, weil für den jährlich stattfindenden Funchal-Ecotrail die Strecke als Trainingsetappe gut gepflegt wird. Nach etwa 40 Min. sehen wir den Caminho Florestal, bleiben aber parallel auf dem Bergweg, der ab hier eine Trinkwasserleitung begleitet. Eine sehr steile **Betontreppe 6**, 1300 m, neueren Datums lässt uns sicher hinunterkommen, bis sie an einem Quelltunnel endet. Ein paar Meter weiter treffen wir erneut auf ein Areal mit runden Steinwällen, die früher für die Schafschur genutzt wurden. Dann müssen wir uns mit dem Gang auf der Straße abfinden (falls wir uns nicht mit Hilfe von Messer und Handschuhen durch das Dickicht auf in der OSM-Karte eingezeichneten Wegen durchschlagen wollen – Stand Januar 2024). Nach einer halben Stunde treffen wir erneut auf die **Levada da Negra**, auf der wir, uns rechts haltend, auf bereits bekanntem Weg zum Ausgangspunkt in **Barreira 1** zurückkehren.

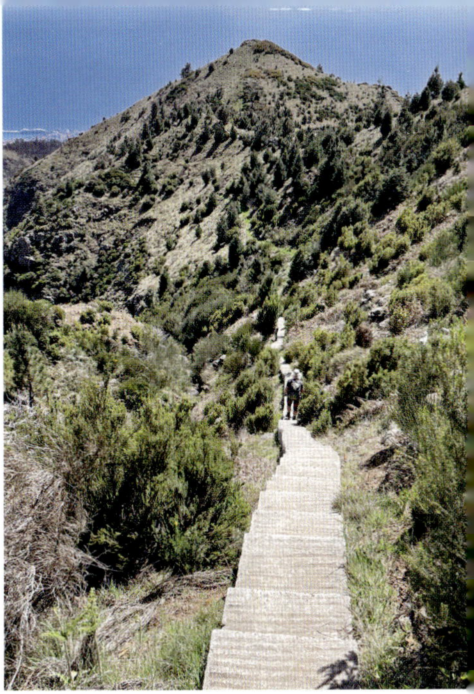

Eine Levadatreppe der anderen Art: Darunter verläuft die Trinkwasserleitung.

Die Steinwälle dienten zur Schafschur, im Hintergrund der Pico do Prado.

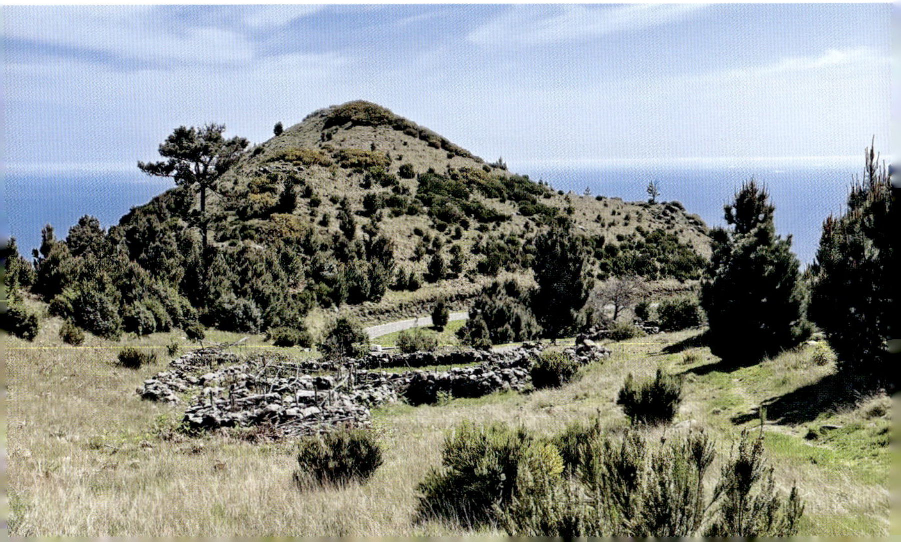

36 Pico do Cedro, 1759 m

An den Südhängen des Pico do Areeiro

4.30 Std. | 11,1 km | ↗ 620 m | ↘ 620 m

Rundwanderung von der Großen Wand zum Schneebrunnen

Eine einfache und einsame Wanderung, die bei guten Wetterbedingungen ein spektakuläres Panorama von Madeiras Bergwelt bietet. Gestartet wird beim Paredão, einer durch Erosion freigelegten, imposanten Basaltwand. Ziel ist ein Schneebrunnen, der Poço da Neve, unterhalb von Madeiras dritthöchstem Gipfel. Dieses einem Iglu ähnlich sehende Gebäude wurde 1813 von einem Italiener erbaut, der in seiner Bäckerei auch Speiseeis herstellen wollte und dazu Eis zur Kühlung benötigte. Unterhalb der halbkugelförmigen Abdeckung aus Basaltsteinen befindet sich in der Erde ein acht Meter tiefes Reservoir, in das in den Wintermonaten Schnee und Hagel hineingeschaufelt wurden, um in den folgenden Jahreszeiten das Eis – nachts und zu Fuß – nach Funchal zu bringen, zunächst nur für die Herstellung von Speiseeis, später dann auch für den Gebrauch in Krankenhäusern und Hotels. Seit 1936 ist das Kulturdenkmal im Besitz der Stadtverwaltung von Funchal.

Ausgangspunkt: Parkplatz am Miradouro do Paredão, 1430 m. Anfahrt von Funchal auf der ER 107 Richtung Curral das Freiras. Vor dem Curral-Tunnel nimmt man die Straße nach Eira do Serrado. Nach 0,6 km geht rechts die Panoramastraße (Estrada Florestal do Santo António) zum Pico do Areeiro ab, der wir bis zum Parkplatz des Miradouro do Paredão folgen. (Das Auto am Parkplatz des Pico do Areeiro abzustellen und in umgekehrter Richtung zu wandern, würde zwar für die Variante Sinn machen, ist aber aufgrund des ständigen Verkehrschaos dort nicht zu empfehlen.)
Keine Busanbindung.

Anforderungen: Die Auf- und Abstiege sind sehr moderat, die Orientierung ist einfach, weil sie als Trainingsstrecke für den Funchal-Ecotrail immer offen gehalten wird. Der Rückweg verläuft auf einer asphaltierten Forststraße (kaum Autoverkehr).

Einkehr: Nur an der Variante im Gipfelrestaurant auf dem Pico do Areeiro.

Poço da Neve – der Schneebrunnen, im Hintergrund der Pico do Escalvado.

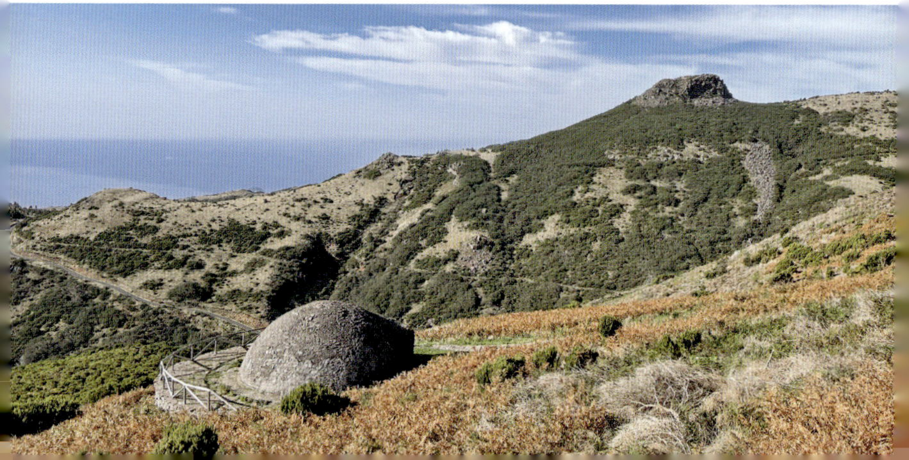

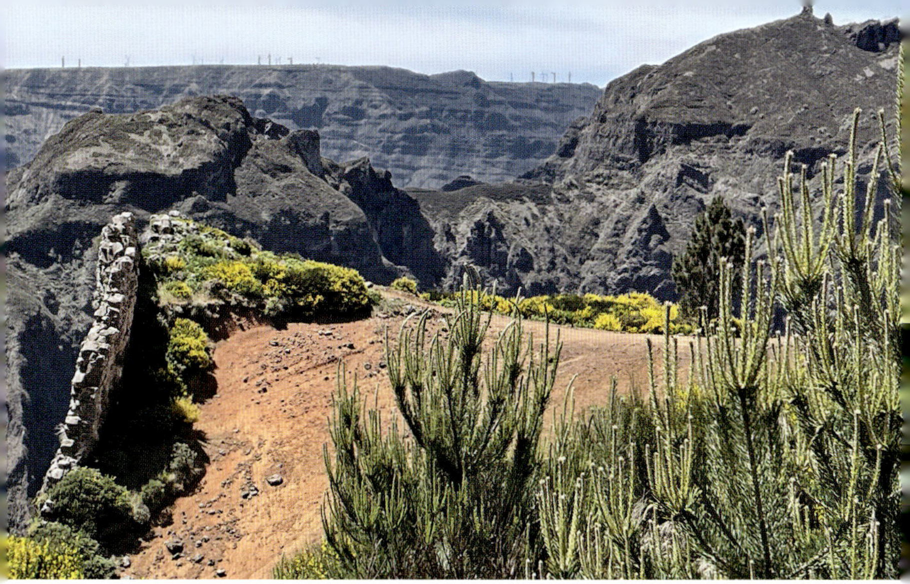

Paredão – die Große Wand. Im Hintergrund die Windräder von Paúl da Serra und rechts der Pico Grande.

Hinweis: In dieser Region sind im Spätsommer alljährlich auffällig viele Wespennester. Wer allergisch auf Wespenstiche reagiert, sollte die Monate August und September für diese Wanderung meiden.

Variante: Wer sich für den Rückweg auf der Forststraße nicht begeistern kann, wählt vielleicht gerne einen Umweg über den Pico do Areeiro (5.00 Std., 13,0 km, 800 m im Auf- und Abstieg). Dazu schlagen wir an der Kreuzung mit dem PR 4 ❹ den linken Pfad ein und steigen bis zum Gipfel auf. Von hier gehen wir gleich weiter auf dem ausgewiesenen Weg zum Miradouro do Junçal, 1745 m, auf dem weniger Touristenrummel herrscht. Zurück am Kreisverkehr zweigt links der Straße (hinter der Leitplanke) ein Pfad ab, dem wir etwa 30 Min. bergab folgen. Dann sehen wir bereits auf der anderen Straßenseite den Poço da Neve ❺, 1630 m. Wir bleiben nun auf dem PR 4 in Richtung Pico do Areeiro, halten jedoch nach etwa 10 Min. Ausschau nach einem markierten Abstieg auf der linken Seite. Dieser bringt uns zu einer Bachverbauung und nach Überquerung des Bachs zur Madre der Levada da Negra. Direkt hier steigen wir weglos im Grashang wieder auf. Auf der breiten Anhöhe treffen wir auf einen Pfad, der nach links zum markanten Pico do Escalvado, 1700 m, (nur als Abstecher) führt und nach rechts zur Kuppe ❸, 1770 m. Dort gehen wir links die bereits bekannte Piste bergab, halten uns jedoch bei der Gabelung vor dem Pico do Cedro links. Die Schotterpiste wird nun zu einem breiten Grasweg, der bis zur Forststraße führt. Nun rechts 400 m auf der Straße weiter, bis wir an einen durch eine grüne Kette abgesperrten breiten Weg auf der rechten Seite treffen. Auf diesem kürzen wir eine Straßenschleife ab und legen dann die letzten vier Straßenschleifen (1,3 km) zum Miradouro do Paredão ❶ ohne Mühe zurück.

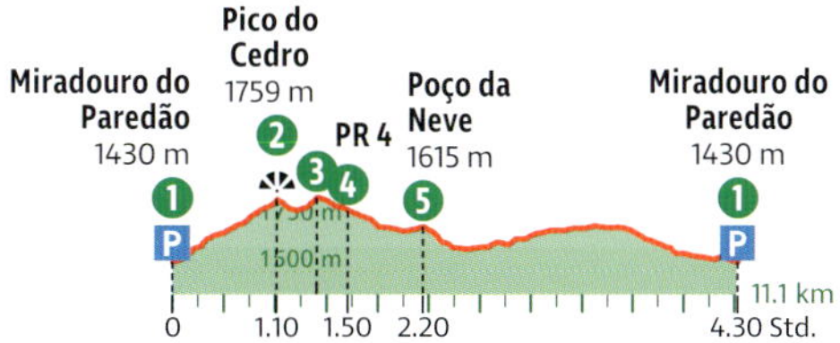

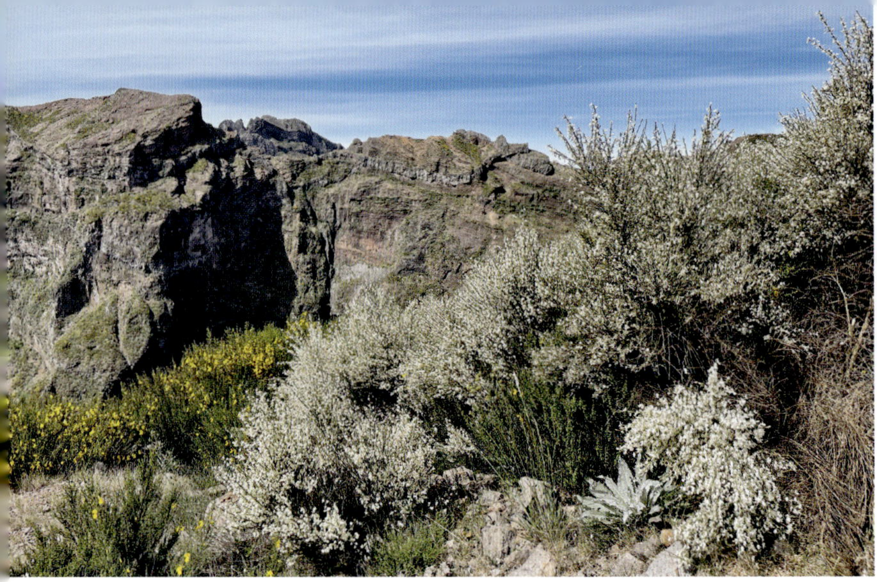

Auf dem Pico do Cedro zur Zeit der Ginsterblüte im Mai.

Gegenüber dem **Parkplatz ❶**, 1430 m, führt ein gepflasterter Weg hinaus zur Aussichtsplattform Miradouro do Paredão. Wir können uns diesen kleinen Spaziergang für den Schluss der Wanderung aufheben und beginnen auf dem deutlichen Pfad, der direkt neben dem Pflasterweg bergauf führt. Links sehen wir die massive Basaltsteinwand Paredão, die aus weichem, rotem Tuff wie herausgewaschen da steht. Man kann mit ein paar Schritten weglos bis zur Kante gehen, um das Naturdenkmal aus der Nähe zu betrachten. Wir wandern weiter zwischen jungen Kiefern und noch kleinen Laubbäumen, wie Eichen, Birken und Ahorn, Richtung Pico do Cedro. Dabei haben wir im Westen den markanten Gipfel des Pico Grande als Begleitung. Auf dem Gipfel des **Pico do Cedro ❷**, 1759 m, der eher eine Kuppe ist, bietet sich ein herrlicher Rundumblick: im Süden hinunter nach Funchal, im Westen hinunter in das Nonnental, Curral das Freiras, und weiter über die Hochebene Paúl da Serra und das Zentralmassiv bis zum Pico do Areeiro. Nachdem wir das Panorama ausgiebig genossen haben, gehen wir auf der anderen Seite entlang der Kiefernschonung bergab, bis wir auf eine breite Piste treffen. Hier geht es links bergauf, und wir erreichen nach etwa 20 Min. die nächste **Kuppe ❸**, 1770 m, (auf den meisten Karten fälschlicherweise als Pico do Cedro eingetragen) und steigen auf einem schmalen Pfad wieder ab bis zum **Hinweis PR 4 ❹**, 1700 m. Nach rechts führt uns der offizielle Wanderweg direkt zum **Poço da Neve ❺**, 1615 m. Für den Rückweg bleiben wir bis zur Forststraße auf dem PR 4, dann gehen wir auf dieser 6 km zurück zum **Parkplatz ❶** am Miradouro do Paredão (eine Straßenschleife können wir nach rechts auf einem mit grüner Kette abgesperrten, breiten Weg abkürzen). Zum Abschluss der Wanderung können wir noch eine Runde zur Aussichtsplattform und einen Besuch der Wetterstation anschließen.

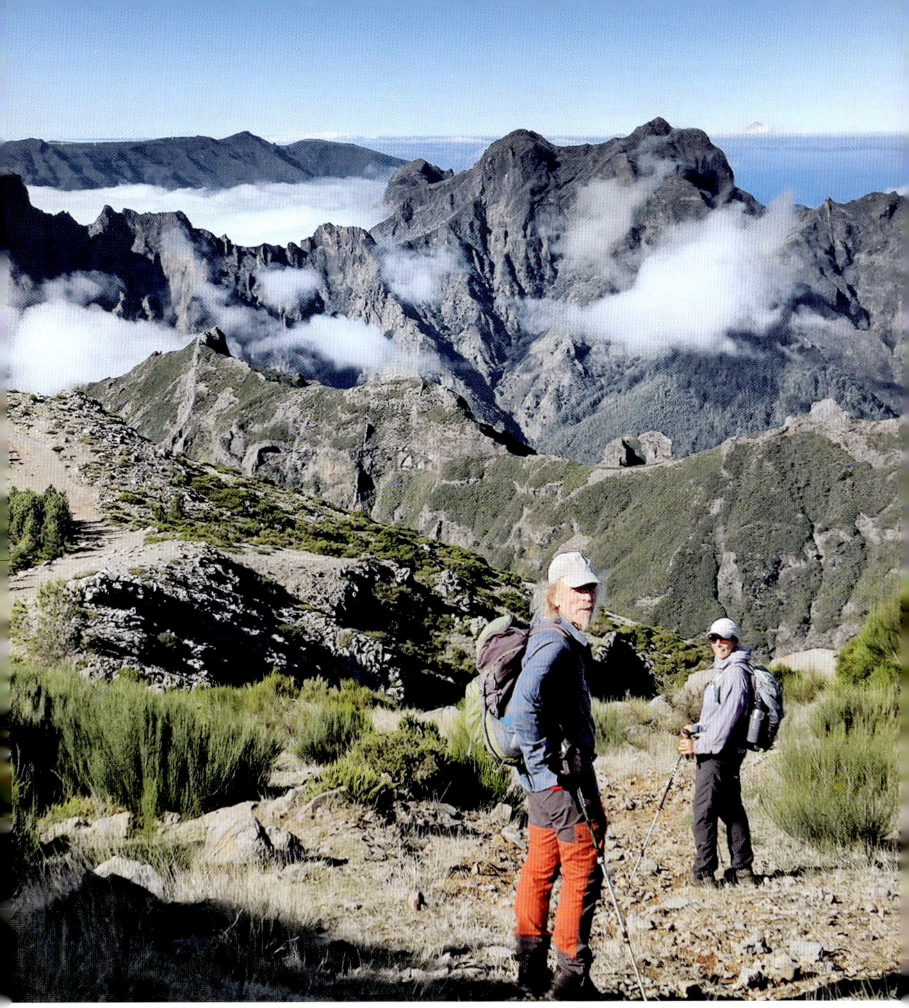

Abstieg vom Pico do Cedro.

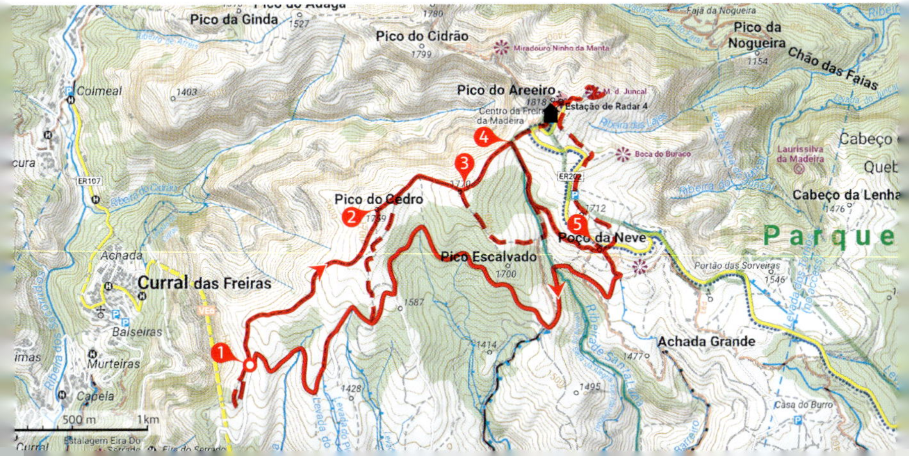

37 Boca da Corrida und Boca das Namorados

Von Fajã Escura nach Lombo Chão

TOP | 5.30 Std. | 12,1 km | ↗1000 m | ↘1125 m

Aussichtsreiche Bergwanderung hoch über dem Nonnental

Der Talkessel Curral das Freiras, das Nonnental, ist wahrlich beeindruckend. Das grüne Tal, das über Jahrtausende hinweg von dem eher unscheinbaren Socorridos-Fluss tief in den weichen Tuffstein gegraben worden ist, ist rundherum umgeben von Kastanienwäldern und von fast 1000 Meter hohen Felswänden eingerahmt. Zahlreiche Wege führen heraus aus dem Tal, und allen ist gemeinsam, dass sie einen intensiven Eindruck dieser bizarren Landschaft vermitteln. Unsere Wanderung startet am nördlichen Talende, führt uns hinauf zum westlichen Kamm und wieder hinunter zur südlichen Talspitze. Beim Übergang von der Boca da Corrida zur Boca dos Namorados ist gutes Orientierungsvermögen erforderlich.

Der Felsstock des Pico Grande am Beginn des Aufstiegs durch den Kastanienwald.

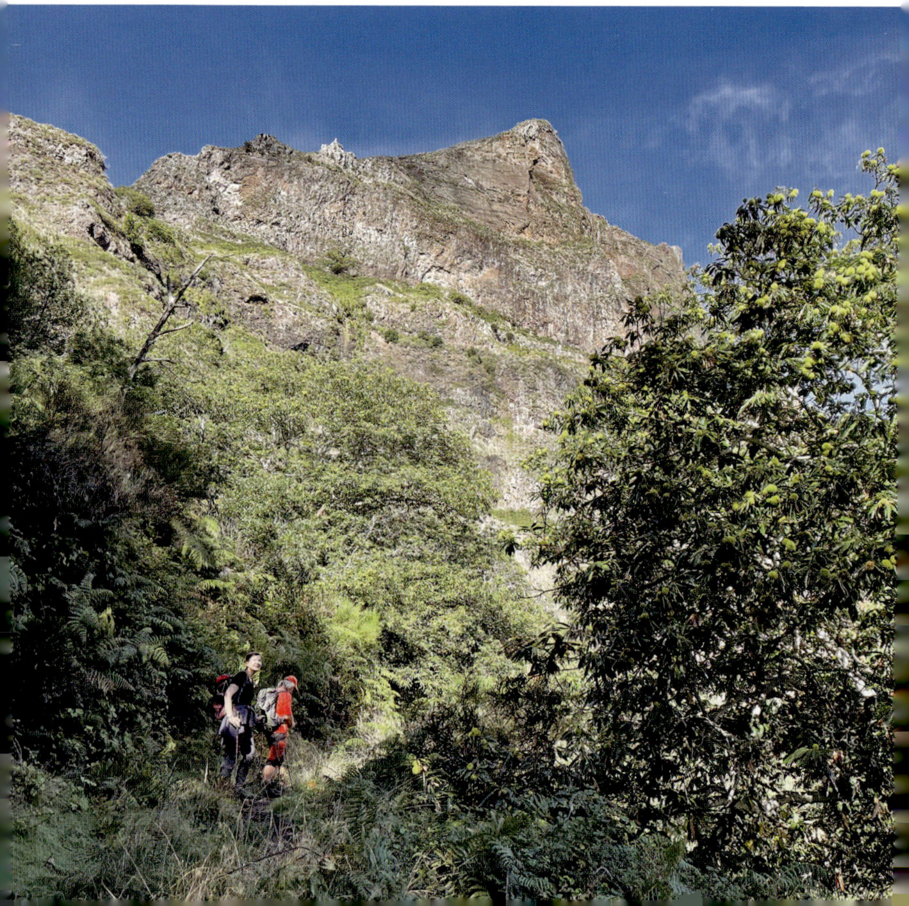

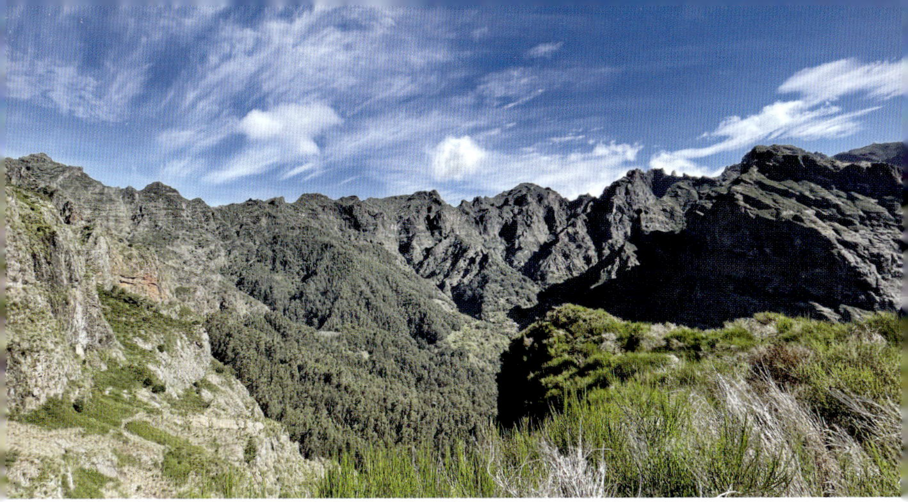

Für dieses Panorama braucht es eine stabile Hochdruck-Wetterlage.

Ausgangspunkt: Fajã Escura, 660 m. Anfahrt von Funchal auf der ER 107 nach Curral das Freiras und der Beschilderung Lombo Chão bis zum Ende der Straße folgen. Dort das Auto abstellen und mit dem Bus bis Fajã Escura.
Bus: Alle Ortsteile von Curral das Freiras werden von der Linie Horários do Funchal Nr. 81 angefahren.
Endpunkt: Bushaltestelle in Lombo Chão, 530 m.
Anforderungen: Auf- und Abstieg sind gute Bergwege, auf dem Kamm zwischen der Boca do Cerro zur Boca da Corrida verläuft ein ausgebauter Wanderweg. Für den Übergang von der Boca da Corrida zur Boca dos Namorados über den Pico dos Bodes sind ein Kompass, besser noch ein Navigationsgerät, und gutes Orientierungsvermögen erforderlich. Die Wege und Pisten sind überwiegend breit, aber mit vielen Kreuzungen und Verzweigungen.
Einkehr: Unterwegs keine. Snack Bar »O Lagar« in Fajã Escura (neben der Bushaltestelle).
Variante: Bei unklaren Wegverhältnissen bleibt man bei ❺ auf der Straße bis zu den ersten Häusern und der kreuzenden Levada da Rouca. Wir können ihr nach links folgen, bis wir wieder auf die Straße und eine breite Staubpiste treffen. Die Piste führt direkt zur Boca dos Namorados ❼.

Hinweis: Tour nicht nach Regenperioden oder Starkregen begehen! Am Felsstock des Pico Grande können dann kleinere Erdrutsche und Felsbrüche auftreten.

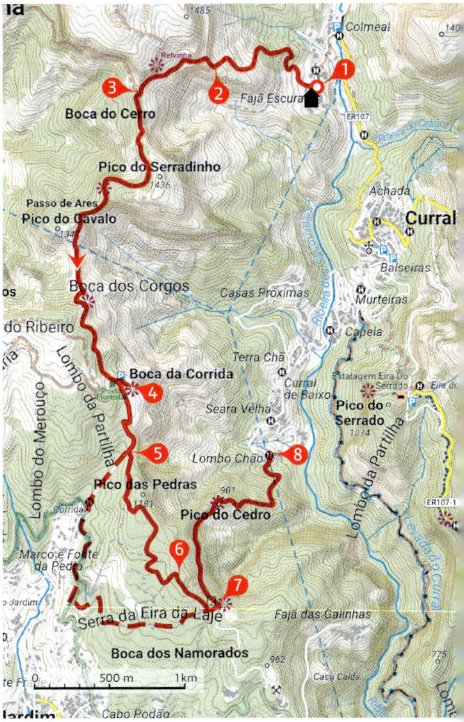

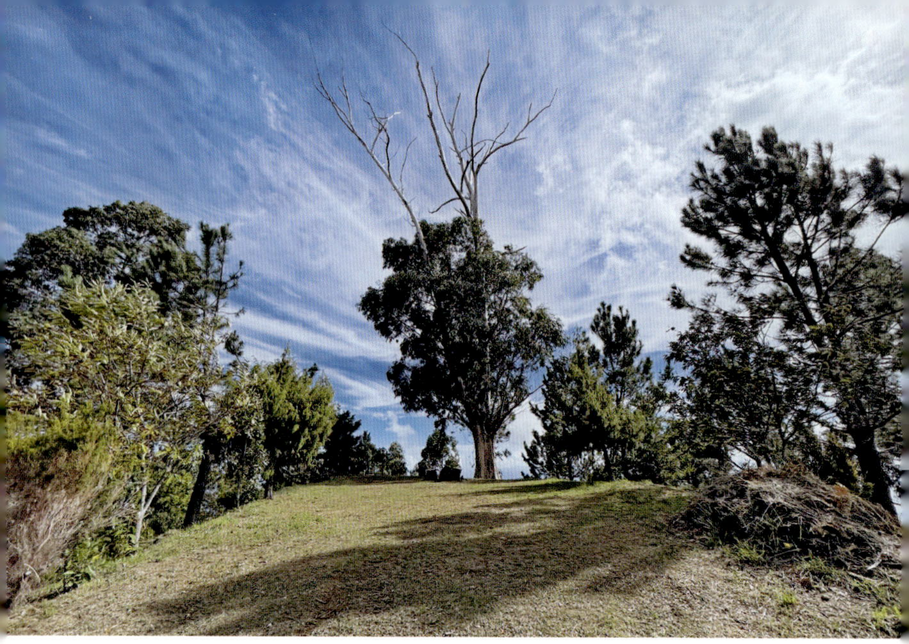

Der namenlose Miradouro mit dem markanten Eukalyptusbaum.

Wir folgen an der Bushaltestelle in **Fajã Escura ①**, 660 m, dem Hinweis »Relvinha/Pico Grande« auf der Betonpiste bergauf. In der Bar »O Lagar« können wir noch eventuell fehlenden Proviant und Wasser kaufen. Die befestigte Piste endet nach 250 m und geht in einen breiten Weg über, den wir beim nächsten Hinweisschild nach rechts verlassen, um Richtung »Pico Grande/Encumeada/Corrida« aufzusteigen. Hier beginnt der gut gesicherte, steile und in Serpentinen angelegte Bergweg, zunächst im Schatten großer Kastanienbäume. Auf einer Höhe von 1040 m verlassen wir den Wald endgültig und können nun das großartige Panorama des Zentralmassivs bewundern. Eine Viertelstunde später und 100 m höher kann man auf eine kleine **Felsnase ②**, 1140 m, kraxeln, um einen tollen Rundumblick zu erleben. Nun sind wir bereits am Felsstock des Pico Grande und müssen vor allem nach Regenperioden immer darauf gefasst sein, dass uns kleinere Erdrutsch- und Felsbruchstellen überraschen. Hier gilt es, die Situation einzuschätzen, ob ein Weitergehen sicher möglich ist. Im Zweifel besser umkehren!

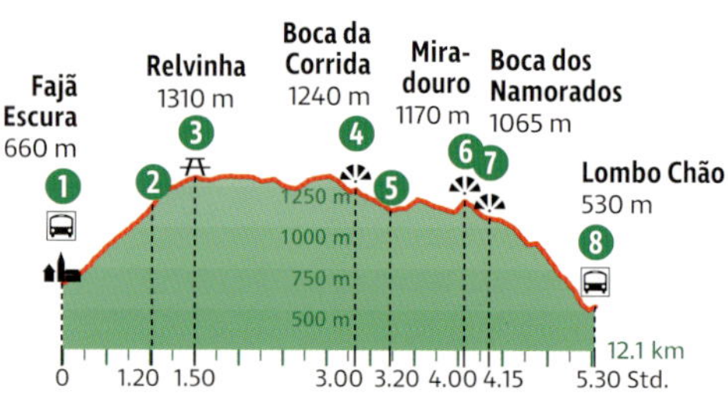

Bei **Relvinha ③**, 1310 m, das wir nach weiteren 40 Min. erreichen, lohnt sich eine Rast unter den drei alten, knorrigen Bäumen (zwei Eichen und eine Platane). Auf der kleinen Ebene treffen die drei Wege aus Richtung Pico Grande, Boca da Corrida und Boca da Encumeada aufeinander. Mit dem Pico Grande im

Rücken wenden wir uns nach links und nehmen den gut ausgebauten Wanderweg über die **Boca do Cerro** und die **Boca dos Corgos** zur Boca da Corrida. Dieser Weg gehört zum **Caminho Real 25** (auch Caminho Real da Encumeada genannt). Dabei haben wir wechselnd eine tolle Aussicht ins Nonnental oder ins Ribeira-Brava-Tal. An der **Boca da Corrida** ❹, 1240 m, können wir am Forsthaus die Wasserflaschen nochmals füllen und für eine zweite Pause mit Rundumblick auf den kleinen Hügel über dem Parkplatz kraxeln.

Dann gehen wir für etwa 10 Min. auf der gepflasterten Straße durch den schönen Kastanienwald bergab, bis wir auf der linken Seite eine breite **Erdpiste** ❺, 1110 m, sehen. Der Übergang an der Ostseite des Pico dos Bodes zur Boca das Nomorados ist ein wahres Labyrinth aus Pisten und Pfaden im ständigen Auf und Ab und erfordert einen guten Orientierungssinn. (Die mögliche Variante über die Straße zu gehen und sich anschließend auf einer Off-Roader-Piste 3 km lang einstauben zu lassen, ist jedoch wenig reizvoll.) Wir müssen uns grundsätzlich in Richtung Süd/Südost halten, bis wir links einen steil ansteigenden Pfad entdecken. Er windet sich hinauf zu einer kleinen Ebene. Sobald wir diesen namenlosen **Miradouro** ❻, 1170 m, mit dem markanten Eukalyptusbaum erreicht haben, gehen wir auf breitem Weg an der Westseite des Hügels bergab und kommen bald an eine Wegekreuzung. Dort links haltend klettern wir über ein Holzgatter und erreichen auf einem etwas verwachsenen Pfad nach 10 Min. den gepflegten Aussichtsplatz der **Boca dos Namorados** ❼, 1065 m. Von hier können wir nochmals unsere bisherige Wanderstrecke nachvollziehen, bevor wir uns links haltend an den Abstieg durch den Kastanienwald machen. Eine geniale Wegführung leitet uns in engen Serpentinen durch die Steilhänge und die kleinen Schluchten hinunter nach **Lombo Chão** ❽, 530 m. Wir kehren nach der letzten Bachquerung (mit Brücke) direkt an der Bus-Endhaltestelle in die Zivilisation zurück.

Wir verlassen die Boca dos Nomarados für den Abstieg nach Lombo Chão.

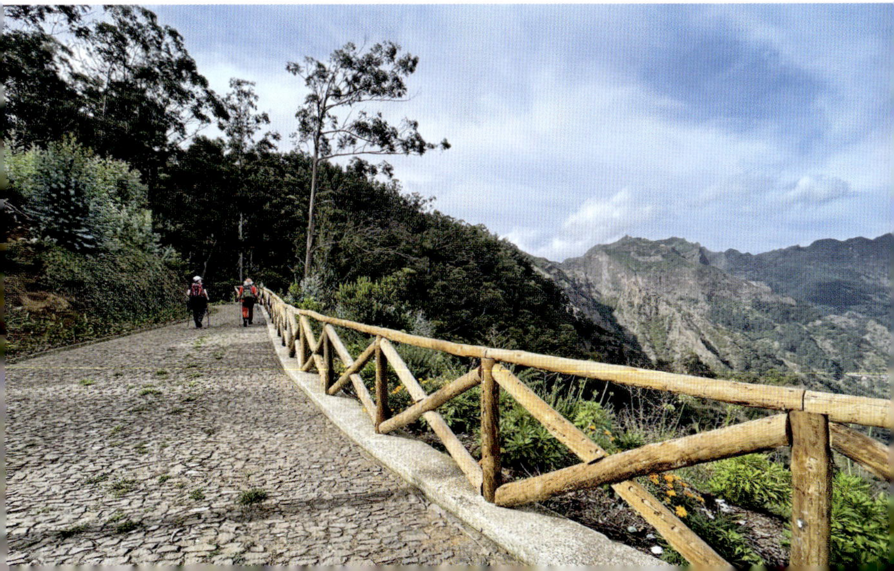

38 Fajã dos Cardos

In der Abgeschiedenheit des Nonnentals

3.00 Std. | 5,1 km | ↗ 270 m | ↘ 270 m

Drei Levadas im Schatten des Zentralmassivs

Die kurze Rundtour im letzten Winkel des Talkessels von Curral das Freiras erschließt dem Wanderer eine gewaltige Kulisse. Die höchsten Berge Madeiras umschließen das Hochtal. Entlang der drei Levadas von Fajã dos Cardos führt der Weg von einer Schlucht in die nächste. Es ist die Region, wo Madeiras beste Esskastanien wachsen. Im Herbst wird man hier die Sammler mit schweren Säcken auf dem Rücken durch die Ribeiros ziehen sehen, im Februar und März blühen unter den kahlen Bäumen Tausende von weißen Schwertlilien (Iris albicans), im April verzaubern Kirschblüten den Weg entlang der beiden ersten Levadas.

Ausgangspunkt: Estrada da Fajã dos Cardos, 670 m. Anfahrt von Funchal auf der ER 107 nach Curral das Freiras. Dort folgt man der Beschilderung Fajã Escura/Colmeal und weiter nach Fajã dos Cardos. Parken am Straßenrand nahe der Wandertafel PR 2.
Bus: mit der Linie Horários do Funchal Nr 81 bis Haltestelle Pico Furão 3 A.

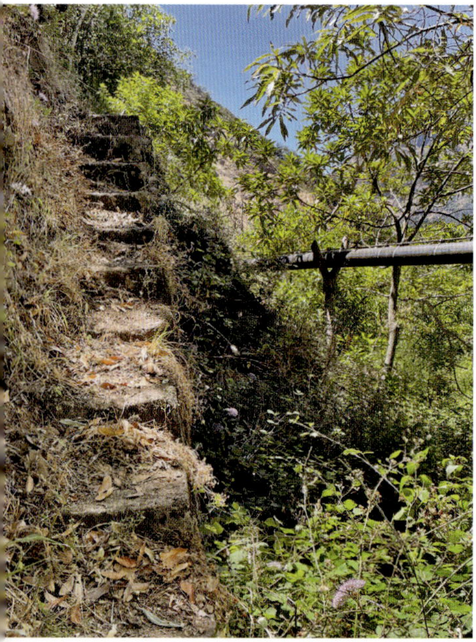

Anforderungen: Der Weg zu und entlang der beiden ersten Levadas sowie zu den Iriswiesen ist einfach und auch für größere Kinder geeignet. Ab dem Abstieg zur Ribeira do Curral das Freiras und entlang der dritten Levada sind Trittsicherheit und Schwindelfreiheit ein Muss. Der Geröllhang und die ausgesetzte Felsnase an der Levada do Pau Formosa machen diese Runde zur roten Tour.
Einkehr: Unterwegs keine. Kleine Bar in der Nähe des Ausgangspunktes.
Variante: Wer mit Kindern unterwegs ist, muss auf die Begehung der Levada do Pau Formosa verzichten. Man kann allerdings nach dem Abstecher zu den Iriswiesen 5 den schönen Bergweg Vereda dos Portais noch weiter aufwärts bis zur zweiten Brücke fortsetzen (siehe Tour 39). Dort wird kehrtgemacht zur Levada do Pico do Furão. Dieser folgt man zurück bis zum beschilderten Abstieg nach Fajã do Cardos und kehrt auf gutem Weg zum Ausgangspunkt zurück.
Tipp: Im Spätherbst ein kleines Säckchen zum Aufsammeln von ein paar Kastanien und Walnüssen mitnehmen.

Immer wieder wird die Levada im Rohr weitergeführt und der begleitende Weg führt durch die oft nasse Senke.

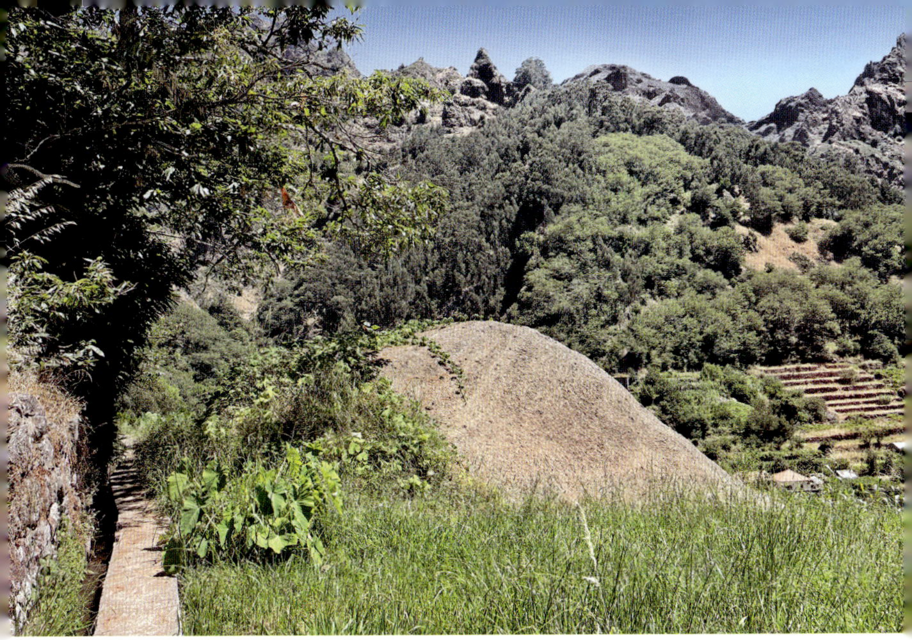

Der unscheinbare Hügel ist eine natürliche Lavahöhle, die als Stall genutzt wird.

Wir starten in **Fajã dos Cardos** ❶, 670 m, an der Wandertafel PR 2 auf dem Caminho das Torrinhas, überqueren auf einer gemauerten Brücke die **Ribeira dos Socorridos** und beginnen mit dem bequemen Aufstieg auf gepflastertem Weg. Nach dem letzten Haus geht es auf einem guten Bergpfad weiter, bis wir nach 20 Min. auf die **Levada do Poiso** ❷, 790 m, treffen. Wir verlassen hier den offiziellen Wanderweg PR 2 und wandern entlang der Levada gegen die Fließrichtung weiter. Im lichten Schatten der Kastanienbäume treffen wir nach knapp 10 Min. auf einen markanten Hügel, der genauere Betrachtung verdient. Es ist eine Lavahöhle auf der **Fajã do Capitão** ❸, 800 m, die als Ziegenstall genutzt wird.

Wir haben weiterhin wunderschöne Aussichten auf das umgebende Zentralmassiv, bis wir zum **Ribeiro do Gomeira** kommen. Eine Metallbrücke führt sicher über die Schlucht. An der anderen Bachseite steigen wir über Betonstufen zu einer kurzen Levada ab und kommen an einem weiteren Höhlenstall vorbei. Nach 50 m

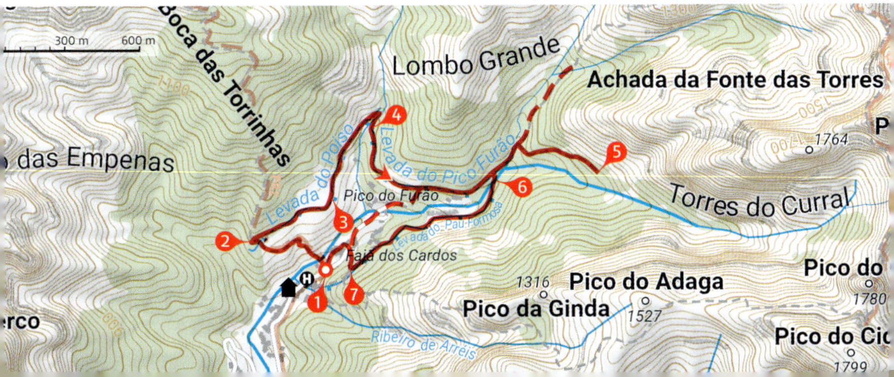

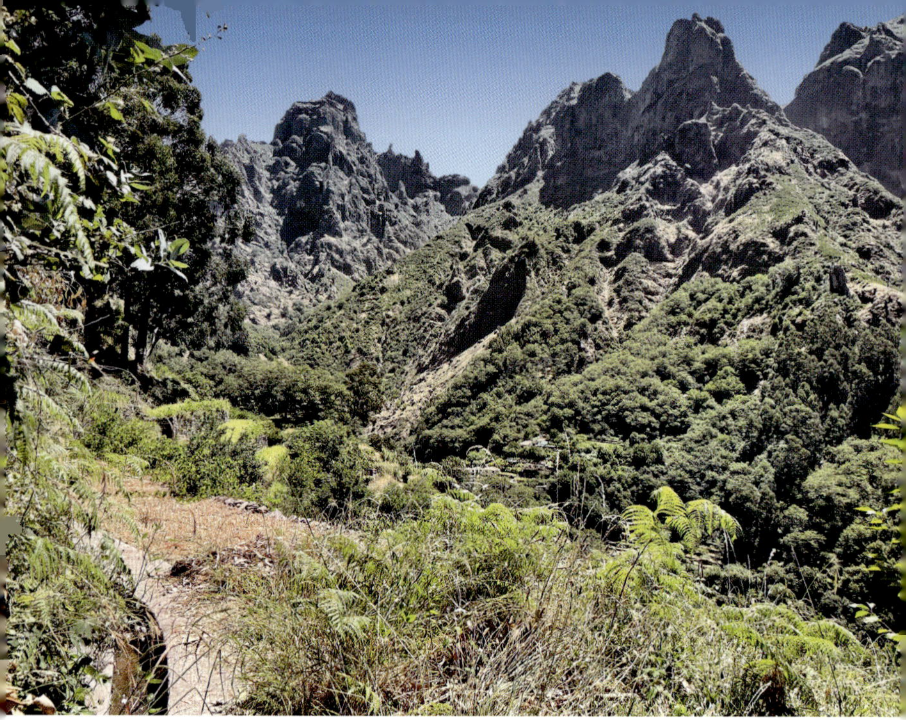

Der Blick auf die bizarren Gipfel begleitet uns auf allen drei Levadas, hier an der Levada do Poiso.

treffen wir auf das Ende der **Levada do Pico do Furão ❹**, 800 m. Auf der rechten Seite begleitet von kleinen Feldern und Obstbäumen wandern wir nun entgegen der Fließrichtung an der Levada entlang und können an den gegenüberliegenden Hängen entlang der Ribeira do Curral das Freiras bereits unseren Rückweg erkennen. Die Madre der Levada do Furão sehen wir nach etwa 20 Min. Gehzeit unter einer Brücke.

Von hier lohnt es sich, speziell im zeitigen Frühling, noch einen Abstecher (hin und zurück knapp 1 Std.) ins nächste Tal zu machen, wo wilde Schwertlilien einen weißen Teppich unter die noch kahlen Kastanienbäume legen. Dazu folgen wir dem Weg über die Brücke und zweigen nach knapp 5 Min. an einer Wegkreuzung vom Hauptweg nach rechts ab. Ein kurzer Anstieg führt uns zu weitläufigen Kastanienhainen und bis zur **Ribeira do Gato ❺**, 935 m. Im Herbst können wir hier ein paar Kastanien und Walnüsse aufsammeln.

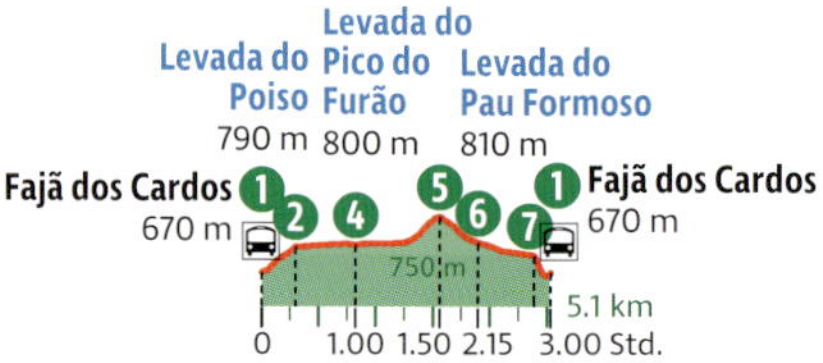

Auf demselben Pfad geht es dann zurück bis zur Brücke und zur Levada. Etwa 50 m weiter müssen wir auf eine über unseren Köpfen gespannte schwarze Wasserleitung achten. Direkt darunter versteckt sich ein unscheinbarer Pfad, auf dem wir zum Fluss hinuntersteigen können. Wir bleiben für ein paar Meter weglos am rechten Flussufer der Ribeira do Curral das Freiras, bis wir die deutliche Furt und die auf der gegenüberliegenden Seite beginnende **Levada do Pau Formoso ⑥**, 810 m, sehen. Die nasse Levadamauer ist dort für einige Meter mit einem Geländer gesichert. Kurz darauf wird das Wasser von einem Rohr gefasst und hoch über eine Erdrutschstelle geführt. Wir können zum Passieren auf festen Stufen ab- und wieder aufsteigen. Solche Unterbrechungen des offenen Wasserkanals werden uns auf dem weiteren Weg entlang der Levada immer wieder begegnen. Einen besonders breiten Rutsch können wir auf einer Metallbrücke passieren. Dann folgt eine verrohrte Traverse über einen Geröllhang und eine weitere Metallbrücke. Wir kommen wieder an die frei fließende Levada und haben eine kurze Passage vor uns, die sehr ausgesetzt ist und größte Aufmerksamkeit erfordert. Nach dieser Stelle verschwindet die Levada zwar immer mal wieder im Rohr, der Weg bleibt aber gut und deutlich sichtbar, bis wir eine Hütte erreichen.

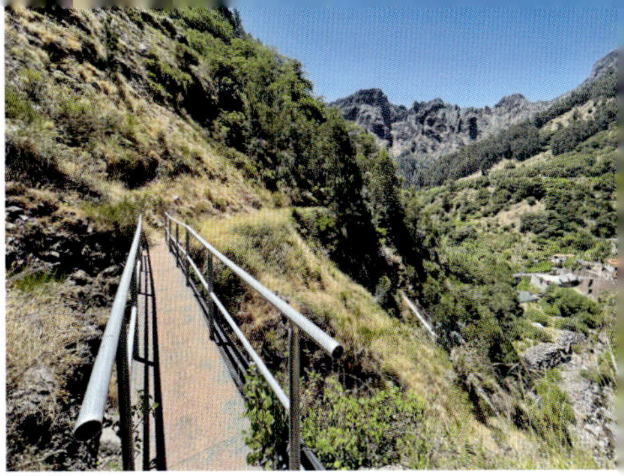

Einfache Metallbrücken spannen sich über die unsicheren Abgänge.

Wir gehen an dem dort nach rechts unten führenden Treppenweg vorbei und bleiben noch für 200 m an der Levada, bis der nächste Treppenweg, **Vereda do Pau Formoso ⑦**, 750 m, erreicht ist. (Die Levada geht noch 150 m weiter, der Weg wird aber mit zunehmendem Gefälle gefährlich). Hier steigen wir zur Straße ab und gehen entweder direkt links weiter zum Ausgangspunkt bzw. zur nächsten Bushaltestelle oder nehmen den alten Weg zwischen den Häusern, Travessa do Capitão, der uns ebenfalls zur Wandertafel in **Fajã dos Cardos ①** zurückbringt.

Der Weg durch den Geröllhang ist gut festgetreten.

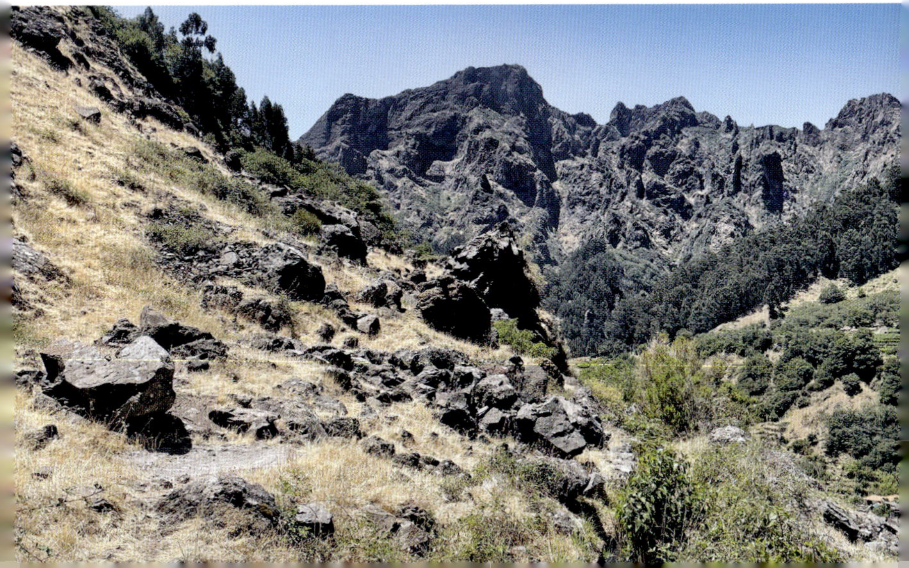

39 Rund um den Pico do Furão

Hoch über Curral das Freiras

6.30 Std. | 10,2 km | ↗1000 m | ↘1000 m

Sehr anspruchsvolle Bergtour durch das Zentralmassiv

Absolut still, einsam und wild präsentiert sich das Zentralmassiv, das das Nonnental umschließt. Ein alter Bergweg, der Curral das Freias mit dem Pico Ruivo verbindet, führt durch Schluchten und entlang massiver Felswände durch dichte endemische Vegetation steil hinauf zum Höhenweg PR 1.3 zwischen Pico Ruivo und Encumeada-Pass. Üppige Blütenpracht säumt unseren Weiterweg, bis wir den Abstieg durch den Eukalyptuswald beginnen. Entlang der Levada do Poiso und der Levada do Pico do Furão schließt sich diese lange und sehr herausfordernde Runde mit einem Spaziergang unter Kirschbäumen.

Ausgangspunkt: Estrada da Fajã dos Cardos, 770 m, – Wandertafel Curral das Freiras – Pico Furão de Dentro. Anfahrt von Funchal auf der ER 107 nach Curral das Freiras. Dort folgt man der Beschilderung Fajã Escura/Colmeal und weiter nach Fajã dos Cardos. In der letzten Kehre der Straße befindet sich ein kleiner Parkplatz.

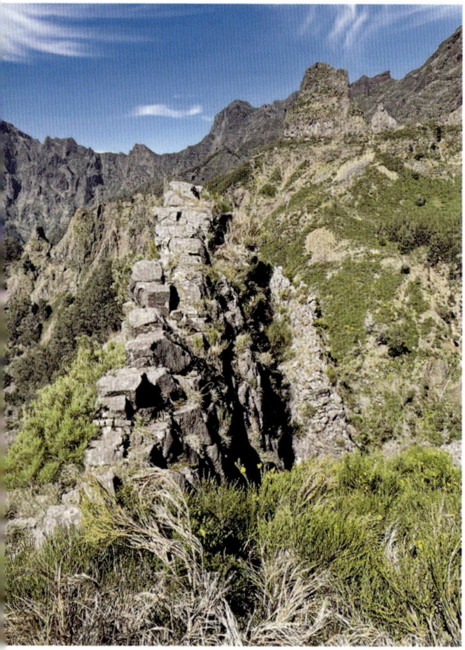

Bus: mit der Linie Horários do Funchal Nr 81 bis Haltestelle Pico Furão 4 A Final.

Anforderungen: Der Bergweg hinauf zum Höhenweg Pico Ruivo – Encumeada ist nur für versierte Berggänger mit alpiner Erfahrung geeignet. Wer mental und physisch gut präpariert ist, für den wird er allerdings ein Genuss sein. Erholung gibt es nach dem Aufstieg auf dem Höhenweg. Der Abstieg zurück nach Curral das Freiras kann nochmals richtig wild werden, falls die Wetterbedingungen und die persönliche Konstitution es erlauben. Andernfalls wählen wir einen kleinen Umweg über den ausgeschilderten Wanderweg PR 2 – Vereda da Boca das Torrinhas.

Einkehr: Unterwegs keine.

Hinweis: Es gibt keine Quellen, also ausreichend Wasser mitnehmen. Die Tour nur bei eindeutig stabilen Wetterbedingungen begehen!

Varianten: Für beide Varianten gilt, dass eine Abholung am Endpunkt gewährleistet sein muss.

1) Wer nicht zum eigenen Fahrzeug zurückmuss, kann die Wanderung zu einer Zwei-Tage-Tour mit Übernachtung am Pico Ruivo verlängern. Dazu wen-

Freistehende Basaltwände vermitteln einen Eindruck von den Erosionskräften, die hier wirksam waren. Im Hintergrund das Zentralmassiv.

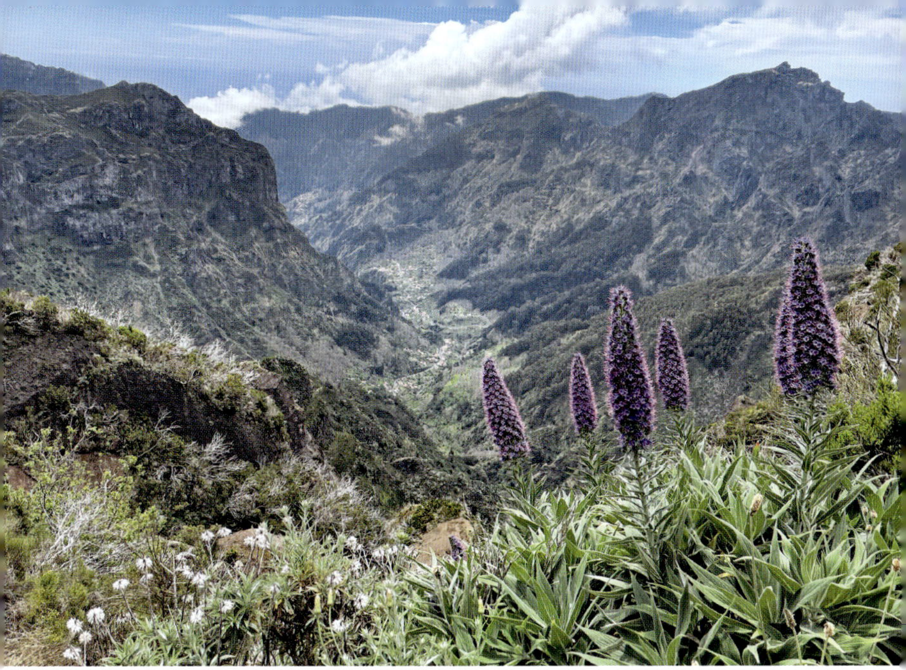

Vom Höhenweg PR 1.3 ist Curral das Freiras als geschlossenes Hochtal gut zu erkennen.

den wir uns auf dem Höhenweg PR 1.3 Encumeada – Pico Ruivo nach rechts und erreichen auf diesem durchgehend gelb-rot markierten Wanderweg die Berghütte Casa de Abrigo do Pico Ruivo, 1775 m. Am nächsten Tag bieten sich die Touren 26 und 27 (beide in umgekehrter Richtung) an. Bei frühzeitigem Aufbruch – um den Wandermassen zuvorzukommen – empfehlen sich auch die Wanderwege PR 1 zum Pico do Areeiro oder PR 1.1 nach Ilha bzw. zum PR 9 über die Levada do Calderão Verde. 2) Eine weitere Möglichkeit für sehr konditionsstarke Wandernde wäre, ab der Boca do Pau de Louro **5** auf dem Wanderweg PR 1.3 zu bleiben und zum Encumeada-Pass zu wandern. Allerdings wären dann ab hier 4.00 Std. Gehzeit hinzuzurechnen.

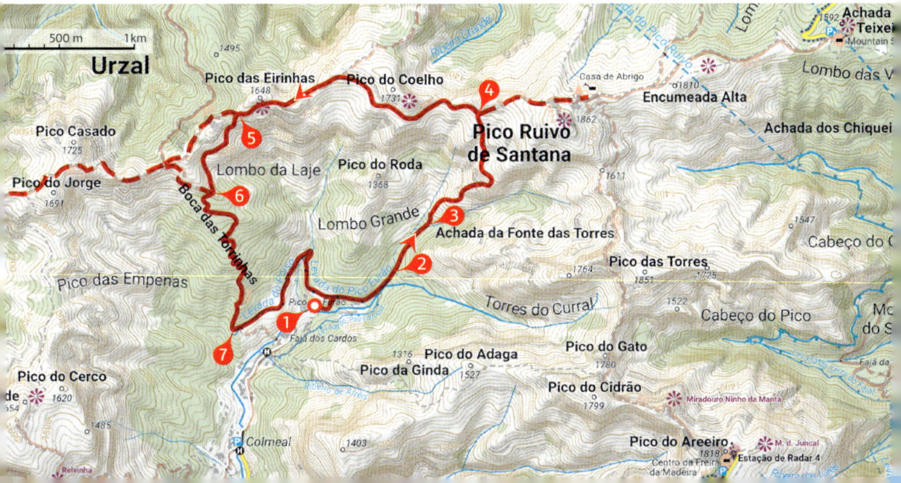

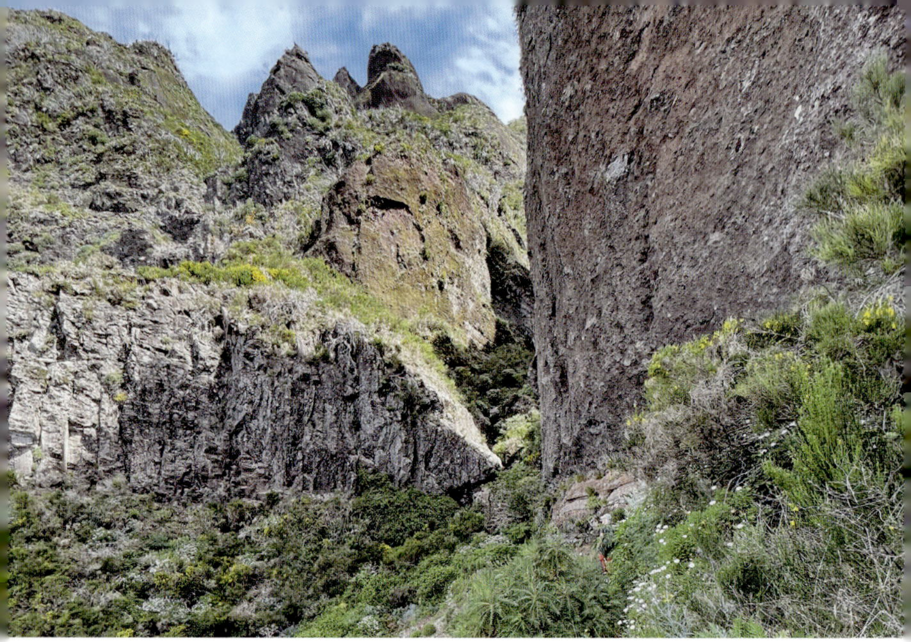

Suchbild: ein Wanderer zwischen Fels und überbordendem Grün.

Am Parkplatz an der **Estrada da Fajã dos Cardos ❶**, 770 m, weist uns die Wandertafel den Weg auf der Vereda do Pico Furão de Dentro. Nach 50 m geht es links auf einem Stufenweg an einem Stall vorbei, und schnell erreichen wir die **Levada do Pico do Furão**. Wir halten uns rechts gegen die Fließrichtung, überqueren nach wenigen Minuten eine Metallbrücke und erreichen eine Wegkreuzung mit vier Abzweigungen. Hier halten wir uns halb links bergauf entlang einer Natursteinmauer auf der **Vereda dos Portais ❷**, 850 m. Kurz darauf passieren wir die letzte bewirtschaftete Feldterrasse mit Weinstöcken. Eine kleine Levada begleitet den Weg. Bald verschwindet sie im Dickicht eines Bachbetts und gleich danach teilt sich der Weg. Nun gehen wir links leicht bergab und überqueren eine zweite **Metallbrücke ❸**, 950 m. Der schöne Bergweg mit üppiger floraler Begleitung bringt uns stetig ansteigend in einer Dreiviertelstunde zu einer freistehenden Basaltwand. Das Panorama ist überwältigend und sollte genossen werden, bevor der anstrengende Steilanstieg zu einer mächtigen Felswand beginnt. Die schmale Trasse entlang der Wand muss mit gebotener Vorsicht begangen wer-

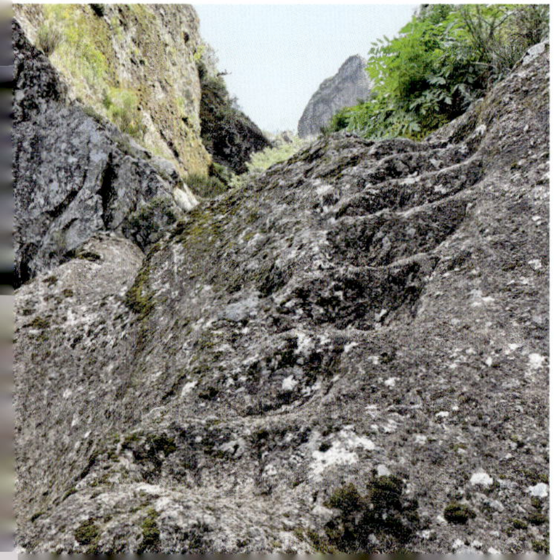

Diese Stufen zeugen von den alten Routen der Ziegenhirten.

den. Anschließend erleichtern in den Fels gehauene Stufen das Erklimmen von Steinrundlingen, über die wir uns zwischen hoch aufragenden Felsspitzen unseren Weg durch den Bergdschungel erkämpfen.

Nach insgesamt 3.00 Std. erreichen wir den Höhenweg PR 1.3, die **Vereda da Encumeada** ❹, 1570 m. Etwas unterhalb bietet sich ein kleines grasbewachsenes Plateau für eine ausgiebige Rast an. Anschließend geht es nach links etwa 1 Std. in westlicher Richtung. Wir haben schöne Ausblicke ins Nonnental und können auf unsere Aufstiegsroute hinunterblicken, wenn uns nicht aufziehende Wolken die Sicht versperren. Bei klarem Wetter können wir den Abzweig in der **Boca do Pau de Louro** ❺, 1530 m, zwischen dem Pico da Laje vor uns und dem Pico das Eirinhas hinter uns, klar erkennen. (Andernfalls bleiben wir auf der Vereda da Encumeada bis zur Boca das Torrinhas mit Wegweisern zum Abstieg auf der Vereda da Boca das Torrinhas, PR 2.)

In engen Serpentinen, leider etwas dornig verwachsen, weil dieser Weg nur selten begangen wird, steigen wir über den **Lombo da Laje** zur **Vereda das Torrinhas** ❻, 1320 m, ab (manchmal braucht man für diesen Abschnitt 1.00 Std., weil man sich durch Dickicht oder umgestürzte Bäume kämpfen muss). Anschließend beginnt der unendlich erscheinende Abstieg auf breitem Weg durch den Eukalyptuswald und wir sind froh, wenn wir die **Levada do Poiso** ❼, 860 m, erreichen. Am Ende unserer Runde werden wir dafür wieder mit herrlichem Bergpanorama belohnt. Wir wandern entlang der Levada do Poiso gegen die Fließrichtung. Im lichten Schatten von

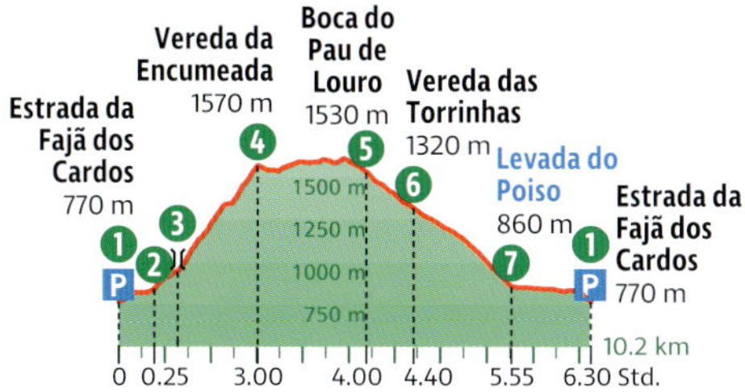

Kastanienbäumen treffen wir nach knapp 10 Min. auf einen markanten Hügel. Es ist eine Lavahöhle, die als Ziegenstall genutzt wird. Am **Ribeiro do Gomeira** führt uns eine Metallbrücke sicher über die Schlucht. An der anderen Bachseite steigen wir über Betonstufen zu einer kurzen Levada ab und kommen an einem weiteren Höhlenstall vorbei. Nach 50 m treffen wir auf das Ende der **Levada do Pico do Furão**, 800 m. Gegen die Fließrichtung lassen wir auf dem schönen Levadaweg unter Kirschbäumen die Wanderung ausklingen, bis wir rechts den bekannten Treppenweg sehen, auf dem wir zur **Estrada da Fajã dos Cardos** ❶ absteigen.

Der Weg über den Lombo da Laje verschwindet unter wahren Blütenwogen.

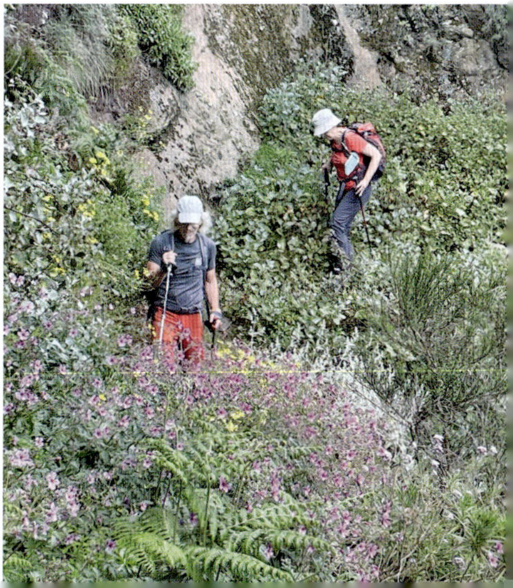

40 Semagral und Pico Ruivo, 1862 m

Von Achada do Teixeira

TOP | 5.00 Std. | 9,2 km | ↗ 830 m | ↘ 830 m

Anspruchsvolle Runde an den Nordhängen des Pico Ruivo

Wer auf Madeira wandert, möchte den Pico Ruivo, mit seinen 1862 Metern der höchste Gipfel der Insel, nicht auslassen. Eine reizvolle Alternative zum einfachen Bergausflug bietet die Rundwanderung über einen weiteren Gipfel, den Encumeada Alta, auf dem sich die Ruinen einer ehemaligen Sternwarte befinden. Der folgende Abstieg in die einzigartige Vegetation des Lorbeerwalds bietet einen tollen Kontrast zu den kargen Berghängen. Wer botanisch interessiert ist, kann auf dem Weg seltene endemische Pflanzen entdecken. Insbesondere das baumfreie Plateau Semagral zeigt sich bei heraufziehenden Wolken sehr mystisch. Ist der Wolkengürtel durchbrochen, liegt ein grandioses Panorama vor uns – und ein paar herausfordernde Felskraxeleien.

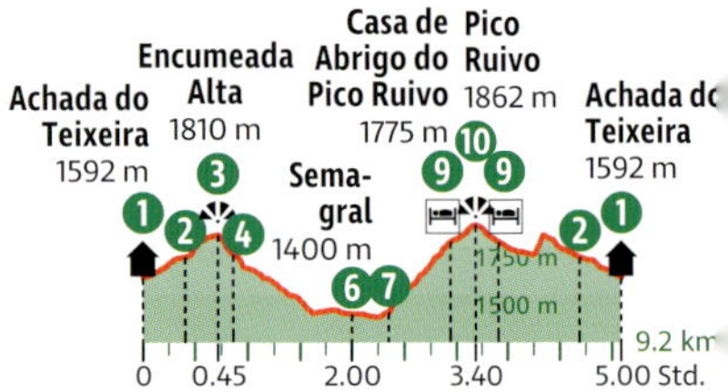

Ausgangspunkt: Parkplatz Achada do Teixeira, 1592 m. Anfahrt von Funchal auf der VR 1 und VE 1 via Machico bis Santana. Von dort ist die Route über die ER 213 und weiter auf der ER 218 zum Pico Ruivo ausgeschildert. Keine Busanbindung.

Anforderungen: Für den Weg über den Encumeada Alta wie auch für den Aufstieg vom Semagral bis zur Pico-Ruivo-Hütte sind Bergwandererfahrung, gute Kondition und Orientierungsfähigkeit erforderlich. Die Felspartien verlangen Handeinsatz, Fixseile und Ketten leisten gute Auf- und Abstiegshilfe. Der Abstieg auf dem PR 1.1 , Vereda da Ilha, ist einfach, ebenso der Rückweg vom Pico Ruivo zum Parkplatz.

Einkehr: Nur im Mountain Spot Café am Parkplatz Achada do Teixeira, in der Casa de Abrigo do Pico Ruivo (Übernachtungsmöglichkeit) nur Getränke.

Hinweis: Tour nur bei stabiler, trockener Wetterlage begehen. Für die spektakulären Ausblicke sollten wolkenfreie Tage gewählt werden.

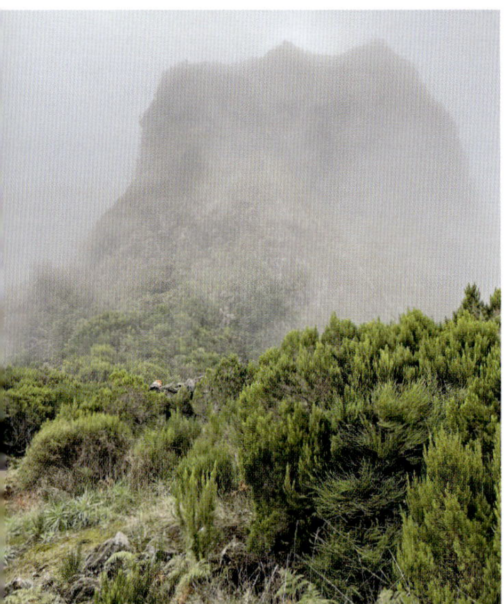

Links: Mystik am Semagral.
Rechts: Kletterpartie über die frühere Sternwarte am Encumeada Alta Richtung Pico Ruivo.

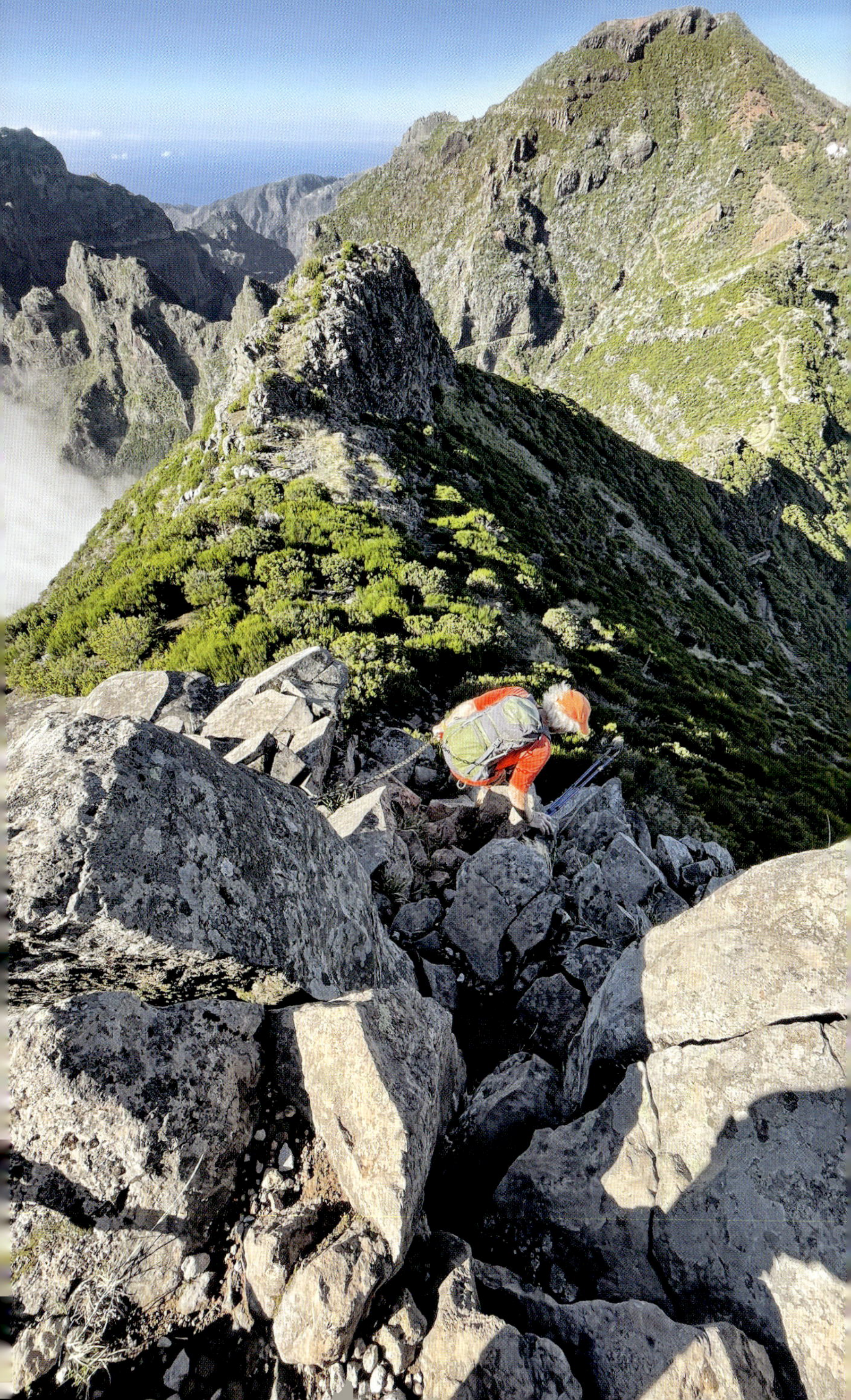

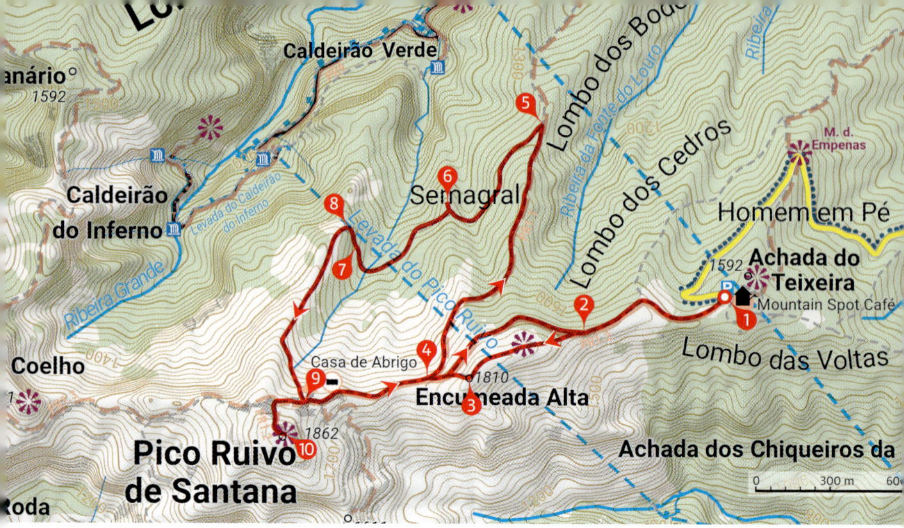

Vom Parkplatz **Achada do Teixeira** ❶, 1592 m, gehen wir auf dem gepflasterten Weg PR 1.2 in Richtung Pico Ruivo bis zum ersten **Unterstand** ❷, 1695 m. Gegenüber zweigt links des Weges ein Pfad ab, dem wir bis zum Gipfel des **Encumeada Alta** ❸, 1810 m, folgen. Der Abstieg an der Felskante (20 m) wird durch Ketten erleichtert. Dann geht es im Zickzack wieder hinunter bis zum Pflasterweg, auf dem wir, uns links haltend, nach 100 m den Abzweig des Wanderwegs PR 1.1, **Vereda da Ilha** ❹, 1710 m, erreichen. Nach 45 Min. auf diesem gut gepflegten Bergweg mit moderatem Gefälle kommen wir an den beschilderten **Abzweig** ❺, 1405 m, zum Semagral. Der Weg zieht sich im Auf und Ab immer eindeutig durch den dichten Wald aus Baumheide und lichten Lorbeerwald mit üppig blühendem Unterwuchs. Nach einer guten halben Stunde treten wir auf eine kleine, baumfreie Ebene heraus, den **Semagral** ❻, 1400 m. Hier kann während einer Pause das Gelände mit Einfriedungen und Felshöhlen erkundet werden.

Auf dem weiteren Weg müssen drei Bäche gequert werden. Bei einem ist der Abstieg durch ein Fixseil gesichert, damit man auch bei Nässe guten Halt auf der Felsplatte findet. Dann geht es für etwa 15 Min. ohne Höhendifferenzen weiter, bis wir auf einen rechts abzweigenden, sehr steilen Weg treffen, der eher wie ein **trockenes Bachbett** ❼, 1410 m, aussieht. (Der sichtbare Pfad geradeaus endet wenige Meter weiter im Dickicht.) Wir steigen also das trockene Bachbett hinauf. In diesem

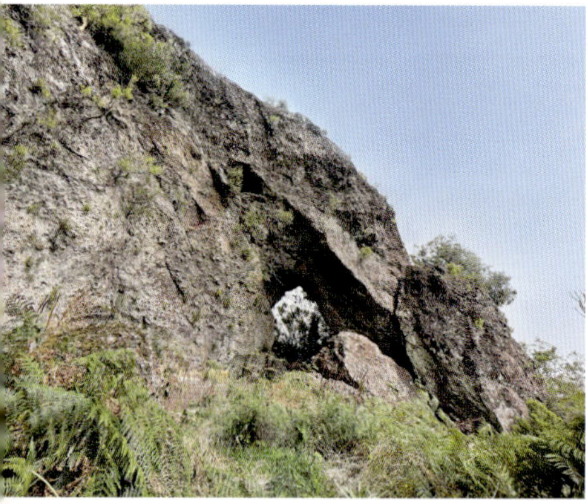

Ab dem Felsentor beginnen die Kraxelpartien.

Abschnitt wachsen ungewöhnlich viele endemische Johanniskrautstauden – sie zeigen uns, dass wir auf der richtigen Route sind. Wenige Minuten später erreichen wir ein markantes **Felsentor** ❽, 1470 m. Wir gehen durch das Tor hindurch und sehen auf der Rückseite des Felsens gleich ein Knotenseil. Mit dieser Aufstiegshilfe erreichen wir einen breiten Grat, auf dem wir bis zur Felswand des **Pico da Lapa da Cadela** immer wieder kurze Kletterstellen mit Seilhilfe zu überwinden haben. Am Fuß der Felswand angekommen, sehen wir bereits die **Casa de Abrigo do Pico Ruivo** ❾, 1775 m, die wir in weniger als 20 Min. erreichen. An der Berghütte trennen uns nur noch gut 80 Höhenmeter auf gut gepflegtem Wanderweg vom Gipfel. Auf dem **Pico Ruivo** ❿, 1862 m, der besonders an Wochenenden gut besucht ist, bieten sich auf drei Aussichtsplattformen nicht nur weite Panoramen, sondern auch faszinierende Tiefblicke auf die bizarren Felsformationen des Zentralmassivs.

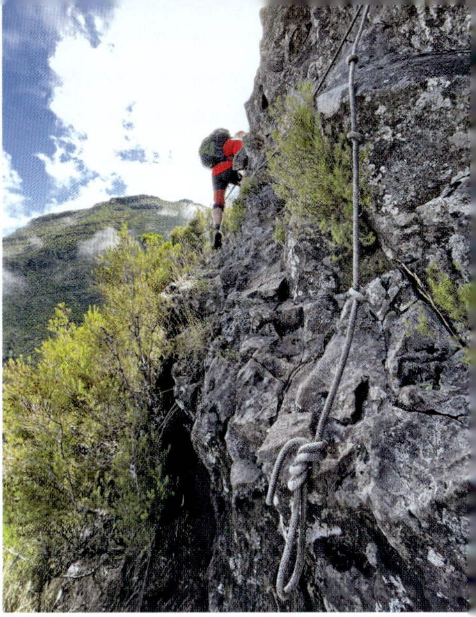

Alle Felspartien sind seilgesichert.

Zurück an der **Casa de Abrigo do Pico Ruivo** ❾ nehmen wir für den Rückweg zum Parkplatz **Achada do Teixeira** ❶ den gepflasterten Wanderweg PR 1.2 und können bei guter Sicht nochmals zum Semagral zurückschauen.

Blick vom Gipfel des Pico Ruivo Richtung Westen auf den Pico da Lapa da Cadela.

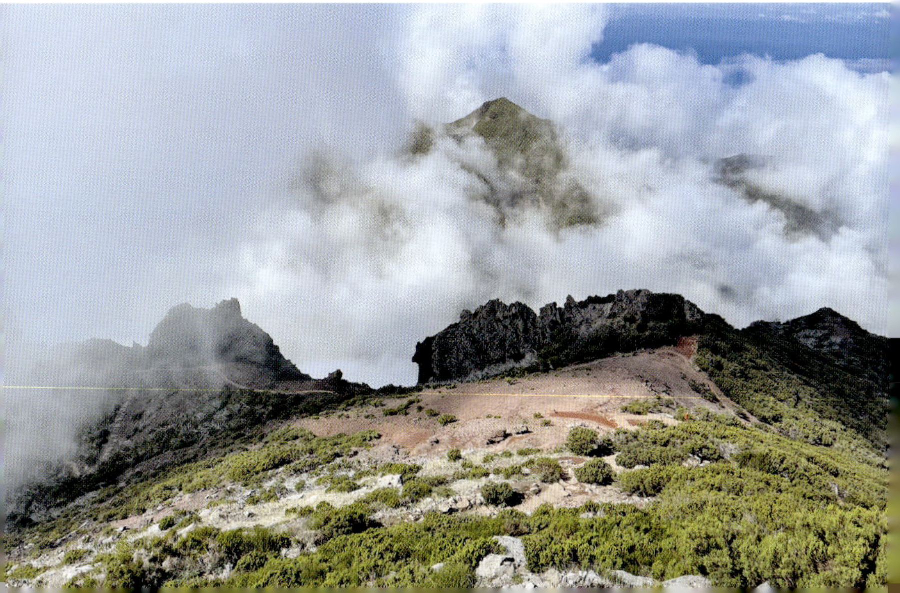

Stichwortverzeichnis

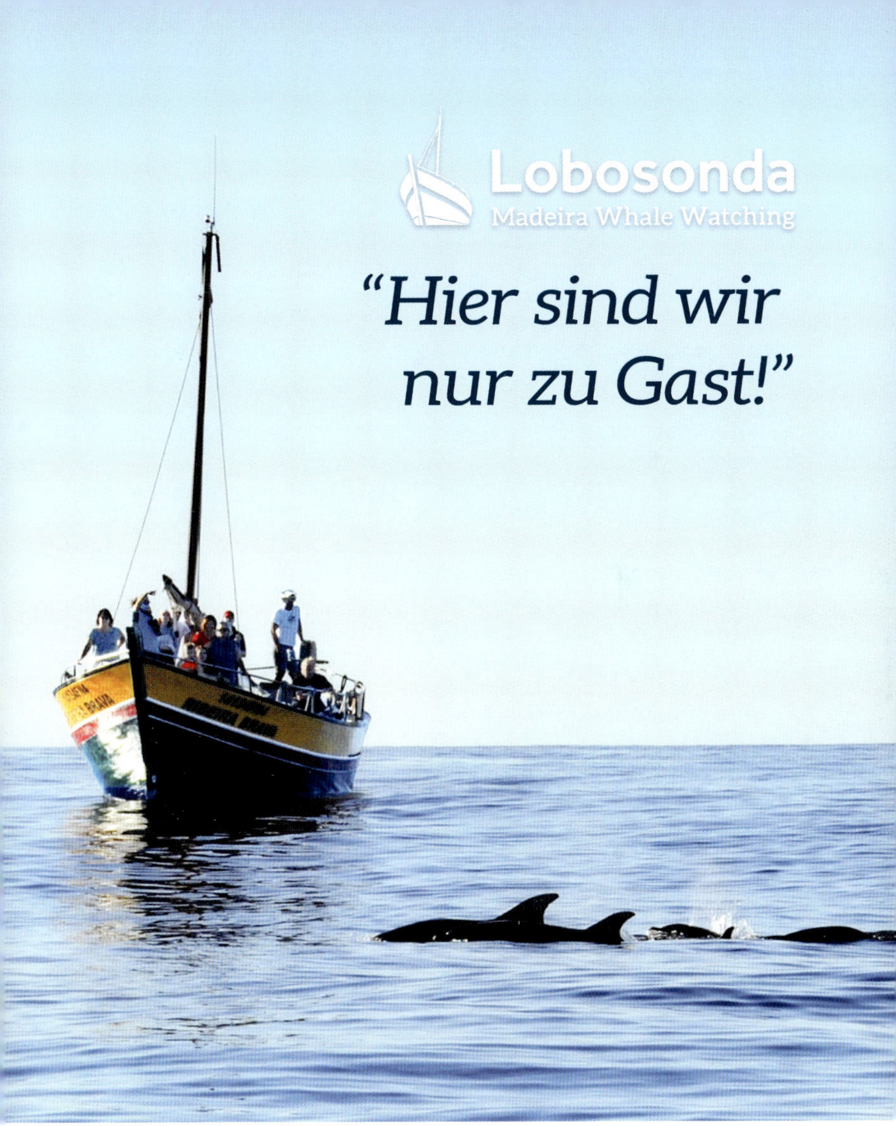
Lobosonda
Madeira Whale Watching
"Hier sind wir nur zu Gast!"

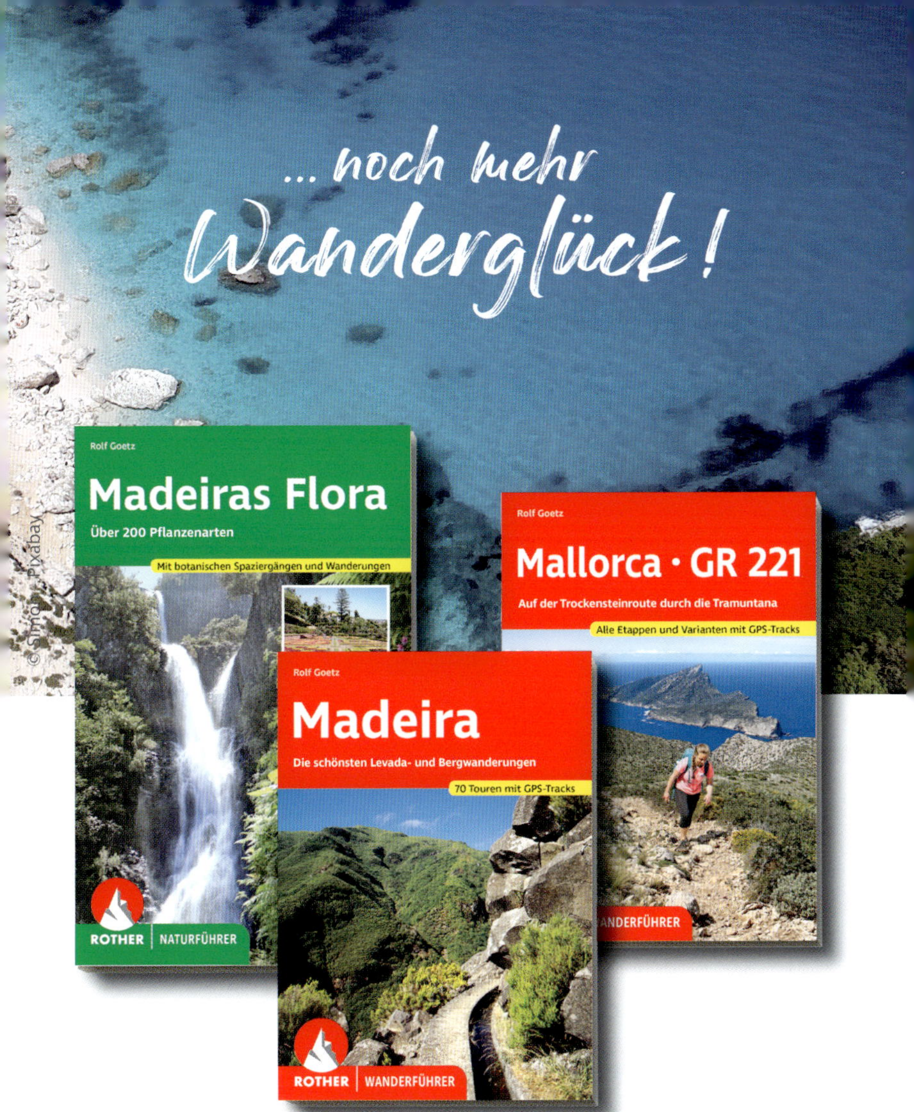
... noch mehr
Wanderglück!
Rolf Goetz
Madeiras Flora
Über 200 Pflanzenarten
Mit botanischen Spaziergängen und Wanderungen
ROTHER NATURFÜHRER
Rolf Goetz
Mallorca · GR 221
Auf der Trockensteinroute durch die Tramuntana
Alle Etappen und Varianten mit GPS-Tracks
Rolf Goetz
Madeira
Die schönsten Levada- und Bergwanderungen
70 Touren mit GPS-Tracks
ROTHER WANDERFÜHRER

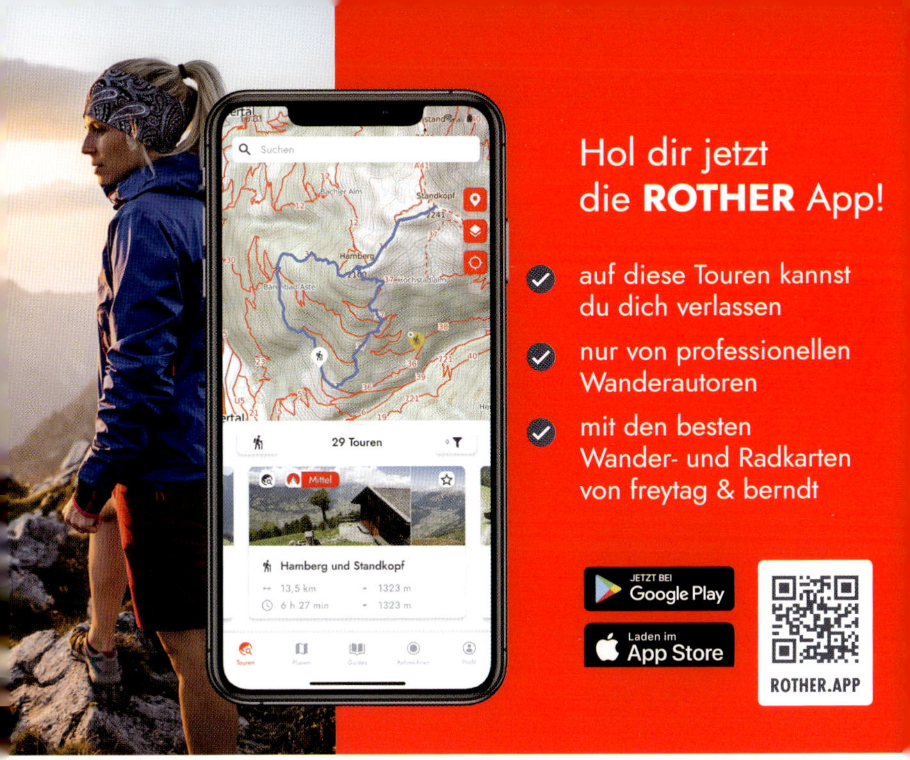
Hol dir jetzt
die ROTHER App!
auf diese Touren kannst du dich verlassen
nur von professionellen Wanderautoren
mit den besten Wander- und Radkarten von freytag & berndt
JETZT BEI Google Play
Laden im App Store
ROTHER.APP
Suchen
29 Touren
Mittel
Hamberg und Standkopf
13,5 km
1323 m
6 h 27 min
1323 m

PORTUGIESISCH – DEUTSCH FÜR WANDERER

acesso local	Nebenstraße
achada	große Ebene
água	Wasser
aldeia	Dorf
arvore	Baum
autocarro	Bus
avenida	Prachtstraße
azenha	(Wasser-)Mühle
baia	Bucht
beco	sehr schmale Gasse
boca	Pass, Mund
bosque	Wald
calhau	(Stein-)Strand
caminho	(Berg-)Weg
Caminho Real	königlicher Weg, historischer Verbindungsweg
campo	Feld, Gebiet
capela	Kapelle
casa de colmo	Strohdachhaus
casa do abrigo	Schutzhütte
casa do povo	Gemeindehaus
chão	Boden, Grund
concelho	Bezirk
córrego	Wasserlauf
cruz	Kreuz
cubo	Druckturm einer Wassermühle
curral	Stall, eingezäunte Weide
dragueiro	Drachenbaum
engenho	Zuckerrohrfabrik
Estrada Regional (ER)	Regionalstraße
fajã	kleine Ebene
farol	Leuchtturm
fio	Draht, Drahtseilbahn für Transporte
fonte	Brunnen, Quelle
furado	Levadatunnel
furna	Höhle
grande	groß
homem	Mann
igreja	Kirche
ilha	Insel
ilhéu	Inselchen, vorgelagerter Felsen
impasse	Sackgasse (für Fußgänger meist durchgängig)
jardim	Garten, Park
ladeira	Steigung, Gefälle, Hang
lagoa	Teich, Weiher
laurissilva	Lorbeerwald
levadeiros	Berufsbezeichnung für Arbeiter an den Levadas
lombinho	kleiner Bergrücken
lombo	Bergrücken
louro	Lorbeer
lugar	Ort, Platz
madeira	Holz
madre	Ursprung einer Levada
marginale	Küstenstraße
mato	Gestrüpp
miradouro	Aussichtspunkt
moinho	(Wasser-)Mühle
monte	Berg
museu	Museum
núcleo	Zentrum, Kern
palheiro	gemauerter Stall
paragem	Bushaltestelle
passeio	Weg, Spaziergang
paúl	Sumpf
pé	Fuß
penha	Fels
percurso	Kurs, Route
pico	Gipfel
poço	Tümpel, Gumpe
ponta	Spitze, Ende
ponte	Brücke
ponto	Punkt, Ort, Stelle
porto	Hafen
posto florestal	Forststation
pousada	Herberge
Percurso Recomdendado (PR)	empfohlener Wanderweg
praça	Platz
praia	(Sand-)Strand

quebrada	Ebene, durch Erdrutsch entstanden
quinta	ländliches Anwesen
ribeira	Fluss
ribeiro	Bach
risco	Gefahr
rocha	Fels
rotunde	Kreisverkehr
rua	Straße
serra	Gebirge
silvado	zugewachsen, dornig
sítio	Ort, Ortschaft
teleférico	Personen-Seilbahn
terra	Erde
travessa	Verbindung, Durchgang
urze	Baumheide
vale	Tal
velho, velha	alt
vereda	Weg
via	Straße
Via Espresso (VE)	Schnellstraße, 2-spurig
Via Rápida (VR)	Autobahn, 4-spurig
vila	(Klein-)Stadt

Richtungsangaben

à direita	nach rechts
à esquerda	nach links
antes	vor
aqui ao longo de	hier entlang
atrás de	hinter
em frente	geradeaus
não é longe	es ist nicht weit
para trás	zurück
perto de	nahe bei

Nützliche Redewendungen und Fragen

obrigado, -a	danke
Bom Dia!	Guten Morgen, guten Tag
Boa tarde!	Guten Tag, guten Abend
Boa noite!	Gute Nacht
Fala alemão/inglês?	Sprechen Sie deutsch/englisch?
Não percebi.	Das habe ich nicht verstanden.
O que significa ...?	Was bedeutet ...?
Quando parte o próximo autocarro para ...?	Wann fährt der nächste Bus nach ...?
Ainda há um autocarro hoje?	Fährt heute noch ein Bus?
É muito longe para ...?	Wie weit ist es bis ...?
Quantos minutos à pé?	Wie viele Minuten zu Fuß?
Como vou para ...?	Wie komme ich nach ...?
Esta rua vai para ...?	Ist das die Straße nach ...?
Podia dar-me uma boleia?	Können Sie mich ein Stück mitnehmen?
Podia-me chamar um taxi, por favor.	Können Sie bitte ein Taxi für mich rufen?
O caminho/a levada está limpo/a / encerrado/a?	Ist der Weg/die Levada zugänglich/gesperrt?
Onde é um supermercado/um bar/um restaurante?	Wo gibt es ein Lebensmittelgeschäft/eine Bar/ein Restaurant?
Onde posso passar a noite/acampar?	Wo kann ich übernachten/zelten?
A água é potável?	Ist das Wasser trinkbar?
Preciso de ajuda.	Ich brauche Hilfe.
Perdi o meu caminho / Estou ferido.	Ich habe mich verirrt/verletzt.
Quero comunicar um incéndio.	Ich möchte ein Feuer melden.

Impressum

Umschlagbild: Die Levada do Norte fasziniert mit ihren wilden Schluchten und langen Tunneln (Tour 18).
Bild im Innentitel: Über den Wolken – auf dem Encumeada Alta (Tour 40).
Bild S. 4/5: Einer der vielen Wege, die aus dem Nonnental heraus ins Zentralmassiv führen (Tour 37).
Bild S. 7: Die Cascata do Hortelã verschwindet mit Getöse im Levadatunnel (Tour 11).

Alle 233 Fotos von der Autorin, ausgenommen die Fotos der Seiten 3, 19, 20, 62, 71, 73, 74, 83, 85, 103, 104, 111, 120 oben, 128 unten, 130, 139, 147, 150 unten (Piet Hamann), Seite 158 oben, 167 (Christiane Rhode).

Kartografie: 40 Wanderkärtchen im Maßstab 1:30.000 / 1:50.000 und ein Übersichtskärtchen © Freytag & Berndt, Wien. Übersichtskarte im Maßstab 1:260.000 © Bergverlag Rother GmbH, München (gezeichnet von Barbara Häring/Martina Rieger, Gröbenzell)

Werk-Nr.: 3396

Die Ausarbeitung aller in diesem Wanderbuch beschriebenen Touren erfolgte nach bestem Wissen und Gewissen der Autorin. Die Benützung dieses Führers geschieht auf eigenes Risiko. Soweit gesetzlich zulässig, wird eine Haftung für etwaige Unfälle und Schäden jeder Art aus keinem Rechtsgrund übernommen.

1. Auflage 2024

ISBN 978-3-7633-3396-7

FSC www.fsc.org
MIX
Papier | Fördert gute Waldnutzung
FSC® C147178

Wir freuen uns über jeden Korrekturhinweis zu diesem Wanderbuch!
Bitte per E-Mail an: **leserzuschrift@rother.de**

ROTHER BERGVERLAG · Keltenring 17 · D-82041 Oberhaching
Tel. +49 89 608669-0 · rother.de